সর্বদাই আপনার ভালো দিকটি প্রজ্জ্বলিত করান এবং আপনার প্রচেস্টার মাধ্যমে আপনি অপরকে টৌপকে যেতে পারলে তা আপনার লক্ষ্য সিদ্ধির গুণবত্তা প্রমাণ করে। নিজের আত্মা এবং হৃদয়ের মাধ্যমে নিজের স্বপ্নকে উজ্জীবিত করান। সমস্ত রকম প্রতিবন্ধকতাকে পেরিয়ে নিজের লক্ষ্য পূরণের জন্য সংকল্প গ্রহণ করুন। নিজের ইচ্ছাকে জয় করবার জন্য আপনাকে সাহস এবং প্রেরণা প্রাপ্ত করতে হবে। নিজের যোগ্যতা এবং ক্ষমতার উপর ভরসা রাখুন এবং তা পাওয়ার জন্য সম্পূর্ণ রূপে প্রয়াস করুন। সফলতার পিছনে অনেক বিনিদ্র রাতের ইতিহাস চাপা পড়ে থাকে। নিজের শক্তি এবং ধনাত্মক সক্রিয়তার দিকে আলোকপাত করুন....আপনার স্বপ্ন বাস্তব রূপ নেবে।

সোনালী ভবিষ্যতের দিকে

(আপনার ব্যক্তিত্ব পরিচালনা করার মূলমন্ত্র)

জোগিন্দর সিং, আই পি এস (অবসর প্রাপ্ত)

ফ্যুজন বুকস

I.S.B.N.	:	81-8419-380-7
প্রকাশক	ঃ	ডায়মণ্ড পকেট বুক্স (প্রা.) লিমিটেড X - 30, ওখলা ইণ্ডাস্ট্রিয়াল এরিয়া, ফেজ - II নূতন দিল্লী - 110 020
ফোন	ঃ	011 - 41611861
ফ্যাক্স	ঃ	011 - 41611861
ই-মেল	ঃ	sales@dpb.in
ওয়েবসাইট	ঃ	www.dpb.com
সংস্করণ	ঃ	2026
বঙ্গানুবাদ	ঃ	সুমনা চক্রবর্তী
সম্পাদনা	ঃ	সমীর দে
লেজার টাইপসেটিং	ঃ	ল্যাঙ্গুয়েজট্রন, কার্তিক দে
মুদ্রক	ঃ	আদর্শ প্রিন্টার্স, শাহদরা, দিল্লী - 110 032

Sonali Bhabhisotar Dike

by : Joginder Singh IPS (Retd.)

ভূমিকা

প্রত্যেকেই সফলতা চায়। আপনি নিজেকে অবশ্যই প্রশ্ন করুন যে, সফলতা বলতে আপনি কি বোঝেন? এর অর্থ প্রচুর পরিমাণে সম্পত্তি, শক্তি, বা অধিকার বা জয় বা উপলব্ধি বা স্বাস্থ্যকর জীবন বা পরিচয়, বা রোমাঞ্চ অথবা কোন সৃজনশীল লেখকের দ্বারা আপনার সফলতার সজ্ঞা? হয়তো আপনি এই সমস্ত বিষয়গুলিই চান অথবা এর মধ্যে কিছু কিছু বিষয় চান। বাস্তবে এক একজনের কাছে সফতলার সঙ্গা একএক রকম।

আপনি আপনার জীবনে কতগুলি নীতি এবং আদর্শ অন্তর্ভুক্ত করে একশ শতাংশ সফলতা অর্জন করতে পারেন।

এই বইটি একটি পথ প্রদর্শক হিসাবে কাজ করে আপনাকে সফলতার পথ দেখাবে এবং আপনার স্বপ্ন সফল করার জন্য সাহায্য করবে। বর্তমান বিশ্বের সবচেয়ে বড় অবদান হল যে আপনাকে নতুন কিছু করার জন্য প্রচুর অন্বেষণের প্রয়োজন নেই এবং আপনি ইচছা করলেই আলাদা কিছু এবং অনেক ভালো কিছু করতে পারেন। আপনি আমাদের জন্মের বহু আগে যে সমস্ত নীতি এবং আদর্শ আছে সেগুলিকে অনুসরণ করার চেস্টা করুন, এতে আপনি নিজের প্রাপ্য পেতে পারেন। এই বইতে বিভিন্ন স্থানে কিছু কিছু সমাধান দেওয়া হয়েছে আপনি সেগুলি অনুসরণ করলে লাভান্বিত হতে পারেন। সফল এবং অন্যান্য ব্যক্তিদের মধ্যে কোন শক্তির পার্থক্য নেই। কোন জ্ঞানের পার্থক্য নেই, কিন্তু এটা সংকল্পের অভাব আপনাকে নিজের লক্ষ্য অর্জন করার জন্য সংকল্পবদ্ধ হতে হবে, এতে হাজার প্রতিবন্ধতা এলেও আপনাকে তা কাটিয়ে উঠতে হবে। আপনার আকাঙ্খিত লক্ষ্য প্রাপ্ত করার জন্য সাহস এবং প্রেরণা দুইই চাই। নিজের যোগ্যতা এবং ক্ষমতার উপর ভরসা রাখতে শিখুন এবং তা না পাওয়া পর্যন্ত প্রয়াস চালিয়ে যেতে হবে। সফলতার পিছনে অনেক বিনিদ্র রাত্রির ইতিহাস লুকিয়ে থাকে। পরিশ্রমের কোন বিকল্প নেই। আপনাদের কৌতুহল বৃদ্ধি করার জন্য আমি এখানেই চুপ করে যাচিছ। আপনি নিজে এই বইটি পড়ার চেস্টা করুন এবং সফতলা প্রাপ্তির সূত্র সম্পর্কে ওয়াকিবহাল হন। শুভকামনা রইল।

জোগিন্দর সিং, আই.পি.এস. (অবসর প্রাপ্ত)
প্রাক্তন পরিচালক, সি বি আই, ইণ্ডিয়া
123-124, নব সংসদ বিহার
সি জি এইচ এস, সেক্টর-22, প্লট নং 4,
দ্বায়ারকা, নতুন দিল্লী-110075
ই-মেল ঃ jogindersingh@mantraonline.com

সম্পাদকীয় মতবাদ

"সোনালী ভবিষ্যতের দিকে"–এই বইটি বর্তমান যুগের সেই সমস্ত যুব যুবতীদের সমর্পন করা হল, যারা নিজেদের ঝুলিতে সমস্ত বিশ্বকে ভরে নেওয়ার আকাঙ্খা রাখে। এই পথ বহু দীর্ঘ এবং প্রতিবন্ধকতাও কম নয়, আর এই বাধা বিপত্তি যখন তাদেরকে নিরাশার অথৈই জলে নিমজ্জিত করে দেয় তখন কোন না কোন পথপ্রদর্শক, সত্যিকারের বন্ধু অথবা সহকর্মীর আশ্রয়ের প্রয়োজন হয়ে পড়ে। আমাদের এই পুস্তকে লেখক একজন প্রকৃত বন্ধু ও সহকর্মী হিসাবে আত্ম প্রকাশ করেছেন, এবং সফলতা কামী মানুষদের জিজ্ঞাসা ও সমস্যা সমাধানের চেষ্টা করেছেন।

সময়ের ব্যবহার, পরিকল্পনাহীন জীবন থেকে বাঁচার উপায়, ইতিবাচক মানসিকতার বিকাশ, নিজের গুরুত্ব এবং মূল্যের সমর্থন, ভবিষ্যৎ-এর পরিকলপনা, সফলতা প্রাপ্তির রহস্য, আত্মবিশ্বাসের বৃদ্ধি, অনুশাসনের গুরুত্ব, স্বপ্নের উচিত ব্যবহার প্রভৃতি সম্পন্ন চিন্তা প্রস্তুত করেছেন, তাই এগুলি শুধুমাত্র শব্দ না হয়ে লেখকের জীবনের অগ্নিপরীক্ষা স্বরূপ হয়ে উঠেছে।

আসুন, তাঁর অভিজ্ঞতা থেকেআমরাও লাভ নেওয়ার চেষ্টা করি এবং নতুন উচ্চস্তরের দিকে এগিয়ে যাই।

সূচীপত্র

আমার কিছু চিন্তাধারা...

জীবন কঠিন পরীক্ষায় ভরপুর। যদি দুটো বস্তু আপনার কাছে আনন্দদায়ক হয়, তবে তার মধ্যে একটিকে চয়ন করা কঠিন হয়ে যায়। একবার নির্ণয় নেওয়ার পর পরিনামের ভয় না করে তার মোকাবিলা করা উচিত। যদি আপনি পরিস্হিতি বিচার করে শ্রেষ্ঠ নির্ণয় নিয়ে থাকেন, তা হলে নিজের নির্ণয়েই অটল থাকা উচিত। প্রত্যেক বিকল্প বিষয় আপনাকে আপনার কাল্পনিক বিষয়ের দিকে নিয়ে যায়। নিজের যোগ্যতার উপর সন্দেহ করে, এই প্রক্রিয়ায় বাধা সৃষ্টি না করাই শ্রেয়।

এটি জানার চেস্টা করুন যে, আপনি জীবনের কাছে কি চান বা আপনি এর জন্য কি করতে পারেন ? সফলতা প্রাপ্তির জন্য আপনি কোন নীতি পালন করতে চান ? সফলতার পিছনে কোন রহস্য লুকিয়ে আছে ? নিজেকে প্রতিদিন সতেজ রাখুন। যখন আপনার লক্ষ্য সফলতার গন্তব্যস্হলে উপনীত হওয়ার সময় আসে, তখন আপনি যেখান থেকে যাত্রা শুরু করেছেন, সেই স্হানে দৃষ্টিপাত করুন। আপনার স্বপ্নকে বাস্তবে পরিণত করার চেস্টা করুন। যখন কোন সংকটের সম্মুখীন হবেন তখন তাকে সফলতা প্রাপ্তির ধাপ বলে মনে করুন। সফলতার বিষয়ে সচেতন থাকুন তবেই আপনি সফলতার পথ সুনিশ্চিত করতে পারবেন। এই প্রসন্নতার প্রথম ধাপটি কঠোর হতে পারে। কোনো একটি পথ বেছে নেওয়ার সময় অন্যান্য সম্ভাবনা গুলিকে অপসারিত করতে হবে কিন্তু একবার এগোনোর পর পিছু হাঁটবেন না, এই পথ অবশ্যই কঠোর হবে এবং কাঁটায় পরিপূর্ণ থাকবে।

সাহসের সাথে জীবনের সম্মুখীন হন। অতিরিক্ত কার্যের ভার কম করতে, নিয়মিত কাজ করার অভ্যাস সৃষ্টি করুন। অতিরিক্ত কাজের চাপ আপনার মানসিকও শারিরীক চাপ সৃষ্টি করে। অতীতের চিন্তায় বৃথা আস্ফালন করে সময় নস্ট করবেন না। 'যদি এমন হত' এই কল্পনায়

নিজের মূল্যবান সময় নস্ট করবেন না। আপনার বিশ্বাস বা ক্ষমতাকে কখনই ছোট করবেন না।

সফলতার বিষয়ে যে সমস্ত মতামত আলোচিত হল, তার প্রতি লক্ষ্য রাখুন। অধিকাংশ ব্যক্তি নিজের শত্রু হয়। ব্যক্তিদের মধ্যে আত্মবিশ্বাসের অভাব থাকায় নিজেরা প্রসন্ন হওয়ার পরিবর্তে, নিজেরা বিশ্বাস করেন যে তারা কোনদিনই সফল হতে পারেনা। এর পরিবর্তে নিজের সাথে বন্ধুত্বপূর্ণ ব্যবহার করা উচিত ও ভালো কিছু করার জন্য নিজের প্রশংসাও করা উচিত।

কিছু ব্যক্তির নিজের সম্পর্কে চিন্তা ধারা ভালো হয় না। এই পরিস্হিতির পরিবর্তন করার জন্য নিজের ছবির পরিবর্তন করা প্রয়োজন। আপনি নিজের সম্পর্কে কি ভাবেন? তথা আপনি নিজেকে ছোট দেখাতে কেন ব্যস্ত? একটু তলিয়ে দেখার চেস্টা করুন যে আপনি কেন নিজের কাছে অপছন্দের পাত্র হয়ে উঠছেন? নিজের সাথে যে সম্পর্ক আছে তা পরিবর্তনের চেস্টা করুন এবং মধুর সম্পর্ক গড়ে তোলার ব্যবস্হা করুন। অতীতের ভুলের জন্য নিজেকে ক্ষমা করে এই সম্পর্ক শুরু করা যেতে পারে।

আমাদের নিজেস্ব ব্যক্তিত্বে অবশ্যই এমন কিছু আছে যা আমরা পছন্দ করি। সন্দেহাতীত ভাবে বলা যায় যে আপনার ব্যক্তিত্বে এমন কিছু আকর্ষণ অবশ্যই বিদ্যমান। আপনি ওখান থেকেই শুরু করুন। এটি অবশ্যই মনে রাখবেন যে, আমাদের প্রত্যেকের জীবনে কোন না কোন উদ্দেশ্য বা সার্থকতা আছে। ঈশ্বর এই উদ্দেশ্য পূরণ ক্ষমতা আমাদের প্রদান করেছেন। জীবনের কোন ঘটনা বা কোন বড় স্বপ্নকে ছোট মনে করবেন না, সিনেটর বলেন যে–"নিজের আত্মার খোঁজ অথবা উজ্জীবতার প্রতি আগ্রহই আপনার জীবনে বিশেষ গুরুত্ব রাখে।" আপনি এবং আমি পূর্ণতা প্রাপ্তির জন্যই জন্ম নিয়েছি। এটাই প্রত্যেক ব্যক্তির জীবনের সার্থক উদ্দেশ্য হওয়া উচিত। নরম্যান ডিনমেট এই বিষয়ে বলেছেন যে–"যে ব্যক্তি নিজের রোমাঞ্চ পূর্ণ বিচারকে গুরুত্ব দেয় তথা নতুন বিচার দ্বারা শাসন করে, সেই নতুন সংসারের অন্বেষণ করে। রোমাঞ্চ বৃদ্ধি পায় এবং নতুন অবসর সামনে এসে চলে যায়।"

আপনি লক্ষ্যের প্রতি সর্বদাই আগ্রহী থাকুন। আপনার স্বপ্নকে হৃদয়ে বা আত্মায় গাথিত করুন এবং দৈনন্দিন কার্যের বাস্তবতার দ্বারা একে শক্ত করুন। লক্ষ্যের প্রতি উৎসুকতা বাড়ানোর যথা সম্ভব প্রয়াস করুন। লক্ষ্য প্রাপ্তির জন্য আপনি নিজেকে নিয়মিত ভাবে উৎসাহ

দেওয়ার প্রয়াস করুন যাতে আপনি উৎসাহিত হতে পারেন। ক্ষুদ্র থেকে ক্ষুদ্রতর কাজের জন্যও নিজেকে উৎসাহিত করতে বা বাহবা দিতে ভুলবেন না।

নিজের অভ্যন্তরের বাস্তবিকতাকে চিনে প্রশংসিত করুন। নিজের শক্তি সম্পর্কে অনুমান করুন এবং কোন কাজ আপনি খুব ভালো ভাবে করতে পারবেন তা বোঝার চেষ্টা করুন। জীবন সম্ভাবনায় ভরপুর এই সত্যকে উপলব্ধি করুন এবং একে বাস্তবে রূপান্তরিত করার অনেক সম্ভাবনা সামনে আসবে–'যতক্ষণ আপনি সফলতার জন্য নির্ধারিত বিষয় পালন না করছেন ততক্ষণ আপনি নিজেকে চিনতে পারবেন না।''

জীবনে ইতিবাচকতা আপনার প্রচুর কাজে আসবে। হৃদয় বিদারক কুণ্ঠা এবং গভীর চিন্তার সময় এর উপযোগীতা আরও বেড়ে যায়। সংগ্রাম বা কঠিন পরিস্থিতির সময় এই ইতিবাচক নীতি আপনাকে দুঃখ, পীড়া ও গভীর উদাসীনতা থেকে বাঁচাতে পারে। এমনকি মন্দ থেকে মন্দতর পরিস্থিতিতে নিজের ইতিবাচকতা বজায় রাখার চেষ্টা করুন। রাল্‌ফ ওয়াল্ডো ইমারশানের মতে "প্রত্যেক ব্যক্তি স্বতন্ত্র বৈশিষ্ঠ্য নিয়ে জন্মগ্রহণ জীবন ধারণে উৎসাহিত করুন যা আপনি একমাত্র নিজের প্রতিভা বলেই করতে পারেন। অঙ্কন, নৃত্য, সঙ্গীত, রচনা গ্রন্থন এবং নিজের কর্তব্য পালনের মাধ্যমেই আপনার জীবনকে সমৃদ্ধশালী এবং সন্তুস্ট করতে পারেন। আমাদের সর্বদাই নিজেদের আত্মবিশ্বাস অটুট রাখা উচিত। জীবনের এই দিক গুলিকে উপেক্ষা করে আমরা প্রসন্নতাকে বাধিত করে দিই।

যদি আপনি একে অভ্যাসে পরিণত করেন তবে জীবনে প্রসন্নতা লাভের অভ্যাস আরও বেড়ে যাবে। জীবনের ছোট ছোট বিষয়ের এর প্রতি লক্ষ্য রাখুন। যদি আপনি ইতিবাচক দৃষ্টি ভঙ্গী টিকিয়ে রাখেন তবে ছোট বড় নিরাশা গুলি আপনার জীবন থেকে লুপ্ত হয়ে যাবে। তাও দর্শনিক, চুয়াং টজুর মতে–''সময়ের প্রবাহে প্রবাহীত হয়ে মনকে উম্মুক্ত রাখুন। যাই করবেন তাতেই কেন্দ্রীভূত থাকবেন। এটিই সার্বজনিক সত্য।''

হৃদয়ের গভীরতা থেকে

বিকাশও বৃদ্ধির জন্য করা সমস্ত পরীক্ষার মধ্যে এটা গুরুতস্পূর্ণ যে, নিরস এবং কঠিন কার্যে মানুষকে নিয়গ না করে যন্ত্রের নিয়গ করা। সাফল্য অর্জনের জন্য সেই সমস্ত প্রয়াস গুলিতে অবশ্যই নজর দিতে হবে যেগুলি এখনও পর্যন্ত হৃদয়াঙ্গম করা হয়নি। এর অতিরিক্ত সেই সমস্ত প্রক্রিয়াতেও নজর দিতে হবে, যেগুলিকে প্রয়োগে আনার কোন দরকার নেই। 'কেন'-এর সাথে যুক্ত সমস্ত প্রশ্নের যুক্তি পূর্ণ উত্তর চাই। এই প্রশ্ন আমাদের জীবনে প্রায় ওঠে। কাজের থেকে ভালো বিকল্প গুলি খোঁজার সাথে সাথে অহেতুক অতিরিক্ত খরচকেও বন্ধ করা উচিত। স্বচ্ছ দৃষ্টিভঙ্গী ও মহৎ আকাঙ্খার থেকেই শ্রেষ্ঠ্য প্রণালী বিকশিত হয়। আমরা প্রতিদিন ই-মেল, ফোন ও ফিল্মের পিছনে মূল্যবান সময় নস্ট করি যা আমাদের জন্য খুবই গুরুত্বপূর্ণ হতে পারে। আপনাকে জানতে হবে যে, উপলব্ধির দিকে যে রাস্তা যাচ্ছে আপনি তার কোথায় দাঁড়িয়ে আছেন। প্রগতি ও বিকাশের নতুন দিক পাওয়ার জন্য নিজস্ব বা সংস্থাগত দৃষ্টিভঙ্গী স্পষ্ট হওয়া অত্যাবশক। আপনাকে আপনার জীবন আপনার দিন বা নিজের কেরিয়ার শুরু করার সময় ভবিষ্যৎ সম্পর্কে পূর্ণ ভাবে সচেতন হতে হবে। এটি নিজের মধ্যে দৃঢ় ও উজ্জ্বল হওয়া চাই। আপনাকে নিজের কার্যের স্বচ্ছ মূল্যায়ন করতে হবে। নিজের কার্য বা উৎপাদন শক্তিকে কখনও ভ্রান্ত পথে চালনা করবেন না।

কোনও ব্যবসাকে সঠিক পথে চালনা করতে একটি পরিকল্পিত পথের প্রয়োজন হয়, বড় সংস্থান গুলির ক্ষেত্রে প্রায়ই এই অপরিবর্তনশীলতাই স্হাবরতার কারণ হয়ে যায়। কিছু বুদ্ধিমান কিংবা যোগ্য ব্যক্তিই এই সংস্হার চালনা করতে পারেন। এই সংস্হা গুলির দ্বারা প্রদেয় সেবাও খুব ভালো হয়না। কোনও সংস্হানকে সর্বচ্চ স্তরে পৌঁছাতে এমন একজন

ব্যক্তির প্রয়োজন যে নিজের গুণের মাধ্যমে অপর ব্যক্তির কার্য সঠিক প্রণালীর মাধ্যমে কাজে লাগিয়ে বিকাশের পথ উন্মুক্ত করতে পারে। কোনও সংস্থানের উৎপাদনশীলতা এই স্থানের কার্যরত ব্যক্তিদের উপর নির্ভর করে। সংগঠনকে নিয়মিত উজ্জীবিত করা প্রয়োজন যাতে দৈনন্দিন কার্যে কোন শিথিলতা না আসে। সঠিক প্রশ্নের মাধ্যমেই কোন সমস্যার অর্ধেক সমাধান সম্ভব। এটি লোকদের মধ্যে সেই যোগ্যতার সৃষ্টি করে যাতে তারা নিজের কার্য প্রণালী সম্পর্কে ওয়াকিবহাল হতে পারে। এটা সেই তথ্য, যা বলে সঠিক প্রশ্নের মাধ্যমেই চর্চার নিষ্পত্তি হতে পারে এবং এর মাধ্যমেই শোধরাবার জন্য সঠিক পথের আমন্ত্রণ করা যেতে পারে। ব্যবসার নেটওয়ার্কই সফলতার দিকে নিয়ে যায়। এটি যোগ্য সাথীর নির্ভরতার উপর নির্ভর করে যা আপনাকে ব্যবসা চালাতে এবং কেন্দ্র থেকে বর্হিভূত বস্তুকে কেন্দ্রীকরণে সাহায্য করে। বিশাল চিন্তাভাবনা ও সহায়তার মাধ্যমে আপনি কোন সংগঠনের লক্ষ্যকে বিস্তৃত বা মজবুত করতে পারেন। যে ব্যবসা ঘরেই সম্পূর্ণ শেষ করতে চায় তা অসুবিধার সম্মুখীন হতে পারে। কোন ব্যক্তিই একাকী সমস্ত কিছু করতে বা শ্রেষ্ঠ্য প্রদর্শন দিতে পারেনা। যোগ্য সাথীর সাহায্য না নেওয়া একটা ভুল কার্য হতে পারে। কার্যক্ষমতা বা প্রদর্শনের নিয়মিত মূল্যায়ন হওয়া উচিৎ। দলের সাথে আলোচনার মাধ্যমে এই সমস্যার খুব সহজেই সমাধান সম্ভব। তখনই আপনি জানতে পারেন যে, প্রণালীতে পরিবর্তন প্রয়োজন নাকি প্রয়াসের তুলনায় প্রাপ্তির ঘাটতি আছে। কার্যরত ব্যক্তিদের কথাবার্তা শোনা এবং সংগঠনের গতিবিধি বা পরবর্তী দায়িত্ব সম্পর্কে জেনে তাকে পুণরায় মূল্যায়ন করে অধিকতম লাভের আশা করা যেতে পারে।

অক্সফোর্ড ইউনিভার্সিটি প্রেসের শব্দকোষ অনুসারে–

প্রভাবশালী ঃ বঞ্ছিত পরিণাম পাওয়া।

দক্ষ ঃ নূন্যতম শক্তি বা মূল্য নিয়োগ করে প্রভাবশালী কার্য সৃষ্টি করা।

প্রভাবশীলতা বা দক্ষতাই হল লক্ষ্য প্রাপ্তির প্রধান উপায়। অন্যভাবে বলা যায় যে প্রদর্শন বা দক্ষতা শোধরাবার চেষ্টা করাটাই নিজের লক্ষ্য হতে পারে এবং উৎপাদনে সমৃদ্ধি সৃষ্টি করে। সক্ষমতা বা দক্ষতাকে শেখা যেতে পারে এবং নিয়মিত প্রয়াসের মাধ্যমে এটি আপনার অভ্যাসে পরিণত হতে পারে। এটি কোন লক্ষ্য প্রাপ্তির জন্য মূল্যবান সম্পত্তির থেকে কম নয়। স্বক্রিয়তা হল সেই প্রক্রিয়া যার মাধ্যমে আপনি নিয়মনীতিকে পাথেয় করে নিয়জিত লক্ষ্য বা উদ্দেশ্যকে পেতে পারেন। প্রত্যেক পদক্ষেপের মূল্যায়ন করুন এবং বিরাট মিশানের সাথে এর তুলনা

করুন। সম্পূর্ণ বিষয় উপলব্ধি করে এবং প্রত্যেক পদক্ষেপের উপর ভিত্তি করেই নীতি নির্ধারণ করা উচিত। যদি কোন প্রক্রিয়া আপনার উপলব্ধির পথে বাধার সৃষ্টি করে তবে তা সেখানেই সমাপ্ত করে দিন। আপনি একই স্তরের অন্যান্য পরিকল্পনার থেকেও কিছু শিখতে পারেন। আপনার লক্ষ্য পূরণ করার জন্য নতুন চিন্তা, প্রক্রিয়া এবং নীতি নিয়ম পালনের বিচার খারাপ নয়।

আপনার লক্ষ্য পূরণের জন্য ব্যস্ততার দারুণ, নিজের ক্ষমতার মূল্যাঙ্কন কখনই কম করা উচিত নয়। সর্বদাই আপনার মাথায় লক্ষ্যের স্পষ্ট ছবি রাখুন এবং আপনার প্রত্যেক পদক্ষেপ লক্ষ্য পূরণের দিকেই যাচেছ সে বিষয়ে নিশ্চিন্ত থাকুন। এই কার্যের জন্য আপনি ক্যালেণ্ডারের সাহায্যও নিতে পারেন। বিশ্লেষণ বা অনুকরণ আপনাকে উৎসাহিত তো করবেই এর সাথেই আপনাকে সঠিক পথে চালিত করবে। আপনাকে আপনার নিধারিত লক্ষ্যের প্রতি সর্বদাই কেন্দ্রীভূত থাকতে হবে। আরো ভালো পরিণামের জন্য আপনি একাধিক নীতির পালন করতে পারেন। একবারের একটা পদক্ষেপ নিন আপনার সফলতাকে কেউ আটকাতে পারবেনা।

কোনও কাজের জন্য কোন বাধা ধরা নিয়মনীতি থাকেনা। স্পষ্ট ছবি বা প্রত্যেকটি সুযোগ পাওয়ার উৎকণ্ঠাই আপনাকে এগোতে সাহায্য করে।

এটি এমন একটি মিটিং-এর ঘটনা যেখানে কোন সংগঠনের প্রবন্ধক প্রসাধানাগারে গুপ্ত ক্যামেরা লাগানোর চিন্তা করছিলেন কারণ ওখান থেকে প্রায়ই মূল্যবান শ্যাম্পু বা অন্যান্য প্রসাধন দ্রব্য চুরি হয়ে যাচিছল। এর মধ্যে একজন প্রবন্ধক কোন নির্ণয় নেওয়ার আগে একজন চতুর্থ শ্রেণীর কর্মচারীর থেকে পরামর্শ নেওয়ার কথা বলেছিলেন। উক্ত ব্যক্তি পরামর্শ দিল যে, শ্যাম্পুর বোতলের ঢাকা খুলে দেওয়া হোক। কোন খরচ ছাড়াই সমস্যার সমাধান হয়ে গেল। সুতরাং কখনও কখনও সামান্য ব্যক্তির মতামতও খুবই গুরুত্বপূর্ণ হয়ে যায়। অপরের বিচার ক্ষমতাকে কখনই ছোট করতে নেই। সর্বদা প্রত্যেক কার্য কে আরো ভালো উপায়ে সম্পাদন করার চেস্টায় থাকুন।

স্বতন্ত্রতা বজায় রাখুন

কখনও আমরা আমাদের অনিচ্ছাতেই কাজের চাপের নীচে চলে যাই। বেশী কাজ থাকলে এটা নির্ণয় করা খুব কঠিন হয়ে যায় যে, এদিকে কোথা থেকে শুরু করব ? এখানে এই বিষয়ে কিছু পরামর্শ দেওয়া হচ্ছে। পুরো কার্যকে ছোট ছোট ভাগে ভাগ করে নিন। যদি আপনাকে অনেক কাগজ সামলাতে হবে, তবে একবারেই কাগজ গুলিকে গুছিয়ে নিন। কাগজ গুলিকে নিরক্ষণ করে অপ্রোয়জনীয় কাগজ গুলিকে আস্তাকুঁড়ে ফেলেদিন। এই বাছার সময় অবশ্যই মাথায় রাখবেন যে, আপনাকে যেন এই প্রক্রিয়া পুণরায় করতে না হয়। এই বাছইয়ের সময় মনে করুন যে আপনি অন্যকোন ব্যক্তির অধীনে কাজ করছেন। এরপর দ্বিতীয় গন্তব্যের দিক এগোন, এবং ততক্ষণ এই প্রয়াসকে চালিয়ে যান যতক্ষণ আপনার কাছে প্রয়োজনীয় পরিবেশ গঠিত না হয়।

আপনার আলমারীকে সুসজ্জিত করতে সময়কে ছোট-ছোট ভাগে ভাগ করে নিন। সমস্ত কার্য একসাথে করবেন না। আপনার সংগঠিত কার্যক্ষেত্রের ছাঁচ মাথায় নিয়ে নিন। পরিকল্পনা তৈরী করে কার্য করলে আপনি কেন্দ্র বিন্দুর দিকে লক্ষ্য রাখতে পারবেন। আপনি নির্দ্দিষ্ট সময়ের মধ্যে কার্য করার জন্য প্রতিশ্রুতি বদ্ধ হতে পারেন। কার্য সময়ের মধ্যে সমাপ্ত করতে পারলে নিজেকে পুরস্কৃত করতে ভুলবেন না। দৃষ্টিভঙ্গী স্বচ্ছ না থাকলে আপনার কোন ও কাজ সময়ের মধ্যে সমাপ্ত হওয়া সম্ভব না। প্রতিদিন একটা কার্য তালিকা গঠন করুন, এটি আপনার মস্তিক্স কে শান্ত ও উৎকন্ঠা মুক্ত করবে। এর সোজা অর্থ হল, নিজের বোঝা কাগজের উপর সোঁপে দেওয়া নয়তো এটি সারাদিন আপনার মাথায় ঘুড়বে। এই বিষয়ে বিশেষজ্ঞের মতামত নিতে পারেন। কাজ নিয়মবদ্ধ রূপে হোক. এই দিকে অবশ্যই নজর রাখুন। নিয়মিত সময়ে কার্য শুরুও বন্ধ করুন। এই বিয়য়ের অভ্যাস ও থাকা চাই। সংগঠিত

সংস্হার দ্বারা আপনার যোগ্যতা বৃদ্ধি পাবে। যদি আপনি নিজেকে অসংগঠিত পান তবে এর অর্থ হল যে, আপনি কোলাহলে বদ্ধ হয়ে আছেন, এই বাতাবরণ থেকে বেরিয়ে আসার জন্য আপনাকে ক্ষমতা অভ্যাসে পরিবর্তন আনতে হবে। ভ্রান্ত হবেন না। যাই দেখবেন নিরীক্ষক হয়ে দেখুন, এইভাবে আপনি শীঘ্রই আপনার লক্ষ্যে উপনীত হতে পারবেন।

ইতিবাচকতার প্রতিবিম্ব

যখনই আপনি কোন সমস্যার সম্মুখীন হবেন তখন মনে করার চেষ্টা করুন যে, পূর্বে আপনি এইরকম সমস্যার সমাধান কিভাবে করেছিলেন। তখন কি আপনার আলাদা ভাবে এই সমস্যার সমাধান করার ইচ্ছা ছিল? আপনি এই চিন্তা কেন করেছিলেন? আপনি কি ভবিষ্যৎ-এর জন্য এই সমস্যার সাথে জড়িত ব্যক্তি বা ঘৃনার প্রতি কোন নির্ণয় নিয়েছিলেন? এইরকম কিছু কার্যকলাপের সূচীপত্র বানানো লাভদায়ক হবে যাতে কিছু লোক অপর ব্যক্তির সাথে চালাকি করলে এই রকম ব্যবহারের সম্ভাব্য সমাধান ও উত্তরের পথ খোঁজা সম্ভব হবে। এই রেকর্ড আপনার ভবিষ্যৎ-এ কাজে আসবে। কঠোর ভাবনার থেকে মুক্তি পেতে আপনি উক্ত ব্যক্তিকে পত্র লিখতে পারেন, যিনি আপনার চিন্তাধারাকে আহত করেছে কিন্তু এই পত্রটি তাকে পাঠাবেন না যাতে ভবিষ্যৎ-এ মুক্ত সাক্ষাৎ-এর পথ বন্ধ না হয়ে যায়।

আশা থাকলে, হৃদয়ের আঘাত শীঘ্রই ঠিক হয়ে যায়। আশা প্রতিষেধকের কাজ করে। এটি যেকোন আঘাতকে খুবই শীঘ্র ভালো করতে পারে। খারাপ থেকে খারাপতর পরিস্থিতিতেও আশার হাল ছাড়বেন না। আপনি আপনার জীবনের সাথে কি করতে চান, তার প্রতি নজর রাখুন এবং আপনি নিজেকে কিভাবে কাজে লাগাতে পারেন। নিজের বিষয়ে সর্বদা উঁচু দৃষ্টিকোণ রাখুন ও আত্মাকে মুক্ত রাখুন, যেকোন সময়ে নিজের নজরে নিজেকে প্রতিষ্ঠিত করে রাখুন। স্যামুয়েল জোনসের মতে, "যে কোন কার্যকে সহজ পদ্ধতিতে করার সাথে সাথে তৎপরতাও বজায় রাখা উচিত।" মনে রাখবেন সফলতা রাতারাতি পাওয়া যায় না। যদি আপনি সম্পূর্ণ লক্ষ্যে উপনীত হতে চান তবে আপনাকে সময় এবং প্রয়াস দিতেই হবে। সফলতা এমন বস্তু নয় যাকে

চাওয়ার সাথে সাথে পাওয়া যেতে পারে, আপনাকে আপনার স্বপ্নের প্রতি পুরোপুরি সততা বজায় রেখে কঠোর পরিশ্রম করতে হবে।

আপনি কি হতে চান বা কি করতে চান, এই বিষয়ে নিজের চিন্তা স্পষ্ট রাখুন। একবার এটি অনুভব করার পর আপনি আপনার স্বপ্ন আরো ভালোভাবে সফল করতে পারবেন। ফ্রান্সিস্ ওয়েল্যাণ্ডের মতে, "আমরা যাই হই না কেন, নিজের জন্যই হই, অন্যের কারণে নয়, এই কারণে আমাদের যুগ যুগান্তর ধরে মনে রাখা হয়।" সুন্দর জীবনধারণের প্রতি ধ্যান কেন্দ্রীভূত করুন। নিজের মূল্য, স্তর বা নৈতিক নিয়মকে শ্রদ্ধা করুন যাতে আপনি দৃঢ় চেতা ব্যক্তি হিসাবে পরিচিত হতে পারেন। আপনার চলার পথটি এতটাই মূল্যবান করুন যাতে তা বিচ্ছুরিত হতে পারে। যদি প্রয়োজন পড়ে, তবে জীবনে পরিবর্তন আনুন, যাতে আপনি আপনার আদর্শকে পুরো সম্মান দিতে পারেন। নিজের প্রতি সত্যতা বজায় রাখুন তাহলে আপনার চতুর্দিকে প্রসন্নতা ছেয়ে থাকবে। মূল্যকে শ্রদ্ধা করলে আপনার শরীরও জীবনের অগ্রগতি সুশ্রী হবে।

জীবন নিয়মিত ধারায় তুলুন। বরাজুন-এর অধ্যায়ণ ও নিয়ম অনুসারে, ধ্যান কেন্দ্রীভূত করা সামান্য কিন্তু কঠিন কলা, মস্তিস্ক বা নিজস্ব সংগঠন, সঠিক ধ্যানাকর্ষণ করার কলা, এমনিতে এসে যায়না, যে কোন বিষয়ের কঠিন অংশই এর শিক্ষা দেয়, এটিকে আপনি নির্দ্দিষ্ট কোন বিষয় থেকে নির্দ্দিষ্ট বছরে শিখতে পারেন না, কিন্তু অনেক ব্যক্তির সাথে যোগাযোগের মাধ্যমেই শিখতে পারেন। যেমন ভাবে একজন খেলোয়াড় সুঠাম শরীর, সহযোগীতা এবং সংকল্পের অভাবে অপরের সাথে খেলার পরিবর্তে খেলার মাঠে একাই খেলে।" যদি আপনি আপনার আত্মবিশ্বাসের স্তরে পবিত্রতা আনত চান তবে অপর কোন ব্যক্তিকে হেয় করার জন্য কোন কথা বলবেন না। যদি আপনি এমন করে থাকেন তবে আপনাকে নিজেস্ব ধারণা বা ব্যবহারে পরিবর্তন আনতে হবে। তবেই আপনি জীবনে আত্মিয় বা বন্ধু পেতে পারেন। যে ব্যক্তি আপনাকে কষ্ট দিয়েছে সেই ব্যক্তির প্রতি কঠোর মোনভাব প্রদর্শন করবেন না। এমনকি এই ব্যবহারের পরিবর্তে সঠিক মোনভাব পোষণ করুন। এই লোকেদের পিছনেও ভালো ও আনন্দদায়ক কথাই বলুন। এই অভ্যাসকে আপনি বিকশিত করতে পারেন।

অন্যের বিষয়ে আপনার অনর্থক চিন্তা প্রায়ই আপনার নিজের নিরাপত্তাহনতা ও ভয়কে প্রতিবিম্বিত করে। অপরের সঙ্গে আপনার সম্বন্ধের বিশেষত্বই প্রমাণ করে যে আপনি নিজের বিষয়ে কি ভাবেন।

যে বন্ধু সামনে হাসালেও পিছনে কারোর আপনাকে কাঁদাতে বাধ্য করে সেই রকম বন্ধু খুবই বিপদজনক হয়। কারো মুখের উপর তাঁর সমালোচনা করা আর পিছনে তার সম্পর্কে আলোচনা করার মধ্যে যথেষ্ট পার্থক্য আছে।

অনুপস্হিত লোকের রিষয়ে আলোচনা করা মনুষ্যত্ব বর্জিত কাজ। পিছনে কাউর সম্পর্কে নিন্দা না করা এইটাই আপনার চরিত্রের থেকে আশা করা হয়। আপনি কোন ব্যক্তিকে তার ব্যক্তিত্ব বা অহংকারের জন্য পছন্দ না কল্লেত পারেন, কিন্তু তার অর্থ এই নয় যে আপনি তাকে নীচু কারো বিষয় গুলিকে হাত ছাড়া করবেন না। যদি আপনি কারো বিষয়ে কোন ভালো কথা বলতে না চান তবে আপনি আপনার মুখবন্ধ করে থাকুন।

আমরা সবাই খুব ভালোভাবেই জানি যে, আমরা কোন ব্যক্তিকে তার দুর্বলতার সাথে পরিচিত করে আঘাত প্রদান করি। যদিও আমাদের কাছে অধিকার আছে, সবকিছু আমাদের নিয়ন্ত্রণেই আছে, তবুও আমরা উক্ত ব্যক্তির দুর্বলতা চিনে ও তাকে আঘাত প্রদান করলে সেটাকে আমাদের স্বভাবের বিশেষত্ব বলা উচিত হবে না। আপনার মুখ থেকে এমন শব্দ শুনলে অপর ব্যক্তিরা আপনাকে ছোট মনের, নিম্নমানের ও হীন ভাবতে পারে। স্মরণে রাখবেন যে যখনই আমরা অপর কোন ব্যক্তিকে আঘাত করি তখন আমরা নিজেদের কেও দুঃখ দিই। যদি আপনার ব্যবহারই এমন হয় তবে কিছু বলার আগে দুবার ভাবুন।

যদি কেউ অপরের বিষয়ে কোন ভুল কথা বলে তবে আপনি এই ক্ষেত্রে নিন্দার পরিবর্তে এই ব্যক্তির প্রতি সহানুভূতি দেখান বা তার পক্ষ নিয়ে কথা বলুন। অনেক বেশী গুরুত্বপূর্ণ হবে যদি আপনি আলোচককে বুঝিয়ে দিতে পারেন যে আপনি কারো পিছনে নিন্দা পছন্দ করেন না। বন্ধুত্ব বা সামঞ্জস্যকে উৎসাহ প্রদানের চেস্টা করুন। পরিবর্তন তখনই আসে যখন আমরা পরিবর্তন সূচীত করতে চাই। নিজের বা পরের ব্যাপারে অস্বীকৃতি মূলক বিষয় সহজেই কাটিয়ে দিতে পারেন। উচ্চমানের মানুষ হতে গেলে আমাদের নিজেদের খারাপ প্রবৃত্তি গুলি ছাড়িয়ে উপরে উঠতে হবে।

আমাদের অপর ব্যক্তিদের খারাপ শব্দ বলার থেকে বাঁচা উচিত। যখন আপনি রেগে যাবেন তখন নিজেকেই প্রশ্ন করুন যে আপনি কেন এমন করছেন। মনে রাখবেন অপর কাউকে খারাপ কথা বললে বা তাকে নীচু দেখালে তার কোন পরিবর্তন হবেনা। যার আলোচনা করা হচ্ছে সে একই

রকম থেকে যাবে শুধু আপনিই অপরের চোখে খারপা হয়ে যাবেন। কাউকে কাঁদালে আপনার ভাবমূর্তিতে উজ্জ্বলতা আসবে না কিন্তু এর দ্বারা আপনার ঘৃণা, ক্রোধ, ভয়, ঈর্ষার আভাস পাওয়া যায়।

এই রকম ব্যবহারের হাত থেকে নিজেকে রক্ষা করার উপায় সবার কাছে থাকে। আপনার রাগ কাউকে বদলাতে পারবেনা। আমাদের নিজেদের জীবনকে অস্বীকৃতির হাত থেকে রক্ষা করতে হবে। এই জীবনে যে খুশী আছে তা আমরা হারিয়ে ফেলছে পারি। জীবন বা প্রসন্নতার উপর কঠিন সম্পর্কের বোঝা চাপিয়ে দেবেন না। গোড়া লোকদের সাথে মোকাবিলা করার সময় আমাদের সামনে দুটি পথ থাকে–হয় আপনি তাকে উপেক্ষা করতে পারেন, নয়তো তাকে কোন উচিত সমাধানের বিষয়ে সচেতন করতে পারেন। এই ব্যক্তির আপনার জীবনে কতটা গুরুত্ব আছে এই বোধই আপনাকে মুক্তি দেবে। এইভাবে আপনি যন্ত্রণা বিষয় থেকে বেড়িয়ে জীবনকে তার ভরপুর সৌন্দর্য্যের সাথে অতিবাহিত করতে পারেন। আপনার নিজের সুরক্ষিত ভাবনার মধ্যেই দীর্ঘকালীন, সদর্থক বা মধুর সম্পর্কের রহস্য লুকিয়ে আছে। আপনার সমগ্রতার মধ্যে দিয়ে সমর্থক তাই যেন প্রতিবিম্বিত হয় সে বিষয়টি নিশ্চিন্ত করুন।

সার্থক স্বপ্নের রূপ

স্পষ্ট ও নির্ধারিত লক্ষ্য নিয়ে যে সব ব্যক্তি পথ চলা শুরু করেন তারা অন্য ব্যক্তিদের তুলনায় অনেক তাড়াতাড়ি লক্ষ্যে উপনীত হন। এই পথটি সব দিক দিয়েই সর্বত সত্য। যে কোন পরিস্থিতি তে স্পষ্টতা ও আনন্দের সত্তর শতাংশ যোগদান বিজয়ের জন্য প্রেরণা দান করে। স্পষ্টতার অভাবের জন্য কুণ্ঠা বৃদ্ধি পায় এবং সফলতা দূরীভূত হয়। এই কারণেই কিছু লোক বলে–"সফলতা একমাত্র লক্ষ্য বাকি সব সৌজন্যমূলক ভাষণ।" আপনার জীবনের স্পষ্টতার উপরেই সফলতা নির্ভর করে। সবার প্রথম আপনি মনে করুন যে আপনি জীবন থেকে কি চান। স্পষ্ট ভাবে লিখুন এবং বর্ণনাও করুন।

আপনার লক্ষ্যে উপনীত হওয়ার জন্য সময় বিধি নির্ধারণ করুন। লক্ষ্যের আকার ও জটিলতার উপর নির্ভর একে ছোট-ছোট অংশে ভাগ করুন এবং ক্রমবদ্ধতা বজায় রাখুন। আপনার সাহায্যকারী বস্তুরও একটি সূচী করুন। যদি কিছু নতুন দেখতে পান তবে তাকেও সূচীর অন্তর্ভুক্ত করে প্রাথমিকতা ও ক্রম অনুযায়ী লিপিবদ্ধ করুন।

আপনার পরিকল্পনার গুরুত্বপূর্ণ বিষয়ের উপর শীঘ্র কাজ করার অভ্যাস করুন। এটি খুবই গুরুত্ব রাখে। প্রতিদিন এমন একটা কার্য অবশ্যই করবেন যা আপনাকে লক্ষ্যের দিকে নিয়ে যেতে সাহায্য করে। ওয়াশিংটন ইরভিং বলেন যে–"উর্বর মস্তিস্কে উদ্দেশ্য থাকে এবং অন্য ব্যক্তিদের কাছে ইচ্ছা থাকে।"

লক্ষ্যকে লিপিবদ্ধ করুন :

আপনার লক্ষ্যকে লিপিবদ্ধ করার অভ্যাস করুন। যত বেশী আপনি লক্ষ্যের বিষয়ে বিচার করবেন, সেই বিষয় ততটা স্পষ্ট হবে। দ্বিতীয়

গুরুত্বপূর্ণ বিষয় হল আপনার ইচ্ছা কি বা তা পাওয়ার জন্য আপনি কত সময় ব্যাহত করতে পারেন। একটি বিপরীত দৃষ্টিকোণ-এর অর্থ হল, আপনি আপনার লক্ষ্য থেকে বিমুখ হচেছন। একটি অধ্যায়ন থেকে জানা যায় যে কেবল তিন শতাংশ ব্যক্তিই প্রতিদিনের লক্ষ্য বা পরিকল্পনা কাগজে লিখে রাখেন। এই তিন শতাংশ ব্যক্তিই জীবন থেকে প্রচুর পায়। ভালো হয় যদি আমরাও এই তিন শতাংশ ব্যক্তির মধ্যে স্হান করে নিত পারি। কিছু সময় পরে এই তিন শতাংশ উচ্চ শ্রেণীর ব্যক্তির মতন আপনও্তি ফলাফল পাবেন।

আপনি কত পেয়ে গেছেন তার উপরেই লক্ষ্যের পরিবর্তন নির্ভর করে। আপনার লক্ষ্যের প্রতিদিন অধ্যায়ন বা মূল্যাঙ্কন করুন, যেন আপনি নিজেকে অতি গুরুত্বপূর্ণ বিষয়ে কেন্দ্রীভূত করতে পারেন। আপনি সময়ের অনুসারে আপনার সূচীবদ্ধ লক্ষ্যকে বৃদ্ধি বা হ্রাস্ব করতে পারেন। একটি লক্ষ্য প্রাপ্তির পর যে কার্যের গুরুত্ব শেষ হয়ে গেছে তাকে সূচী থেকে বাতিল করা জরুরী হয়ে যায়। প্রধান কথাটি হল যে আপনার লক্ষ্য যাই হোক না কেন, কাগজে তার পুরো পরিকল্পনা করুন এবং তার উপর নির্ভর করে দৈনন্দিন কার্য করুন। এইভাবে আপনি উচ্চতর প্রদর্শন বা অধিকতর উপলব্ধি পেতে পারেন।

আপনাকে নিয়মিত প্রসন্নতা প্রাপ্তির অভ্যাস করতে হবে যাতে আপনার জীবন সন্তুস্ট এবং ভরপুর থাকে। সেই পাঁচটি বিষয়ের সূচীপত্র বানান যার জন্য জীবনে কৃতজ্ঞ হতে পারেন। আপনার উপর প্রচণ্ড চাপ সৃষ্টিকারী নেতিবাচক চিন্তা জীবন থেকে বহিস্কারের চেস্টা করুন। একে এক সদর্থক বাক্যে পরিবর্তনের চেস্টা করুন। নিজের কাছে সবসময় প্রশ্ন করুন, জীবনের কোন ক্ষেত্র থেকে প্রসন্নতা লুপ্ত হচেছ এবং এর কারণ খোঁজার ও চেস্টা করুন।

নিজের প্রসন্নতাকে কোন কিছুর থেকে ছোট করবেন না। নিজেকে এবং নিজের প্রয়োজনকে গুরুত্ব দিতে শিখুন। এটি আপনার সম্পর্ক বা দায়িত্ব অবহেলার প্রশ্ন নয়। এর সহজ অর্থ হল আপনি এমন বস্তুর সাথে অপোষতা করবেন না যার জন্য আপনাকে পরে আফসোম করতে হয়। আপনাকে আপনার প্রসন্নতার মূল্য দিয়ে ভালো হওয়ার চেস্টা করতে হবে না কিন্তু এর সাথেই নিজের স্বপ্ন বা গুরুত্ব আকাঙ্খাকে ভোলা উচিত নয়। আপনার জানা উচিত যে আপনার খুশী থাকার যথেস্ট অধিকার আছে। অনিচছা বশত কোন কার্য করতে রাজী হবেন না। ছবি দেখে ভ্রান্ত

হবেন না, আমরা মাথায় অন্য ব্যক্তি সম্পর্কে সৃষ্ট ছবির মাধ্যমেই তার মূল্যায়ন করার চেস্টা করি। উপরিভাগ পর্যন্ত পৌঁছানোর চেস্টা করুন। এইভাবেই বিপরীত দিকে সর্বদা এক নিপুণ স্বামী স্ত্রী, পুত্র, বান্ধবী, মা, কন্যা, বাবা, বন্ধু কর্মচারী বা অফিসার হওয়ার চেস্টা করবেন না। এটি নিজের ভিতর অবসাদ সৃষ্টি করতে পারে, বিশেষ করে যখন আপনি পরের সেবায় নিজেকে ভুলে যেতে চান। যখন পরে আপনি জানতে পারবেন যে অপরের নজরে ভালো হতে চেয়ে নিজের আনন্দ নস্ট করেছেন তখন আপনার অন্তরে আত্মগ্লানির সৃষ্টি হবে। আপনি কিভাবে নিজেকে সমর্থন করবেন তা খোঁজ করুন। এর অর্থ হল আপনি লোকেদেরকে কাছ থেকে কি চান, সেটাকে স্পস্ট রূপে বলা যাক্। আপনার কথা, ব্যবহার শারিরীক হাবভাব ও ভঙ্গিমা আপনার বিশ্বাসকে প্রতিবিম্বিত করেছে কিনা এটা সুনিশ্চিত করার চেস্টা করুন এবং সেই সাথেই আপনি অপর ব্যক্তিদের বিশ্বাস দান করুন যে আপনি একটি বিশেষ ব্যক্তি হওয়ার জন্য উপেক্ষার পাত্র নন।

এখানে আমি এটা বলতে চাই না যে আপনি নিজের ভালোটা ত্যাগ করুন। আপনাকে এটা মাথায় রাখা উচিত যে যদি আপনি কা করতে না চান তবে স্পস্ট ভাবে না করে দিন। মনে রাখবেন কেবল আপনার মধ্যেই নিজের স্বপ্নকে সম্পূর্ণ করার ক্ষমতা আছে। অপরের আনন্দের উপর নিজের স্বপ্নকে নির্ভরশীল করবেন না। যদি আপনি কোন না কোন অজুহাতে নিজের স্বপ্ন বা ইচছাকে উপেক্ষিত করেন তবে প্রসন্নতা নস্ট হয়ে যাবে। সক্রিয় হোন এবং অনুভব করুন ও লক্ষ্য পূরণের সম্পূর্ণ চেস্টা করুন।

নিজের অমূল্য সময় বাঁচান, যেন আপনি নিজের বা ব্যবসার কার্য প্রাথমিতকা অনুযাই করতে পারেন। গুরুত্বপূর্ণ খবরাখবরকে সর্বদা নিজের কাছে রাখুন। ইচছা সূচী বা গুরুত্বপূর্ণ বিষয়ের একটি সূচী থাকা প্রয়োজন যাতে আপনি খুবই শীঘ্র নির্ণয় নিতে পারেন।

চিন্তার সূচী অন্তহীন। আমার কাছে একটি মেডিক্যাল ফাইল আছে যেখানে আমার রোগের বিস্তারিত বর্ণনা, ঔষধপত্রাদি ও ডাক্তারের বর্ণনা আছে। আমার কাছে যতগুলি সিনেমা দেখেছি তার সূচী আছে এবং একটি সূচীতে ধার নেওয়া বা প্রদেয় বস্তুর বিবরণ লিখে রেখেছি। এই সূচীর প্রভাবে আমার মনে হয় যে আমি আমার জীবনকে নিয়ন্ত্রিত করতে পেরেছি বা জীবনের শিখরে আছি। এমন কি আমার কাছে দেওয়ালে

টাঙানো ক্যালেণ্ডারের উপরেও অনেক ঘটনার তারিখ চিহ্নিত করা আছে। আপনি এই রকম যেকোন উপায় অবলম্বন করতে পারেন। কখন আপনি পরিবার, কেরিয়ার, লক্ষ্য বা শিক্ষাদি থেকে প্রাপ্ত বচনের তলায় পৃষ্ঠ হয়ে যান কেননা জীবনে সমস্ত কিছুই অন্তহীন। আপনাকে সূচী বানানোর নতুন ও জনপ্রিয় পথ জানা উচিত। আমাদের সবাইকে দিনচর্চা, নিয়মিত ঘটনা মনে রেখে শীঘ্র সিদ্ধান্ত নেওয়ার আবশ্যকতা হয়। আপনার নিজের মধ্যে পরিবর্তন সংগঠিত করতে হবে কারণ এটাই সফলতার মূল মন্ত্র। এইভাবে প্রাপ্ত লক্ষ্য আপনাকে সুখী করবে।

মুখ্য অধিকার প্রাপ্ত করুন

আমাদের সারা জীবন কোন না কোন রূপে কাগজপত্র সামলে রাখতে হয়। এটি জীবনের এমন গুরুত্বপূর্ণ তথ্য যে তাকে উপেক্ষিত করা যায় না। যতক্ষণ না আমরা আমাদের টেবিলের উপর পরে থাকা কাগজ পত্রগুলিকে সামলাতে এবং পড়তে পারি, ততহণ পর্যন্ত আমাদের কার্যক্ষেত্র নোংঙা আবর্জনায় পরিপূর্ণ হয়ে থাকে, একটি অধ্যায়ন থেকে জানা গেছে যে একজন অফিসার কোন বিষয় পড়তে 5 থেকে 15% সময় ব্যয় করলেও তা খুঁজতে 50% সময় ব্যয় করে। আপনি অনুমান করে নিন যে আপনি টেবিলোর উপর পড়ে থাকা বস্তু গুলিকে সুসজ্জিত করতে কত সময় নেবেন। প্রত্যেক সপ্তাহে অগোছালো স্থান থেকে কোন বস্তু খুঁজতে কত সময় লাগে তার অনুমান করে নিন। এটাও মনে করার চেস্টা করুন যে গত বছর এই অগোছালোতার জন্য আপনার কত দরকারি কাগজ হারিয়ে গেছে। আপনাকে আপনার পড়াশোনার ক্ষেত্রে বেশী সময় দিতে হবে।

পরিস্কার পরিচছন্ন স্হানে কাজ করার আনন্দই আলাদা। ওখানে আপনি যখন যা চাইবেন তা সহজেই পেয়ে যাবেন। প্রায়ই আমারা অন্য কাজের চাপে এই বিষয়কে উপেক্ষা করে দিই। যেখানে বসে আমি এই বিষয়টি লিখছি, সেখানে একটি ছোট টেপ রেকর্ডার, ব্রিফকেস, ক্যালকুলেটার ফটোগ্রাফ, আমার মায়ের ব্লাড প্রেসার দেখার মেশিন, কিছু অপড়া বই, আমার ডিজিটাল ডাইরি যা ল্যাপটপ থেকে দূরে অবস্হিত।

এটি খুবই সত্য ঘটনা যে আমরা ঘর বা কার্যক্ষেত্রের যে কোন সমতল উপরিভাগে যেমন–খাওয়ার টেবিলে বা কাজের টেবিলে স্তুপ বানিয়ে ফেলি। এই কারণেই আমারা এই জায়গার উচিত ব্যবহার করতে পারিনা যে এই স্তুপের মধ্যে কত জরুরী বস্তু চাপা পড়ে আছে। এই অবস্হা আরো খারাপতর হয় যখন আমরা কাজের টেবিলকে খাওয়ার টেবিল

বানিয়ে দিই। কোরস অ্যাণ্ড লেব্রাণ্ড এবং USA উইকেনড-এর একটি গবেষণা থেকে জানা গেছে যে–"কর্মরও বেশীর কর্মচারীগণ 36 ঘন্টার মধ্যে 3 ঘন্টা কাগজপত্র খুঁজতেই কাটিয়ে দেয়। যার মধ্যে 7.5% কাগজপত্র হারিয়ে যায় এবং শেষ 3 অংশ ভুল ফাইলে অন্তর্ভুক্ত হয়ে যায়।"

নিজের থেকেই ছড়ানো এই বিষয়কে সাজিয়ে রাখার জন্য এর উপর প্রতিদিন কিছু সময় কাজ করা উচিত। বাস্তবে আপনাকে ডেস্ক বা টেবিল পরিস্কারের দিকে নজর দিতে হবে। একে একটি গুরুত্বপূর্ণ কাজ মনে করলে তবেই আপনার যোগ্যতা বা ক্ষমতায় উন্নতি আসতে পারে। যেমন ভাবে আপনার নিজের ডাক্তারের সাথে সাক্ষাৎ জরুরী তেমনিই ভাবেই এই বিষয়কেও উপেক্ষা করবেন না।

যন্ত্রাদির ব্যবহার করুন ঃ-

আপনাকে আপনার সমস্ত মূল্যবান সময় এই কাজে লাগানোর দরকার নেই। এই জন্য আপনি একটি নির্দ্দিষ্ট সময় তৈরী করে নিন। কাজ শুরু করার আগে নিশ্চিত করে নিন যে আপনি এই কাগজ, বিল ও ফাইল কোথায় রাখবেন। নিজের কাছে কাগজ ও কলম রাখুন যাতে মাথায় আসা তথ্যকে নোট করে রাখতে পারেন। আপনার কাছেই একটি ডাস্টবিন আছে যাতে রদ্দী কাগজ ফেলতে পারেন। সমস্ত জিনিষের সর্তকতার সাথে নিরক্ষণ করুন। কাগজ গুলি বাছাই করার পর টেবিলের পালিশকেও ভালো ভাবে চমকানোর চেস্টা করুন। ডেস্কের ড্রয়ারেও ভালো করে নজর দিন এবং আঠা, কাঁচি ফুটো করার পাঞ্চার, পেনসিল, কল, ও স্কেল যে গুলি প্রতিদিন ব্যবহারের প্রয়োজন নেই সে গুলিকে টেবিলের পরিবর্তে ড্রয়ারে রাখুন। কখনও কখনও আমাদের ডেস্কের উপর পরিবারের ফোটোগ্রাফ বা বাচ্চাদের খেলার জিনিষ রাখার শখ হয়, কিন্তু এমন করা উচিত নয় কারণ এতে ডেস্কটির প্রয়োজনীয় ব্যবহার অসম্ভব হয়ে যায়।

ডেস্কে পেন, পেনসিল, ফোন, ফোনপ্যাড, ডায়রি, ফাইল, কম্পিউটার, ক্যালেণ্ডার এবং টেবিল ল্যাম্প ইত্যাদি রাখুন। যে পত্রিকা বই বা মেমো প্রভৃতিকে আপনি পড়ে ফেলেছেন সেগুলি ফেলবোন, না গুছিয়ে রাখবেন না পুস্তকালয়ে পাঠাবেন তা ঠিক করুন। বেশীর ডেস্কেই ড্রয়ার হয়। ড্রয়ার পরিস্কার করার পর সেটিকে জিনিষপত্র দিয়ে ভরার আগে চিন্তা করুন যে এই স্হানের উচিত ব্যবহার কি হওয়া উচিত। ড্রয়ারকে আস্তাকুঁর বানাবেন না। আমাদের মধ্যে বেশীর ভাগ লোক ডান হাতের

বেশী ব্যবহার করলেও কিছু লোক বাঁ হাতের ব্যবহার করনে এই অভ্যাস অনুসারেই জিনিষপত্র রাখুন। এতে আপনার ক্ষমতা বৃদ্ধি পাবে। এই কাজে অপরের সাহায্য নিলেও যেটি খারাপ ব্যাপার নয়। নিম্নলিখিত বিষয়কে লক্ষ্য করে কাজ করলে আপনার কাজের শৈলী আসবে।

নিজের-মেলকে যত তাড়াতাড়ি সম্ভব পড়ার চেষ্টা করুন। যে মেল আপনার কাজের ক্ষেত্রে অপ্রয়োজনীয় সেই মেল অপসারিত করে দিন। যেখানেই জবাব দেওয়ার প্রয়োজন হবে সেখানে সঙ্গে সঙ্গে পাঠিয়ে দিন। যদি কোন জরুরী কাগজ কোথাও পাঠাতে হয় তবে সে কাজে দেরী করবেন না। ডেস্কে যে সমস্ত কাগজ বা ফাইল রাখবেন তাতে এই দিনের তাখির দিন। এই কাজ করার সময় তৈরী করুন। পড়ার যোগ্য জিনিষ পত্রকে একটি ফোল্ডারে রাখুন। খবরের কাগজের কোনায়, চিরকুটে বা প্যাডে নিজস্ব নোট, ঠিকানা, টেলিফোন নম্বর বা ওয়েব সাইট লিখবেননা। এরজন্য টেলিফোন ডায়রির ব্যবহার করুন। ডেটা অনুযায়ী ডায়রিতে আপনার সুবিধা বেড়ে যাবে। কোন অসম্পূর্ণ পরিকল্পনাকে মধ্য পথে ছাড়লে তাকে একটি আলাদা ফাইলে রাখুন। নিজের কার্যক্ষেত্র কে পরিস্কার পরিচ্ছন্ন ও সুসজ্জিত রাখার আপ্রাণ চেষ্টা করুন। ডেনিস লিং নিজের বই "সৈইক্রিড স্পেশঃ ক্লিয়ারিং অ্যাণ্ড ইনহানসিং দ্যা এনার্জি অফ্ ইয়োর হোম"-এ বলেছেন যে-"যদি আপনার জীবন ভ্রান্তি দ্বারা পরিপূর্ণ থাকে তবে আপনি আপনার ড্রয়ারে পরিস্কার করে জীবনে শান্তি আনত পারেন। এই কার্য থেকে প্রাপ্ত নিয়ন্ত্রণ বা কর্মবদ্ধতা আপনাকে মজবুত করবে যার সাহায্যে আপনি কঠিন সমস্যার সমাধান ও সহজতর উপায়ে পেয়ে যাবেন।" আজই এই তথ্যের উপর বিশেষ ভাবে নজর দিন আপনি নিশ্চিন্ত ভাবে খুব ভালো থাকতে পারবেন।

দৃঢ় ভাবে এগিয়ে যান

যে সমস্ত ব্যক্তি হীণমন্যতায় ভোগেন তারা কখনও কখন নিরাশা বা উদাসীনতার শিকার হন। সঠিক চিন্তাধারাও সঠিক নির্ণয় ক্ষমতার অভাবে উদাসীনতার আবরণ ছিন্ন করা কঠিন হয়ে যায়। এই আবরণ কেটে বেরনোর জন্য আপনি সেই মূহুর্তের চিন্তা করুন, যে সময় আপনার কোন মহৎ আকাঙ্খা পূর্ণ হয়ে ছিল। এই অনুভবকে জীবনের অন্যান্য ক্ষেত্রেও স্মরণ করুন। এইভাবে আপনি আপনার জীবনে কাঙ্খিত পরিবর্তন আনতে সক্ষম হবেন। তখনই আপনি বুঝতে পারবেন যে আপনার জীবনের সঠিক চিন্তা ও উন্নতির পথে 'কি' বাধার সৃষ্টি করছে।

বেশীর ভাগ মানুষ ভাবেন যে তাদের নিজস্ব চিন্তা ধারা বা ক্ষমতা পরিবর্তন আনার জন্য যথেষ্ট, তারা আরোও ভাবেন যে এই চিন্তাধারাই সেই ব্যক্তির জীবনে বা অন্যান্য ব্যক্তির জীবনে সঠিক পরিবর্তন আনতে সক্ষম হবে। এই পরিস্থিতির বিচারে বলা যায়, দর্শন এবং অভিগমন মানুষকে সুখ বিহীন ধাঁধাঁয় বেঁধে ফেলে। আমাদের বা অন্যান্য ব্যক্তিদের জীবন যেন আরোও সুন্দর হয়ে ওঠে আমাদের সেই দিকেই চিন্তা করা উচিত। প্রত্যেক মানুষের জীবন অপর ব্যক্তির জীবনের সাথে গাঁথিত তা আমাদের স্মরণে রাখা উচিত। পরিস্থিতি যেমনই হোক না কেন ইতিবাচক চিন্তাধারা সর্বদাই আমাদের সাথে থাকে।

যশ বা সফলতা সহজে অর্জন করা যায় না। জীবন কোন সহজ খেলা নয়। যদি আপনি পুরস্কার লাভ করতে চান তবে সর্ব শক্তি বা সাহসের সাথে এগিয়ে যেতে হবে। আপনার জীবনের প্রতিটি কার্যকে আপনার অন্তঃদৃষ্টি প্রভাবিত করে। সঠিক স্বীকৃতি পেলে জীবনে সঠিক কার্যক্রম বৃদ্ধ পায়। জীবনে ছোট ছোট বিষয়ও অনেক গুরুত্ব রাখে। এর সঠিক ব্যবহার আপনার উপর নির্ভর, সঠিক নির্ণয় নেওয়ার ক্ষমতা আপনাকে প্রদান করেছে। আপনি তার ব্যবহার করুন।

এন্হনি রোবিন্স বলেছেন যে—"লক্ষ্যের একটি শেষ আছে, কিন্তু তা

আমাদের জীবনের চূড়ান্ত উদ্দেশ্য নয়। এটি হল সেই উপকরণ যার মাধ্যমে আমরা সঠিক পথে গমন করতে পারি। লক্ষ্য আমাদের সফলতাও সমৃদ্ধির পথে এগিয়ে নিয়ে যায়। স্বয়ংক্রিয় ভাবে প্রাপ্ত লক্ষ্য কখনই দীর্ঘকালীন সুখ প্রদান করেনা। যদি আপনি নিজে বিভিন্ন প্রতিবন্ধকতা অতিক্রম করে লক্ষ্যে পৌঁছাতে পারেন তবে আপনি সর্বাত্মক সন্তুষ্টি প্রাপ্ত করবেন।"

প্রসন্নতা পাওয়ার আশায় জীবনের মূল্যবান সময় অপচয় করা উচিত নয় কিংবা ধনরাশী বা সঠিক ব্যক্তিকে বিয়ে করে সমাজে প্রভাব বিস্তারের আশার মাধ্যমে প্রসন্নতাকে গণ্ডীবদ্ধ করা উচিত নয়। আপনার মাধ্যমেই ঘটনার সৃষ্টি হয়। জীবনের অমূল্য সময় এইভাবে নষ্ট করবেন না।

বর্তমানই জীবনের সময়। তাই আপনি আজ হয়তো কাল প্রসন্ন হবেনই এই চিন্তায় সময় অতিবাহিত করবেন না। যদি আপনি ভবিষ্যৎ-এ প্রসন্নতার প্রাপ্তির আশায় প্রতিক্ষা করেন তবে আজ আপনি কি করছেন? আপনি এই ভাবে নিজের সাথে ছলনা করছেন না কি? নিজেকে খুশী রাখার চেষ্টা আজই করুন। আগামী অনেক দূরে, ইতিবাচক দৃষ্টিভঙ্গীর ব্যবহার করুন। হেলেন কেলারের মতেঃ "কোন নিরাশাগ্রস্হ ব্যক্তি তারার রহস্য ভেদ করতে পারেন না, কোন নতুন স্হানের খোঁজ করতে পারেন না বা মানুষের জন্য নতুন ক্ষেত্রের সন্ধান দিতে পারেন না।"

আমাদের প্রত্যেককেই জীবনে সংঘর্ষ বা কষ্টের সম্মুখীন হতে হয়। যখন আমাদের সঙ্গে কোন খারাপ ঘটনা ঘটে তখন আমরা সেটিকে কিভাবে নেব তা নিজেদের উপর নির্ভর করে। ঘটনার শিকার না হয়ে তার প্রতিরোধ করার চেষ্টা করুন। আমাদের প্রত্যেকের মধ্যেই নিজস্ব সুখ বজায় রাখার ক্ষমতা আছে। আপনার এই আশাবাদী দৃষ্টিকোণের উপর কোন ব্যক্তি, বস্তু বা ঘটনাকে প্রভাব বিস্তার করতে দেবেন না। নিজের নাজেহাল পরিস্হিতির জন্য নিজের প্রতি বা অপর ব্যক্তির প্রতি দোষারোপ করবেন না।

যদি সর্বদাই আপনার সাথে খারাপ ঘটনা ঘটে. তবে নিজের দিকে আরোও বন্ধুত্বের. সত্যের হাত বাড়িয়ে দিন। আমাদের মধ্যে প্রত্যেকেই নিজেদের জীবন বা প্রসন্নতার উত্তরদায়ী। কারণ আমাদের মানদণ্ড পৃথক। এইরকম সংকীর্ণতার সম্মুখীন হলে, বোঝার চেষ্টা করুন। এই সংকীর্ণতা বাস্তবিক না কাল্পনিক? আমাদের সংকীর্ণতাই স্বপ্নের পথে বাধার সৃষ্টি করে। এর ফলে আমাদের স্বপ্ন সত্যি হয় না। আর এটাই বিশাল প্রতিবন্ধকতা গড়ে তোলে। কিছু পাওয়ার আশায় আমরা অনেক সময় ব্যর্থতার অপেক্ষা করি। আর এই কারণেই প্রচুর মানুষ ভ্রান্ত সন্তুষ্টি

বা প্রসন্নতার জন্য বর্তমানের কাজ সঠিক পন্থায় সম্পন্ন করেন না।

ইণ্ডিয়ান পুলিশ সার্ভিসের আমার এক নিকটতম বন্ধু নিজের বস, সহকর্মী ও অধীনস্থ কর্মীদের প্রতি সর্বদাই অপ্রসন্ন থাকতেন। রাজনৈতিক শক্তির মাধ্যমে সে তার কর্মে পরিবর্তন করত, কিন্তু তিনি লক্ষ্য করে দেখলেন যে সেই নতুন চাকরিতেও তিনি খুশী নন। তারপর সে আমার সাথে পরামর্শ করে, আমি তাকে বলি যে, নিজের বর্তমান পদে সন্তুস্ট থাকার চেস্টা করো। জীবনের ইতিবাচক দিক গুলো দেখো। সে এই সিদ্ধান্ত মেনে নেন ও সফলতা অর্জন করে।

যদি আপনি অনুতাপ করে জীবন কাটান তবে তা সময় নষ্ট ছাড়া আর কিছুই নয়। বর্তমান দিন পরিপূর্ণতায় ভরিয়ে তুলুন। জীবনের সমস্ত তিক্ততা অপসারিত করার চেস্টা করুন, অপর ব্যক্তির কাছ থেকে পাওয়া আঘাত ভুলে যাওয়াই শ্রেয়।

ভরপুর যোগ্যতার মাধ্যমে জীবনকে স্বীকার করতে শিখুন। আপনি আপনার জীবনে কিভাবে প্রসন্নতা আনবেন, তা আপনার উপরেই নির্ভুর করে। এই ইতিবাচক চিন্তা বা দৃস্টিভঙ্গীর মাধ্যমে আপনি সমস্ত কিছু পেতে পারেন। একবার যদি আপনি সঠিক পথে চলতে শুরু করেন তবে জীবন নিজের থেকেই সঠিক পথে চলতে থাকবে। যে সমস্ত ব্যক্তিরা নিজের গন্তব্যে উপনীত হতে পারেন, তাদের মধ্যেই নিজেকে গণ্য করুন, এরফলে আপনার মধ্যে আত্ম বিশ্বাস জন্মাবে এবং সফলতার নতুন স্থান আপনি খুঁজে পাবেন। আপনি ভয় এবং অসুরক্ষিত ভবনার হাত থেকে মুক্তি পাবেন। আপনি শুধু এটাই মনে করুন যে সফলতা আপনিই পাবেন।' রবার্ট হেনরির মতে ঃ "খুশীর দিকে পা বাড়ানোই মনুষ্য জীবনের সর্বপ্রথম পদক্ষেপ হওয়া উচিত।"

আপোষের মাধ্যমেই আনন্দ লাভ হয়। আপনি হয়তো লক্ষ্য করে থাকবেন যে, যখন আপনি প্রসন্ন হন তখন আপনি অপরের সম্বন্ধেও ভালো কিছু চিন্তা করেন। উদাসীনতার মাধ্যমে আপনি আপনার যোগ্যতার সঠিক প্রয়োগ করতে ব্যর্থ হন।

বিষাদ চিন্তার মাধ্যমে আমরা নিজেদেরকে খারাপ থেকে খারাপতর পরিস্থিতিতে কল্পনা করি, নিজেকে নিকৃস্টতর রূপে দেখার চাইতে নিজেকে আনন্দে রাখার চেস্টা করুন। নিজের এবং অপরের আনন্দের জন্য প্রতিদিন কোন না কোন পদক্ষেপ নিন। অন্যান্য ব্যক্তিদের আপনার সঠিক চিন্তার মাধ্যমে প্রভাবিত হতেই হবে। নিজের ওপর আস্থা রাখা সফলতা প্রাপ্তির চাবিকাঠি। অধিক সফলতা বা প্রসন্নতা পাওয়ার জন্য জীবনের সমস্ত ক্ষেত্র গুলির প্রতি লক্ষ্য রাখুন। আমাদের কাছে সেই কার্যকারী বিকল্প উপায় আছে।

প্রভাবশালী প্রবন্ধ লেখার পরামর্শ

লেখনির মাধ্যমে আপনি নিজেকে এবং নিজের ব্যবসার রূপ প্রকট করতে পারেন। আমার মতে বাস্তবিকভাবে এটি প্রধান 'মার্কেটিং টুল', হতে পারে, আপনি ব্যবহার করে দেখতে পারেন। বিভিন্ন পত্র পত্রিকা এবং সংবাদ পত্রের সম্পাদক গণ সর্বদাই কোন ভালো লেখার প্রতীক্ষায় থাকেন। এই কার্যে শুধু সময়ের প্রয়োজন হয়, সেই হিসাবে এটি সম্পূর্ণই মূল্যহীন বিজ্ঞাপন। এখানে এই বিষয়ের জন্য দশটি গুরুত্বপূর্ণ নির্দেশ দেওয়া হচেছ। এটি লক্ষ্য করুন, আপনার লেখা প্রকাশিত হবেই এবং তা সকলেই পড়বে।

সেবা মূলক প্রবন্ধ ঃ আপনি প্রবন্ধ লেখার আগে নিজেকে প্রশ্ন করুন, এই প্রবন্ধ কারো কোন সমস্যার সমাধান করতে পারে কিনা। খুব সামান্য কিছু কারণ ছাড়া ব্যক্তি অন্য কিছু বিষয়েরও অভাব অনুভব করে, এগুলি টাকা, সময়, আত্ম বিশ্বাস ও জীবনের আনন্দ হতে পারে। আপনার লেখনি এই সমস্যার সমাধান করতে পারে কি ?

দৃষ্টি আকর্ষণের ক্ষমতা ঃ আপনি পাঠকদের দৃষ্টি আকর্ষণের চেষ্টা করুন। আপনার প্রবন্ধের শিরনাম সঠিক হওয়া উচিত। শিরনাম পছন্দ করার পর নিজেকে প্রশ্ন করুন এই শিরনাম পড়ে পাঠকের প্রবন্ধ পড়ার আগ্রহ জন্মাবে কিনা। আপনার প্রবন্ধের প্রথম প্যারাগ্রাফটি শুধু পরিচয় জ্ঞাপক হলেই হবে না দৃষ্টি আকর্ষণের ক্ষমতাও থাকা চাই।

একজন ব্যক্তির উপরে গুরুত্ব আরোপ করুন ঃ আপনার প্রবন্ধের পাঠক লক্ষাধিক ব্যক্তি হবে তা কখনই মনে করবেন না, সর্বদাই একজন ব্যক্তির জন্য লিখুন। এখন যেমন আমি শুধুমাত্র আপনার জন্যই লিখছি।

যৌক্তিকতাকে বর্জন করবেন না ঃ একটি যুক্তি থেকে অপর যুক্তিতে লাফিয়ে যাবেন না। প্রথম প্যারাগ্রাফটি যেন দ্বিতীয় প্যারাগ্রাফের সাথে যৌক্তিক রূপে জুড়ে থাকে। প্যারাগ্রাফে বর্ণিত বিভিন্ন বিষয়ও যৌক্তিক

রূপে আবদ্ধ হওয়া আবশ্যক।

নিজের মুখ্য আদর্শ বজায় রাখতে উদাহরণের প্রয়োগ করুন ঃ আপনার মতকে স্পষ্ট রূপে ব্যক্ত করার জন্য কোন প্রসিদ্ধ উদাহরণের ব্যবহার করুন। এই উদাহরণ আপনার বক্তব্যকে দৃঢ় করতে সহায়তা করে।

প্যারাগ্রাফ সংক্ষিপ্ত করুন ঃ একটি প্যারাগ্রাফের চার থেকে পাঁচটি পংক্তি থাকাই শ্রেয়। ছোট প্যারাগ্রাফে বর্ণিত বিষয় পাঠক শীঘ্র উপলব্ধি করতে পারে।

আপনার প্রবন্ধ যেন কর্মশক্তিকে উদ্বুদ্ধ করে ঃ যদি প্রকৃতপক্ষে আপনার প্রবন্ধ জনসাধারণের কোন সমস্যার সমাধান করতে সক্ষম হয়, তবে ব্যক্তিদের বাস্তব সমস্যার পরামর্শ প্রদান করুন মনে রাখবেন যে "insight + action = growth"

দৈনন্দিন জীবনের গতিবিধি দেওয়ার চেষ্টা করুন ঃ এখানে একটি ভালো উদাহরণ আছে, "Life is like a box of chocolates" আপনার চিন্তা ভাবনার পাসে পাঠককে সংযোজিত করার এটি একটি সহজ পথ। এর মাধ্যমে পাঠকদের জীবনে আপনার আদর্শ স্থাপন করার একটি সহজ পথ খুলে যায়।

শেষের একটি–দুটি প্যারাগ্রাফে প্রবন্ধটির সংক্ষিপ্তকরণ করার চেষ্টা করুন ঃ আপনার প্রবন্ধের প্রধান বিষয়বস্তু সংক্ষিপ্ত রূপে বর্ণিত করুন, আপনার তথ্য জনগণের উপর কি প্রভাব বিস্তার করবে, ও তার ফল কি হবে তা বর্ণিত করুন।

সম্পর্ক সূত্র বজায় রাখুন ঃ আপনার প্রবন্ধের মধ্যে ছোট করে রিসোর্স-বক্স দেওয়ার চেষ্টা করুন। এটি আপনার ব্যবসার সাথে সম্পর্কিত তথ্য ও আপনার সাথে সম্পর্ক তৈরী করার পথ দেখাবে। এইভাবে যে কোন প্রশ্নের সমাধান করা সম্ভব।

এই সমস্ত নির্দেশ পালনের মাধ্যমে আপনি প্রকাশক ও পাঠককে একটি ভালো প্রবন্ধ উপহার দিতে পারেন। কিন্তু সর্বপরি মনে রাখবেন যে একজন লেখকই সুসংগঠিত লেখা লিখতে পারে, সুতরাং সর্বপ্রথম আপনার লেখক মনকে জাগ্রত করুন।

ছোট ছোট বিষয়ের মধ্যেও সফলতা লুকিয়ে থাকে

সময় পেলেই আমি প্রসিদ্ধ খেলোয়াড়, জনপ্রিয় সিনেমা আর্টিস্ট, রাজনীতিবিদ্ ও সফল ব্যবসায়ির কাছ থেকে তাদের সফলতার রহস্য জানার চেস্টা করি। একজন সাধারণ মানুষের থেকে কিভাবে তারা অনেক বেশী কর্ম সম্পাদন করনে তা জানার চেস্টা করি। এই আলোচনা থেকে লক্ষ্য প্রাপ্তির চাবিকাঠি বলতে আমি যা বুঝেছি, এই অধ্যায়ে সেই সম্পর্কে আপনাদের কিছু জানাতে চাই।

সমস্ত সফল নেতাগণ প্রথম দিন থেকে আগামী পাঁচ বছরের কার্যতালিকা লিপিবদ্ধ রাখে। যে সমস্ত ব্যক্তিরা শিক্ষার সাথে যুক্ত তারাও নিজেদের লক্ষ্য সম্পর্কে অবগত। ব্যবসায়িরাও জানেন যে তাদের কার্য স্তরে কিভাবে উন্নতি আনতে হবে। এইভাবে প্রসিদ্ধ খালোয়াড়রাও নিজেদের ভবিষ্যৎ-এর খেলা সম্পর্কে ছক কোষে নেন। তারা বিশ্বাস করেন যে তাদের এই লক্ষ্য পূরণ হবেই। সফল ব্যক্তিরা সর্বদাই তাদের লক্ষ্য ও কার্যের মধ্যে সামঞ্জস্য বজায় রাখেন। তারা তাদের আকাঙ্খা পূরণের জন্য টেকনোলজি তথ্য প্রযুক্তি ও শিল্পের সুন্দর ব্যবহার করতে জানেন। তারা তাদের ঐতিহ্য ও ব্যর্থতা সম্পর্কে মাথা ঘামিয়ে নিজেদের সময় নস্ট করেন না। এরা সকলেই নিজেদের দুর্বলতা সম্পর্কে অবগত থাকেন এবং ভবিষ্যৎ-এর প্রতি আস্হা রাখেন। প্রত্যেকে নিজেদের প্রতি সততা বজায় রাখেন। প্রত্যেকে নিজেদের বাক্যালাপ সম্পর্কে সতর্ক থাকেন এবং সঠিক কথা বলার চেস্টা করেন। তদের আলোচনার বিষয় বস্তু স্পস্ট হয়। এরা কর্মদক্ষ মানুষ এবং এরা নিজেদের লক্ষ্য পূরণের জন্য বিচক্ষণতা ও বাস্তবিকতার প্রয়োগ করেন।

এরা নিজেদের বন্ধু বা সহযোগীদের কাছ থেকে যে সহায়তা পায় তা

কৃতজ্ঞতার সাথে স্বীকার করেন। যদি এরা কারো কাছ থেকে সফলতার নতুন সূত্র পায় তবে এরা তা গ্রহণ করে। এরা কখনই নিজেদেরকে আবরণের ঢেকে রাখেন না এবং সফলতাকামী ব্যক্তিদের কাছে নিজেদের বিচার বিবেচনা অবশ্যই প্রেরণ করেন। এনারা একটা সুন্দর পৃথিবী গড়ে তোলার চেষ্টা করেন। উদ্দেশ্য সিদ্ধির জন্য এরা দক্ষ থেকে দক্ষতর হওয়ার চেষ্টা করেন। এদের মধ্যে সকলেই সমৃদ্ধশালী হতে পারেন না, বা সকলেই প্রচুর ডিগ্রীর অধিকারী হননা। এরা কেউই সফলতার মত হননা এবং সারা জীবন এরা সফলতা পাওয়ার চেষ্টা করে। এরা জীবনের পাঠশালায় প্রাপ্ত অভিজ্ঞতার মাধ্যমে পি এইচ.ডি.-র ডিগ্রী প্রাপ্ত করে। এঁরা সর্বদাই যে পারিবারিক ভিত্তি ভূমি থেকে অভিজ্ঞতা অর্জন করেন তা নয়, এরা দক্ষতা, শিল্পবোধ ক্ষমতা যেকোন মানুষের কাছ থেকেই গ্রহণ করতে পারেন। এরা অভূতপূর্ব পরিণাম পাওয়ার জন্য নেটওয়ার্ক, কঠোর পরিশ্রম ধৈর্য্য, সংকল্প ও সাহসের পথ অবলম্বন করেন। যদি আমরা চাই তো প্রত্যেকেই এই পথ অনুসরণ করতে পারি।

সফলতা প্রাপ্তির রহস্য

একটি সর্ব্বজন বিধিত প্রশ্ন হল আপনি কিভাবে সফলতা লাভ করেছেন বা কিভাবে সফলতা প্রদর্শিত করবেন। আদর্শ ছাড়া কোন মানুষ সফল ব্যক্তি হতে পারেন না। সমস্ত সফল ব্যক্তিই আশাবাদী হন। যদি আপনি মনে করেন যে আপনার কোন লক্ষ্য নেই, বা আপনি কখনই লক্ষ্য পর্যন্ত পৌঁছাতে পারবেন না, তবে আপনি কখনই সফলতা অর্জন করতে পারবেন না। নিজের গন্তব্যাতে পৌঁছানোর জন্য সব সময় মনে করবেন যে আপনার জীবন পথে উন্নতি হচেছ। এই পথই আপনাকে আপনার সফলতার শিখরে নিয়ে যাবে।

একটু উপরে ওঠার সাহস না থাকলে কখনই শ্রেষ্ঠ হওয়া যায় না। আপনার অনুসন্ধান বা বিশ্লেষণ শুধুমাত্র যেন বর্তমানের সাথেই সম্পর্ক যুক্ত না হয়, তা যেন ভবিষ্যৎ-এর সাথেও সম্পর্কিত হয়। আপনার লক্ষ্য প্রাপ্তি আপনার জীবনে কি প্রভাব ফেলছে সে দিকেও লক্ষ্য রাখুন। সুনির্দিষ্ট বর্তমান ও উজ্জ্বল ভবিষ্যৎ পাওয়ার জন্য আজ থেকেই কঠোর পরিশ্রম শুরু করে দিন। যদি সফলতা চান তবে নিজের ক্ষমতা থেকে অধিক ক্ষমতা প্রদর্শন করুন এবং নিজের লক্ষ্য প্রাপ্তির জন্য দৃঢ় প্রতিজ্ঞাবদ্ধ হোন। নিজেকে বিকশিত করার চেস্টা করুন। আপনার কার্য প্রণালীতে নিরন্তর বিকাশ আনার চেস্টা করুন এবং জীবনের ছোট ছোট ক্ষেত্র গুলিতে বৌদ্ধিকতা ও আধ্যাত্মিকতার প্রয়োগ করুন। সফলতা প্রাপ্তি কোন গতানুগতিক প্রক্রিয়া নয়। আপনাকে সমস্ত রকম স্হিতির মোকাবিলার ক্ষমতা অর্জন করতে হবে। আমি নিজের নিজের উন্নতি সম্পর্কিত কেসেট অডিও টেপ প্রস্তুত করে, গাড়ি চালাবার সময় বা যাতায়াতের সময় শুনতে পছন্দ করি। দিনে অনন্ত দু-ঘন্টা পড়াশোনা করি যাতে যেকোন বিভিন্ন সমস্যা সম্পর্কে অবগত হতে পারি। এই অধ্যায়ণের মাধ্যমেই আপনি সমাজের বিভিন্ন ভালো মন্দ খবর জানতে পারবেন।

চলার পথে যদি আপনি কখনও কোন প্রেরণাদায়ক বাক্য শুনতে পান তবে তা আপনার মনে সর্বদাই ইতিবাচক প্রভাব সৃষ্টি করবে। 'leaders are readers' এই প্রচলিত কথাটিকে কখনই ভুলবেন না। আপনি প্রতিযোগিতা ব্যাতিত কখনই সফলতা অর্জন করতে পারবেন না। সফলতার পথ খুবই সংকীর্ণ তাই প্রতিযোগীতা ছাড়া সফলতা অসম্ভব। নিজেকে অলসতার হাত থেকে রক্ষা করতে সর্বদা প্রতিযোগীতা নিয়ে ভয়ভীত হোন, তাহলে আপনার প্রয়াস জোরদার হবে। এইভাবে আপনার জীবন গড়ে উঠবে সুন্দর পন্থায়। রেসের মাঠে অবতীর্ণ কোন ঘোড়া বা ধাবক খুব ভালো ভাবেই জানেন যে তার পিছনে এমন কেউ আছে যে, যেকোন মুহূর্তে তাকে টপকে যেতে পারে। সর্বশ্রেষ্ঠ ব্যক্তিও যেন কখনও লক্ষ্যভ্রস্ট না হন।

নেতৃত্বের ক্ষমতা না থাকলে কোন ব্যক্তি শ্রেষ্ঠ ব্যক্তি হতে পারেন না, এই ক্ষমতাধীন ব্যক্তিরাই শ্রেষ্ঠ্যত্বের মর্যাদা পান। যদি কোন শ্রেষ্ঠ ব্যক্তি নেতৃত্বের আসন অধিকার করতে পারেন তবে সে সবার থেকে আলাদা কিছু করে দেখান। শ্রেষ্ঠ হওয়ার জন্য আপনাকেও অপরকে শাসন করার ক্ষমতা অধিকার করতে হবে। ওজরের হাত থেকে না বেরলে কখনই শ্রেষ্ঠ হতে পারবেন না। যদি পেরেও যান, তবে শীঘ্র উঠুন ও সামনের দিকে এগিয়ে যান। আপনার কর্মই আপনার শব্দের প্রতিনিধি। ওজর নয় শুধুমাত্র ফলাফল দেখুন।

শ্রেষ্ঠ হতে হলে শুধু সুদক্ষ হলেই চলবে না, আপনাকে প্রাথমিক শিল্প কলা সম্পর্কেও অবগত হতে হবে। এই পন্থাতেই আপনি গন্তব্যে উপনীত হতে পারবেন। এটা ওজন কমানোর মত একটি প্রক্রিয়া, যেটা নিয়ন্ত্রণ, সঠিক খাদ্যগ্রহণ এবং ব্যায়েমের মাধ্যমে প্রাপ্ত হয়।

জরুরী বিষয় গুলি সূচীবদ্ধ করুন। আপনি নিজের মধ্যে অভ্যাস ও নিয়ন্ত্রণ ক্ষমতা বৃদ্ধি করার চেস্টা করুন যা আপনাকে শিখরে উঠতে সাহায্য করবে। সফলতা কোন একজন ব্যক্তির কঠোর পরিশ্রমের ফল নয় এতে অনেক ব্যক্তি প্রত্যক্ষ বা অপ্রত্যক্ষ ভাবে জড়িত থাকে। সুতরাং কোন এক সফল ব্যক্তির পিছনে একদল ব্যক্তি আছে। এই পরস্পর সহযোগীতার মাধ্যমে সৌহার্দ্যবোধের জন্ম হয়।

শ্রেষ্ঠত্ব লাভ করে যদি সফলতার শিখরে পৌঁছাতে চান তবে ভালো যে শ্রেষ্ঠ্যের শত্রু তা ভুললে চলবে না। যদি আপনি ভালো ভাবে প্রতিষ্ঠিত হন তবে জানবেন যে আপনি শ্রেষ্ঠ্যত্বের নিচে বসবাস করেন। মনে রাখবেন যে, যা ভালো তা সর্বদা ভালো হয় না। ভালো কখনও ভালো হতে পারে কিন্তু তা শ্রেষ্ঠ্য হবে না। বাস্তবিক ভাবে ভালো শত্রু রূপ

ধারণ করে, কারণ এটি শ্রেষ্ঠ্যত্বের থেকে দূরে রাখার চেস্টা করে। আপনি শ্রেষ্ঠ্যত্বের পক্ষে না ভালোর পক্ষে থাকবেন তা নিজেই ঠিক করুন। যদি আপনি শ্রেষ্ঠ্য হতে চান তবে সন্দেহাতীত ভাবেই আপনি শ্রেষ্ঠ্যত্বের পক্ষ অবলম্বন করবেন।

যদি শ্রেষ্ঠ হতে চান, তবে তার স্বপ্ন দেখতে শিখুন। এই স্বপ্ন পূরণের জন্য আবশ্যিক পদক্ষেপ গ্রহণ করুন। এই পথে আপনি প্রতিবন্ধকতার সম্মুখীন হতে পারেন। টেডি রুশভেল্টের মতে "জীবনে সফলতা ও ব্যর্থতা উভয়েরই স্বাদ গ্রহণ করুন। যে ব্যক্তিদের কাছে জয়-পরাজয় কোনই গুরুত্ব রাখেনা এখানে সেই ব্যক্তিদের কথা বলা হচেছ না। যদি আপনি শ্রেষ্ঠ্য হন, তবে নিশ্চিন্ত রূপে নিজের চিহ্ন রেখে যাবেন এবং তা অনেক দিন পর্যন্ত মনে দাগ কেটে যাবে।

ব্যক্তিত্বের প্রকাশ ঘটান

বেশীর ভাগ ব্যক্তিই অপরের অভিজ্ঞতা থেকে এবং অপরের কাছ থেকে কিছু শিখতে চান না। একজন দক্ষ ব্যক্তিকে নির্দ্দিষ্ট ছাঁচে ঢালার চেষ্টা সময়ের অপচয় ছাড়া কিছুই না। এর থেকে এই ব্যক্তির অসাধারণ ক্ষমতা ও স্বভাবের পরিচয় দেওয়াই ভালো। প্রত্যেক ব্যক্তির মধ্যে নিজেদের দুর্বলতা জয় করার ক্ষমতা থাকতে হবে। মানুষের একটি সহজাত ধর্ম হল তারা নিজেদের অপরাধের সম্মুখীন হলেই আক্রমক হয়ে ওঠে। আপনি তাকে কোন গণ্ডীর মধ্যে বাঁধতে পারবেন না।

বৈকল্পিক রূপে আপনি তাঁদের ব্যক্তিত্ব ও স্বভাব বিকশিত করার যথা সম্ভব প্রয়াস করুন। কোন ব্যক্তিকে বর্তমান অবস্থা থেকে আরো ভালো অবস্থায় উপণীত করা বা যা সে হতে চায়, সেই বিষয়ে সাহায্য করাই হল সবচেয়ে ভালো পন্থা। প্রত্যেক ব্যক্তি নিজের অসাধারণ প্রতিভা, স্বভাব, ও লোভের কারণ হেতুই সবার থেকে আলাদা হয়। প্রত্যেকেই তাদের নিজেদের প্রতিভাকেই শ্রেষ্ঠ মনে করেন। আমরা সর্বাঙ্গীণ পরিবর্তন আশা করি।

আপনার প্রতিভা সকলের থেকে আলাদা হতে পারে কিন্তু প্রত্যেক ব্যক্তির একটা লক্ষ্য থাকে। এই উক্ত ব্যক্তিকে তার লক্ষ্যে পৌঁছাতে সাহায্য করাই আপনার কাজ কিন্তু বাস্তবে কিছু ব্যবস্থাপক এই ভেদে বিশ্বাস করেন না। এঁরা একটি গতানুগতিক জীবনে বিশ্বাসী। তাঁরা যখন কোন ব্যক্তির সাথে কাজ করে তখন সেই সমস্ত মানুষদেরও নিজেদের চিন্তাধারায় চালনার চেষ্টা করে। উদাহরণ স্বরূপ বলা যায় ঃ "Most people would like to avoid work if they can or thinking and good ideas is the monopoly of the top managment"

যদি সুদক্ষ ব্যবস্থাপণকগণ গতানুগতিক ধারায় কাজ করতে চান না। একটি সার্বজনীন সত্য হল প্রত্যেক ব্যক্তির পছন্দ করা বৃত্তি তার নিজের

পক্ষে অনুপম হয়। সমস্ত শ্রেষ্ঠ ব্যক্তিরা জীবনে চলার পথে যে পন্থা অবলম্বন করেন তা একই রকম হয়। কিন্তু এতটা সামঞ্জস্য থাকা সত্ত্বেও আমাদের প্রেরণার উৎস বিভিন্ন হয়।

ঈশ্বর আমাদের সবাইকে স্বতন্ত্র ব্যক্তিত্ব প্রদান করেছেন। এমনকি একই কাজে নিযুক্ত ব্যক্তিরাও তাদের ব্যক্তিত্ব, অসাধারণত্ব এবং নিজেদের কার্য পদ্ধতির কারণে বিভিন্ন হয়ে যায়। কেউ কেউ খুব ভালো বিক্রী করতে পারে, কিছু ব্যক্তি খুব ভালো ব্যবস্থাপক হলেও কেউ কেউ পছন্দ করলেও কেউ কেউ মিলে-মিশে কাজ করতেই পছন্দ করেন। আমাদের স্কুলের একজন শিক্ষক মশাই দণ্ড বিধিতে বিশ্বাসী ছিলেন, যেখানে অন্য শিক্ষকগণ পাঠ্য বিষয়টিকে ভালো করে বুঝিয়ে ভুল-ভ্রান্তি দূর করে পুণরায় ভালো করে পড়ে আসতে বলতেন। দুই পক্ষই তাদের নিজেদের দিক থেকে ঠিক ছিলেন।

আমার মতে যে কোন সংগঠনের জন্য কার্যই সবথেকে গুরুত্বপূর্ণ বিষয় যেখানে আমার কিছু সহযোগীরা হস্তক্ষেপ নীতিতে বিশ্বাসী ছিলেন। সময়ের বাধ্যবাধকতাহীন স্থানেই এই ব্যক্তিরা সফলতার মুখ দেখেন। এই ক্ষেত্রে একদিকে যেমন কোন ক্ষতির সম্ভাবনা থাকে না তেমন অপর দিকে উপলব্ধির বিষয়টিও নাম-মাত্রই আমি জীবনের প্রত্যেকটি অবসর পাওয়ার চেষ্টা করি এবং যেকোন সংগঠনকে দক্ষভাবে পরিচালনার বিষয়ে বিশ্বাস রাখি। আমি গল্পগুজবে সময় নষ্ট না করে নিজের কর্মে সমস্ত শক্তি নিয়োগের চেষ্টা করি। বিভিন্ন ব্যক্তির প্রতিভা সম্পর্কে বিস্তারিত জেনে তা সূচীবদ্ধ করার চেষ্টা করুন এবং প্রত্যেকে কি ভাবে তা জানার চেষ্টা করুন ও কিভাবে সম্পর্ক সূত্র গড়ে ওঠে তা বোঝার চেষ্টা করুন। উপযুক্ত পদে উপযুক্ত ব্যক্তির নিয়োগ যথেষ্ট গুরুত্ব রাখে। একজন সুদক্ষ ব্যবস্থাপক কোন বিশেষ ব্যক্তির ক্ষমতা আর শক্তি মাথায় রেখে তাকে তার যোগ্য পদ দান করেন, অনুকূল পরিণাম পাওয়ার জন্য। কোন ব্যক্তিকে তাঁর মধ্যেকার আকাঙ্খা পূরণে সাহায্য করে। এইভাবে আপনি লোকেদের ওপর দায়িত্ব অর্পিত করে তাদের উৎসাহিত করতে পারেন। সফলতা পাওয়ার জন্য প্রত্যেক ব্যক্তিকে তাদের নিজেদের শক্তির প্রতি লক্ষ্য রাখতে হবে। প্রত্যেক ব্যবস্থাপককেও এই বিষয়ে লক্ষ্য রাখতে হবে।

সুযোগ্য বা দক্ষ ব্যবস্থাপকগণ লোকেদের ক্ষমতা বুঝেই তাদের পদে নিয়োগ করেন। এরা প্রত্যেক সুযোগ্য ব্যক্তির হমতা দেখার পর অন্যান্য ব্যক্তিদের সেই ক্ষমতা প্রদর্শিত করিয়ে প্রেরণা দান করেন।

সমস্ত রীতির শ্রেষ্ঠ্য প্রণালী

আজ কালকার দিনের মানুষেরা শারিরীক ও বৈজ্ঞানিক দিক থেকে অনেক উচ্চ শিখরে পৌঁছে গেছেন। বর্তমান দিনের পর্বতারোহী ও বৈজ্ঞানিকেরা নতুন পদ্ধতি অবলম্বন করেন। যদি আমরা জীবনরূপী পর্বতে সফলতা অর্জন করতে চাই তবে আমাদের সঠিক সময়ে সঠিক কার্য করতে হবে। আপনি নিরাশাবাদী দৃষ্টিভঙ্গীর হাত থেকে কিভাবে মুক্তি পাবেন তা আপনার উপর নির্ভর করবে। প্রতিক্রিয়াতে পরিবর্তন এনে মানসিক চাপের কবল থেকে মুক্তি পেতে পারেন। জীবনকে কখনই নেতিবাচক দৃষ্টিভঙ্গী দ্বারা প্রভাবিত করবেন না। যদি আপনি আপনার মত করে বর্তমান কাল অতিবাহিত করতে চান তবে তা করতে পারেন কিন্তু একটা সুন্দর ভবিষ্যৎকে সবসময় খোঁজার চেষ্টা করুন। যে সমস্ত বিজেতারা জীবন থেকে অনেক উপলব্ধি সঞ্চয় করেছেন তাদের অভিজ্ঞতার দিকে লক্ষ্য রাখুন। কোন কার্যকে সাফল্যমণ্ডিত করতে হলে অবশ্যই এই অভিজ্ঞতাকে কাজে লাগান। সপ্তাহে একদিন বিশ্রাম গ্রহণ করুন। সুনির্দ্দিষ্ট সময়ে কার্য সম্পন্ন করার চেষ্টা করুন।

ছুটির দিনে কাজ করবেন না। যখন কাজ করবেন তখন তাতে সম্পূর্ণ মনযোগ দিন কিন্তু বিশ্রাম গ্রহণের সময় কাজের চিন্তাও করবেন না। আপনার ব্যবসার অনুসারে সপ্তাহে পাঁচ থেকে ছয় দিন কাজ করুন। যদি আপনি সপ্তাহে একদিন বা দুদিন বিশ্রাম গ্রহণ করেন তবে আপনার কার্য কুশলতায় সংশোধন সম্ভব।

সাময়িক বিরতি গ্রহণের চিন্তা খারাপ নয়। একবার মনস্থির করার পর সেই কার্য সম্পন্ন করার চেস্টা করুন। খুব জরুরী অবস্থার সৃষ্টি না হলে টিকিট বুকিং-এর বিষয়টি ক্যান্সেল করবেন না। দৈনন্দিন রুটিং-এ খাদ্য গ্রহণ, বিশ্রাম ও ব্যায়ামের বিষয়টি মাথায় রাখবেন। আপনার

দীর্ঘায়ু ও ক্ষমতা বজায় রাখার জন্য এগুলি আবশ্যকীয় শর্ত।

অবসর গ্রহণের সময় বা আনন্দ-ফূর্তির সময় নিজেকে সমস্ত মানসিক চাপ থেকে দূরে রাখুন। পরিবার ও বন্ধুদের মধ্যে নিজেকে ব্যস্ত রাখুন। নিয়মিত হাঁটুন, ব্যায়াম করুন, টি.ভি. দেখুন, সিনেমা দেখুন বা বাচ্চাদের সাথে খেলা করুন। আপনি যা খুশী করুন কিন্তু মানসিক চাপ দূরীভূত করার চেষ্টা করুন।

শক্তির রূপান্তরের জন্য তিনমাস অন্তর কমপক্ষে চার দিনের অবকাশ নিন। এই দিনগুলিতে ব্যবসায়িক ক্রিয়াকলাপ থেকেও দূরে থাকবেন। যদি আপনি এমনটি না করেন তবে আপনার মানসিক চাপ দিনে দিনে বৃদ্ধি পাবে এবং আপনার কাজের গুণাগুণ নষ্ট হয়ে যাবে। এইভাবে অবশ্যই বছরে এক সপ্তাহের বিরতি নিন। এইভাবে আপনি কার্য করতে পারেন আবার বিশ্রামও নিতে পারেন কিন্তু কখনই দু-দিনের কাজ একদিনে করার চেষ্টা করবেন না। বিশ্রামের সময় যদি আপনি সামান্য সময়ের জন্যও কাজ করেন তবে আপনি মানসিকচাপ থেকে রেহাই পাবেন না আর এর ফলে মানসিক শক্তির স্তরে পরিবর্তন সম্ভব নয়। বিরতির পর আপনি পুণরায় নতুন উদ্যমে কার্য শুরু করতে পারবেন।

নিজেকে অবকাশের আনন্দ দিন

জীবনে আমাদের কখনও-কখনও ঘরে এবং কর্মক্ষেত্রে প্রতিবন্ধকতার সম্মুখীন হতে হয়। এই ধরণের পরিস্হিতি মানসিক দিক থেকে আঘাত হানতে পারে। এই রকম পরিস্হিতিতে যদি আপনি অবসর গ্রহণ করেন তবেই এর হাত থেকে অব্যাহতি পেতে পারেন। এই বিষয়টি নিয়ে চিন্তা এবং বিচার করবেন না। উত্তেজিত হবেন না, কোন ব্যক্তি বা পরিসিহতির জন্য যদি আপনি মানসিক চাপের মধ্যে পড়েন তবে আপনার মানসিক দৃঢ়তা হ্রাস্ব পাবে। আপনাকে বিরতি নিতেই হবে।

যদি আপনি কোন কারণবশতঃ বিরতি নিতে না পারেন তবে কোন শরীরিক ব্যায়াম করতে পারেন। এই মানসিক চাপের হাত থেকে রক্ষা পেতে আপনি দিনের কিছদিনের জন্য ভ্রমণেও যেতে পারেন, এটি আপনার জন্য খুব উপকারি হতে পারে। যখন আপনি ঘুরতে ব্যস্ত থাকবেন তখন আপনি মানসিক দিক থেকেও বিশ্রাম অনুভব করবেন।

খাদ্যবস্তুর মধ্যে ফল ও সব্জিকে রাখুন এগুলি আপনার পাচন তন্ত্রকে মজবুত করবে। পরিপাক প্রক্রিয়ার মাধ্যমেই আমরা শারিরীক শক্তি লাভ করি। হাল্কা ধরণের খাদ্যবস্তু শারীরিক ও মানসিক শান্তি প্রদান করে। মনে রাখবেন যে খাদ্য ও পাণীয় আপনার মানসিক ও শারীরিক শক্তিতে প্রভাব বিস্তার করে। পুস্টিকর খাদ্য নিশ্চিত রূপে আমাদের কার্য ক্ষমতা বৃদ্ধি করে। অধিক পরিমাণ তৈলযুক্ত নুন ও চিনি মিশ্রিত খাবার শারীরিক দিক থেকে ভালো নয়। হাল্কা ধরণের খাবারের মাধ্যমেই আপনি প্রচুর পরিমাণে শক্তিছ লাভ করতে পারেন।

আত্মসম্মান বাড়ানোর সূত্র

একজন ছাত্র রূপে বা একজন বিনম্র কর্মচারী রূপেও আমরা আমাদের সম্পূর্ণ যোগ্যতার পরিচয় দিতে পারি। আপনার সফলতা বা ব্যর্থতা আপনার আত্মবিশ্বাসের উপরেই নির্ভর করে। যে সমস্ত ব্যক্তিরা নিজেদের আত্ম-সম্মান বজায় রাখতে পারেন তারাই আমাদের কাছে সম্মানিত হয়ে ওঠে। যে সমস্ত ব্যক্তিরা সৎ নন বা যারা আক্রমক রূপ ধাণর করেন, তাদের সাথে সম্পর্ক রাখা খুবই কঠিন। আত্মপ্রতিষ্ঠা জীবনের যেকোন স্তরে আপনাকে মূল্যবান প্রমাণিত করে। নিজেকে পরাজিত করতে পারে এমন ক্ষুদ্র চিন্তার সামনে আমাদের ভাবমূর্তি ছোট হয়ে যায়। যদি আপনার আত্মবিশ্বাস দূর্বল হয় তবে তা আপনার ভাবমূর্তিকে নষ্ট করে দিতে পারে।

ভুল বা অযোগ্য চিন্তা আপনাকে সর্বদাই হীণমন্য করে দেয়, যার ফলে আপনি কখনই শান্তি বা প্রসন্নতা পাবেন না। কাণর এটি সর্বদা আপনাকে বোঝাবার চেস্টা করে যে, আপনি কোন কাজের নন।

ইতিবাচক দৃষ্টিভঙ্গীর মাধ্যমে আপনি আপনার ব্যর্থ চিন্তাধারায় পরিবর্তন আনতে পারেন। ধ্বংসাত্মক বিশ্বাসের হাত থেকে রেহাই পাওয়ার একটি সুনির্দিস্ট পথ হল ইতিবাচক চিন্তাধারা। যখন আমরা নিজেদেরকে ইতিবাচক দৃস্টির মাধ্যমে প্রভাবিত করব, তখন নেতিবাচক ভাবনাচিন্তা আপনার থেকেই সংকুচিত হতে থাকবে। এই নেতিবাচক দৃষ্টিভঙ্গীর হাত থেকে রক্ষা পাওয়ার পথ হল, আপনার এই ভাবনা চিন্তা গুলিকে একটি কাগজে লিপিবদ্ধ করুন এবং এর উৎস স্হল খুঁজে বার করার চেস্টা করুন। মস্তিস্ক ইতিবাচক বাক্যগুলিকে বিনা তর্কেই বিশ্বাসের সাথে খুব তাড়াতাড়ি গ্রহণ করে নেয়। এটি নিজেদের ঠিক করার একটি সঠিক উপায়, আমরা জীবনে না পাওয়ার যন্ত্রণাগুলির মোকাবিলা করতে পারি ইতিবাচক দৃষ্টিভঙ্গীর মাধ্যমে। নেতিবাচক দৃষ্টিভঙ্গীর মাধ্যমেই নেতিবাচক চিন্তার জন্ম

হয়। অনেক সময় এই নেতিবাচক চিন্তার মাধ্যমেই কাজে বাধার সৃষ্টি হয়, আর এর পরিণাম স্বরূপ কাজ মাঝপথেই বন্ধ হয়ে যায়। বিশ্লেষণের মাধ্যমেই এই নেতিবাচক চিন্তায় পরিবর্তন সম্ভব হয়।

আপনাকে পরাজিত করতে পারে এমন চিন্তা মাথা থেকে ঝেড়ে ফেলুন। এটি সম্পূর্ণ আপনার উপরেই নির্ভর করে। নেতিবাচক বা অপূরণীয় চিন্তাকে আপনি নিয়ন্ত্রণ করতে পারেন।

ইতিবাচক চিন্তা করুন ঃ আমাদের চিন্তার মাধ্যমেই আমাদের অবচেতন মস্তিস্ক পরিচালিত হয়। এই মস্তিস্ক কোন বিচার-বিবেচনা ছাড়াই যেকোন বিচারকে গ্রহণ করে নেয়। এই বিচার ইতিবাচক বা নেতিবাচক দুইই হতে পারে। এই কারণে ইতিবাচক চিন্তা করা শ্রেয় এবং এর পরিণাম সর্বদাই ভালো হয়।

প্রতিবন্ধকতার সময় সর্বদাই ইতিবাচক চিন্তা করুন ঃ যখন আপনি অতীতের দিকে চেয়ে দেখবেন তখন আপনি জানতে পারবেন যে জীবনের কঠোর অভিজ্ঞতার মাধ্যমে আপনি অনেক শিক্ষা লাভ করেছেন।

নিজেকে ক্ষমা করতে শিখুন ঃ অনেক কঠর অভিজ্ঞতা অমাদের জীবনকে শিক্ষা প্রদান করে। আমাদের নিজেদের প্রতি কখনই কঠর হওয়া উচিত নয়। নিজের বর্তমান অবস্হাকে স্বীকার করতে শিখুন ও তারই সাথে নিজেকে ক্ষমা করতে শিখুন। একবার যদি সততার সাথে নিজেকে ক্ষমা করতে শিখে যান তবে আপনি খুব সহজে নিজেকেও ক্ষমা করতে পারবেন।

দায়িত্ব সহ নিজের কাজ করুন ঃ আমাদের নিজেদের কার্যের প্রতি দায়িত্বশীল হতে হবে। এইভাবে আমরা অনেক বেশী সময় অবসর গ্রহণ করতে পারব। নিজেকে সর্বদা বোঝাবার চেষ্টা করুন।

ভয়কে জয় করার চেষ্টা করুন ঃ আপনি নিজের মনে খুব ভয়াবহ পরিস্হিতির কল্পনা করুন এবং তারপরেই দেখবেন যে সেরকম কিছুই ঘটে নি। সংসারের সবচেয়ে গুরুত্বপূর্ণ দুটি বিষয় হল ভয় ও প্রেম। এই দুয়ের থেকেই প্রতিটি চিন্তার উদ্ভব হয়। আপনি ভয়াবহ ভাবনার হাত থেকে বাঁচার জন্য জানতে চেস্টা করুন যে এমন ভাবনার কারণ কি? আমাদের চিন্তার থেকে ভয় অনেক বেশী প্রভাব সৃষ্টি করে। আমাদের ভয় কারণে না অকারণে তা আমরা খুব সহজেই জানতে পারি। আপনার সাহসই পারে কারণ ও বিবেকের মাধ্যমে এই ভয় দূর করতে।

একটি পরিস্কার পরিচ্ছন্ন কর্মস্হল

অনেক সময় আমরা এমন কিছু মানুষের সাথে দেখা করি যাদের কাজের টেবিল অপরিস্কার থাকে এবং এই কারণে একটি নোংড়া পরিবেশের সৃষ্টি হয়। এর চারদিকে ফাইল-পত্র ছড়ানো, ছিটানো থাকে। এই বিষয়ে তাদের জিজ্ঞাসাবাদ করলে তারা বিভিন্ন ধরণের অজুহাত দেখায়।

এই বিষয়ে কখন কখন আমি আমার মেয়েদের সাথেও ঝগড়া করেছি। আমি তাদের সবসময় ঘর পরিস্কার পরিচ্ছন্ন রাখতে বলি এবং জিনিষ-পত্র গুছিয়ে রাখতে বলি। কিন্তু তারা যুক্তি দেখায় যে তাদের এই অগোছালো পরিবেশ থেকে জিনিষ খুঁজে বার করতে কোন কষ্টই হয় না, এবং বলে যে তারা এই পরিবেশেই ভালো থাকে। তারা যে ঘরে থাকে, সেই ঘর পরিস্কার করতে তাদের কমপক্ষে অর্ধেক দিন লেগে যায়।

বেশীরভাগ সময় আমরা নিজেদের চিন্তায় তেই উদ্বিগ্ন থাকি। এই রকম পরিবেশ থেকে কোন বস্তু বা কাগজ হারিয়ে যাওয়া কোন ব্যাপারই না। এই কারণে আপনি কোন গুরুত্বপূর্ণ বিষয়ে নিজেকে জড়াতে পারেন না। একটি প্রবন্ধ থেকে জানাগেছে যে আমরা আমাদের 10 থেকে 20 শতাংশ কাজের সময় কোন হারানো কাগজ বা হারানো বস্তু খুঁজতে কাটিয়ে দিই। কাগজের স্তুপের মধ্যে থেকে কোন একটা কাগজকে ক্রোমাগত খুঁজে বার করার কাজটি খুবই নিরাশাজনক কাজ, এই কাজটি মানুষদের পরিশ্রান্ত করে তোলে। যদি আমরা কাগজ বা বস্তুকে একটি নির্দ্দিষ্ট স্হানে গুছিয়ে রাখি তবে সময় বাঁচানো সম্ভব হয়।

খিদে পেলে আমি বিস্কুট খাই, এই বিস্কুটের প্যাকেট যদি ঔষধের জায়গায় রেখে দেওয়া হয় তবে তা খুঁজতে আমার আধ ঘন্টা লেগে যাবে। সঠিক ও পরিস্কার স্হানে কাজ করলেই আপনি সফলতার নতুন

ইতিহাস গড়তে সক্ষম হবেন। আপনি যে কাজে হাত দেবেন তা সমাপ্ত করার পর যদি দ্বিতীয় কাজে হস্তক্ষেপ করেন তবেই সাফল্য লাভের সম্ভাবনা থাকে।

যদি এই পন্থা লক্ষ্য করেন তবে আপনি পথ হারিয়ে ফেলবেন না। এর মাধ্যমে একটি সুগঠিত চিন্তাধারার পরিচয় পাওয়া যায়। যদি আপনার টেবিলে স্তুপাকার ফাইল থাকে তবে তা গুছিয়ে রাখা খুবই কষ্টসাধ্য ব্যাপার। এই লক্ষ্য পূরণের জন্য আপনি একটি করে কাজ শেষ করুন ও অপর কাজে হাত দিন।

উদাহরণস্বরূপ বলতে পারি, প্রত্যেক দিনের কাজের শেষে আমি রিপোর্ট বা চিঠি-পত্র গুলিকে একটি ড্রয়ারে রেখে দিই। টেবিলের উপরে রাখা বস্তু গুলিকে আমি প্রতিদিন গুছিয়ে রাখার চেষ্টা করি। যদি আমি এই কাজ একদিনে শেষ করতে না পারি তবে দ্বিতীয় দিনের কার্য তালিকাতে তা সূচীবদ্ধ করে রাখি। পরের দিন সকালেই কম্প্যুটার আমাকে তা মনে করিয়ে দেয়। এই প্রক্রিয়াটি এক দিনেই শেষ হয় না এটি ক্রোমাগত চলতেি থাকে।

আপনার দৈনন্দিন জীবনের কার্যকে এইভাবে সুসংগঠিত করুন। এই ভাবেই আপনি আপনার লক্ষ্যে স্থির থাকতে পারবেন।

আপনার সংগ্রামকে জয়ে পরিবর্তিত করুন

আমাদের প্রত্যেককেই জীবনে কোননা কোন সংগ্রাম বা প্রতিবন্ধকতার সম্মুখীন হতেই হয়। আপনি এই কঠিন পরিস্থিতিতে কিভাবে মোকাবিলা করবেন তার উপরেই সফলতা বা প্রসন্নতা নির্ভর করে। নিম্ন লিখিত বিষয় গুলি মাথা রাখুন ঃ

আপনি প্রকৃত পক্ষে কি পেত চান? লক্ষ্য প্রাপ্তির জন্য আপনাকে কি রকম প্রতিবন্ধকতার মধ্যে দিয়ে যেতে হবে? আপনি এই অবস্হাকে কিভাবে নিয়ন্ত্রণ করবেন? যে কোন সমস্যার হাত থেকে বাঁচার জন্য একটি সময়ে একটিই পদক্ষেপ নিন। যত খারাপ সময়ই আসুক না কেন, মুক্তির পথ চলেই আসে।

হেলেন কেলারের মতে ঃ প্রত্যেকটি সংগ্রামই একটা জয়। নেপলিয়ানও অনুভব করেছিলেন যে, প্রত্যেকটি সংগ্রামের পিছনে লাভ লুকিয়ে আছে। এমনকি কঠিন পরিস্হিতিও আপনার জন্য লাভজনক হয়ে উঠতে পারে। আপনি যে কোন পরিস্হিতিতেই অসর্ম্ভবকে সম্ভবে পরিবর্তিত করতে পারেন।

একবারে একটিই পদক্ষেপ গ্রহণ করুন ঃ যে কোন যুদ্ধে আপনি ধীর গতিতে এগুলিও প্রতিবন্ধকতাকে নিয়ন্ত্রিত করতে পারবেন। এই প্রক্রিয়াকে অবলম্বন করেই প্রতিদিন লক্ষ্য পূরণের জন্য একটি পদক্ষেপ নিন। এই পদক্ষেপ সামান্য থেকে সামান্যতরও হতে পারে। এইভাবে খুব অল্প সময়ের মধ্যেই আপনি আপনার লক্ষ্য পূরণে সক্ষম হবেন। এরপর যদি কোন বাধা আসে তবে তার সমাধান নিজেই করুন। যদি আপনি এরপরেও প্রতিবন্ধকতার সম্মুখীন হন, তবে নিজেকে প্রশ্ন করুন, এই

পরিস্হিতির জন্য কে দায়ী? আমি নিজে কি করেছি এবং অন্যেরা কি করেছে? এই পরিস্হিতিকে কিভাবে নিয়ন্ত্রণে আনা যায়? অন্যরা এই পরিস্হিতির মোকাবিলা করেন কিভাবে? এই পরিস্হিতির সামান্যতম পরিবর্তনের জন্য কোন পদক্ষেপ গ্রহণ করা উচিত? সঠিক সিদ্ধান্তের জন্য সঠিক বিষয় জানা খুবই জরুরী। এই পরিস্হিতিতে নিজের চিন্তাকে নিয়ন্ত্রিত রাখা, নিজের কাছেই একটি পরীক্ষা, কারণ বেশীরভাগ ক্ষেত্রে এই রকম অবস্হায় আমরা নিজেদেরকে অসহায় মনে করি। স্পস্ট চিন্তার জন্য নিজের ভাবনাকে নিয়ন্ত্রিত করতেই হবে। নিজের জীবনে সামান্যতম পরিবর্তন আনুন, ব্যায়াম বা হাল্কা ধরণের গান বা সুর শোনার অভ্যাস করুন। বাড়ীর লোকেদের সাথে একসাথে খেতে বসে বা স্নানের মাধ্যমেও আপনি নিজের এই পরিস্হিতিকে নিয়ন্ত্রিত করতে পারেন। এই বিষয় গুলির উপর লক্ষ্য করুন এবং যেকোন স্হিতিতে তা মাথায় রাখুন। মনে রাখবেন যে কঠিন পরিস্হিতিই আপনাকে অভিজ্ঞতার শক্তি প্রদান করে। আর এর ফলেই আপনি আপনার সংগ্রামকে সফলতায় পরিবর্তিত করতে পারবেন।

মনে রাখবেন যে প্রত্যেক জীবই একটি নির্দ্দিস্ট উদ্দেশ্য পূরণের জন্য এই পৃথিবীতে জন্ম গ্রহণ করে।

সুপরিকল্পিত প্রশাসনিক ব্যবস্হা

একটা বিষয় খুব স্পষ্টভাবে নিজের মাথায় গেঁথে নিন যে, খুব ভালো কর্মচারীদের ক্ষেত্রেও নীরক্ষণের আবশ্যকতা আছে। যে কাজে হস্তক্ষেপ করেছেন তা সমাপ্ত না করে অপর কাজের কথা চিন্তাও করবেন না, যদি আপনার চিন্তা বিক্ষিপ্ত হয়ে যায় তবে তা আপনার পক্ষে ক্ষতিকর হবে। আপনার একজন নিরীক্ষণের প্রয়োজন আছে যিনি কর্মক্ষেত্রে জিনিষ-পত্র গুলির দেখাশোনা করবেন। যদি তা না করেন তবে আপনি আপনার বর্তমান স্হিতিকে নিয়ন্ত্রণে রাখতে পারবেন না।

সমস্ত ছোট-বড় পরিকল্পনার এবং আদর্শ সংস্হার প্রসিদ্ধ ব্যক্তি রোনাল্ড রীগন-রে মত "trust, but verify" উপর লক্ষ্য রাখুন। উনি এই উক্তি আগেও করেছিলেন কিন্তু তা শুধুমাত্র ব্যবসা ও বাণিজ্য কেন্দ্রি ছিল।

প্রকৃত পক্ষে যার প্রতি আমরা সবচেয়ে বেশী বিশ্বাস করি, তার পরীক্ষা-নিরীক্ষার ক্ষেত্রে আমরা তত নজর দিইনা। যৌথ ব্যবসার ক্ষেত্রে অনেক সময় বিশ্বাসঘাতকতারও সম্ভাবনা থেকে যায়। সম্পূর্ণ বিশ্বাস থাকা সত্ত্বেও কখনও-কখনও তা পরখ করে নেওয়ার দরকার আছে। এইসব ক্ষেত্রে সতর্কতা বিশেষ রূপে কার্যকরী হয়।

পরিকল্পনা ছোট বা বড় যেমনই হোক না কেন, একজন নিরীক্ষকের আবশ্যিকতা আছে। যদি আপনি নিজে এই ভূমিকাপালন করতে না পারেন তবে কোন ব্যক্তিকে এই কাজে নিযুক্ত করুন। যদি আপনার নজরদারির বাইরে কোন যৌথ প্রতিষ্ঠান বা ব্যবসা গড়ে ওঠে তবে তা ঘটিয়ে দেয়া অবশ্যই দরকার। এমন ব্যক্তিকে এক্ষেত্রে নিযুক্ত করবেন যিনি বর্তমান পরিস্হিতি বা লোকদের সম্পর্কে ওয়াকিবহাল হবেন। উপযুক্ত ব্যক্তিকে নিযুক্ত করাও একটি কঠিন কাজ। যে ব্যক্তি খুব

তাড়াতাড়ি সঠিক নির্ণয় নিতে পারে এমন ব্যক্তি ব্যবসার ক্ষেত্রে খুবই গুরুত্বপূর্ণ। অধিকাংশ সময়ই এমন পদের জন্য যোগ্য এবং বিশ্বাসী ব্যক্তি নিযুক্ত করা কষ্টসাধ্য ব্যাপার হয়ে যায়। আপনি ব্যবসা সম্পর্কে যতটাই ওয়াকিহাল হবেন, আপনি যে ব্যক্তিকে আপনার সংস্থায় নিযুক্ত করবেন তার সম্পর্কেও ততটাই ওয়াকিবহাল হওয়া দরকার। আপনার সংস্থার প্রতিবন্ধকতা ও অবসর সম্পর্কে আপনিই একমাত্র ওয়াকিবহাল ব্যক্তি, তাই আপনাকে সেই দৃষ্টিভঙ্গীতে কর্মচারী পরখ করতে হবে।

যদি আপনার প্রতিষ্ঠানের সঙ্গে কোন শত্রু মনোভাবাপন্ন ব্যক্তি নিযুক্ত হয়ে যায় তবে তা আপনার জন্য বিশাল বড় সমস্যা তৈরী করতে পারে। এই ব্যক্তি অন্যান্য পার্টির সঙ্গে আপনার সম্পর্ক খারাপও করে দিতে পারে। অন্য দিকে উদাসীন কর্মচারী বা প্রতিনিধিদের দ্বারাও আপনার সংস্থা ঠিক ভাবে পরিচালিত হতে পারেনা। এক্ষেত্রে এমন ব্যক্তির প্রয়োজন যিনি আপনার কাজকে নিজের কাজ মনে করে পরিস্থিতি অনুসারে সামাল দেওয়ার ক্ষমতা রাখে।

অপর দিকে আপনার নিযুক্ত প্রতিনিধি যদি যৌথ ব্যবসা সম্পর্কে ওয়াকিবহাল হন, তবে আপনি তাকে যেকোন নির্ণয় নেওয়ার আজ্ঞা দিতে পারেন কিন্তু পরে এগুলি সবই সঠিক নিয়োগের উপরেই নির্ভর করে। সঠিক ব্যক্তিকে খুঁজে তাকে তার যোগ্য পদমর্যাদায় আসীন করা বাস্তবে একটি বিশাল কাজ। এটি যেহেতু আপনার নিজেরই স্বার্থের বিষয় তাই এ সম্পর্কে আপনাকে সর্বদাই সজাগ থাকতে হবে।

আপনি যে প্রতিনিধিকে নিযুক্ত করছেন সেই ব্যক্তি এই পদের জন্য নির্ভরযোগ্য কিনা তা আগে থেকেই পরীক্ষা-নিরীক্ষা করে নিন। নিয়মিত ভাবে পরীক্ষা-নিরীক্ষা করলে তা অধিক ফলপ্রসূ প্রয়োজনে আপনি সমস্ত কাজ নিজেই পরিচালিত করতে পারেন। এরফলে জটিলতা লাঘব হওয়ারা সম্ভাবনা আছে কিন্তু কোন নিযুক্ত ব্যক্তিকে তার পদ থেকে অপস রণের আগে সমস্ত বিকল্প পথগুলিকে মাথায় রাখবেন।

প্রতিকূলতা কাটিয়ে উঠুন

গণ্ডীবদ্ধ পরিস্হিতির জন্য কখন-কখন আপনার ও আপনার সাফল্যের মধ্যে প্রতিবন্ধকতার সৃষ্টি হয়। এর উপরেই নির্ভর করে আপনার লক্ষ্য পূরণের সময়। সেই সময় সীমা কম-বেশী হতে পারে, বা আপনার লক্ষ্য কখনও পূরণ নাও হতে পারে। এই প্রতিবন্ধকতা গুলিকে খোঁজার চেস্টা করুন এবং একাগ্রতার মাধ্যমেই আপনি এর হাত থেক অব্যাহিত পেতে পারেন।

পরিকল্পনা গুলিকে লিখে রাখুন ঃ

আপনি যে সমস্ত কাজ, লক্ষ্য বা উদ্দেশ্য পূরণ করতে চান তা অবশ্যই লিপিবদ্ধ করে রাখুন। আপনার নীতি বা কাজ করার পন্হা কেটি কাগজে লিখে রাখুন এরফলে কোন ভ্রান্ত লক্ষ্য আপনার মাথায় কখনই আসবেনা। এইভাবে আপনার মস্তিস্ক এবং লিখিত বিষয়গুলির মধ্যে একটি সম্পর্কের বাঁধ তৈরী হবে।

যতক্ষণ না আপনি আপনার পরিকল্পনা কাগজে লিপিবদ্ধ করছেন ততক্ষণ তা আপনার কাছে অস্পস্ট থেকে যায় এবং তা আপনার কাছে একটা ধোঁয়াটে বিষয় হয়ে থাকে। যখন আপনি আপনার মস্তিস্কের পরিকল্পনা গুলিকে একটি কাগজে লিপিবদ্ধ করবেন তখন তার একটি বাস্তবিক রূপ আপনার চোখের সামনে ভেসে উঠবে।

কল্পিত চিত্র ঃ

কল্পিত চিত্রের মাধ্যমে আপনার পরিকল্পনার একটি বাস্তবিক রূপ আপনার চোখের সামনে এসে দাঁড়ায়। সফলতা প্রাপ্তির জন্য আপনি এই পরিকল্পনার সাহায্য নিতে পারেন। জয় লাভের জন্য এটি একটি গুরুত্বপূর্ণ

প্রক্রিয়া। যদি আপনি সকাল 5 টার সময় কোন প্লেন বা গাড়ী ধরতে চান তবে আপনি নিজেই নিজের কাছে তাড়াতাড়ি ঘুম থেকে ওঠবার জন্য অঙ্গীকার বদ্ধ হন, সেক্ষেত্রে আপনার অবশ্যই ঘুম ভেঙে যাবে। জীবনে সফলতা পাওয়ার জন্য বা লক্ষ্য পূরণের জন্য আপনি এই প্রক্রিয়ার ব্যবহার করতে পারেন। লাভ হোল্ডজ এর মতে "আপনি কি করতে পারেন? তা আপনার প্রতিভার মাধ্যমে নির্ধারিত হয়। আপনি কি করতে ইচ্ছুক তা নির্ধারিত হয় প্রেরণার মাধ্যমে এবং আপনি তা কত সুন্দর পন্থায় পরিচালিত করতে পারেন তা নির্ভর করে আপনার রীতির উপর।"

আপনাকে চ্যাম্পিয়ান হতেই হবে কিন্তু সে পথ মসৃণ নয়। জীবনে সফলতা প্রাপ্তির জন্য আপনাকে অনেক অনর্থক আনন্দদায়ক পরিস্থিতিকে ত্যাগ করতে হবে। কারণ এগুলি আপনার মূল্যবান সময় অপচয় করে। এজন্য আপনাকে দৃঢ় চেতা হতে হবে। উইনস্টন চার্চিল একবার বলেছিলেন যে "সাহসই একমাত্র এমন লক্ষ্য যার উপর অন্যান্য তথ্য নির্ভর করে।" কোন বিশিষ্ঠ্য নেতার অন্যতম গুণ হল সাহস। যা সেই নেতার ভাব, বিচার এবং ব্যবহারের মাধ্যমে পরিলক্ষিত হয়। এটি সেই ব্যক্তিকে যেমন সফলতা ও আনন্দ দান করে, তার সাথেই অন্যান্য ব্যক্তিকেও নিদর্শন হিসাবে প্রেরণা দেয়।

দৈনন্দিন সংগ্রামে জয় লাভ করার অর্থ হল, আপনার সম্পাদিত কার্যে উন্নততর পরিবর্তন আসছে এবং এর মাধ্যমে আপনি আপনার আশে পাশের ব্যক্তিদেরও প্রভাবিত করতে সক্ষম হন। কোন রকম বোঝাপড়া ছাড়াই জয়ের কৌশল গুলিকে অবলম্বন করুন এর মাধ্যমে আপনি নিশ্চিত রূপে সাফল্য লাভ করবেন। এই উদ্দেশ্যপূরণের শর্ত হল অল্প কালীন বা দীর্ঘকালীন লক্ষ্য প্রাপ্তির জন্য শ্রেষ্ঠত্বের প্রতি নিষ্ঠাবান হতে হবে। এই ক্ষেত্রে আপনার আশেপাশে অবস্থিত বেশীর ভাগ লোকই এমন প্রতিবন্ধকতার সম্মুখীন হলে ভয় পেতে পারেন। এই পরিস্থিতিতে খুব কম লোকই আপনাকে উদ্বুদ্ধ করবে। আপনার কল্পনা যাতে বাস্তবে রূপায়িত না হয় তার জন্য আপনাকে প্রচুর লোক পরামর্শ দেবে। আপনাকে আপনার মূল্যবোধের বিরুদ্ধে চালনার চেষ্টা করবে। এই রকম মুহূর্তে আপনাকে আপনার স্বপ্ন এবং ইচছা পূরণের জন্য সাহসের পরীক্ষা দিতে হবে। আর এটাই হবে আপনার চারিত্রিক বৈশিষ্ট্য। আপনার মূল্যবোধ বজায় রাখার সাহস, আপনার বিশ্বাস রক্ষা করার সাহস এবং নিজের সিদ্ধান্তে অটল থাকার সাহসের মাধ্যমেই আপনার যোগ্যতার বিচার

করা হবে। যে কোন ব্যবসায়িক চুক্তির মধ্যে যে অজ্ঞাত ও অনিশ্চিত সংকট আছে সাহসের সাথে তার মোকাবিলা করতে হবে।

আরামদায়ক অবস্থার উপেক্ষা করুন ঃ

বেশীর ভাগ মানুষই আরামদায়ক জীবন পছন্দ করেন। এই পরিস্থিতিকে ত্যাগ করার অর্থ হল এক প্রচণ্ড শীতের রাতে গরম বা আরামদায়ক ঘর থেকে বাইরে বেরোনো, প্রচণ্ড বৃষ্টির মধ্যে ঘুরে বেড়ানো। অধিকাংশ ব্যক্তিই এই বিষয়ে জেনেও না জানার ভান করেন। আমরা কোন তুফানের কল্পনার সাথেই সুরক্ষিত এবং আরামদায়ক স্থানে আরামদায়ক বা পরিচিত স্থান না খুঁজে এই পরিস্থিতির মোকাবিলার চেষ্টা করি। এই রকম মানুষেরা যেকোন যেখানে সফলতা প্রাপ্তির সম্ভাবনা খুব কম থাকে, যেকোন পরিস্থিতির মোকাবিলা করতেও ভয় পায় না। তারা সবসময়ই নতুন কোন জায়গায় যাওয়ার চেষ্টা করে। তাদের এই ব্যক্তিত্বই তাদের সাধারণ মানুষদের থেকে আলাদা করে দেয়। যদি আপনি সাধারণ মানুষের তকমা খুলে ফেলে তার থেকে উপরে উঠতে চান তবে আপনাকে এই কথা গুলি মনে রাখতে হবে।

আপনার এই উদাহরণই অপর কোন ব্যক্তিকে প্রেরণা দান করতে পারে। শুধু আপনি একাই আগে গেলে হবেনা, আপনাকে অন্যকেও এগিয়ে যাওয়ার জন্য উৎসাহিত করতে হবে। জীবনের প্রত্যেকটি পদক্ষেপে নিজের জন্য কোন বড় লক্ষ্য স্থির করুন। সফলতার আশা থাক বা না থাক নিজেকে আরামদায়ক পরিস্থিতির হাত থেকে সাসহরে সাথে মুক্ত করার চেষ্টা করুন। এমন স্থানে যাওয়ার চেষ্টা করুন যেখানে আপনার আগে কেউ যেতে পারেনি। বিপদসঙ্কুল পথকেও তাড়াতাড়ি অতিক্রম করার চেষ্টা করুন। এর মাধ্যমে আপনার আত্মবিশ্বাস দৃঢ় হবে। আপনি সফলতা না পেলেও আপনি নিজেকে আগের থেকে অনেক ভালো অবস্থায় পাবেন।

ইতিবাচক অভ্যাসের শক্তি

আপনার সফলতার পিছনে আপনার অভ্যাসই মুখ্য ভূমিকা পালন করে। বেশীর ভাগ ব্যক্তিই নতুন অভ্যাসকে জীবনে বরণ করে নিতে পারেন না, কারণ আমাদের বেশীর ভাগ অভ্যাসটাই কু-অভ্যাসে পরিণত হয়। আমার মনে হয় বেশী খাওয়া, অনেক ক্ষণ ধরে শুয়ে থাকা, সবকিছুতেই দেরী করা, মিথ্যে বলা এবং ধুম্রপান করা সবই কু-অভ্যাসের মধ্যে পড়ে কারণ এগুলি সফলতার পথে প্রতিবন্ধকতার সৃষ্টি করে। কিন্তু ইতিবাচক অভ্যাস আমাদের সফলতার পথে অগ্রণী করে। ইতিবাচকতা হল এমন এক রীতি যার মাধ্যমে আপনার অভ্যাসে লাভদায়ক পরিবর্তন আসা সম্ভব হয়। আপনি নিজেকে প্রশ্ন করুন যে, ইতিবাচক অভ্যাসের মাধ্যমে পরিবর্তন আসা সম্ভব কি ? তার উত্তর হল, স্বভাবের দ্বারাই আমাদের অভ্যাস নিয়ন্ত্রিত হয় আর এর ফলে এটি আমাদের জীবনের সাথে ওতপ্রোত ভাবে জড়িয়ে যায়। এটি শক্তিশালী মিশ্রণে পরিণত হয়। গবেষণার মাধ্যমে জানা গেছে যে যদি আমরা কোন কাজকে বাইশ দিন ধরে ক্রমাগত করতে পারি তবে তা অভ্যাসে পরিণত হয়। যেকোন ইতিবাচক অভ্যাসকে আপনার জীবনের অংশ করে তুলতে হলে সেই কার্যটি বাইশ দিন ধরে করতে থাকুন, এর ফলে সেটি আপনার অভ্যাসে পরিণত হবে।

এই ইতিবাচক অভ্যাস যথার্থ কি ? এর থেকে আমরা কি লাভ পেতে পারি ? এটা ভুললে চলবেনা যে এর মাধ্যমে আমরা লাভবান হই। এর মাধ্যমে আপনি আজীবন লাভবান হতে পারেন। কিছু ইতিবাচক অভ্যাসের মাধ্যমেই আপনার সফলতার দ্বারা উম্মুক্ত হতে পারে।

নিজের জীবন ও কার্যক্ষেত্রে সফল হওয়ার চেস্টা করুন আর এই সফলতাকেই জীবনের লক্ষ্য করুন। অধিকাংশ সফল ব্যক্তিরাই জীবনের

লক্ষ্য নির্ধারিত করে রাখেন এবং সেই পথেই নিজের গতিবিধি চালনার চেষ্টা করেন। একটি সমীক্ষা থেকে জানা গেছে যে, সে সমস্ত কলেজের ছাত্ররা নিজেদের লক্ষ্য নির্ধারিত করে রাখেন, তারাই পরীক্ষায় ভালো ফলের অধিকারী হন। এই পথ অবলম্বন করলে ব্যবসার ক্ষেত্রেও আশাতীত ফল পাওয়া যায় কিন্তু প্রায় 97 শতাংশ লোকই এই অভ্যাস থেকে নিজেদের বঞ্চিত করেছেন। যদি আপনি নিজে অভ্যাসের বশবর্তী হতে পারেন তবে আপনি নিশ্চিত রূপে এই 3 শতাংশ সফল ব্যক্তিদের মধ্যে নিজেদের জায়গা করে নিতে সক্ষম হবেন।

আপনি আপনার লক্ষ্যগুলিকে তালিকাবদ্ধ করুন এবং সেগুলি পূরণের জন্য প্রতিজ্ঞাবদ্ধ হন। কিন্তু অধিকাংশ ব্যক্তিই এইসব লেখার মধ্যে নিজেকে জড়িয়ে বেকার কষ্ট করতে চান না। যদি আপনার কোন লক্ষ্যই না থাকে, তবে আপনি কি প্রাপ্ত করতে চান? আপনার লক্ষ্য গুলিকে শুধু লিখে রাখলেই চলবে না, সেগুলিকে সফল করার জন্য একটা সময়ও নির্ধারিত করতে হবে। লক্ষ্যগুলিকে মুখ্য ও গৌন এবং দুটি ভাগে ভাগ করে নিন। আপনার এই উদ্দেশ্য পূরণের পথে যে বাধার সৃষ্টি হবে সেগুলিকে ভালো করে চেনার চেষ্টা করুন ও সেই বাধা কাটিয়ে ওঠার জন্য প্রয়োজনীয় পদক্ষেপ গ্রহণ করুন। এমন অনেক লক্ষ্য আছে যেগুলিকে আপনি অপরের সহযোগীতা ছাড়া পূরণ করতে পারবেন না। আপনাকে সহযোগীতা করবে এমন ব্যক্তি বা সংস্থার সূচী নিজের কাছে রেখে দিন কারণ এটা অপানার ক্ষেত্রে লাভজনক হতে পারে। যদি কোন কাজ আপনাকে তাড়াতাড়ি সম্পূর্ণ করতে হয়, তবে তা শীঘ্র সম্পাদন করার চেষ্টা করুন। যদি সেই কার্য আপনার তালিকায় না থাকে বা সময় অপচয় হওয়ার ভয় থাকে তবে তা আপনি অপরের মাধ্যমে সম্পন্ন করার চেষ্টা করতে পারেন। সময় অমূল্য সম্পদ। এই কথাটিকে মাথায় রাখুন ও যেকোন কার্যকে সময়ের মধ্যে সম্পূর্ণ করার চেষ্টা করুন। যদি কোন কারণ বশতঃ কার্যের মধ্যে ব্যাঘাত ঘটে তবুও কার্যটি নির্দ্দিষ্ট সময়ের মধ্যে সম্পন্ন করার চেষ্টা করুন। এই প্রক্রিয়ার মাধ্যমে আপনি নিজেকে কার্যগত দিক থেকে নেতিবাচক প্রভাব বা রীতির হাত থেকে মুক্ত করতে পারবেন। আমরা সকলেই জানি যে একটি সঠিক পন্থা অবলম্বন করলে আমরা কাজের অতিরিক্ত চাপকে খুব সহজেই দূর করেত পারব। আপনি মন থেকে বিশ্বাস করুন যে ইতিবাচক নীতিই সফলতার মূলমন্ত্র। যদি

আপনি এই নীতি (ইতিবাচক) দ্বারা জীবনের গতিকে একবার চালনা করেন তবে তা আপনার জন্য লাভদায়ক হবে। নিজের জন্য কিছু ইতিবাচক বাক্য মাথায় রাখুন এবং এই বাক্যগুলিকে প্রতিনিয়ত স্মরণ করে অভ্যাসে পরিণত করুন। কিছু দিনের মধ্যেই আপনি নিজের মধ্যে ইতিবাচক উৎসাহ ও প্রেরণার সঞ্চার হবে। অভ্যাস করার জন্য কিছু ইতিবাচক বাক্য দেওয়া হল।

'আমি প্রতিদিন সফলতার দিকে এগোচ্ছি।'

'আমি প্রতিদিন দৃঢ় হচ্ছি।'

'আমি যেকোন বাধাকে লঙ্ঘন করতে পারি।'

'আমি প্রতিদিন আমার লক্ষ্যের দিকে নিকট থেকে নিকটতর হচ্ছি।'

'আমার আত্মবিশ্বাসের মাধ্যমেই আমি এটা পেতে পারি।'

'প্রতিদিন আমার মানসিকতা ইতিবাচকতার দিকে ধাবিত হচ্ছে।'

ইতিবাচক অভ্যাস আপনার জীবনে আমূল পরিবর্তন আনতে পারে। সম্মুখে এগোন ও তা পাওয়ার চেস্টা করুন।

জয় লাভের জন্য একটি প্ল্যান কোষুন

আপনি আপনার জীবনের গত ছয় মাসের দিকে লক্ষ্য করুন। চোখ বন্ধ করে এই ছয় মাসে কি পেয়েছেন তা উপলব্ধি করার চেষ্টা করুন। উদাসীনতা, কুণ্ঠা, ও নিরাশা জনক ভাবনা গুলিকেও নিরীক্ষণ করুন। এই সময়ে এমন কিছু হয়েছে কি? যার জন্য আপনি এখনও অপরাধ বোধে ভোগেন। আপনি কি কখনও নিজেকে প্রশ্ন করেন?

'ছ'টা মাস কেটে গেছে এই ছয় মাসে আমি কি করেছি?' অথবা 'আমি পরিকল্পিত ভাবে কেন কার্য সম্পন্ন করলাম না?'

এবার পুণরায় বর্তমানের দিকে তাকান। আপনার লক্ষ্য পূরণের জন্য আপনার কাছে এখনও ছ'টা মাস আছে। সঠিক লক্ষ্য প্রাপ্তির জন্য নিরীক্ষকের মতন নিজের ব্যবহার ও কার্যক্ষমতাকে বিশ্লেষণ করুন।

বছরের পর বছর কেটে যায় কিন্তু সুনির্দ্দিষ্ট পরিকল্পনার অভাবে কোন কাজই সম্পন্ন হয়না।

অধিকাংশ সময় আমরা পরিকল্পনা গঠনের ব্যাপারটিকে অবহেলার চোখে দেখি। একটি সুনির্দ্দিষ্ট পরিকল্পনা সৃষ্টি আপনার উপরেই নির্ভর করে। এর প্রতি সর্বদাই গুরুত্ব আরোপ করুন। পরিকল্পনার মাধ্যমেই আপনি জীবনের সমস্ত দিক গুলিকে বজায় রেখেও কাজের জন্য যথেস্ট সময় বার করতে সক্ষম হবেন। সর্বপ্রথম নিজে বোঝার চেষ্টা করুন যে, যে কোন কাজের জন্য পরিকল্পনা থাকা কতটা গুরুত্ব পূর্ণ। এর মাধ্যমে আপনি জীবনে লক্ষ্য পূরণ করতে পারবেন। পরিকল্পনা গঠনের সময় দুটি বিষয় মাথায় রাখবেন, এক তা যেন অত্যাধিক কঠোর না হয়, দুই তা যেন অপানার উপর প্রভাব বিস্তার করতে না পারে। আমরা সামাজিক জীব। তাই প্রত্যেকটি পরিকল্পনা এমন হওয়া উচিত যা পরিস্থিতি ও সময়ের পরিবর্তনের সাথে পরিবর্তিত হতে পারে। যদি

আপনার পরিকল্পনা সময়ের অনুরূপ না হয় তবে তাতে পরিবর্তন আনা আবশ্যক। এর মাধ্যমে আপনি বিশ্রাম গ্রহণে সক্ষম হবেন।

'আপনাকে নিজের স্বপ্ন, ইচ্ছাও ও দৃষ্টিভঙ্গীকে স্পষ্ট রাখতে হবে। এই গুলিকে স্পষ্ট রূপে পরিভাষিত করুন। উৎসাহ নিয়ে যেকোন অভ্যাস পালন করার চেষ্টা করুন, তাহলে তা আপানর কাছে বোঝা হয়ে উঠবে না। আপনার লক্ষ্য যদি অনেক বড় হয় তবে তা ছোট ছোট করে ভেঙে নিন। উদাহরণস্বরূপ বলা যায়, যদি আপনি আপনার কর্মক্ষেত্রে অনেক উপরে (উচ্চ পদে) উঠতে চান তবে আপনাকে অনেক ছোট-বড় বাধার সম্মুখীন হতে হবে, আপনাকে সেই বাধা কাটিয়ে উঠে নতুন করে শুরু করতে হবে। ব্যবসার ক্ষেত্রেও আপনাকে এই একই বিষয় মাথায় রাখতে হবে।

যে সমস্ত নীতি পালনের মাধ্যমে আপনি আপনার লক্ষ্যে উপনীত হতে পারবেন সেই নীতি গুলিকে একটি কাগজে লিপিবদ্ধ করে রাখুন। ব্যবসায়িক নীতি কত গুলি বিষয়ের উপর নির্ভর করে, যেমন–টাকা পয়সার লেনদেন, বিক্রী, মার্কেটিং এবং রাখার উপর, পদোন্নতির সাথে যুক্ত কোন মানুষের কঠোর পরিশ্রম (সঠিক সময়ে) এবং সততা। বিভিন্ন ধরণের রচনাত্মক ক্রিয়াকলাপের প্রতি আগ্রহী হোন। পুরাতন চিন্তাধারায় নিজেকে আটকে রাখবেন না। সঠিক সময়ে সঠিক কার্য করার চেষ্টা করুন। আপনার লক্ষ্য প্রাপ্তির জন্য আপনাকে কখনও কখনও জটিল বাধার সম্মুখীন হতেই হবে, সেগুলি অতিক্রম করার চেষ্টা করুন।

দিনে অন্তত একবার আপনার লক্ষ্য বা মহৎ আকাঙ্খার প্রতি দৃষ্টি দিন এবং কোন পদাঙ্ক অনুসরণ করলে আপনার স্বপ্ন পূরণ হতে পারবে সেই দিকেও নজর দিন। এইভাবে আপনি নিজে উৎসাহিত হবেন ও আপনার পরিকল্পনা একটি সঠিক আকার নেবে। এর ফলে আপনি সঠিক সময়ে সঠিক কার্য করার প্রেরণা পাবেন। কোন ধারাবাহিক কাজ কি পন্থায় সংগঠিত হচ্ছে তা নিরীক্ষণ করে আপনি অনেক সময় বাঁচাতে পারেন এবং সেই সমস্ত কাজের প্রতি দৃষ্টি দিতে পারবেন যে গুলি সময়ের অভাবে বন্ধ হয়ে আছে। এই একটি মাত্র পথের মাধ্যমেই আপনি সফলতা পেতে পারেন, যা আপনি চান তা সঠিক পন্থায় শুরু করার চেষ্টা করুন।

ভবিষ্যৎ সামনেই পড়ে আছে

অনেক ব্যক্তিই আছেন যারা কঠোর পরিশ্রম এবং পূর্ণ সংগঠন থাকা সত্ত্বেও নিজেদের গন্তব্যে উপনীত হতে ব্যর্থ হচেছন এবং তার জন্য তারা ক্ষুন্নও হচেছন। এই সমস্ত ব্যক্তিরা বিশ্বাস করেন যে তারা সংগঠনের নিয়ম গুলির খুঁটি নাটি পালন করেন। তাই তাদের মনের প্রশ্ন হল, কেন তারা উপরে উঠতে পাচেছ না? এই ধরণের ব্যক্তিদের অবশ্যই প্রশ্নের উত্তর দেওয়া উচিত। এক তারা বেঠিক কাজে সময়ের অপচয় করে হয়তো সঠিক কাজ ভুল পন্থায় করে। তারা কি পরিকল্পনার অভাবে নিজেদের কাজ গুলিকে মাঝপথেই বন্ধ করে দেন?

কল্পনা করুন যে কোন একজন ব্যক্তিকে একদিনে আটটা কাজ সম্পন্ন করতে হবে। বেশীর ভাগ মানুষই আগে সোজা কাজ গুলি সেরে ফেলেন এবং এতে এরা সন্তুষ্টও হন। দিনের শেষে তারা বুঝতে পারেন যে তারা সব থেকে কঠিন ও গুরুত্বপূর্ণ কাজটিতে হস্তক্ষেপ পর্যন্ত করেন নি। এই কাজটিকে হয়তো সে গত দশ দিন ধরে করার চিন্তা করেও সম্পন্ন করে উঠতে পারেন নি। দিনের শেষে যখন সে উপলব্ধি করতে পারে যে সবচেয়ে গুরুত্বপূর্ণ কাজটিই সম্পন্ন হয় নি তখন পুণরায় আত্মধিক্কারের জন্ম হয়।

স্বভাবত প্রতিটি মানুষ নিজেদেরকে যেকোন কষ্ট বা সংঘর্ষ থেকে দূরে রাখতে চায়। প্রকৃত সত্য হল এই যে আনন্দের চেয়ে বেদনাই শ্রেয় কিন্তু এই বেদনাদায়ক কাজে আপনি গড়িমসি করেন। আমরা বেশীর ভাগ ক্ষেত্রে নিজেদের সময় আনন্দদায়ক বা মনোরম কার্যে অতিবাহিত করি। এটি খারাপ কাজ নয় কিন্তু এর ফলে আপনি কষ্টসাধ্য কার্য সম্পন্ন করতে ব্যর্থ হন। অসুবিধার সৃষ্টি তখনই হয় যখন আপনি নিরস অথচ গুরুত্বপূর্ণ কাজটিকে শেষ পর্যন্ত উপেক্ষা করে যাবেন. কারণ এর ফল আপনাকেই

ভুগতে হবে।

অসম্পূর্ণ কাজটি আমাদের জন্য একটি প্রাচীর গড়ে তোলে, যদি এইভাবেই কাজটি উপেক্ষিত হতে থাকে, তবে সেটি জীবন-মরণের প্রশ্ন হয়ে ওঠে। আপনার কার্য তালিকায় যদি আটটি কাজ থাকে তবে তার মধ্যে ছ'টি কাজ সম্পন্ন করে প্রসন্ন হবেন না, এর পরিবর্তে এটা দেখার চেস্টা করুন যে, আপনি কতটা কাজ শেষ করেছেন? সম্পন্ন হওয়া কার্যটি কতটা গুরুত্বপূর্ণ? আপনি যে কার্যগুলি নিষ্পন্ন করেছেন তা কতটা উপযোগী সেটিই বিচার্য্য বিষয়। কাজের তুলনায় আপনার উপযোগীতা কম হতে পারে। ধরুন আপনি দশটি কাজের মধ্যে মাত্র চারটি কাজ শেষ করেছেন, কিন্তু এই চরটির মধ্যে একটি খুবই গুরুত্বপূর্ণ ছিল। সেক্ষেত্রে একজন কর্মচারী হিসাবে আপনার ভাবমূর্তি খুবই প্রভাবশালী হবে এবং আপনার সহকর্মীদের কাছে তা উল্লেখযোগ্য দৃস্টান্ত হয়ে থাকবে। একজন তীব্র সমালোচকের মতন আপনাকে আপনার দৃস্টি সেই দিকেই কেন্দ্রীভূত রাখতে হবে যা আপনার এবং আপনার সংগঠনের জন্য মূল্যবান গুরুত্বপূর্ণ।

কিছু রীতি-নীতি পালন করে আপনি আপনার গতিবিধির পরিবর্তন করতে পারেন। অনেক সময় অনেক পরিকল্পনা নিজের থেকেই বড় ও জটিল হয়ে যায়। একে সামগ্রিক ভাবে না দেখে ছোট ছোট অংশে ভাগ করে নিন। এমন ছোট অংশে (পরিকল্পনা) ভাগ করুন যা আপনি এক থেকে দুই সপ্তাহের মধ্যে শেষ করতে পারবেন। যদি একটি কাজ সম্পন্ন করতে 16 ঘন্টা সময় লাগে তবে সেটিকে চার ঘন্টা করে চার ভাগে ভাগ করে নিন। করে রাখেন তো তার একটি সুন্দর রূপ দেওয়া সম্ভব হবে। যদি পূর্ণতা প্রাপ্ত করতে চান তবে অবশ্যই সক্রিয়ভাবে কাজ করতে হবে।

দীর্ঘ অথচ নিরর্থক রিপোর্ট তৈরী করার পরিবর্তে নামকরণ সহ ছোট ছোট রিপোর্ট তৈরী করুন। রসহীন কার্য গুলিকেও বাধ্যতামূলক ভাবে করার চেস্টা করুন। আপনার কাজগুলিকে লিখে আপনার চোখের সামনে টাঙিয়ে রাখুন। আপনার কাজের বিষয়ে আপনি নিজের সাথে কথা বলে আপনার ভুল সংশোধন করতে পারেন।

সঠিক সময় শুরু হওয়ার সাথে সাথেই কার্য শুরু করার চেস্টা করুন। যদি তাড়াতাড়ি কাজ ছাড়তে চান তে ছাড়তে পারেন কিন্তু অতিরিক্ত সময়ে তা অবশ্যই সম্পন্ন করার চেস্টা করুন। আপনি যে কাজ করছেন তার পরিবর্তে যদি অন্যকোন কাজ আপনাকে আকর্ষণ করে তবে তা সম্পন্ন করলেও মন্দ হয় না। আপনার নেতিবাচক বিচার বিবেচনা গুলিকে

একটি কাগজে লিখে রাখুন, পরে অবশ্যই এগুলিকে বিবেচনা করার চেষ্টা করবেন। সর্বপ্রথম নিরস কার্যগুলিকে নিস্পন্ন করার চেষ্টা করুন। এইভাবে পরিকল্পিত ভাবে কার্য পরিচালিত হলে আপনার সমস্ত সময় কাজের পিছনেই ব্যাহত হবে না। যদি কোন কাজ বহুদিন ধরে চলতে থাকে তবে তা বিলম্বিত হওয়ার কারণ নিজেকে জিজ্ঞাসা করুন। এমনও হতে পারে যে আপনি অন্য গৌন বিষয়ে বিশেষ নজর দিয়েছেন। একটি বিশ্লেষণের মাধ্যমে আপনি খুব তাড়াতাড়িই বিলম্বের কারণ খুঁজে পাবেন।

একটি কাগজের একদিকে বিলম্বের কারণ এবং অপর দিকে কার্য সম্পন্ন করার কারণগুলি লিখে রাখুন, এই প্রক্রিয়ার মাধ্যমে আপনি কাজের গুরুত্ব সম্পর্কেও ওয়কিবহাল হতে পারবেন। যদি কোন কাজ গুরুত্বহীন হয়ে যায় তবে তা তালিকা থেকে বোর করে দিন। নিজের কার্যসূচীর উপর ভালো করে নজর রাখলে বুঝতে পারবেন যে কোন কাজের গুরুত্ব কতখানি।

প্রতিদিনের কাজের শেষে যদি আপনি কার্য তালিকার দিকে নজর না দেন,. তবে আপনার কার্যসূচী সম্পর্কে আপনার খেয়াল থাকবে না। যদি আপনি নিজে এই কাজ করতে না পারেন তবে কম্প্যুটার বা সেক্রেটারীর সাহায্য নিন। ব্যবহার যোগ্য পরিকল্পনা তৈরী করার সময় 'Item', 'Cause', 'Action' এবং 'Due Outline' এই বিষয় গুলিকে অবশ্যই মাথায় রাখবেন।

প্যান্টের কিচ্ যেমন সৌন্দর্য্য বৃদ্ধি করে তেমনি আত্মবিশ্লেষণনের জন্য লিখে রাখা নোটও ব্যক্তিদের সুসংগঠিত করে। সেটি করার চেষ্টা করুন। এটি আপনাকে কার্য সিদ্ধির দিকে এগিয়ে নিয়ে যাবে।

উর্বর চিন্তাধারা

এমারসনের মতে "ভাব প্রকাশের মাধ্যমেই হল ইচ্ছা" যদি বাস্তবে আপনি কিছু পেতে চান, তবে তা পাওয়ার সম্ভাবনা আছে কি নেই তা সুনিশ্চিত ভাবে বোঝার চেষ্টা করুন।

জীবন সর্বদাই নতুন এবং অমূল্য শিক্ষা দেয় কিন্তু ভবিষ্যৎ-এ লক্ষ্য পূরণের জন্য তা কতটা ফলপশু হবে সেই মুহুর্তে আমরা তা বুঝতে পারি না। যদি সমস্ত শিক্ষাগুলিকে একত্রিত করা যায় তবে আপনি একটি সামগ্রিক রূপ পেতে পারেন। যদি আপনি কঠোর পরিশ্রম করতে ঘাবড়ে না যান তবে আপনি প্রচুর উপলব্ধি লাভ করতে পারবেন। কিছু কিছু মানুষ আছেন যারা প্রতিকূল অবস্থায় অসন্তুষ্ট হন কিন্তু প্রতিকূল অবস্থার মোকাবিলা সবাইকেই একলা একদিন করতেই হবে। জীবনে যে সমস্ত বিপদের সম্মুখীন হতে হয়, তারা বিরূদ্ধে অভিযোগ করে কোন লাভ নেই কিন্তু ভগবানের বর দানের মাধ্যমে আমরা প্রত্যেকেই সেই বিপদ বা দুর্ঘটনাকে সহজেই ভুলে যেতে পারি। আমার দেখা দুজন বন্ধু একই জায়গায় কাজ করতেন। এদের মধ্যে একজন সর্বদাই নিজের অভাবের জন্য বিলাপ করতেন আর অপর জন সব সময় কঠোর পরিশ্রমের মধ্যে নিজেকে ব্যস্ত রাখার চেস্টা করতেন। ইনি কখনই বস্‌দের বিরূদ্ধে অভিযোগ করেন নি, কিন্তু প্রথম ব্যক্তির জন্য সবথেকে দুঃখের কারণ হল এটাই। সফল অথবা সফলতা কামী ব্যক্তিরা কখনই নিস্ফল অশ্রুপাত করেন না। তারা সর্বদাই সৃজনশীলতার পক্ষ অবলম্বন করেন।

সফল ব্যক্তিরা কোন সমস্যার সমাধান করার সময় স্বতন্ত্রতা এবং সাধনার বিষয়টি মাথায় রাখেন। যে কাজ তারা নিজেরাই করতে পারবেন তার জন্য অন্য কোন ব্যক্তির সাহায্য নেন না। তাদের আত্ম বিশ্বাস

এতটাই দৃঢ় হয় যে, তারা জানেন বছর কেটে গেলেও তাদের চিন্তার ফসল মূর্ত রূপ নেবেই। তাদের স্বপ্ন হয় বড়-বড়। তারা তাদের সম্পূর্ণ শক্তি, স্বপ্ন পূরণের জন্য নিয়োজিত করেন। তারা নিজেদের সর্বাধিক ক্ষমতা প্রয়োগেও পিছপা হননা। এরা বিশ্বাস করেন যে অভিজ্ঞতা হল সবচেয়ে বড় শিক্ষক কিন্তু এই শিক্ষায় শিক্ষিত হওয়ার জন্য প্রচুর মূল্য দিতে হয়।

সফলব্যক্তিরা তাদের জীবন অতিবাহিত করেন প্ল্যানের মাধ্যমে, যা তাদের মস্তিষ্ক প্রসূত। তাদের জন্য স্কুল কলেজের শিক্ষাই যথেস্থ নয়। এদের কাছে পয়সার থেকে প্রেরণা অনেক বেশী মূল্যবান। তারা জানেন যে সংসারে এমন অনেক বস্তু আছে যা পয়সা দিয়ে কেনা যায় না।

স্পষ্টতাই হল সফলতার চাবিকাঠি ঃ

আপনি যদি কিছু পেতে চান তবে সবার আগে সেই বিষয়ে আপনার ধারণা স্পষ্ট করতে হবে। 'clarity'-এর সজ্ঞা ল্যাটিন শব্দানুসারে Claritat-claritas, যার সৃষ্টি 'clarus' থেকে, এর বর্তমানরূপ 'clar' যার অর্থ 'স্পস্ট' বা 'স্বচছ'। আমাদের প্রত্যেককেই স্পষ্টভাবে কাজ করতে হবে। কিন্তু দুর্ভাগ্যবশতঃ 'স্পষ্টতা' কোন বাজার বা দোকানে কিনতে পাওয়া যায় না। একজন স্পষ্ট ব্যক্তিই বিবেকবান হতে পারেন। এরা প্রদেয় কার্যের উপর ভিত্তি করে সমস্ত সম্ভাবনা গুলিকে খেতিয়ে দেখেন।

'স্পষ্টতা' কোন মূর্ত রূপ ধারণ করে আপনার কাছে আসে না। এটা কাউকে দানও করা যায় না। নিজেকে বা অপরকে স্পস্ট রূপে দেখার জন্য আপনাকে শান্ত এবং স্নিগ্ধ হতে হবে। শরীরের ব্যাপারে মস্তিষ্ক জলের মতন। জলের উপরিভাগে তরঙ্গের সৃষ্টি হলে জলে গঠিত প্রতিবিম্ব নষ্ট হয়ে যায়, কিন্তু যদি জলে তরঙ্গের সৃষ্টি না হয় তবে প্রতিবিম্ব স্পস্ট রূপে বোঝা যায়। এইরূপেই বলা যায় যে যদি মস্তিষ্ক পারদর্শী হয় তবে তার থেকে স্বচছ চিন্তা জন্ম নেবে।

মস্তিষ্ক শান্ত করার জন্য আপনি যেকোন প্রণালী - টেকনিক / প্রার্থনাকে মাধ্যম হিসাবে ব্যবহার করতে পারেন। একবার ভারসাম্য নষ্ট হলে আপনি অপানার কেন্দ্র থেকে বিচ্যুত হয়ে যাবেন ও অতীতের ঘটনাবলী আপানর উপর প্রভাব বিস্তার করবে এবং আপনি তার বশ্যতা স্বীকার করবেন। যদি এমনটি হয় তবে খুব তাড়াতাড়ি বর্তমানের সাথে নিজেকে সংযুক্ত করার প্রয়াস করুন। এই প্রয়াসের জন্য আপনার কিছু

সময় লাগতে পারে, সুতরাং ধৈর্য্য বজায় রাখুন। আপনার কার্যটিকে স্পষ্টরূপে জানতে না পারলেও তা পাওয়ার জন্য সচেস্ট হন। জীবনের প্রত্যেক ক্ষেত্রেই অন্তঃদৃষ্টির সহযোগীতায় বিকশিত হওয়ার সম্ভাবনা হয়। আপনার বর্তমান অবস্হা বোঝার চেস্টা করুন, এবং লক্ষ্য কিভাবে প্রাপ্ত হতে পারে তা জানার চেস্টা করুন।

ওল্ড টেস্টামেন্টে বলা আছে যে, "Be still and and know that I am God..." ('শান্ত হও, এবং আমাকে ভগবান বলে জানো...') এই বাক্যটি নিজেকে স্পস্ট করে। কোনো ধরা বাধা রুটিং-এর মাধ্যমে এটাকে পালন করা সম্ভব নয়। এটি কোনে ভানুমতির খেলা নয় বরঞ্চ এটা হল এমন এক প্রক্রিয়া যার মাধ্যমে আপনার মস্তিস্কের ক্ষমতা আশাতীত বৃদ্ধি পাবে। আপনি যদি সঠিক ভাবে বর্তমানকে ব্যবহার করতে শিখে যান তবে ভয় বা চিন্তার জন্য কোন স্হানই থাকবেনা, কারণ এই চিন্তার সাথে অতীত ও ভবিষ্যৎ সংযুক্ত থাকে।

আপনি যা করছেন তা কেন করছেন ?

নিজের মাতা-পিতাকে এবং অন্যান্য ব্যক্তিদের প্রসন্ন করার চেস্টা করুন, এর সাহায্যে আপনি আত্মবিশ্বাস ও প্রেরণা গড়ে তুলতে সক্ষম হবেন। স্বাধীনভাবে আমরা কোন কাজ সম্পন্ন করতে পারলেই আমরা স্বতন্ত্রতা অনুভব করতে পারি। এর জন্য আমাদের নিজেদের কাজ থেকেই শক্তি সঞ্চয় করতে হবে, আর এর মাধ্যমে আমরা আত্ম সন্তুষ্টিও গড়ে তুলতে পারি। যা আমাকে আনন্দ ও সন্তুষ্টি দান করে, তা আপনার ক্ষেত্রে নাও হতে পারে। বেশীর ভাগ ব্যক্তি একই রকম কাজ নিযুক্ত থাকেন কিন্তু এর মধ্যে তারা একটা স্বতন্ত্রতা বজায় রাখার চেস্টা করেন। এরা এমন একটা জালে জড়িয়ে পরেছেন যে তার থেকে বেরিয়ে আসার পথ তাদেরও জানা নেই। এর সমাধানের পথ হল, আপনি নিজের শক্তি, দুর্বলতা, ইচছা আশা এবং স্বপ্ন গুলিকে ভালো করে বোঝার চেস্টা করুন ও তারপর সিদ্ধান্ত নিন যে আপনার কি করা উচিত ? যতক্ষণ না আপনি জয়ের মুকুট পাচেছন ততক্ষণ পরিশ্রম করতে থাকুন। মনে রাখবেন যে আপনি যেখানে আছেন তা আপনার নির্ণয়ের ভিত্তিতেই গড়ে উঠেছে। যদি আপনার নির্ণয় আরোও সঠিক হত তবে আপনি আরোও উন্নততর স্হানে অবস্হান করতেন।

হতাশা গ্রস্হ হয়ে কোন পরিকল্পনাকেই মাঝপথে বন্ধ করে দেবেন না। আপনার বর্তমান অবস্হার জন্য আপনি দায়ী তা মনে রাখবেন। নিজের কাজের জন্য আপনাকে তৎপর হতে হবে। যদি আপনি চান তবে অবশ্যই তা করতে পারবেন।

কখনও কখনও আমাদেরকে অপরের ইচছাগুলিকেই বেশী গুরুত্ব দিতে হয়, সেক্ষেত্রে আমাদের 'না' বলার ইচছা থাকলে 'হ্যাঁ' বলতে হয়। হতে পারে যে আপনার হৃদয় এবং আত্মা আপনাকে 'হ্যাঁ' বলতে নিষেধ করছে

কিন্তু একবার মুখ থেকে 'হ্যাঁ' বেরিয়ে যাওয়ার পর আপনি অপরের সামনে কিছুতেই মাথা নত করতে পারবেন না। এরফলে যাই হোক না কেন আপনার অনিচ্ছাতেও আপনাকে সেই কাজ করতে হবে। বেশীর ভাগ ব্যক্তিদের জীবনে এমন অনেক সময় আসে যখন তাদের নিজেদের অনিচ্ছা সত্ত্বেও অপরের ইচ্ছা মতন চালিত হতে হয়, ও সেই অনুসারেই কাজ করতে হয়। তা পদোন্নতির ক্ষেত্রেই হোক বা অপরের নজরে নিজেকে বড় করতেই হোক, বিষয়টি সেই একই থাকে।

অনেক সময় আপনার কার্যক্ষেত্রে আপনাকে অতরিক্ত চাপ সামলাতে হয় অথবা ছুটির দিনেও আপনি অনেক সময় কাজ করেত বাধ্য হন। তখন আপনাকে ব্যবসায়িক বিষয় ও পারিবারিক পরিস্থিতির মধ্যে কোন একটি ক্ষেত্রে ত্যাগ স্বীকার করতে হয়। এটা সত্যি যে প্রত্যেক 'না'-এর পিছনে একটা পরিণাম লুকিয়ে আছে, যা এর থেকে স্পস্ট বোঝা যায়। কিন্তু এই রকম পরিস্থিতিতে যদি 'হ্যাঁ' বলতে হয় তবে সেক্ষেত্রে স্বরের পরিবর্তনের মাধ্যমে আপনি পরিস্থিতি বুঝতে সক্ষম হবেন। অনিচ্ছা সত্ত্বেও যদি আপনাকে কোন কাজ করতে হয়, তবে আপনার স্বরে সামান্য হলেও পরিবর্তন ও কাঠিন্য দেখা দেবে। এর থেকে আপনি অনুভব করতে পারেন যে অপরের দ্বারাই আপনার জীবন নিয়ন্ত্রিত আর এই রকম পরিস্থিতিতে আপনি এমন একটা জীবন পান যার মূল্য, প্রাথমিকতা এবং স্বর কোন কিছুই আপনার নিজস্ব নয়, এর উপর অন্য কেউ অধিকার বিস্তার করে রেখেছে। আমি আপনাকে কখনই এই পরামর্শ দেব না যে আপনি সমস্ত বিষয়েই না করুন অথবা কোন দিকে না তাকিয়ে শুধু নিজের স্বার্থ সিদ্ধি করুন। আমি আপনাকে এই পরামর্শ দিচ্ছি যে, অনিচ্ছা সত্ত্বেও সমস্ত ক্ষেত্রেই 'হ্যাঁ' করবেন না, কারণ আপনি যে ক্ষেত্রে কাজ করেন সেই ক্ষেত্রে আপনি খুবই গুরুত্বপূর্ণ। যদি আপনি এই পথ অবলম্বন করেন তবে এর অর্থ হল যে আপনি নিজের শক্তিকে বাধ্য করছেন এবং নিজের লক্ষ্যের থেকে সরে যাচেছন। এই দৃস্টিভঙ্গীর জন্য আপনি সমালোচিত হতে পারেন কিন্তু আমাদের জীবন এবং আমাদের সফলতা আমাদের উপরেই নির্ভর করে। কখনও কখনও আমাদের অনিচ্ছা সত্ত্বেও অনেক কাজ করতে হয় যেমন, খাওয়ার সময় কাজ করা, ক্লান্ত শরীরেও কোন সামাজিক দায়িত্ব পালন করা ইত্যাদি। এটি আমাদের সীমা নির্ধারণের জন্য খুবই লাভজনক। যদি কেউ আপনাকে কোন প্রশ্ন করে তবে সহজেই তার উত্তর দিতে পারবেন কি?

আপনি যদি আগে থেকেই আপনার সীমাবদ্ধতা সম্পর্কে লোকজনদের

অবগত করে দেন, তবে আপিন 'না' বললেও কেউ আশ্চর্য হবেন না। যদি আপনি ঠিক করে রাখেন যে জরুরীকালীন অবস্হা ছাড়া ছুটির দিনে কাজ করবেন না, সে ক্ষেত্রে যদি আপনাকে কেউ শনি রবিবার কাজ করতে বলে, তবে আপনি পরিস্কার ভাবে জানিয়ে দেবেন যে এই দুই দিন আপনি পরিবারের সাথে অতিবাহিত করতে চান। আমি সকালে ব্যায়ামের জন্য যে সময়টি নির্ধারণ করছি তা আমার কাছে খুবই গুরুত্বপূর্ণ। এই সময়ে আমি এমন কোন কাজ রাখি না যা আমার ব্যায়ামে বাধার সৃষ্টি করত পারে। সকালের বিমান বা গাড়ি ধরার বিষয়টি আলাদা, এই বিষয়টি ছাড়া আমি কখনই আমার ব্যায়ামের সময় অন্য কোন কাজে অতিবাহিত করিনা। যদি কেউ সকালে আমার সাথে দেখা করতে চান তবে আমি তাকে আমার সকালের ব্যায়ামের আসরে যোগ দেওয়ার জন্য আমন্ত্রণ জানাই। আমি স্পস্ট ভাষায় লোকেদের আমার দুর্বলতার কথা জানিয়ে দিই। এই পন্থায় সকলের সাথে সম্পর্ক রাখতে সুবিধা হয়। আমার যেকোন অপছন্দের বিষয়কে আমি বিনম্রভাবে অস্বীকার করি। আমার দ্বারা সৃস্ট সীমাই আমাকে বলে দেয়, আমার কি করা উচিত আর কি না।

আমি যদি এই পন্হা অবলম্বন না করতাম, তবে নিজের জন্য বা নিজের পরিবারের জন্য সময় বের করা অসম্ভব হয়ে যেত। কেউ কেউ আমাকে দায়িত্বহীন ভাবেন, আমি তাদের এই চিন্তাধারার জন্য ধন্যবাদ দিতে চাই কিন্তু আমি নিজের নিয়মের থেকে একচুলও সরতে রাজী নই। এর পরিণাম স্বরূপ আমি সেই সমস্ত গুরুত্বপূর্ণ কাজের জন্য সময় বের করতে পরি, যেগুলি আমি খুব ভালো করে সম্পন্ন করতে চই। এই নিয়মানুবর্তীতার জন্য আমি নিস্ঠার সাথে আমার কাজ সুসম্পন্ন করতে পারি।

নিজের কোন বিকল্প নেই এমন চিন্তা কখনই করবেন না কিংবা আপনি 'না' বললে সংসার অচল হয়ে যাবে এমনও ভাববেন না। যদি আপনি অপরের আনন্দের জন্য সব কিছু করতে রাজী থাকেন তবে আপনাকে আপনার শক্তি, পরিবার এবং সময় দিয়ে তার মূল্য চোকাতে হবে।

আমিই সংসারের কেন্দ্র বিন্দু এটা ভাবাই মূর্খতা। একলা এক দিন আমরা সবাই এই পৃথিবী থেকে চলে যাব। নিজের বর্তমানকে জীবন্ত করে রাখুন এটাই সব থেকে গুরুত্বপূর্ণ বিষয়। 'না' শব্দের সঠিক ব্যবহারই আপনাকে স্বতন্ত্রতা দিতে পারে এবং আপনার জীবনধারণের বিষয়েও পরিবর্তন আনতে সক্ষম হয়।

গুরুত্ব নির্ণয়ও একটি বিশেষ গুণ

কোন কাজকে সুষ্ঠ ভাবে সম্পন্ন করার ক্ষমতাও গুণ বলে বিবেচিত হয়। যদি আপনি কোন কাজ ধীরে ধীরে করার চেস্টা করেন এব আপনার কাছে সময় যদি খুব কম থাকে তবে একটা চাপের সৃস্টি হয়। এটি কখন কখন যন্ত্রণাদায়কও হয়ে ওঠে। এই চাপের হাত থেকে মুক্তি পাওয়ার জন্য সমস্ত কাজ একবারে করার চেস্টা না করে একটি রুটিন মাফিক চলার চেস্টা করুন। আপনি যে বিষয়টিকে সবচেয়ে বেশী লাভজনক বলে মনে করছেন সেই বিষয়ের উপর সমস্ত শক্তি কেন্দ্রীভূত করার চেস্টা করুন। যদি আপনি এই অনুসারে কাজ করেন তবে আপনি জীবনে আনন্দও সুন্তুস্টি লাভ করতে পারবেন এবং সমস্ত রকম মানসিক চাপের হাত থেকে রেহাই পাবেন। যদি আপনি ব্যক্তিগত ও সামগ্রিক রূপে তৃপ্তি লাভ করতে চান, তবে দক্ষতার সাথে রুটিন তৈরী করার চেস্টা করুন। রুটিন মাফিক না চললে আপনার কার্য এলোমেলো হয়ে যাবে। যদি আপনি এই বিষয়টিকে হস্তগত করতে পারেন, তবে আপনার জীবনে, কেরিয়ারে এবং কাজের গতি প্রকৃতিতে লাভজনক পরিবর্তন আনত পারবেন।

হতে পারে যে, আপনি কাজে অত্যাধিক ব্যস্ত থাকার জন্য কোন পরিকল্পনা তৈরী করার সময় আপনার কাছে নেই। আপনি যদি সর্বদাই ব্যস্ত থাকেন বা কাজের মধ্যে ঘিরে থাকেন, তবে তার অর্থ এই নয় যে আপনি অনেক বেশী উৎপাদন করছেন। অনেক মানুষ আছেন যারা সর্বদাই ভুল কাজে ঘিরে থাকার জন্য কখনই লক্ষ্য পর্যন্ত পৌঁছাতেই পারে না। কোন কাজ করার আগে যদি তার গুরুত্ব কতখানি তা কোষে ফেলতে পারেন তবে সেই কাজের সারাংশ তৈরী করতে সুবিধা হবে। কার্যের এই সারাংশ আপনার যোগ্যতাকে কতটা উদ্ভাষিত করছে তা

অবশ্যই বিচার করার চেস্টা করুন। এই কাজের জন্য আপনাকে খুব বেশী হলো পাঁচ থেকে দশ মিনিট ব্যয় করতে হবে। আপনার বিচক্ষণতার মাধ্যমে আপনি বিচার এবং জীবনকে সঠিক পথে চালনা করতে পারবেন। পরিস্হিতিকে সম্পূর্ণ ভাবে নিয়ন্ত্রণের চেস্টা করুন, এর থেকে আপনি আপনার মন মতন আনন্দ লাভ করতে পারেন। কিভাবে কোন কাজের সারবত্তা নির্ণয় করবেন, সেই সম্পর্কে কিছু পরামর্শ দেওয়া হলঃ- সর্বপ্রথম সময়ের অনুসারে একটি কার্য তালিকা প্রস্তুত করার চেস্টা করুন। একটি ছোট নোটবুক অথবা ডায়রিতে এই বিষয়টি নোট করতে পারেন। যে কোন কার্য শুরু করার আগে অবশ্যই তরিখ দাগানোর চেস্টা করবেন, এতে আপনি কাজটি কবে শুরু করেছিলেন তা স্মরণ করতে পারবেন। যদি আপনি কোন গুরুত্বহীণ কাজ করতে চান তবে সেটিক তালিকার শেষে অন্তর্ভুক্ত করুন। সবার প্রথমে আপনি নিজেকে সবচেয়ে বেশী গুরুত্ব দেওয়ার চেস্টা করুন এবং পুস্টিকর খাদ্য গ্রহণ, ব্যায়াম প্রভৃতি বিষয়কে কখনই অপ্রোয়জনীয় বলে মনে করবেন না। আমাদের শরীরও কোন গাড়ী বা উপকরণের মতন দৈনন্দিন পরিচর্যা দাবী করে। আপনার শরীরটিও অনেকটাই আপনার গাড়ীর মতনই যেটি সঠিক পরিচর্যা বা সেবা ছাড়া কার্যক্ষমতা হারিয়ে ফেলে।

কোন কাজের দায়িত্ব যদি অপরকে অর্পন করা যায় তবে অবশ্যই অর্পন করে দিন, প্রত্যেককে নিজের কাজের দায়িত্ব নিতে দিন।

অন্যান্য ব্যক্তিদের নিজেদের কাজ উন্নততর করার জন্য প্রেরণা দান করুন। যদি আপনি অপর ব্যক্তিকে তার কাজের জন্য প্রশংসিত করেন বা যদি তার কাজে গুরুত্ব দেন তবেই এমনটি করা সম্ভব। প্রত্যেককে নিজেদের কাজ করতে দিন। অপরের কাজ সম্পন্ন করার দায়িত্ব নেবেন না এরফলে অনেকেই তাদের কাজ আপনার উপর চাপিয়ে দেওয়ার চেস্টা করবে। এরফলে আপনাদের সম্পর্কের ভিতর একটি ঝামেলার সৃস্টি হবে। কোন কাজ যদি অপর কোন ব্যক্তির সাথে সম্পর্কিত হয়, তবে সেই কাজ তাকেই সম্পূর্ণ করতে দিন। যদি কোন দায়িত্ব নেওয়ার আবশ্যকতা থাকে, তবে কাজটি কয়েকটি ভাগে ভাগ করে শুধুমাত্র আপনার ভাগের দায়িত্ব গ্রহণ করুন। এতে সম্পর্কে উন্নতি হবে এবং কাজও সুন্দর ভাবে অগ্রসর হবে।

কোন কাজকে একটি নির্ধারিত সময়ের মধ্যে শেষ করার চেস্টা করুন এবং রুটিন মাফিক চলুন। সময়ের সঠিক প্রয়োগের ফলে নির্ধারণ করতে সুবিধা হবে এবং আপনি গুরুত্বপূর্ণ বিষয়ের উপর অধিক লক্ষ্য দিতে

পারবেন। একটি বিষয়কে সর্বশক্তি দিয়ে শেষ করার পর অন্য বিষয়ের দিকে নজর দিন। কেন্দ্র বিন্দুতে যদি ধ্যান এবং একাগ্রতা দিতে পারেন তবেই আপনি যে কাজ হাতে নিয়েছেন সেই কাজে শক্তি নিয়জিত করতে পারবেন এবং এর ফলে আপনি অধিক উৎপাদনের আশা করতে পারেন।

প্রত্যেকটি কাজের জন্য একটি নির্ধারিত সময় ব্যয় করা উচিত। এই সময়ের মধ্যে সেই কাজ সম্পন্ন করার চেস্টা করুন। অনেক সময় আপনার সময় সীমা অন্য ব্যক্তিদের কাজের উপরেও নির্ভর করে, সেক্ষেত্রে যদি আবশ্যকতা অনুভব করেন তবে সাহায্য করার চেস্টা করুন। আপনাকে দিয়ে অন্য কেউ শীঘ্র কাজ করাবার চেস্টা করতে পারে। অবস্হা এবং পরিস্হিতিতে পরিবর্তন আসতে পারে। মাঝে মাঝ আপনার কার্য তালিকার পরীক্ষা করুন, এতে আপনি সমস্ত কাজ গুলির গুরুত্ব বুঝতে পারবেন এমন কোন কাজ যা আপনার আগে সম্পন্ন করা উচিত ছিল কিন্তু আপনি সূচীতা তা পরে লিপিবদ্ধ করছেন সে দিকে লক্ষ্য করুন।

প্রতিবন্ধকতা আমাদের জীবনের একটি অংশ। প্রত্যেক বাধাকে জয় করার চেস্টা করুন। সহকর্মীদের সাথে সু-সম্পর্ক, ই-মেল ফোন কল আপনাকে বাধার থেকে মুক্তি দিতে সাহায্য করে। আপনি যদি কাজের গুরুত্ব বুঝতে না পারেন তবে আপনি পিছিয়ে যাবেন। কোন কাজের মাঝে অন্য কোন কাজ এসে যায় তবে সেই কাজ অন্য কাউকে অর্পন করা যায় কিনা তা দেখার চেস্টা করুন। যদি অপর কাউকে সেই কাজ দেন তবে সে তা কতদিনে শেষ করছে সেই দিকে লক্ষ্য রাখুন। নিজেকে একটু বেশী সময় দেওয়ার চেস্টা করুন। আপনার হিসাবে কোন কাজ যদি পাঁচ দিনে শেষ করা যায় বলে মনে করেন তবে বসের থেকে আট দিন সময় নিন। আপনি যদি পাঁচ দিনে কাজ করে ষষ্ঠ দিনেই কাজ অর্পন করে দেন তবে অবশ্যই আপনি বাহবা পাবেন। অপানার সময় আপনারই৮ এবং এই সময়ের প্রভু আপনি নিজে। গুরুত্ব আরোপের মাধ্যমেই অপানি এর সঠিক ব্যবহার করতে পারেন। অভ্যাসের মাধ্যমে আপনি দক্ষতা অর্জন করবেন। শক্তি এবং নির্ণয় দুটিই আপনার হাতে।

কার্যাদি সম্পাদনের ক্ষমতা অর্জন করুন

অনেক ব্যক্তিই মনে করে যে তাদের কাছে করার মতন পর্যাপ্ত কোন কাজ নেই আর এই চিন্তা তাদের অপ্রসন্ন করে। অপর দিকে এমনও কিছু মানুয আছে যারা ঘরে এবং অফিসে উভয় ক্ষেত্রেই প্রচুর দায়িত্ব বহন করে চলেছে। দুটি পরিবেশই মানসিক চাপ সৃষ্টি করে এবং জীবনের গুণাগুণকে প্রভাবিত করে। যেকোন চাপ যুক্ত পরিস্থিতির হাত থেকে বাঁচার জন্য আপনার সারা দিনের একটি 'ব্লু প্রিন্ট' প্রস্তুত করে নিন। এর জন্য আপনাকে 5 মিনিট অতিবাহিত করতে হবে এই কাজটি আপনি রাতে শুতে যাওয়ার আগে বা সকালে ঘুম থেকে উঠেও করতে পারেন। 'ব্লু প্রিন্ট' নির্ণয়ের সময় গুরুত্বপূর্ণ গতিবিধিগুলিকে অবশ্যই মাথায় রাখবেন। সেই গতিবিধি গুলিকে অবশ্যই মাথায় রাখবেন। সেই গতিবিধি একটি নির্দ্দিষ্ট দিনের সাথেও সম্পর্কিত হতে পারে যাএকটি দীর্ঘকালীর লক্ষ্যের সাথেও সম্বন্ধিত হতে পারে। প্রত্যেক কাজের পেছনে যে উদ্দেশ্য আছে সেই উদ্দেশ্য সহ তা তৈরী করারা চেস্টা করুন। প্রত্যেক কাজের জন্য একটি নির্দ্দিষ্ট সময় ব্যয় করুন।

আপনার দৈনন্দিন জীবনের কার্য ক্ষমতাই আপনার সফলতা এবং সঠিক স্হানকে সুনিশ্চিত করে দেয়। আপনি নিজে হাতে যে 'ব্লু প্রিন্ট' তৈরী করেছেন তার উপর গুরুত্ব দেওয়ার চেস্টা করুন, এতে আপনি সফল হবেনই। একটা বিষয় অবশ্যই মাথায় রাখবেন যে, আপনার সৃস্ট পরিকল্পনাতে যাতে অপ্রত্যাশিত দুর্ঘটনা এবং হস্তক্ষেপের জন্য জায়গা থাকে যে সমস্ত কাজের উৎপাদন শীলতা বেশী (তা আপনিই সম্পন্ন করুন যা আপনার সহযোগীরা) সেই সমস্ত কাজের উপর অধিক গুরুত্ব দেওয়ার চেস্টা করুন। আপনার পরিকল্পনাকে পুণর্গঠন করার জন্য প্রয়োজনীয় সময় দিন এবং সেটিকে একটি সুগঠিত নীতির মোড়কে বাঁধরার চেস্টা করুন। এই পরিকল্পনার জন্য গুরুত্বকে কখনই মাথা থেকে সরিয়ে দেবেন না এবং সময় অপচয় করবেন না। আপনার জ্ঞান বৃদ্ধির জন্য দিনের একটি নির্দ্দিস্ট সময়কে অতিবাহিত করুন। এর জন্য আপনার প্রচুর সময় ব্যাহত করতে হবেনা। আমি সারাদিনে এই কাজের জন্য 50 মিনিট ব্যাহত করি এবং এর মধ্যে 10 টি খবরের কাগজ পড়ে ভারত তথা বিশ্বের সমস্ত ঘটনা সম্পর্কে ওয়াকিবহাল হয়ে যাই। রাতে 15 থেকে 30 মিনিট আমি কিছু

মহাপুরুষদের জীবনী বা আত্ম কথা পড়ার জন্য অতিবাহিত করি। বাস্তবে আমি আত্ম-উন্নতি, লক্ষ্য এবং জীবনের কৃতিত্ব সম্পর্কে নিজের অডিও টেপ তৈরী করে রেখেছি। আমি গাড়ী চালাবার সময় বা হাঁটার সময় সেই কথা গুলি শুনি হাঁটার সময় বা অনুশীলনের সময় আমি 'ওয়াকম্যানের' মাধ্যমে এই কথা গুলি শুনি, শারিরীক সুস্হতা ছাড়া জীবনে কিছুই পাওয়া সম্ভব না এবং আপনার জীবনের সমতা রক্ষা করাটা খুবই প্রয়োজনীয়। আপনি নিজের শরীরের দিকে নজর দিন এবং দৈনন্দিন জীবনের রুটিনে অবশ্যই ব্যায়ামকে অন্তর্ভুক্ত করুন। শুধুমাত্র হাঁটলেই হবে না এমনও কিছু শরীর চর্চা করুন যার মাধ্যমে আপনার শরীরকে প্রসারিত করা সম্ভব হয়। ব্যায়ামের জন্য নিজেকে উৎসাহিত করুন। এইটি এমন একটি অভ্যাস যাতে কোন রকম পয়সা না দিয়েই আপনি দীর্ঘকালীন লাভ প্রাপ্ত করতে পারেন। যেকোন আলস্য ঘুমের হাত থেকে নিজেকে বাঁচিয়ে রাখার চেস্টা করুন।

আপনি যদি এই পরিকল্পনা মাফিক দিনের পর দিন বা রাতের পর রাত চলতে পারেন তবে সমস্ত মানসিক প্রতিবন্ধকতাকে সহজেই কাটিয়ে উঠতে পারবেন জীবনে কখনই ঈর্ষাকে বহন করবেন না এবং তার থেকে বেরিয়ে আসার প্রয়াস করুন। এর ফলে জীবনে গুরুত্বপূর্ণ পরিবর্তন অনুভব করতে পারবেন। দিনের শেষে বা কাজের শেষে ক্লান্ত হয়ে পরাটা খুবই স্বাভাবিক, সেক্ষেত্রে আমি 20 থেকে 30 মিনিট বিশ্রাম গ্রহণ করি এর ফলে শরীরে সতেজতা ফিরে আসে। এই সময়ে আমি কোন ফোনও ধরিনা বা কোন ফাইলে লেখা লেখিও করিনা। সৃজনাত্মক এবং রচনাত্মক বিচার বিবেচনার জন্য এই সম্পূর্ণ বিশ্রাম খুবই জরুরি। জীবনকে প্রগতিদানের জন্য বা সম্পূর্ণ কার্যক্ষমতার জন্য এই বিষয়গুলি অবশ্যই মাথায় রাখবেন।

আপনি আপনার লক্ষ্য পূরণের জন্য প্রতিদিন কতটা অগ্রসর হচ্ছেন সে দিক লক্ষ্য করুন। আপনি যে সমস্ত ধাপ গুলিকে উপেক্ষিত করছেন সেদিকে ও লক্ষ্য রাখুন এত আপনার ফাঁক নজরে পড়ে যাবে। এই বিষয়টিকে অভ্যাসে পরিণত করার চেস্টা করুন।

আপনি আপনার জীবন এবং স্হানকে সুসজ্জিত করার জন্য অন্ততপক্ষে 2 মিনিট সময় ব্যায় করুন। প্রত্যেকটি কাজে লাগে না সেগুকি গুছিয়ে তুলে রাখুন। কাগজ পত্র গুলিকে বেছে রাখুন এবং ই-মেল বক্সও পরিস্কার রাখুন। যদি আপনি দৈনন্দিন এ কাজগুলি করতে পারেন তবে বছরের শেষে আপনি জিনিষপত্র সুসজ্জিত রাখার জন্য 365 টি পদক্ষেপ নিয়ে নেবেন। আপনি এখন থেকেই শুরু করছেন না কেন?

অবাঞ্ছিত জামা-কাপড় বাছাই করুন ঃ আমার এক বন্ধু যে সমস্ত জামা-কাপড়গুলিকে দান করতে চায় বা ফেলে দিতে চায় তা বাছাই করার জন্য একটি মজাদার প্রক্রিয়া অবলম্বন করেছে। তার সমস্ত জামা গুলি আলমারীর একই দিক করে হ্যাঙারে করে টাঙানো আছে। যে জামাটা তার টাইট হয়ে গেছে বা আর পরবেনা বলে ঠিক করছে সেই জামার সম্মুখ ভাগটা অন্য দিকে ঘুড়িয়ে দেয়। এইভাবে কিছুদিন বাদে সে যে জামাগুলি আর পরবেন. বলে ঠিক করেছে সেগুলিকে সহজেই বার করে দিতে পারে।

কি ভাবে লাভজনক যৌথ ব্যবস্হা তৈরী করবেন

আপনাদের জীবন এবং ব্যবসার ক্ষেত্রে অংশীদার খুবই গুরুত্বপূর্ণ বিষয়। আমাদের জীবন সাথীর সাহায্যে আমাদের জীবনের নৌকা মসৃণ ভাবে চলে। আমাদের বাস্তব জীবনের অংশীদার এবং দীর্ঘকালীন জাহাজে যাত্রার মধ্যে এক গুরুত্বপূর্ণ সাদৃশ্য ও সাবধানতা আবশ্যক তেমনি অপরের অংশীদার হয়ে সেই সম্পর্ক টিকিয়ে রাখতেও ধ্যান এবং সাবধানতা আবশ্যক। শুধুমাত্র একজন জ্ঞানী এবং বিচক্ষণ নাবিকই সমুদ্রের তরঙ্গের সাথে জাহাজকে তাল মিলিয়ে চালনা করতে পারে। যৌথ ব্যবস্হা বা টিম ওয়ার্কের ক্ষেত্রেও, এই নীতি অনুসরণ করা উচিত। দুর্ভাগ্যবশত বেশীর ভাগ মানুষই যৌথ ব্যবস্হার নীতি সম্পর্কে সঠিক ভাবে কিছু জানেনা এবং অপরের সাথে তাদের অংশীদার বজায় রাখতে অভ্যাস করে। কেরিয়ার অথবা নীতির গঠনের ক্ষেত্রে বা ব্যাবসার ক্ষেত্রে অংশীদারী ব্যবস্হার একটাই উদ্দেশ্য হওয়া উচিত আর সেটা হল লক্ষ্য পূরণ। বেশীর ভাগ ব্যক্তিই এই বিষয়টির দিকে নজর দেননা। একটি মজবুত, স্হির এবং আনন্দদায়ক অংশীদায়ী ব্যবস্হা গড়ে তোলার জন প্রয়োজনীয় তথ্য, জ্ঞান, বুদ্ধিমত্তা এং তত্ত্ব সম্পর্কে ওয়াকিবহাল হওয়া আবশ্যক। সফল যৌথ ব্যবস্হা বজায় রাখার জন্য কোন ও রকম প্রথাগত শিক্ষা পাওয়া যায়না। এই দক্ষতার অভাবের জন্যই কোন প্রতিবন্ধকতার সম্মুখীন হলে যৌথ ব্যবস্হা বা অংশীদার দুটিই নষ্ট হয়ে যায়। প্রগতিমূলক অংশীদারী প্রথাকে টিকিয়ে রাখার জন্য অংশীদারদের নির্দ্দিষ্ট মান্যতা অভ্যাস করা খুবই গুরুত্বপূর্ণ।

কোন যৌথ, সহযোগী বা অংশীদারী প্রথাকে টিকিয়ে রাখার জন্য নিম্নে কিছু সিদ্ধান্ত দেওয়া হলঃ

অংশীদারী ব্যবস্হার মাধ্যমে কোন লক্ষ্যে উপনীত হতে চান বা এর উদ্দেশ্য এবং পরিণাম সম্পর্কে লিখে রাখুন। কোন পূর্ব নির্ধারিত লক্ষ্য

অথবা পরিনামের অভাবে অংশীদারী ব্যবস্হায় যে ফল পাওয়া যাবে তা পরিকল্পনা ছাড়া কোন উড়োজাহাজ ওড়ার মতন হবে। উদ্দেশ্য স্পষ্ট ভাবে লেখা উচিত যাতে কোথাও কোন ভ্রম না হয়। প্রত্যেক অংশীদারের মধ্যে এমন করে কাজ ভাগ করে দিতে হবে, যাতে কেউ নিজেকে ছোটো বলে মনে না করে এবং নিজের মতন করে কাজ করতে পারে। কোন ভুলবোঝা বা বোঝাপড়া ভাঙার হাত থেকে রেহাই পেতে যে নীতি অবলম্বন করা হবে তাতে প্রত্যেক অংশীদারের মতামত অনিবার্য। এই রকম পরিকল্পনাগুলিকে প্রথম থেকেই সকলের সামনে স্পষ্ট রূপে তুলে ধরার চেস্টা করুন। কোন পরিকল্পনাকেই মাঝ পথে ছেড়ে দেবেন না। অংশীদারী ব্যবস্হাকে সফল করার জন্য প্রত্যেক অংশীদারকে সফল হতে হবে। যদি কোন অংশীদার ক্ষতিগ্রস্হ হন তবে সম্পূর্ণ ব্যবস্হাটাই ক্ষতিগ্রস্হ হবে। কোন নীতির মাধ্যমে জয়লাভ সম্ভব তার চর্চা অবশ্যই করুন। প্রত্যেক অংশীদারকে জয়ের জন্য নিজের কাছে প্রতিশ্রুতিবদ্ধ হতে হবে। এছাড়া তাদের পক্ষে কোন কিছুই নির্ণয় নেওয়া সম্ভব না। আগত প্রত্যেক সমস্যাকে প্রতিযোগীতা হিসাবে গ্রহণ করুন কারণ প্রত্যেক সমস্যার মধ্যে তার সমাধানের বীজ লুকিয়ে আছে। প্রত্যেক অংশীদারকে তার হৃদয় থেকে সততার সাথে প্রতিজ্ঞা করতে হবে এবং উচ্চ স্তরীয় কার্যে তার প্রভাব তৈরী করতে হবে। উচ্চ স্তরীয় কার্য থেকে সর্বদাই ভালো ফল পাওয়া সম্ভব। প্রত্যেক অংশীদারকে নিজেদের কার্য সম্পর্কে ওয়াকিবহাল হওয়া উচিত এবং একে অপরকে দোষারোপ করা উচিত না। একে অপরেক দোষারোপ করতে থাকলে অংশীদায়ী ব্যবস্হার মধ্যে ভাঙ্গণ সৃষ্টি হতে পারে। প্রত্যেক অংশীদারকে নিজের গুরুত্ব এবং ইচছার বিষয়ে দায়িত্ব নেওয়া উচিত। প্রত্যেক অংশীদারদের মধ্যে খোলাখুলি আলোচনা হওয়া উচিত এতে নিজেদের মধ্যে সহযোগীতা বৃদ্ধি পায়। আপনার অংশীদাররা আপনার পছন্দ এবং চাহিদা সম্পর্কে ওয়াকিবহাল এমন ধারণা কখনই করা উচিত হবে, অংশীদারদের মধ্যে শক্তি বন্টনের চেস্টা করুন। একজন ব্যক্তিকে কখনই সর্বেসর্বা বানাবেন না। প্রত্যেকটি পদক্ষেপে আপনিই সঠিক, এমন ধারণা কখনই জন্মাতে দেবেন না। অপর অংশীদারদের পরিকল্পনা বা চিন্তা আপনার থেকেই উন্নত হতে পারে। ভয়ের পরিবর্তে ভালোবাসা ব্যবহার করার চেস্টা করুন। যখনই আপনি কোন সংশয়ের মধ্যে পারবেন, তখনই নিজেকে প্রশ্ন করুন যে, এই পরিস্হিতিতে আপনি আপনার অংশীদারদের থেকে কেমন ভালোবাসা বা ব্যবহার আশা করেন, এর মাধ্যমে আপনি সমাধানের পথ খুঁজে পাবেন।

সফলতা পাওয়ার জন্য নিপুণতা বৃদ্ধি করুন। এতে আপনার অংশীদায়ী ব্যবস্হা উন্নত থেকে উন্নততর হয়ে উঠবে। এইভাবে আপনি এবং আপনার অংশীদার জীবনের অসম্ভব স্বপ্ন গুলিকেও সম্ভব করে তুলতে পারবেন, শুধুমাত্র ব্যবসার ক্ষেত্রেই নয় জীবনের অন্যান্য ক্ষেত্রেও এটি প্রযোজ্য।

উৎপাদন বৃদ্ধির জন্য প্রভাবিত পথের মাধ্যমে ঘরে কাজ করুন ঃ

অধিকাংশ ব্যক্তিই মনে করে যে যদি সে সংস্থার কার্য-ক্ষেত্রে কাজ করার পরিবর্তে ঘরেই কাজ করত, তবে তাদের উৎপাদনশীলতা অবশ্যই বৃদ্ধি পাবে। বহু লোক অনেক বড় বড় সংস্থায় কাজ করে। আমি লক্ষ্য করে দেখেছি যে ভারতের রাজধানীতে বহু ছোট ছোট ব্যবসায়ী ঘরে থেকেই নিজেদের ব্যবসা চালায়। ইউ.এস.এ-তে কিছু কম্পানী একটি নির্দ্দিষ্ট সময় নির্ধারিত করে দিয়েছে, যার মধ্যে যেকোন কর্মচারী যে কোন সময় আসতে পারে। কিন্তু তাদের অবশ্যই একটি নির্দ্দিষ্ট সময় ধরে কাজ করতে হবে। এই রকম কর্মচারীরা যদি ঘরে বসে কাজ করে তবে অবশ্যই তাদের উৎপাদনশীলতা বৃদ্ধি করতে পারবে। ঘরে বসে যারা কাজ করেন তাদের অবশ্যই কিছু নিয়ম পালন করতে হবে

–

'না' বলতে শিখুন ঃ

সরকারী চাকরি থেকে অবসর গ্রহণ করার পর আমি আমার বাড়ীর অফিসে বসেই কাজ করি। অনেক অচেনা ব্যক্তি বা বন্ধুরা মনে করেন যে তারা তাদের সময় মতন এসে, আমার কাছ থেকে সময় পেতে পারে। আমি আমার সেক্রেটারীকে আদেশ করে দিয়েছি যে এই ধরণের মানুষেরা সাক্ষাৎ-এর সময় স্হির না করে যাতে আমার কাছে আসতে না পারে। আমি যদি সমস্ত সেলসম্যান বা সার্ভের ব্যক্তিদের সময় দিতে শুরু করি তবে আমার কাছে নিজের কাজের জন্য সময় বাঁচবে না। আমি আমার বন্ধুও আত্মীয়দের জানিয়ে দিয়েছি যে, তারা যেন সাক্ষাৎ-এর সময় স্হির করে তবেই আসে, নতুবা হয় তো আমি তাদেরসাথে দেখা করতে পারব না। বেশীরভাগ মানুষই আমার সংকেত বুঝতে পারেন। আমি তাদের আমার কাজের সময় জানিয়ে দিয়েছি। আমি ঘরে আছি এর অর্থ এই নয় যে সে যখন খুশী আসতে পারে। প্রথম দিকে এই বিষয়টি কঠিন ছিল কিন্তু এখন লোকেরা এই ব্যাপারটি স্বীকার করে নিয়েছে। আপনাকে আপনার প্রত্যেক কাজের জন্য যেমনঃ চা, খাবার এবং টি.ভি. সময় বেঁধে রাখা উচিত। আমি সর্বদই দৈনন্দিন কার্যসূচী অনুযায়ী কাজ করি এবং গুরুত্বকে কখনই লক্ষ্যচ্যুত করিনা। এইভাবে আমি আমার তালিকা বদ্ধ কাজকে সম্পূর্ণ করতে পারি। যেহেতু আপনি ঘরে কাজ করেন তাই আপনার টেবিলে পাঁজা হয়ে কাগজ পরে থাকতে পারে। নিজের কর্মক্ষেত্রকে পরিস্কার পরিচছন্ন রাখুন এতে আপনার প্রতিভা স্মরণযোগ্য হয়ে উঠবে। একটি পরিস্কার পরিচছন্ন স্হান, সক্রিয় কার্য কবরার জন্য উপযুক্ত স্হান এবং এতে আপনার চাপও কম হয়। আমার বাড়ীতে আমার যে অফিস আছে, তার আয়তন ¥8 ফুট 10 ফুট। সেখানে আমি আমার ল্যাপটপ, কম্প্যুটার, প্রিন্টার, টেলিফোন, ফ্যাক্স মেশিন, ই-মেল সংযোজক, TV, মিউজিক সিস্টেম এবং পড়াশোনা জিনিষ-পত্র সহ আমার নিজস্ব ছোটখাট একটি লাইব্রেরি আছে। আবশ্যক বস্তু দ্বারা পূর্ণ কার্য-ক্ষেত্র

আপনার কাজকে অগ্রগতি দিতে পারে। আমার সেক্রেটারী আর একটি ঘরে বসে, এই ঘরের আয়তন 5 ফুট 8 ফুট, তার থেকেও আমি অনেক সাহায্য পাই এরফলে আমার দক্ষতা দ্বিগুণ বৃদ্ধি পেয়েছে। কাজ করার জন্য এমন একটি পরিবেশ চাই যেখানে আপনি সব সময় চিৎকার চেঁচামেচি, ফোনের আওয়াজ বা সহযোগীদের হস্তক্ষেপের থেকে দূরে বসে কাজ করতে পারেন। যদি এমন করা সম্ভব না হয়, তবে ঘরে বসে উৎপাদনশীলতা বৃদ্ধির স্বপ্ন ত্যাগ করুন। অফিসের মতন এখানেও কাগজের স্তুপ তৈরী হতে পারে, সেক্ষেত্রে কাগজ গুলির বাছাই করে ফাইল বদ্ধ করুন এবং অপ্রোয়জনীয় কাগজ ফেলে দিন। প্রত্যেকদিন সন্ধ্যায় আমার দুটি ডাস্টবিন থেকে 2 পাঁজা কাগজ ফেলা হয়। আপনার পরিবেশকে পরিস্কার, পরিচ্ছন্ন রাখতে বা সুন্দর ভাবে সংস্হিত রাখতে অবশ্যই ডাস্টবিনের ব্যবহার করুন।

বাড়ীর অফিসে কাজ করার সময়ে দৈনন্দিন পরিকল্পনা থাকা খুবই গুরুত্বপূর্ণ। যে সমস্ত ছোট ব্যবসায়ীদের ব্যবসা, গ্রাহকদের আগমনের উপর নির্ভর করে, তারা অবশ্যই নিজেদের প্রয়োজন অনুসারে চলুন। কিন্তু পরিস্কার, পরিচ্ছন্নতার বিষয়টি অবশ্যই মাথায় রাখবেন। গোস্টি বদ্ধ হয়ে কোন কাজ করার ক্ষেত্রেও এই বিষয়গুলি সমান গুরুত্বপূর্ণ। আপনি যদি কার্য অনুসারে দিনকে কয়েকটি ভাগে ভাগ করে নেন তবে সেটি খুবই লাভজনক হয়ে দাঁড়ায়, যেমন ধরুন, সকালে এবং দুপুরে ফোন করবেন এবং ·গুরুত্বপূর্ণ কাজ গুলি সম্পাদন করবেন। প্রেরিত বার্তা দৈনন্দিন জীবনের একটি অঙ্গ, যার সাথে বহিরের খবরাখবর যুক্ত থাকে। অনউৎপাদনশীল সময়ে বা দুপুরের পরে এগুলি পড়ার চেষ্টা করুন, যেমন ধরুন দুপুরে খাওয়ার পর অথবা বাচ্চাদের আনতে যাওয়ার সময়, এতে আপনার কাজ সুপস্হায় চালিত হবে এবং আপনার জীবন অনেক সুন্দর পথে চলবে।

বাড়ীতে বসে কাজ করার মাধ্যমে সফলতা প্রাপ্তির জন্য অনুশাসন খুবই জরুরী। বাড়ীতে কাজ করলে আপনার উৎপাদনশীলতায় বৃদ্ধি আসবে এবং তা আপনাকে একটি সুন্দর জীবনের দিকে নিয়ে যাবে। কারণ আপনি অফিসের পারস্পরিক আবহাওয়ার থেকে সরে সমস্ত রকম হস্তক্ষেপের বাহিরে থেকে কাজ করার সুযোগ পাচ্ছেন। মনে রাখবেন যে যদি আপনি বাড়ীর অফিসে একাগ্রতার সাথে বা সক্রিভাবে কাজ করতে না পারেন তবে তার পিছনে কোন কারণ নেই।

আপনার কাগজপত্র নিন ও প্রণালী সংশ্লিষ্ট করুন

অধিকাংশ লোকই মনে করেন যে আর্থিক, ব্যক্তিগত এবং আইন সম্পর্কিত বিষয় প্রণালী অনুযায়ী সামলানো এক বিশাল বড় কাজ। পরিণাম স্বরূপ এই কাজ আমাদের জন্য জটিল হয়ে যায়। এবং পরে এগুলিকে ক্রমাণুসারে সাজাতে প্রচুর সময়ও শক্তি ব্যয় করতে হয়। আপনি যদি এই কঠিন ও নীরস কার্য গুলি সামলানোর জন্য এগুলিকে ছোট ছোট অংশে ভাগ করে নেন তবে তা উপযোগী হবে। এই প্রক্রিয়াকেও সহজ এবং সরল পদ্ধতির মাধ্যমে গড়া সম্ভব। এখানে কিছু পরামর্শ দেওয়া হল ঃ-

মূল্যাঙ্কন করুন ঃ

সর্বপ্রথম আপনি আপনার আর্থিক বিষয়গুলি সম্পর্কে একটি কাগজে লিপিবদ্ধ করে নিন। আপনার স্থাবর-অস্থাবর সম্পত্তি, বীমা, অ্যাকাউন্ট এবং অবসর গ্রহণের পর নেওয়া পরিকল্পনা গুলিকে একটি কাগজে লিখে রাখুন। অন্যান্য বিষয় গুলিকেও মাথায় রাখবেন, যেমন ধরুন, আপনি যদি আপনার সম্পত্তি সংক্রান্ত কোন লেখা পড়া করতে চান, আপনি যদি কোন ট্রাস্টি চালান তবে তার সম্পূর্ণ কাগজ পত্র আছে কিনা দেখুন এবং অন্য ট্রাস্টি বেঁচে আছে না নেই, পাওয়ার অফ্ এ্যাটোর্নির ভিত্তিতে কোন সম্পত্তি ভোগ করছেন কি ? যদি তাই হয় তবে লিভিং উইল কার পক্ষে আপনার না আপনার আশ্রিতের পক্ষে ? যদি আপনার বাচ্চারা নাবালক হয় তবে তাদের অভিরভাবকদের নাম নির্দ্দিষ্ট করে দিয়েছেন কি ? যদি আপনার কোন বীমা করে থাকেন তবে তার প্রিমিয়াম সম্পুর্ণ আছে কিনা ? সেদিকে লক্ষ্য করুন, যদি আপনিঁ অংশীদারী ব্যবস্থায় কিছ করত চান তবে সেই সম্পর্কিত বাধা বিপত্তি সম্পর্কে জানেন কি ? যদি আপনার উপরের প্রশ্ন গুলির উত্তর 'না' অথবা 'আমি ঠিক জানিনা' হয়

তবে অপানার আগ্রহ এবং সংশ্লিস্টকরণ ক্রমানুযায়ী নেই। এই সমস্যা সমাধানের জন্য–

নিজের সম্পত্তি গুলি তালিকা বদ্ধ করুন ঃ

নিজের সম্পত্তি সম্পর্কিত একটি তালিকা প্রস্তুত করুন। যার মধ্যে জমি, বাড়ি, গাড়ী, অস্হাবর সম্পত্তি, গয়না, ব্যাঙ্কের অ্যাকাউন্ট, বীমা পলেসি, অবসর গ্রহণের পর পরিকল্পনা, এবং ঋণ সম্পর্কিত বর্ণনা লিপিবদ্ধ রাখুন। সম্পত্তির সঠিক মূল্য নির্ধারণ এবং তার পরবর্তী মালিকের নাম স্পষ্ট ভাবে উল্লেখ করে রাখুন। কোথায় কি সম্পত্তি আছে সে সম্পর্কে একটি সঠিক তথ্য প্রকাশের চেষ্টা করুন। মৃত্যুর পর আপনার কোন সম্পত্তির মালিক কে হবে সে বিষয়ে স্পষ্টভাবে কিছু উল্লেখ করে রাখার চেষ্টা করুন। প্রত্যেকটি বিষয় 'আপ-টু-ডেট' এবং আছে কিনা সে সম্পর্কে সুনিশ্চিত হোন এবং মাঝে মাঝে এতে পরিবর্তন আনারও চেস্টা করুন।

এই তালিকা প্রস্তুত করলে আপনার অধিকৃত সম্পত্তি সম্পর্কেও আপনি একটা অনুমান করতে পারবেন। যদি আপনি কোন কারণ বশত শারিরীক দিক থেকে পঙ্গু হয়ে যান তবে এই তালিকা অনুসারে আপনার পরিবার লাভ প্রাপ্ত করতে পারে এবং এতে আপনার চিরিকৎসাও সুনিশ্চিত হয়ে যাবে। এর ফলে আপনার মৃত্যুর পরও আপনার সমস্ত সম্পত্তির মালিক তার যোগ্য উত্তরাধিকারীদের হাতেই সমর্পিত করা হবে। উদাহরণ হিসাবে বলা যায়, যদি আপনি বিয়ের আগে কোন বাড়ী ক্রয় করে থাকেন তো বিয়ের পর বাড়ীর ডিডে স্ত্রীর নাম অন্তর্ভুক্ত করেছেন কি? আপনার সম্পত্তিতে যদি কোন ভুল উত্তরাধিকারীর নাম থাকে তো তাও অবিলম্বে পরিবর্তনের চেস্টা করুন। উদাহরণ স্বরূপ বলা যায় ধরুন আপনি দ্বিতীয় বিবাহ করেছেন অথবা প্রথম বা দ্বিতীয় উত্তরাধিকারী মারা গেছে বা আপনি এমন কোন উত্তরাধিকারীর নাম সরাতে চান যাকে আপনি অপানার সম্পত্তি দিতে ইচ্ছুক নন। সঠিক সময়ে সঠিক পদক্ষেপ নিলে কোন রকম ভুল হওয়ার সম্ভাবনা থাকেনা।

নাবালক বাচ্চাদের অভিভাবকের নাম ঃ

জীবন এবং মৃত্যু দুইই ঈশ্বরের হাতে। আপনার বাচ্চারা যদি নাবালক থাকে তবে তাদের অভিভাবকের নাম সুনিশ্চিত করা খুবই জরুরী যদি আপনারা স্বামী-স্ত্রী দুজনেই মারা যান তবে সে ক্ষেত্রে এই অভিভাবক তাদের দেখাশোনা করবে। এই বিষয়টি কখনই অবহেলা করবেন না। যে কোন প্রাকৃতিক বিপর্যয় বা দুর্ঘটনায় আপনারা দুজন মারা যেতেই পারেন সেক্ষেত্রে আপনাদের কোন লোভী বন্ধু আত্মীয় বা প্রতিবেশী আপনার সম্পত্তির উপর কব্জা করে নিতেই পারে এবং পরিণাম স্বরূপ আপনার

সন্তান পথে এসে দাঁড়াবে। অনেক বেঠিক লোকও বাচ্চার অভিভাবক হয়ে উঠতে পারে। অভিভাবক ঠিক করার সময় আপনি আমার মনমতন লোককেই নির্বাচন করতে পারেন। এতে সন্দেহের কোন স্থানই থাকবেনা।

পাওয়ার অফ্ অ্যাটর্নী এবং লিভিং উইল ঃ

আপনার আর্থিক দিকটিকে সঠিক ভাবে পরিচালিত করার জন্য কোন বিশ্বাসী লোকের কাছ থেকেই পাওয়ার অফ্ অ্যাটর্নী প্রস্তুত করুন। যদি আপনি শারিরীক বা মানসিক দিক থেকে অসমর্থ হয়ে যান তবে সে আপনার সম্পত্তির দেখাশোনা করবে। এ্যাটর্নীর মেডিক্যাল শক্তি কোন বিশ্বাসী লোকের হাতেই সমর্পন করুন যাতে আপনার অসুস্থতার সময় যে চিকিৎসা সম্পর্কে সুনির্ণয় নেয়। লিভিং উইল সম্পর্কিত ধারণা এখনও পর্যন্ত ভারতে প্রবেশ করেনি। এর অনুসারে আপনার পরিবার, ডাক্তার এবং অন্য ব্যক্তিরা জানতে পারবে যে আপনি কৃত্রিম চিকিৎসার মাধ্যমে বেঁচে থাকতে চান কি চান না। আপনার শারিরীক ক্রিয়াকলাপ বন্ধ করে দেওয়া হবে কি? এই সম্পর্কিত লেখা পড়াটা প্রত্যেক ব্যক্তির নিজের সম্মতিতেই করা হয়।

আপনার ইচ্ছা অনুসারে আপনার সম্পত্তি বন্টনের পরিকল্পনা করুন ঃ

সম্পত্তির সঠিক বন্টনের চিন্তাধারা খারাপ নয়। আপনি আপনার মৃত্যুর পর যে সমস্ত ব্যক্তিদের বা ব্যক্তিকে সম্পত্তির উত্তরাধিকারী করত চান, তাদের জন্য কোন অনিশ্চিয়তা বা দ্বিধার স্থান রাখবেন না। মৃত্যুর পর সম্পত্তি কে নিম্নলিখিত উপায়ে ভাগ করা যেতে পারেঃ

জীবন বীমা, বাৎসারিক ভাতা, এক ধরণে ব্যাঙ্ক এবং অ্যাকাউন্ট-এরমাধ্যমে উত্তরাধিকারীদের সম্পত্তি দান করতে পারেন। আপনার মুখ্য এবং গৌন দুই উত্তরাধিকারীর নামই দিয়েছেন কিনা তা সুনিশ্চিত করুন। এইরকম সম্পত্তি প্রত্যক্ষভাবে উত্তরাধিকারীরাই পায়। যৌথ মালিকানার ক্ষেত্রেও প্রমাণের অপেক্ষা রাখেনা। তবে কিছু অন্য মামলাও চোখে পড়েছে যেখানে অংশীদার, সন্তান এবং পিতা-মাতাকেও ঘর থেকে বের করে দিয়েছে, আপনার সম্পত্তির উপর তৃতীয় কোন ব্যক্তির হস্তক্ষেপ নিঃসন্দেহে ভয়ানক হয়ে উঠতে পারে। এই বিষয়ে কোন জরুরী পরামর্শ নেওয়ার পরেই যে কোন পদক্ষেপ নেওয়া উচিত।

কিছু সম্পত্তি প্রমাণের ভিত্তিতে স্থানান্তরিত হতে পারে। অনেকেই উইলের উপর নির্ভর করে, প্রমাণকে অগ্রাহ্য করেন কিন্তু কখনও কখনও এটি আবশ্যিক হয়ে ওঠে। কোন ব্যক্তি যদি তার সম্পত্তি সম্পর্কে লেখাপড়া না করেই মারা যান, তবে তার সম্পত্তি নিয়ে চ্যালেঞ্জ করা যেতে পারে।

কোন কোন সম্পত্তি লিভিং ট্রাস্ট দ্বারা পাস করা হয়। এইরকম

সম্পত্তির ক্ষেত্রে কোন রকম আদালতে তার সত্যতা প্রমাণ ছাড়াই উত্তরাধিকারীকে দান করা হয়ে থাকে। একটি ট্রাস্টও, সম্পত্তি বন্টনের ক্ষেত্রে প্রচুর সুবিধা প্রদান করে। উদাহরণস্বরূপ বলা যায়, উত্তরাধিকারীদের মধ্যে যে টাকা-পয়সা বন্টন করে দেওয়া হয়েছে, তা অল্পকালীন অথবা দীর্ঘকালীন কিস্তিতে দেওয়া যেতে পরে। যেসমস্ত বাবা-মার সন্তান খুবই ছোট বা টাকা-পয়সা সামলে রাখতে অপরাগ। প্রথম বা দ্বিতীয় বিবাহ সূত্রে পাওয়া সন্তানরা ট্রাস্টের পয়সা ব্যবহার করতে পারে। বাচ্চাদের বাবা-মায়েরা শিক্ষা এবং চিকিৎসার ক্ষেত্রে সুবিধা প্রাপ্তির জন্য লিভিং ট্রাস্টের ব্যবহার করতে পারেন।

আমার এ্যাটোর্নীর প্রয়োজন আছে কি? যদি থাকে তবে তা কখন?

আপনি কোন আইনজ্ঞ ব্যক্তির সাহায্য ছাড়াই উপরিক্তো পদক্ষেপ গুলি গ্রহণ করতে পারেন। কিন্তু যখন আপনি কোন বৈধ্য এ্যাটোর্নীর সাহায্য নেবেন তখন সে আপনার সম্পত্তি ও উত্তারাধিকারীদের সম্পর্কে খুঁটিনাটি বিবরণ চহিতে এমনকি তারা কোন পেশায় নিযুক্ত তাও জানাত হবে, এবং আপনি যে সম্পত্তির উপর দাবী করছেন তার নাম ও জানাতে হবে। কিন্তু তবুও এমন একজন এ্যাটোর্নীর প্রয়োজনীয়তা আছে যিনি বিল, ট্রাস্ট, পাওয়ার অফ্ এ্যাটোর্নী এবং ডিড বানাতে পারবেন নতুবা আইন বিষয়ক কাগজ পত্র রাখাটাই ব্যর্থ হয়ে যাবে।

কাগজ পত্র সুরক্ষিত স্হানে রাখুন ঃ

আর্থিক এবং আইন বিষয়ক কাগজ গুলিকে প্রস্তুত করার পর কাগজপত্র গুলি ব্যাঙ্কের লকারে বা গুপ্ত স্হানে সুরক্ষিত করে রেখে দিন। পরিবারের যে সদস্যকে আপনি সবচেয়ে বেশী বিশ্বাস করেন তাকে এই সম্পর্কে জানিয়ে রাখবেন। অথব আপনার মৃত্যুরপর বা পক্ষাঘাতের পর আপনার পরিবারের লোকেরা সেই কাগজপত্র কিভাবে সহজেই পেয়ে যাবে সে সম্পর্কে কোন সু-বন্দোবস্ত করে রাখুন।

চক্রাকার পুনর্বিচারের পরিকল্পনা তৈরী করুন ঃ

আপনার বিষয় আশয়ের ক্ষেত্রে পরিবর্তন আসতে পারে এই কারণে আপনার সম্পত্তি সম্পর্কিত তালিকাটি মাঝে মধ্যে দেখবেন। যদি পরিবারে কোন পরিবর্তন আসে সেক্ষেত্রে আপনার উইল ও পাওয়ার অফ্ এ্যাটোর্নীতেও পরিবর্তন আনতে হতে পারে। এই কাজটি খুব সহজেই সম্পন্ন করা যায় তবুও এটি উপেক্ষিত করা হয়। আপনার বিষয় সম্পত্তির ক্রমবদ্ধমান এবং ব্যবস্হিত রূপ আপনার মনকে শান্তিদান করবে। এই কাজে দেরী করবেন না। আপনি একবার কাজ শুরু করে দিলে সমস্ত কিছুই আপনার থেকেই সুব্যবস্হিত হয়ে যাবে।

জিনিষপত্র পরিষ্কার রাখুন

আমাদের মধ্যে অনেক সম্ভ্রান্ত পরিবারের ব্যক্তিদের কেনা কাটার প্রতি শখ শৌখিনতা থাকে, সেই বস্তুটির আবশ্যকতা আছে কি নেই সেই বিষয়ে বিচার করে না। প্রকৃতপক্ষে কেনা কাটা পাপ নয় কিন্তু অনেক সময় আমরা পুরানো অথবা অপ্রচলিত জিনিষপত্রের স্হানে নতুন জিনিষপত্র কিনে নিই কিন্তু এই পুরানো জিনিষটিকে সামলে রাখিনা। সুতরাং এই বিক্ষিপ্ততার জন্য আমরা নিজেরাই দায়ী। পুরানো বা অপ্রচিলত জিনিষপত্র গুলিকে গুছিয়ে রাখাটা আমরা প্রয়োজন মনে করিনা, আমাদের দৈনন্দিন জীবনে আমরা বিভিন্ন কজ করি কিন্তু এই কাজের জন্য সময় বার করে নিইনা অনাবশ্যক বা আপ্রচলিত জিনিষপত্র গুলি সরিয়ে দিলেই বিক্ষিপ্ততাকে সামলানো যায়। এই কারণে আমাদের সময়, স্হান, অর্থ এবং শক্তির ক্ষয় হয় এবং এর থেকে আমার কোন সন্তুষ্টিও পাইনা। এটি একটি কঠোর সত্যি যে আমার কোন না কোন রূপে বিক্ষিপ্ততাকে সঙ্গে নিয়েই চলি। অনেকেই স্হানাভাবের জন্য দুঃখ প্রকাশ করেন। যদি আমা অপ্রোয়জনীয় বস্তু গুলিকে গাদা করে রেখে না দিই তবে আমরা থাকার জন্য ও কাজের জন্য স্হান বৃদ্ধি করতে পারি আমরা ছোট বাড়ীতে বা ছোট অফিসেও স্হান করে নিতে পারি।

আগেই বলেছি যে–"To surround yourself with worthless objects renders you worthless" (আপনার, চতুর্দিকে অপ্রোয়জনীয় জিনিষ পরে থাকলে আপনিও অপ্রোয়জনীয় বলে প্রদর্শিত হবেন।) আসুন, এই বিষয়ে আলোচনা করি। আমাদের কাছে যে সমস্ত জিনিষ পত্র আছে তার মধ্যে প্রায় তিরিশ শতাংশ অনুপোযোগী। সেগুলি এমনই পড়ে থাকে। এর ফলে আমাদের ঘর বা অফিস ধীরে ধীরে গুদাম ঘরে পরিণত হতে থাকে, এবং এগুলিকে আমরা ভবিষ্যৎ-এও ব্যবহার করব না। আমাদের পুরাতন অকেজো জিনিষ গুলির থেকে আমাদের স্তর সম্পর্কে অনুমান করা যেতে পারে। একটা বিষয় খুব সততার সাথেই স্বীকার করতে হবে যে আমরা

ভারতীয়রা আসবাব পত্রের ব্যাপারে খুবই আগ্রহী। মধ্য বিত্ত বা উচ্চবিত্ত শ্রেণী দ্রব্যাদি ক্রয়ের বিষয়ে প্রচর পরিমাণে পয়সা ব্যয় করে। সহজেই প্রাপ্য লোনের মাধ্যমে বা অর্জিত অর্থ কে আমরা বিভিন্ন পথে ব্যয় করি, আমরা প্রতি বছর এমন প্রচুর অর্থ ব্যয় করি যার সাথে আমাদের মুখ্য চাহিদা খাদ্য, বস্ত্র, বাসস্থান, বা যাতায়াতের কোন সম্পর্কই নেই।

আমরা আমাদের বন্ধু, প্রতিবেশী বা সহযোগীদের উপরে উঠতে চাই। এই কারণে আমরা অনেক সময় ভুল পথে পয়সার অপচয় করে ফেলি। আমরা মনে করি যে আমাদের সম্পত্তি আমাদের গতিবিধিতে পরিবর্তন আনে। এই কল্পনা অনেকটা এই রকম যে কোন ব্যায়ামের উপকরণ কেনার পরেই আমাদের স্বাস্থ্যে আশাতীত পরিবর্তন হয়ে গেল। সুন্দর স্বাস্থ্যের জন্য ব্যায়ামের উপকরণের আগে প্রেরণার বেশী প্রয়োজন। একজন ইলেকট্রনিক অর্গানাইজার বা একজন পাম পাইলট আপনার গরিমসি করার অভ্যাসকে পরিবর্তন করতে পারে না। আপনাকে নিজে থেকেই সমস্ত কার্য শীঘ্র করার অভ্যাস করতে হবে।

সমৃদ্ধির ফলাফল হল, অনেকের মনে, 'আধুনিক উপযোগীতা' সম্পর্কে এক মিথ্যা ধারণা জন্ম নেয়, যার ফলে সেগুলি ধুলোর মধ্যে অনাবৃত অবস্থায় পরে থাকে। এর কারণ হল চারিত্রিক দৃঢ়তার অনুপস্থিতি।

জিনিষপত্রের স্তুপের মধ্যে থেকে যখন আমরা আমাদের প্রয়োজনীয় জিনিষ খুঁজে পাইনা, তখন আমরা অধৈর্য্য হয়ে পড়ি। হয়তো এই স্তুপাকার জিনিষ-পত্র গুলিকে কেনার পর আমরা সেগুলি একবার বা দুবার ব্যবহার করেছি। এবং এই সময় আমরা নিজেদেরকে অসংগঠিত এবং অগোছালো বলে মনে করি। এই রকম পরিস্থিতিতে আমরা অনুভব করতে পারি যে জীবনে পরিচালনার কতটা দরকার।

আমাদের বাড়ীতে বা জীবনে অগোছানোতার প্রধান কারণ কি, তা জানা খুবই প্রয়োজন। এই প্রশ্নের উত্তর খুঁজে বার করার চেস্টা করুন তা আপনাকে অগোছালোতা থেকে মুক্ত করতে সাহায্য করবে। জিনিযসত্র কেনাকাটা করার আগে আমাদের যথেস্থ চিন্তাভাবনা করা উচিত।

আমি আমার দুর্বলতা সম্পর্কে ওয়াকিবহানল, অনেক সময় প্রয়োজনেই আমি জিনিষপত্র কিনে আনতাম। বিদেশে গিয়ে আমার যা ভালো লাগত আমি তাই কিনে নিয়ে আসতাম। পরে যখন আমি UK তে গিয়েছিলাম তখন আমি তালিকা অনুসারে জিনিষপত্র কেনাকাটা করার সিদ্ধান্ত নিলাম। দিল্লীতেও উইণ্ডো শপিং-এর সময় আমি প্রচুর জিনিষপত্র কেনাকাটা করি। এখন যখন আমি কম্প্যুটারে কাজ করি তখন প্রচুর আকর্ষক জিনিষপত্র সম্পর্কে আমি লোভী হয়ে উঠি। আসলে আমাদের সকলের স্বভাবই এমন, লোভনীয় বস্তু আমাদের সকলকেই আকর্ষিত করে।

আমার এই স্বভাবের উপর লাগাম দেওয়ার জন্য আমি আমার

প্রয়োজনীয় বস্তুর তালিকা প্রস্তুত করি এবং ভারতে বা বিদেশি সেই তালিকা অনুসারেই কেনা কাটা করি। কম্প্যুটারের যে সাইটের মাধ্যমে আকর্ষক জিনিষের প্রচার করা হয়, সেই সাইটই উড়িয়ে দিয়েছি। ঠিক একই ভাবে অগোছালোতার মূল কারণ সম্পর্কে আপনি ওয়াকিবহাল হয়ে গেলে আপনি সহজেই তা দূর করতে পারবেন।

অনেক মানুষই কেনাকাটার মাধ্যম মানসিক চাপ দূর হয় বলে মনে করেন। এমন লোকেরা বেশীর ভাগ সময় কেনাকাটা করার পর পছতান। এই কারণে শুধু যে পয়সা এবং সময় অপচয় হয় তাই নয় একই সাথে বস্তু গুলিকে রাখার বিষয়েও নজর দিতে হয়। আপনি সেই সময়টা পরিবারের সদস্য বা বন্ধুদের সাথে কাটাতে পারেন, লক্ষ্যের প্রতি একাগ্রতা বৃদ্ধি করে, নিজের রুচিকে বিকশিত করে, আরোও ভালো পন্থায় তা ব্যবহার করতে পারেন। এই অগোছালোতা আপনার আবেগের শক্তিকেও ক্ষয় করে। আপনার সব সময় সেটি চুরি হবার, খারাপ হবার বা প্রকৃতিক কারণে নস্ট হয়ে যাওয়ার ভয় থাকে। এই জড় সম্পদ গুলি আপনার মানসিক চাপ বৃদ্ধি করে। আমাদের সর্বদাই পুরানো ও অপ্রোয়জনীয় জিনিষপত্রগুলিকে সরিয়ে ফেলা উচিত যাত নতুন জিনিষপত্রের জন্য স্হান পাওয়া যায়। আমি লক্ষ্য করে দেখেছি যে আমার প্রিয় মিউজিক সিস্টেমটি পরিস্কার করার কাজটি আমার চাকর, তার কাজের তালিকার সবচেয়ে নীচে স্হান দিয়েছে।

এই অগোছালতাকে দূর করতে পারলে সময়ে জিনিষ না পাওয়ার ফলে যে ধৈর্য্যচ্যুতি ঘটে আপনি তা থেকে মুক্ত হতে পারবেন। অনেকেই অগোছালো বস্তু গোছানোর সময় এমন অনেক জিনিষ খুঁজে পায়, যে গুলি সে কেনার পর কখন ব্যবহারই করেনি। আমার এক ভাই (Causin) ডঃ প্রদীপ বব্বর ফরিদাবাদে থাকে, তার স্ত্রী শ্রীমতি ডঃ বন্দনা বব্বর আমাকে বলে যে, তার অনেকদিন ধরে একটি স্লীক টোস্টার কেনার শখ হয়েছে। একদিন সে নিজের স্টোরে কিছু খোঁজা খুঁজি করতে করতে সে একটি নতুন টোস্টার খুঁজে পান, হয়তো গত বছর সে এটি কিনেছিল। যখন আমাদের সাথে এইরকম ঘটনাগুলি ঘটে তখন আমরা নিজেদেরকে অপরাধী বলে মনে করি। চতুর্দিকে ছড়ানো বস্তু দেখে আমাদের মনে হয় আমাদের জীবন আমাদের নিয়ন্ত্রণে নেই। এর ফলে নেতিবাচক চিন্তার উদয় হয়। একটি অপ্রিয় সত্যি কথা হল, অধিক বস্তুর মালিকানা আমাদের ফাঁপা করে দেয়। নিজেকে নিজের জিনিষপত্রের দ্বারা মাপার চেস্টা করবেন না বরং আপনার জীবনধারা পরিপাটি কিনা তা চিন্তা করুন।

আপনার বাণিজ্যিক প্রতিষ্ঠান বা একটি সংঘ সৃষ্টি করুন

আমাদের সবার মধ্যে একটি অসাধারণ সৃজনশীলতার ক্ষমতা আছে। তবুও আমাদের নিজেদের স্বপ্নকে সফল করার জন্য একটি দল বা টিমের প্রয়োজন আছে। একটি পুরানো প্রচলিত কথা হল টুকরো টুকরো জুড়ে সমগ্র থেকে বড় হয়ে যায়। এই কথাটি সমস্ত ক্ষেত্রের জন্যই প্রযোজ্য। যোগ্য ব্যক্তি যদি কোন দল গঠন করতে পারে তবে সে ভালো পরিণাম পেতে পারে। একটি বড় দলের কাছে নিশ্চিত ভাবে অনেক ভালো ভালো চিন্তা এবং কাজের পরিকল্পনা থাকে। সফলতার জন্য দক্ষতা থাকা আবশ্যক।

যদি একটি যোগ্য দল সংগঠিত করতে চান, তবে তা নিজেকে দিয়ে শুরু করুন। নিজের কাজ করার শক্তিও যোগ্যতা নির্ধারণ করার চেস্টা করুন। এইভাবে আপনি নিজের দুর্বলতাকে অপর পরিপূরক ব্যক্তির সাহায্যে দূর করতে সক্ষম হবেন। একবার নিজের সক্ষমতা সম্পর্কে ওয়াকিবহাল হয়ে যাওয়ার পর আপনার দলে কি ধরণের ব্যক্তি আবশ্যক তা আপনি সফলতার সাথে নিধারিত করতে পারবেন। এইভাবে প্রস্তুত লক্ষ্যের ভিত্তিতে আপনি নিজের টীম গঠন করতে পারবেন। এই কার্য সম্পন্ন হয়ে যাওয়ার পর, আপনি শান্ত মস্তিস্কে কাজ ভাগ করে দেওয়ার চেস্টা করুন। আপনি প্রত্যেক ব্যক্তির শক্তি, উচিত ভাবে প্রয়োগ করে লক্ষ্য পর্যন্ত পোঁছাতে সক্ষম হবেন।

এইভাবে আপনি দুর্বলতা এবং অসুবিধার হাত থেকেও রেহাই পেতে পারেন। আপনি আপনার এই সংগঠনের শক্তির সাহায্যে যেকোন জয় প্রাপ্ত করতে পারেন। একটি সুসঙ্গতিপূর্ণ এবং সম্পূর্ণ টীম সর্বদাই একটি দৃস্টান্ত মূলক কাজ সম্পন্ন করবে। সফলতার এই যাত্রায় একটি সংগঠনাত্মক. অনুভূতি সম্পন্ন এবং সু-সংগঠিত টীম কোমল এবং কঠোর উভয়

মনোভাব সম্পন্ন হবে। আপনাকে শুধু একটি দিকেই লক্ষ্য রাখতে হবে যে আপনি যা আপনি তাই হয়েই থাকবেন। আপনার শক্তি বিন্দু এবং সম্পদ সম্পর্কে সুনিশ্চিত হবার মুল্যাঙ্কন করার চেষ্টা করুন। সেটিকে একটি মূর্ত রূপ দেওয়ার চেষ্টা করুন। সফলতা পাওয়ার জন্য আপনাকে অসফলতাকে জয় করতে হবে। আপনি প্রভাবিত বার্তালাপের মাধ্যমে সমালোচক এবং শিশুদেরও বন্ধু বানিয়ে নিত পারেন। আপনি আপনার নিজের সাহায্যে আপনার সম্পূর্ণ জীবনকে নিয়ন্ত্রণ করতে পারেন। যখন আপনার দেখার শক্তি স্পষ্ট এবং বিস্তৃত হবে তখনই শুধুমাত্র এটি সম্ভব। নিজের জীবন যাত্রার জন্য যোগ্য বন্ধুর তালিকা প্রস্তুত করুন। যে সমস্ত বিষয় আপনার ভালো লাগে সেই সমস্ত বিষয়ে অংশ গ্রহণ করার চেষ্টা করুন। বন্ধুত্ব গাঢ় করার জন্য সপ্তাহে একবার অথবা দুবার তাদের সাথে খাওয়া দাওয়া করার চেষ্টা করুন। এইটি আপনি 'ফ্রেণ্ডশীপ লাঞ্চ ডে' বলে অভিহীত করতে পারেন। বন্ধুত্ব মজবুত করার জন্য কোন বন্ধুকে তার কাজের জন্য ধন্যবাদ জ্ঞাপন করতে চান বা তার প্রশংসা করতে চান তবে তাকেও খাওয়ার জন্য আমন্ত্রণ করুন। এর সাহায্যে আপনি আপনার আন্তরিকতা ব্যক্ত করতে পারেন। এই পরিবর্তন লক্ষ্য করতে পারবেন। সি.রি.আই.-এর পরিচালক থাকাকালীন সময়ে আমি এই রীতির প্রয়োগ করেছিলাম এবং খবরের কাগজের সম্পাদকদের দুপুরের খাওয়ার জন্য নিমন্ত্রণ করতাম। এইভাবে আপনি সম্পর্কের মধ্যে থাকা যেকোন ভুল বোঝাবুঝি কে দূর করতে পারেন।

বাচ্চাকে বা ছোটদেরকে কখনও কখনও আকস্মিক ঘুরতে নিয়ে যাওয়ার চেষ্টা করুন। তাদের সাথে কোন কিছু খেলাধূলা করার চেষ্টা করুন, যেমন ধরুন, দোলনা চড়ান বা সাঁতার কাটুন, আমার তিন কন্যা এখনও এই দিন গুলির কথা স্মরণ করে, যখন আমি গুরুদ্বারা থেকে ঘুরে টিফিন খাওয়ানোর জন্য বাইরে নিয়ে যেতাম। জীবনের এই ছোট ছোট খুশী গুলিকে উপভোগ করুন। আমি আমার প্রত্যেকটি ট্রেন যাত্রাকে পিকনিকে পরিণত করে দিই। যদি রাত্রির দশটায় গাড়ী ছাড়ার সময় হয় তবে সেদিন নৈশ্যভোর রাত্রির আটটায় না করে গাড়ীতে করাই পছন্দ করি।

আপনার বাক্যালাপের স্তর উন্নত করার জন্য গল্প শোনানোর চেষ্টা করুন। এটি আপনি আপনার নিজের জীবন থেকেই শুরু করতে পারেন। আপনার জীবনের বিভিন্ন ঘটনা বাচ্চাদের বা আত্মীয়দের বলার চেষ্টা করুন। নিজের পরিবারের ইতিহাস সম্পর্কে জানার চেষ্টা করুন। বাবা-মা, শিক্ষক এবং প্রতিবেশীদের ফুল প্রভৃতি উপহার প্রদান করে তাদের আশীর্বাদ গ্রহণ করুন। নিজের বাচ্চাকেও তাদের পছন্দ অনুসারে উপহার দিতে ভুলবেন না।

পৃথিবীকে শুধুমাত্র সাদা বা কালো রং-এর মধ্যে দিয়েই দেখবেন না। জীবনের প্রত্যেক ঘটনার মধ্যে ভালো কিছ খুঁজে বের করার চেস্টা করুন। বিপরীত দৃষ্টিকোন বা বিচার থেকে নিজেকে দূরে রাখুন। পৃথিবীতে আপনার করার মতন কোন উপযুক্ত কাজ নেই। এই মনোভাব কখনই সৃষ্টি করবেন না। দেরী করার স্বভাব তৈরী করবেন না। নিজের এবং অপরের পরিধি রক্ষা করার চেস্টা করুন, তার জন্য পাপোশ হওয়ার চেস্টা করবেন না। ভাবাবেগে আপ্লুত হয়ে নিজের পথ হারিয়ে ফেলবেন না।

সৃজনাত্মক কোন বিষয়কে জীবনের অংশ করে তুলুন যার মাধ্যমে আপনি আনন্দ পেত পারেন, যেমন ধরুন সমস্ত কিছু মধ্যে রঙিন আবেগ তৈরী করুন, কার্টুন দেখুন, গান গান, বা কোন ভালো অধ্যায় পড়ুন। মাসে কমপক্ষে একবার নিজের জন্য কয়েক ঘন্টা সময় বার করে নিন যাতে আপনার চারদিকে এক আনন্দের তরঙ্গের সৃষ্টি হয়।

মনে রাখবেন যে প্রত্যেকটি বিষয় আপনার মাথা বা মন থেকে সৃষ্টি হয়। প্রত্যেকটি উদ্ভাবন কোন না কোন ব্যক্তির মস্তিস্ক প্রস্তুত ফল, তাঁরা স্বপ্ন দেখছেন এবং বিশ্বাস করতেন যে এটা সম্ভব। "যদি আমি সফল না হই তবে কি হবে?" এই চিন্তা করে নেতিবাচকতাকে আলিঙ্গন করবেন না। হতাশীজনক পরিস্হিতির পরিবর্তে সফলতার সম্ভাবনাকে পরিকল্পনা করুন। বিশ্বাস করুন যে আপনার সাথে বা আপনার পরিবারের সাথে ভালো কিছু হতে চলেছে। নিজের স্বপ্নকে কখনই ছোট বা কম করবেন না। এটিকে সর্বদাই প্রেরণা দান করার চেস্টা করুন। একজন ইতিবাচক চিন্তাধারা সম্পন্ন ব্যক্তি হওয়ার চেস্টা করুন। স্বপ্ন অবশ্যই দেখুন কিন্তু প্রত্যেক স্বপ্নের পিছনে একটি পরিকল্পনা থাকা আবশ্যক। আপনি যে পরিকল্পনা করছেন তা অবশ্যই পাওয়ার চেস্টা করুন। দীর্ঘ পরিকল্পনা তৈরী করুন এবং সেটিকে ছোট ছোট ভাগে ভাগ করার চেস্টা করুন, যাতে সেই কাজ করতে সুবিধা হয়।

সফলতার জন্য কঠোর পরিশ্রমের প্রয়োজন। যদি আপনি সফল ব্যক্তি হতে চান তো আপনাকে প্রথমে কঠোর পরিশ্রমী হতে হবে। যখন পুরো পৃথিবী শান্তিতে শুয়ে থাকে বা "Laurel And Hardey" দেখে তখন প্রকৃত বিজয়ী নিজের স্বপ্নকে পূরণ করার জন্য কঠোর পরিশ্রম করতে থাকে। আপনার দৈনন্দিন জীবনের ছোট ছোট কাজই একটি দীর্ঘকালীন উদ্দেশ্যকে সম্পূর্ণ করে। যদি আপনি প্রত্যেকদিন আপনার নির্দ্দিস্ট কাজ করেন তবে আপনি আপনার লক্ষ্য পূরণ করবেনই। "War and Peace"-এর মতন দীর্ঘ উপন্যাসটির কথা চিন্তা করুন, এটি লিয়ো টলস্টয় একটি একটি করে পৃস্ঠা লিখে সম্পূর্ণ করেছিলেন।

আপনার সাহসকে প্রজ্জ্বলিত করে ভয় দূরীভূত করুন

প্রত্যেক ব্যক্তিই কারোর না কারোর নেতা, কেউ হয়তো একজনকে সামলাচেছ কেউবা হাজার লোককে নেতৃত্ব প্রদান করছে। পরিবারিক জীবনেও আপনি এই নেতার ভূমিকা পালন করেন, কখনও স্বামী-স্ত্রীর মধ্যে কখনও বা বাচ্চদের ক্ষেত্রে এই নেতৃত্ব দেখা যায়।

একজন নেতা হিসাবে আপনাকে নিজের মধ্যে বা যারা আপনার কাছ থেকে সঠিক পথ বা নেতৃত্বের আশা করে তাদের মধ্যে সাহস যোগাতে হবে। প্রথমত সাহসের যে স্তর আপনি অপরের মধ্যে তৈরী করতে চান তা অপানার মধ্যে হওয়া আবশ্যক। সহজ কথায় বলা যায় যে, যা আপনার মধ্যে নেই তা আপনি অপরেক কিভাবে প্রদান করবেন? যদি আপনার ভিতর সাহসের ঘাটতি থাকে তবে আপনি অপর ব্যক্তিকে উৎসাহ দান করতে পারবেন না। আপনার ভেতর সাহসের স্তর উঁচু হওয়া আবশ্যক। এতে আপনি অপরকে উৎসাহিত করতে পারবেন।

সাহসের স্তর উচ্চ করার জন্য আপনাকে আপনার ভয় জয় করতে শিখতে হবে। পুলিশ, মিলিটারি, এমনকি ব্যবসায়িদের মধ্যে একটা ভয় থেকেই যায় কারণ তাদের ভবিষ্যৎ-এর আশত্বা সম্পর্কে কেউই জানেন না। 'ভয়' জীবনের এক গুরত্বপূর্ণ অংশ। ইতিহাসের পাতায় এমন কোন স্ত্রী-পুরুষ বা নায়ক নায়িকা নেই যাদের কখনও ভয় লাগত না কিন্তু তারা তাদের ভয়কে দমন করেত জানতন। তারা মানসিক বা উত্তেজনার মধ্যেও নিজেদের স্বপ্নকে সফল করার জন্য প্রয়াস চালিয়ে গেছে। তারা এগিয়ে গেছে এবং পথে যত ভয়ার্ত প্রতিবন্ধকতাই আসুক না কেন তা দূর করে গেছে। তারা বুঝে ছিলেন যে যদি তারা ভয়কে দমন করতে না পারে তবে ভয় তাদের প্রভু হয়ে উঠবে। যদি একবার আপনি একে দমন করতে পারেন তবে আপনি তার প্রভু হয়ে উঠবেন এবং জীবনে এর ভিত নড়বড়

হতে থাকবে।

যদি আপনি ভয়ের সাথে লড়তে পারেন তবে তা অবশ্যই দুর্বল হয়ে যাবে। মানসিক চাপ এবং উত্তেজনা ভয়কে বল প্রদান করে। এই ভাবে সে সবল হয়ে ওঠে। জীবনে ভয়ের সাথে লড়াই করবার অভ্যাস তৈরী করুন। আপনার জীবনে ভয় উৎপন্নকারী প্রত্যেক পরিস্থিতিকে পরীক্ষা হিসাবে গ্রহণ করুন। এই ভাবে আপনি যা হতে চান তা হতে পারবেন।

আপনি কেন ভয় পাচেছন তা বোঝার চেস্টা করুন। কি কারণে আপনি ভয় পাচেছন? তা বার বার খোঁজার চেস্টা করুন, এইভাবে আপনি ভয়ের সম্মুখীন হতে পারবেন। সার্বজনীক মঞ্চে বক্তৃতা দিতে উঠি তখন আমি এত ঘাবড়ে গিয়েছিলাম যে আমি আমার বক্তৃতাই ভুলে গিয়েছিলাম। আমাকে চিৎকার করে বসে পড়তে বলা হয়েছিল। কলেজের একজন বক্তা আমাকে পরামর্শ দিয়েছিলেন যে, আমার নিজেকে তৈরী করা উচিত ছিল এবং বক্তৃতার কিছু অংশ স্মরণ করে নেওয়া উচিত ছিল। তিনি আরোও বলেছিলেন যে, আপনি হাজার শ্রোতার সামনে বক্তৃতা দিচেছন মনে করে একটি খোলা মাঠে চিৎকার করে আপনার বক্তব্য পেশ করুন। আমি এমনটাই করেছিলাম এবং কয়েক বছরের মধ্যে আমি পাঞ্জাব বিশ্ববিদ্যালয়ের কয়েকজন ভালো বক্তার মধ্যে একন হয়ে উঠেছিলাম। সার্বজনীক রূপে আত্ম প্রকাশ করার জন্য ভয়কে পিছনে ধাক্কা মারতেই হবে কিন্তু প্রথমে ছোট পদক্ষেপ নেওয়ার পরেই বড় বড় পদক্ষেপ নেওয়া সম্ভব। ছোট ছোট বিষয়ে বক্তৃতা দিতে দিতেই আপনি দীর্ঘ কোন বিষয়ে বক্তৃতা দিতে সক্ষম হয়ে উঠবেন। সার্বজনীক রূপে বক্তৃতা দান করতে পারলে আপনার কেরিয়ারেও উন্নতি আসবে। যতক্ষণ না ভয়কে দমন করতে পারছেন ততক্ষণ এই বিষয় নিয়ে চেস্টা করতে থাকুন।

জিগ জিগলার ভয়ের সজ্ঞা দিতে গিয়ে বলেছিলেন। "Fear F.E.A.R বা False Evidence Appears Real" (ভয়ে নকল বস্তুও আসলে পরিগণিত হয়)। কখনও কখনও ব্যক্তি এই বিষয়ে চিন্তা করে কিন্তু নেতিবাচক দৃস্টিভঙ্গী তাকে ভয় দমন করতে ব্যর্থ করে। ভয় পুস্টি পায় এবং তা আরোও সবল হয়ে ওঠে, এবং এর দ্বারা এর একটি কাঠামো গড়ে ওঠে। এই কাঠামো কে ভাঙা খুবই দরকার। ভয়ের সম্মুখীন হওয়াই সবচেয়ে ভালো উপায়। এর জন্য কিছু সজাগ ও ইতিবাচক পদক্ষেপ নিতে হবে। আমাদের মস্তিস্কে কেবল ইতিবাচক এবং সহায়ক চিন্তাই প্রবেশ করবে-তা সম্পূর্ণ আমাদের উপরেই নির্ভর করে। এর মধ্যেই সফলতা লুকিয়ে থাকে।

আপনার স্বপ্ন পূরণের পদক্ষেপ

যদি আপনি প্রশ্ন করেন যে, জীবনে কি চান ? তবে বেশীর ভাগ ক্ষেত্রে একটাই উত্তর পাবেন। অধিকাংশ লোক বলবে সফলতা, স্বাস্থ্য, সুখী দাম্পত্য জীবন এবং ধনী হতে চায়। তারা সেই সময় হতাশা, কুণ্ঠা, মানসিক চাপ বা অবশাদের ঘেরায় থাকতে পারেন।

যদি আপনি নিজেকে বা আপনার চতুর্দিকে সবসময় হতাশা, বিরক্তি বা নিরাশা লক্ষ্য করেন তবে বুঝতে হবে যে আপনি আপনার লক্ষ্য পূরণ করতে পারেননি। তাই আপনি শুধুমাত্র নেতিবাচক পরিবেশ সৃষ্টি করছেন। আপনার এই কস্টকর পরিস্হিতি বা আপনার না পাওয়ার আকাঙ্খা জীবনের প্রতি আপনার দৃষ্টিভঙ্গীর উপরেই নির্ভর করে। মানুষ তার নিজের প্রতি আস্হা এবং সক্ষমতার মধ্যে দিয়েই অভাব ও ব্যর্থতাকে কাটিয়ে উঠতে পারে। যে সমস্ত পুরাতন নেতিবাচকতা যা আগে আপনাকে নীচের দিকে নিয়ে যায়, সেই সমস্ত বিষয় গুলিকে ঝেড়ে ফেলার চেস্টা করুন। এগুলি পুরানো এবং অস্বাস্থ্যকর জুতোর মতন যা শুধুমাত্র আপনাকে কষ্টই দেয়। সুন্দর ভবিষ্যৎ গড়ে তোলার জন্য আমরা নিজেদের বিরুদ্ধে কাজ করার পরিবর্তে নিজেদের শক্তি, বল এবং সাহসের ব্যবহার করব–এটা সম্পূর্ণ আমাদের উপরেই নির্ভর করে।

আমাদের পরিধেয় বস্ত্রের মতন অভ্যাসও আমাদের ব্যক্তিত্বের একটা অংশ। এটি আমাদের ব্যক্তিত্ব এবং আত্মবিশ্বাসকে উজ্জ্বল করে। আমরা কিছু পোশাকে নিজেদের সুন্দর আরামদায়ক এবং প্রসন্ন বলে মনে করি কিন্তু পোশাকে নিজেদের ঢিলা এবং অসহজ লাগে। কিছু পোশাকে আমাদের মোটা বলে মনে হয়। এর ফলে আরামদায়ক পোশাক গুলি পুরানো হয়ে গেলেও আমরা পরতে পছন্দ করি। আমাদের 95 শতাংশ প্রতিক্রিয়া এবং চিন্তা আমাদের অভ্যাসের মাধ্যমে সৃষ্টি হয়। আমরা

পুরানো আবেগপূর্ণ অনুভবের ভিত্তিতেই যেকোন পরিস্থিতিতে নিজেদের প্রতিক্রিয়া ব্যক্ত করি। উদাহরণস্বরূপ বলা যায় যদি কোন দিন ঝাল লঙ্কার জন্য আপনার মুখ জ্বলে গিয়ে থাকে বা বর্ষা কালে বৈদ্যুতিক ঝটকা লেগে থাকে তবে সর্বদাই লঙ্কা খাওয়ার সময় বা কোন ইলেকট্রি উপকরণ ছোঁয়ার সময় আপনার মনে সেই চিন্তা ফিরে আসবে। প্রতিক্রিয়া ব্যক্ত করার পরিবর্তে আপনি চেস্টা করলে এই মানসিক প্রতিবন্ধকতার হাত থেকে নিজেকে মুক্ত করতে পারবেন। ইতিবাচক দৃস্টিভঙ্গীর মাধ্যমে এই সমস্যার সমাধান করার সম্ভব।

ধনী ব্যক্তিদের দেখার পরিবর্তে তাদের এই সম্পদের জন্য কত মূল্য দিতে হয়েছে বা কিভাবে তারা এই জয় প্রাপ্ত করেছে তা দেখার চেস্টা করুন। ইর্ষা করার পরিবর্তে এটি অনেক ভালো উপায়। নিজের মানসিকতাকে চেনার চেস্টার করুন এবং কঠিন পরিস্থিতিতেও একটি বিশেষ প্রক্রিয়া লক্ষ্য করার চেস্টা করুন। নেতিবাচকতা বা হতাশা অনুভব করলে নিজের সাথে এই পরিস্থিতি সম্পর্কে চর্চা করুন এবং নিজের মতন করে আবেগের প্রতিক্রিয়ায় পরিবর্তন আনার জন্য নিজের চালচলনে পরিবর্তন আনুন। যেভাব সাপ তার খোলাস ত্যাগ করে সেই ভাবে আপনাকেও মানসিক চাপ জনিত চিন্তাকে ত্যাগ করতে হবে। যদি কোন ঘটনা আপনার মানসিক শান্তি ব্যাহত করে তবে নিজেকে আরোও ভালো কিছু করার জন্য প্রতিশ্রুতি দিন। জয়ী হবার চেস্টা করুন। শান্ত ভাবে পরীক্ষার মোকাবিলা করুন। কোন অস্থায় অসফলতাকে কখনই দুর্দশা বলে চিহ্নিত করবেন না। পূর্ণ আত্মবিশ্বাস এবং আত্মসম্মান সহ এর মোকাবিলা করার চেস্টা করুন। একটি গুরুত্ব পূর্ণ কথা হল সর্বদা নেতিবাচকতা বা প্রতিবন্ধকতারা কেন্দ্রবিন্দুতে পৌঁছোবার চেস্টা করে নিজেকে সঠিক পথে চালানার চেস্টা করুন।

কোনও নেতিবাচক পরিস্থিতিকে দমন করতে পারলে নিজেকে প্রশংসিত করুন। কঠিন পরিস্থিতিতেও নিজের আত্ম বিশ্বাস এবং আত্মসম্মানকে বজায় রাখবেন। যদি আপনি এই বিষয়ে সজাগ না থাকেন তবে ক্ষতিকারক চিন্তা আপনার মস্তিস্কের উপর প্রভাব বিস্তার করতে পারে। যখনই আপনি ইতিবাচক চিন্তাধারার মাধ্যমে নেতিবাচক চিন্তা মোকাবিলা করবেন তখন আপনার আবেগ আপনার মস্তিস্কে সুরক্ষিত ভাবে জমা হবে। যদি আপনি এই পথে নিজেক চালিত করতে পারেন তবে আপনার আত্মবিশ্বাস বৃদ্ধি পাবে। এতে অপরের সঙ্গে আপনার সম্পর্ক সুন্দর হবে এবং সফলতা আপনার হাতের মুঠোয় এসে যাবে। নিজের অসফলতার

জন্য নিজে ভয় পাবেন না। নিজের সাথে নরম ব্যবহার করুন। ফলে আপনি অপরের সাথেও এই ব্যবহার করতে শিখে যাবেন। নিজের জীবনের ইতিবাচক চিন্তার থেকে কখনই দৃষ্টি সরিয়ে নেবেন না। যদি আপনি সর্বদা নিজেকে দোষী বলে মনে করেন তবে ব্যর্থতাই আপনার হাতে আসবে। কেবলমাত্র সুরক্ষিত কল্পনাই সমৃদ্ধি কে আকর্ষিত করে। একবার জীবনের কোন একটি স্বপ্নকে সম্পূর্ণ করার বিষয়ে সঠিক ছবি দেখে নেওয়ার পর পুরানো ব্যর্থতা গুলিকে পিছন ফিরে দেখবেন না। নেতিবাচক মানসিকতা বা নিরাশার হাত থেকে বাঁচুন। কষ্টের সময়কে কখনও ভুলবেন না। অতীতের ব্যর্থতার কবরের উপর অর্থ, সফলতা এবং সার্থক সম্বন্ধের ইমারাত ও তৈরী করুন। বর্তমান সময়ের সাথেই আপনার ইতিবাচকতা যুক্ত হয়ে আছে। যদি আপনি সফলতার সাথে সম্পর্কিত স্বপ্ন গুলিকে সম্পূর্ণ করতে চান, তবে ঈশ্বর দ্বারা প্রদত্ত সময়কে ব্যর্থ হয়ে যেতে দেবেন না। সর্বদাই ইতিবাচকতাকে বাঁচিয়ে রাখার চেস্টা করুন। সংহারক অতীত থেকে বাঁচার জন্য এটাই সঠিক সময়।

যদি আপনি কাঁদতে চান তবে মন খুলে কেঁদে নিন। অশ্রুপাত করার পর নিজের অতীতকে ভুলে যান, নিজের ইতিবাচক চিন্তাকে পুণরায় জাগ্রত করুন। যদি এমন করেন তবে আপনি আপনার স্বপ্নকে পূর্ণতা দিতে পারবেন। নিজের সাথে ভালো ব্যবহার করার চেস্টা করুন। নিজের চেতনা এবং অবচেতন মস্তিস্কের মধ্যে মজবুত সম্পর্ক তৈরী করার চেস্টা করুন। এতে আপনি সুনিশ্চিত ভাবে সফলতা পাবেন। সফলতা, আনন্দ, ধন এবং স্বাস্থ্য হঠাৎ করে পাওয়া যায় না, আপনি নিজের মধ্যে ভালো অভ্যাস, মহৎ পরিকল্পনা, কল্পনা এবং মজবুত ইতিবাচক বিশ্বাসকে ধরে রাখতে হবে। জীবনের রোমাঞ্চকর আনন্দ নিতে শিখুন। এই ভাবে আপনি অর্থ, অবসর, ভালো লোক এবং ভালো পরিস্থিতিকে নিজের দিকে আকর্ষিত করতে পারবেন। যারা আপনাকে বিশ্বাস করে, আপনি তাদের সাথে থাকার চেস্টা করুন। আপনি যদি সততার সাথে জীবন থেকে কিছু পেতে চান, তবে আপনাকে নিজের প্রতি সমৃদ্ধ, প্রসন্ন, কৃতজ্ঞ, স্বস্থ, দয়ালু, ও সফল হওয়ার আস্থা রাখতে হবে। মনে রাখবেন শুধুমাত্র আপনিই পারেন নিজের মধ্যে পরিবর্তন আনতে।

নির্ণয় নেওয়ার আগে অপেক্ষা করুন

লক্ষ্যে উপনীত হয়ে যাওয়ার পর তা সম্পূর্ণ রূপে উপভোগ করার চেস্টা করুন। বাস্তবে লক্ষ্যের জন্য তৈরী করা এই পথকে উপভোগ করা উচিত, এবং এই সময় নিজেকে পুরস্কৃত করুন। নিজের উদারতার মাধ্যমে অপরকেও এগিয়ে যাওয়ার সুযোগ করে দিন। নিজের মহত্বের দ্বারা অপরকেও এগিয়ে যাওয়ার সুযোগ করে দিন। নিজের মহত্বের দ্বারা অপরের কল্যাণ করার চিন্তা করুন। একটি স্বপ্ন সার্থক হওয়ার পরেই অপর স্বপ্ন সার্থক করতে সচেস্ট হন। আমাদের দৃস্টিভঙ্গীই সাধারণ অসাধারণ এবং অদ্ভূত করে তোলে। আপনি বড়-বড় স্বপ্ন দেখার চেস্টা করুন, এবং সেগুলি সার্থক করার ক্ষমতা আপনার কাছেই আছে। ঈশ্বরের অনুগ্রহ, কঠোর, পরিশ্রম, এবং নিজের তথা অপরের সহায়তার উপর আপনার সম্পূর্ণ বিশ্বাস থাকা উচিত, এরই মাধ্যমে আপনি আপনার স্বপ্নকে বাস্তবে পরিণত করতে পারবেন। কিছু নির্দ্দিস্ট ও স্হানে আপনাকে অবশ্যই বাস্তবতার আশ্রয় নিতে হবে। উদাহরণ স্বরূপ বলা যায় একজন হৃদরোগী কখনই 2000 মিটারের রেসে জিততে পারবেন না বা কোন বাতের রোগী ম্যারাথোনে অংশ গ্রহণ করতে পারবেন না। এই দুই বিষয়ের ক্ষেত্রে স্বপ্নটি যে খুব বড় শুধুমাত্র তাই নয়, বরং এটি অসম্ভব। স্বাস্হ্যের উন্নতির দিকেই এদের সর্বপ্রথম নজর দেওয়া উচিত।

মহান বিজেতারা সর্বক্ষেত্রেই নিজেদেরকে সফল জয়ী রূপে কল্পনা করেন। পরিস্হিতি অনুকূল না থাকলেও তারা একটুও ভেঙে পড়েন না। বিশ্বের উচ্চমানের ব্যক্তিরা শক্তিও আবেগের মাধ্যমে তাদের বক্তব্য পেশ করেছেন এবং মস্তিস্কও শারিরীক গতিবিধিকে নিয়ন্ত্রণে এনে নিজেদের স্বপ্ন সত্যি করে দেখিয়েছেন। কিছু লোক প্রায়ই জিজ্ঞাসা করেন যে সফলতাকে বিভিন্ন অংশে ভাগ করা যায় কি ? মুক্ত চিন্তাধারার সহায়তা

উত্তর দিলে বলা যায় যে–এটি ব্যক্তি বিশেষের উপর নির্ভর করে কারণ সমস্ত সমস্যার একটাই সমাধান নয়। এই কারণে আপনাদের কিছু পরামর্শ দেওয়া হচেছ–

কখনই ভুলবেন না যে আমাদের জীবনে যে ঘটনা ঘটে তার কারণ প্রদর্শন এবং গতিবিধির সাথে সম্পর্কিত আমাদের চিন্তা, যা আমাদের বর্তমান ও ভবিষ্যৎকে নতুন আকার দেয়। নিজেদের জীবনের প্রত্যেকটি পরিস্হিতিকে ইতিবাচক রূপে দেখা আমাদের উপরেই নির্ভর করে। আপনাকে বিশ্বাস করতে হবে যে প্রত্যেকটি পরিস্হিতির কেন্দ্রে কোন ইতিবাচকতাই আছে। আমরা সকলেই প্রায় অবাঞ্ছিত ঘটনা বা পরিস্হিতির প্রতি শঙ্কিত থাকি কিন্তু এই অবাঞ্ছিত ঘটনার মাধ্যমেই আমরা অভিজ্ঞতা লাভ করেত সক্ষম হই। আমাদের এই ঘটনা থেকে শিক্ষা নেওয়া উচিত যে আগত পরবর্তী প্রতিদ্বন্দ্বিতার ইতিবাচক অভিজ্ঞতাকে বুদ্ধিমানের মতন স্বীকার করা এবং তার থেকে নতুন জ্ঞান লাভ করা। এইরকম পরিস্হিতিতে আপনি প্রত্যেকটি প্রতিদ্বন্দ্বিতাকে একটি সুযোগ হিসাবে গ্রহণ করবেন, যার মাধ্যমে নিজের এবং ব্যাবসায়িক প্রগতিতে নতুন দিশার সৃষ্টি হবে। আপনি সবসময় নিজেকে প্রশ্ন করুন যে এই পরিস্হিতি আপনার জন্য কতটা গুরুত্বপূর্ণ এবং নিজের উন্নতির জন্য আপনি এটিকে কিভাবে ব্যবহার করতে পারেন।

নিজের জীবন এবং উপলব্ধি সম্পর্কে মাঝে মাঝে লেখালেখি করুন ঃ

জীবনের কস্টকর পরিস্হিতির জন্য আপনার চোখে জল আসতেই পারে কিন্তু সে ক্ষেত্রে নিজেকে সহানুভূতির পাত্র বানাবেন না। নেতিবাচক লোকেদের কাছে শোক প্রকাশ করার জন্য কারণের অভাব হয় না। কোন নিরাশাবাদীর কাছে কাজ থাকলেও সে নিজের জন্য সময়ের অভাবের অজুহাত তৈরী করবে। যদি তাদের কাছে কাজ না থাকে তবে তা তার জন্য নালিশ জানাবে, এই রকম শোক সভা মনোরঞ্জকও নয় আবার জ্ঞানবর্ধকও নয়, এইরকম ব্যক্তিদের থেকে দূরে থাকা উচিত।

আপনাকেও যদি নেতিবাচক চিন্তা অস্টেপিস্টে বেঁধে রাখে তবে নিজের সমস্ত উপলব্ধিগুলিকে পুণরায় চিন্তা করুন। এই সময় নিজেকে শান্ত, প্রসন্ন এবং সুস্হ স্বাভাবিক রাখার চেস্টা করুন যাতে ক্রোধ, ভয় ও উদাসীর মতন নেতিবাচক চিন্তাগুলি আপনাকে ছুঁতে পর্যন্ত না পারে। এই সহজ এবং সামান্য প্রক্রিয়ারা মাধ্যমে আপনি ইতিবাচক মনের সৃষ্টি করতে পারেন। জীবনে কাঁটার নয় তার উপরে ফুটে থাকা গোলাপের

সন্ধান করুন। জীবনে যেখানে গোলাপ থাকবে সেখানে কাঁটাও থাকবে। যদি আপনাকে কেউ একগুচ্ছ গোলাপ উপহার দেয়, তো তার সাথে অবশ্যই কাঁটাও আসবে এবং সেই সময় এই কাঁটার জন্য আপনাকে যে গোলাপ উপহার দিয়েছে তাকে আপনি দোষী বলে অভিযুক্ত করতে পারবেন না। প্রকৃতপক্ষে গোলাপের সৌন্দর্য ও গন্ধের মাধুর্য্য অনুভব করার পর আপনার মন কাঁটার দিকে যাবেই না। কিন্তু সত্যি কথা হল যে আমরা জীবনে ফুল অপেক্ষা কাঁটার দিকেই বেশী মন নিবেশ করি। আমরা আমাদের গন্তব্যে ঠিক ঠাক পৌঁছে গেছি, আমরা সেদিকে নজর না দিয়ে ট্রেন বা প্লেন দেরীতে এসেছে সেই নিয়েই নালিশ জানাই। আমরা ঘর বা তার কাজ কর্ম নিয়ে দুঃখ প্রকাশ করি কিন্তু এই সুন্দর ঘরের জন্য ঈশ্বরকে কখনই ধন্যবাদ জ্ঞাপন করিনা। জীবনে কাঁটার পরিবর্তে গোলাপের দিকে নজর দিন এবং সে কোন পরিস্থিতির মধ্যেও ভালো দিকটা খোঁজার চেষ্টা করুন।

এই মনভাবের থেকেআপনি কিছু পানা বা নাই পান কিন্তু এই গোলাপ আপনার কাছে আরোও বেশী আনন্দদায়ক হয়ে উঠবে। কোন সমস্যা বা চিন্তা যদি আপনি ভাগ করে দেন তো তা অর্ধেক হয়ে যায়। এইভাবে আপনি ভালো এবং খারাপ উভয় অনুভবকেই বর্ণন করতে পারবেন। যদি আপনি কারোর সাথে নিজের স্বপ্নকে ভাগ করতে চান, তবে সেটিকে সম্পূর্ণ করার জন্য দায়িত্ব আরোও বেড়ে যায় কারণ, আপনি অপরের চোখে নিজেকে মুর্খ প্রমাণিত করতে চাইবেন না। মনে রাখবেন যে আপনার মস্তিস্ককে উজ্জ্বল করে তুলতে হবে তবে আপনার মস্তিস্ক আপনাকে আরোও বেশী উৎপাদন দেবে। এবার থেকে যখনই কোন অসুবিধায় পড়বেন তখন 'এমন আমার সাথেই কেন হয়?' তা বলার পরিবর্তে 'ভবিষ্যৎ-এ এমন সমস্যা যেন আর না হয় তার জন্য আমাকে কি করতে হবে?' সেই প্রশ্ন করুন।

জীবনে নিশ্চিত রূপে প্রসন্নতা এবং সন্তুষ্টি পাওয়ার জন্য সমস্ত অবস্থার উপর রচনাত্মক এবং প্রেরণাস্পদ দিকে নজর দিন। তখন আপনি নিশ্চিত রূপে ইতিবাচক বিষয় নির্ণয় করতে পারবেন। পীটার ম্যাক উইলিয়ামস মতে 'আমাদের জীবন ভালো এবং মন্দ, ইতিবাচক ও নেতিবাচকতার মিশ্রণ। বর্তমানে কি আমাদের সাথে ভালো কিছু হলে আমরা আনন্দিত হই। যদি না হয় তবে দুঃখ পাই। এইভাবেই জীবন চলতে থাকে।' নিজের জীবনের উদ্দেশ্যকে স্পষ্ট করুন, আত্ম অনুশাসনের কলা শিখুন এবং ঈশ্বরের প্রতি কৃতজ্ঞতা স্বীকার করুন।

সরল সহজ জীবনের ধাপ

সহজ জীবন সম্পর্কে বিভিন্ন লোক বিভিন্ন রকম চিন্তা করেন। কোন কোন লোকের কাছে জীবনে ভরপুর বিশ্রাম ও মজা থাকলে তবেই সেটা সহজ জীবন। সরল জীবন সেটাই যেটাকে সফলতা সহ অতিবাহিত করা যায়। এই জীবন সেটাই সংঘর্ষে ভরপুর। জীবন জন্ম, মৃত্যু, শোক, আনন্দের মধ্যে দিয়েই প্রাকৃতিক নিয়মে চক্রাকারে আবর্ত্তিত হয়। প্রয়াস এবং ঘামই জীবনকে সহজ সরল করে গড়ে তোলে। জীবন সরল হতে পারে এবং এটিকে আমরা সফলতার সাথে অতিবাহিতও করতে পারি। সেক্ষেত্রে অনেক প্রতিবন্ধকতাও আসতে পারে, কিন্তু তবুও আপনার উদ্দেশ্য সফল হতে পারে।

একটি সাধাসিধা জীবনের জন্যও প্রচুর শক্তি ব্যয় করতে হয়, এবং সেক্ষেত্রে শক্তি অপচয়ের স্তরও বৃদ্ধি পায়। খেলা, প্রতিযোগীতা, ব্যায়াম বা কোন পরীক্ষায় ভরপুর কাজ করার সময় কয়েক ঘন্টা কোন মানসিক চাপ ছাড়াই ক্রমাগত কাজ করতে হতে পারে। যদি আপনার মধ্যে কাজ করার সম্পূর্ণ ইচ্ছা থাকে তবে সে এই পরীক্ষাও আপনার কাছে সহজ বলে প্রতিপণ্য হবে। ফলস্বরূপ আপনাকে কোন সংঘর্ষ বা মানসিক চাপের সম্মুখীন হতে হবেনা। প্রত্যেকের জীবনই একই রকম অভিজ্ঞতার মধ্যে দিয়ে কাটে। এই জীবনের প্রথম গুরুত্বপূর্ণ বিষয় হল ক্রমাণুসার এবং সংগঠন। বাস্তবে আপনি কি ধরনের জীবন চান- সাধারণ না কঠিন তা আপনাকেই ঠিক করতে হবে। আপনাকে আপনার পরীক্ষা সম্পর্কে ওয়াকিবহাল হতে হবে এবং তাকে সামলানোর জন্য সর্বাত্মক ক্ষমতা কেন্দ্রিত করতে হবে। নিজের সাধনার সাথে জীবন যাপন করুন। নিজের কাজকে সম্মান দিন। জীবনের কিছু নীতি অনুসরণ করে চলুন। নিজেকে সম্মান দিন এবং অন্যকে সম্মান দিতে শিখুন, প্রত্যেকটি ঘটনা থেকে

শিক্ষা গ্রহণ করুন। আপনার জীবনে আগত প্রত্যেক ব্যক্তিকে উপহার স্বরূপ গ্রহণ করুন। উপহার সর্বদাই কৃতজ্ঞতার সাথেই স্বীকার করতে হয়। কোন উপহারের মূল্য আপনি সেটি কিভাবে স্বীকার করলেন এবং তা কিভাবে প্রয়োগ করলেন তার উপরেই নির্ভর করে।

বর্তমান নিয়েই বাঁচুন কিন্তু অতীতের ভুল থেকে অবশ্যই শিক্ষা গ্রহণ করুন। অতীতে যা হয়ে গেছ তার জন্য অনুপাত করবেন না এবং অপরাধবোধও অনুভব করবেন না। ভবিষ্যৎ-এর থেকে সর্বদাই ভালো কিছু পাওয়ার আশা করুন। জীবনের আনন্দ এবং সৌন্দর্য্য কে অনুভব করুন। এটি আপনার ভিতরেই লুকিয়ে আছে। আর এর দ্বারাই আপনার অভ্যন্তরে লোকানো আনন্দকে বাহিরে আনতে সক্ষম হবেন। এই আনন্দই আপনার সম্বন্ধে উজ্জ্বলতা আনবে। কোন ঘটনা, পরিস্থিতি বা ব্যক্তি সম্পর্কে নিজের মতন করে কোন নির্ণয় নেবেন না।

প্রত্যেক ব্যক্তিকে যে কাজ অর্পন করা হয় তা সে নিজের ক্ষমতা অনুসারে সম্পন্ন করতে পারে। কোন শর্ত ছাড়া বা আলোচনা ছাড়া নিজের ভালোবাসা ভাগ করুন। প্রেমই জীবনের প্রধান তত্ত্ব বা আনন্দের স্রোত, আজকের আনন্দ উপভোগ করুন কিন্তু মনে রাখবেন যে একটা সুন্দর কাল আপনার জন্য অপেক্ষা করছে। জীবনে একজন বিজয়ীর মতন বাঁচতে শিখুন। মহান ব্যক্তিদের থেকে নিজের মধ্যে কিছু মহৎ বিষয় অন্তভুক্ত করার চেষ্টা করুন। 'পরাজিত' ব্যক্তি তারাই যারা নিজেদের পরিভাষা অনুযায়ী জয় বা পরাজয়কে ব্যক্ত করে এবং সেই অনুসারে নিজেকে সামনের দিকে চালানা করার প্রয়াসই করে না। 'বিজয়ী' ব্যক্তিরা সর্বদাই নিজেদের পরিভাষা অনুযায়ী জয় পরাজয়কে ব্যক্ত করে এবগং সামনের দিকে এগিয়ে যায়. এবং তারা জীবনে যা যা পেতে চায় সেগুলি প্রাপ্ত করে।

বিজয়ীরা সাধারণত সাহসী এবং দূরদৃস্টি সম্পন্ন ব্যক্তি হয়। তাদের মধ্যে আত্মবিশ্বাস বজায় রাখার ক্ষমতা আছে। তারা ভরপুর রোমাঞ্চের মধ্যে দিয়ে জীবন অতিবাহিত করতে চায়। অপরদিকে পরাজিত ব্যক্তিদের কাছে জীবন কস্টসাধ্য হয়ে ওঠে এবং তারা তা কাটিয়ে ওঠার প্রয়াসও করেন না। বিজয়ীরা বুদ্ধিমান, তার্কিক এবং বিবেক সম্পন্ন ব্যক্তি হন। ভবিষ্যৎ সম্পর্কে তাদের যদি কোন স্বপ্ন থাকে, তবে তা পূরণ করার জন্য গুপ্ত রীতিরও সন্ধান তাদের কাছে আছে। আজকে যা স্বপ্ন ভবিষ্যৎ-এর তাই বাস্তবতা নেবে। তারা জানে যে কোন বড় পরিকল্পনা কোন যোগ্য ব্যক্তির সহযোগীতা ছাড়া করা অসম্ভব। অপর ব্যক্তিদের কারণে

কখনও কখনও তারা ভীত হলেও সেই ভয়কে সহজেই দমন করে নেয়। বিজয়ীরা জীবনকে উদারতাপূর্ণ দৃষ্টিকোন দিয়ে দেখে, কিন্তু তার কিছু সীমা আছে। কিন্তু পরাজিত ব্যক্তিরা সম্পূর্ণ আলাদা নজরে জীবনকে দেখে।

বিজয়ীরা গন্তব্য পর্যন্ত পৌঁছানোর উপযোগী পদক্ষেপকে চেনে। এই বিজয় প্রাপ্ত করার সময় পর্যন্ত সেই দিকেই লক্ষ্য রাখে। তারা জানে যে তাদের স্বপ্ন পর্যন্ত পৌঁছানোর পথ খুবই কঠিন। তারা আরোও জানে যে স্বপ্নকে বাস্তবে পরিণত করতে হলে কঠোর পরিশ্রম, একাগ্রতাও কঠোর পরিস্থিতির মধ্যে যেতে হয়। তারা সু-অনুকাসনের অভ্যাস করে। কষ্টকর পরিস্থিতির সৃষ্টি হলেও তারা তাদের প্রয়াসে ব্যাঘাত ঘটায় না। সুতরাং আপনাকে একটি সুন্দর ভবিষ্যৎ-এর স্বপ্ন দেখা উচিত। কার্যে বিলম্বতা কঠোর পরিস্থিতির সৃষ্টি করে। বিজয়ীরা কখনই বিলম্ব করে না এবং পরাজিত সর্বদাই কাজ শুরু করার জন্য একটি সঠিক সময়ের সন্ধান করতে থাকে।

স্বপ্ন এবং বাস্তবতার মধ্যে কিছু তার্কিক পদক্ষেপ তৈরী করুন। সমস্ত কিছু একটি কাগজে লিপিবদ্ধ করুন এবং তা পথ পদর্শক হিসাবে ব্যবহার করুন। সফলতার মূল মন্ত্রই হল 'অনুশাসন'। জীবন একটি কঠোর পরীক্ষা। কেউকেউ আপনাকে নীচে নামাতে চাইবে, তাদের উপেক্ষা করাই শ্রেয়। পুরো পৃথিবী আপনার বিরুদ্ধে গেলেও যদি আপনি সঠিক হন তবে নিজের রাস্তায় চলতে থাকুন। এটাই আপনার আকাঙ্খা পূরণের একমাত্র রাস্তা।

নিজের অহং-কে ত্যাগ করার চেষ্টা করুন

জীবনে আমাদের বাইরের সংগ্রামের তুলনায় ভিতরের সংগ্রাম অনেক বেশী করতে হয়। যখন আমাদের কোন কার্যকে পরিপূর্ণ রূপ দিতে হয় তখন আমাদের অহং আমাদের পথে বাঁধার সৃষ্টিকরে দেয়। কোন কোন মানুষের মতে আত্মসম্মান এবং অহং একই বিষয়। কিন্তু প্রকৃতপক্ষে আত্মসম্মান এবং অহং-এর মধ্যে সামান্য পার্থক্য আছে। অহং কখনও কখনও আপনাকে বিপন্ন করে এবং নিজের সাথে লড়াই না করে আপনি এর দমন করেত পারনে নাং। একে জবাব দিহি করার জন্য নিজেদের মধ্যে সাহস সৃষ্টি করতে হবে। আপনাকে নিজেকে খোঁজবার জন্যও সাহস জোটাতে হবে। যে অজ্ঞাত শক্তি আমাদের জীবনকে সঠিক পথে চালনা করে তার প্রতিও ভরসা রাখতে হবে। আপনাকে প্রতিদিনের গতি বিধির উপর সজাগ দৃষ্টি রাখার চেষ্টা করতে হবে। আমি যখন দিল্লী থেকে বাগডোগরার উদ্দেশ্য রওনা দিয়েছিলাম তখন প্লেনে আমার সাথে এক সুন্দর যুবক ও তার স্ত্রীর পরিচয় হয়। তারা তাদের অজ্ঞাত ভবিষ্যৎ সম্পর্কে ভীত ছিল। আমি তাদের ইতিবাচক চিন্তা করতে বললাম এবং বর্তমানের উপরেই নিজেদের ধ্যানকে কেন্দ্রীভূত করতে বললাম। আমি তাঁদের বললাম যে আপনারও আমার মতন ফেরার টিকিট নিয়ে একলাখ টাকার টিকিট কিটেছেন তবে একদিন চাকরির অভাবে পথে বসে যাবেন এমন চিন্তা কেন করছেন? আমি তাদের আরোও বললাম যে বর্তমানের প্রতি একাগ্রতা সৃষ্টি করলে তবেই আপনাদের জীবনে ইতিবাচক পরিবর্তন আসতে পারে এবং এতে আপনি নেতিবাচক চিন্তার প্রভাব থেকে মুক্ত হতে পারবেন।

যে সমস্ত সাহস আমাদের উৎসাহ প্রদান করে আমাদের সেই সাহসকে আরোও বৃদ্ধি করা উচিত। এই ভাবে আমাদের মস্তিস্ক শান্ত ভাবে নিজের পথে চলতে সক্ষম হবে। আমাদের নিজের অন্তর আত্মার প্রতি সম্পূর্ণ ভরসা রাখা উচিত, আত্ম জাগরণ বা ধ্যানের অভ্যাসের সময় আমাদের মনে অনেক অপ্রয়োজনীয় চিন্তা এসে আমাদের ব্যর্থ করার চেষ্টা করে কিন্তু তার জন্য ভাবীত হওয়ার কোন দরকার নেই। যে কোন সংস্হা যদি সফলতার সাথে এগিয়ে যাওয়ার চেষ্টা করে তবে তার জন্য প্রচুর পরিমাণে উৎপাদন এবং শক্তির প্রয়োজন হয়। কেবল মাত্র

প্রাপ্ত সুবিধার উপরেই সময়, শক্তি বা সাধনা লাগানো যথেস্ট্য নয়, এতে আপনি লক্ষ্যচ্যুত হতে পারেন। উদাহরণ স্বরূপ বলা যায়, ভারতীয় ব্যাঙ্ক গুলি নিজেদের জন্য নতুন গ্রাহকের সন্ধানে থাকে কিন্তু যে সমস্ত পুরানো গ্রাহক তাদের কাছে আছে তাদের কোন পরোয়া করেনা। একবার আমি আমার ব্যাঙ্কের কাছে নতুন চেক বই দেওয়ার জন্য আর্জি জানিয়ে ছিলাম, কারণ আমার পুরানো বইটা ভরে গেছিল। তারা বলেন যে আমার স্বাক্ষরের সঙ্গে রেকর্ডের স্বাক্ষর মিল হচেছনা তাই তারা আমার আর্জি নামঞ্জুর করে দিয়েছিল। আমি সেইদিনই এই ব্যাঙ্কের এ্যাকাউন্ট বন্ধ করে অন্য আর একটি ব্যাঙ্কে এ্যাকাউন্ট খুলে নিয়েছিলাম।

ব্যাঙ্কর্সদের গ্রাহকদের মধ্যে ভেদ করার ক্ষমতা থাকা উচিত। এখানে আমি নিজের পয়সাই তুলতে গিয়েছিলাম। ব্যাঙ্কের পরিচালক গোস্ঠীর এটা দেখা উচিত যে আমি তাদের সুবিধা পেয়ে সন্তুস্ট না অসন্তুস্ট। কিন্তু তারা সেই টুকু জিজ্ঞাসা করারও প্রয়োজন মনে করেনা। ব্যবসা বাণিজ্যের সাথে যুক্ত ব্যক্তিদের তাদের গ্রাহকদের রুচির দিকে লক্ষ্য রাখা উচিত। যদি আপনি তাদের পয়সা রাখতে চান তবে আপনাকে নিজের নিস্ঠার পূর্ণ প্রদর্শন করাতে হবে। যেসমস্ত ব্যবসায় গ্রাহকদের সন্তুস্টিই সর্বাধিক গুরুত্বপূর্ণ (যেমন ধরুন ব্যাঙ্ক বা বিউটিপার্লারের মতন প্রতিস্ঠানের ক্ষেত্রে) সেক্ষেত্রে এই সমস্ত বিষয়ের দিকে অধিক পরিমাণে নজর দিতে হয়। আপনি যে সমস্ত মানুষের সাথে নিয়মিত বা অনিয়মিত অথবা ফোন বা মোবাইলের মাধ্যমে যোগাযোগ করছেন তাদের শিক্ষা দেওয়ার চেস্টা করবেন না এতে ব্যক্তিগত সম্পর্কও ব্যবসায়িক সম্পর্ক দুইই নস্ট হয়।

ব্যবসার ক্ষেত্রে গ্রাহকদের প্রতি অত্যাধিক লক্ষ্য রাখতে হয় কারণ তাদের মাধ্যমেই আপনার ব্যবসা চালিত হয়। যদি আপনি নিজের ভুলের জন্য গ্রাহকদের কাছে ভুল স্বীকার না করেন তবে সে পুণরায় আপনার কাছে নাও আসতে পারে। নিয়মিত যদি আপনার গ্রাহকের সংখ্যা কম হতে থাকে তবে তা আপনার জন্য ক্ষতি বলে বিবেচিত হয়, এতে আপনার ব্যাবসাও ক্ষতিগ্রস্ত হবে। নিজের গ্রাহকদের যতটা সম্ভব বাকী সুবিধা প্রদানের চেস্টা করুন এবং আপনার কর্মচারীদেরও এই বিষয়টি সম্পর্কে ভালো করে বুঝিয়ে দিন। গ্রাহকদের প্রয়োজনকে বুঝতে শিখুন। যখন তারা কোন বিষয়ে আপনার কাছে নালিশ জানাবে তখন ধৈর্য্য সহকারে তাদের সমস্যার সমাধান করার চেস্টা করুন। আমার মতন অনেকেই আছেন যারা ব্যবহার এবং জিনিষের গুণমান সম্পর্কে যে খুশী নয় তা কখনই দোকানদার কে বুঝতে দেন না। কিন্তু তারা অন্য দোকানের খোঁজ করে নেয় যেখানে তারা আগের তুলনায় অনেক বেশী সুবিধা পেতে পারে। আমি কোন সংস্হা বা উপাদান সম্পর্কে যে অনুভব প্রাপ্ত করি তা অপরের সঙ্গে ভাগ করার চেস্টা করি। যদি সেই অনুভব খারাপ হয় তো তা অপর গ্রাহকের উপরেও নিসন্দেহে প্রভাব সৃস্টি করবে যার ফলে উক্ত ব্যাবসায়ির ব্যাবসার ক্ষতিগ্রস্হ হয়। আপনি আপনার সহযোগী বা অধিনস্হ কর্মচারীদের কাছে ভালো বলে প্রমাণিত হতেই পারেন কিন্তু যখন আপনার গ্রাহকও আপনার সেবায় সন্তুস্ট এবং প্রসন্ন হবে শুধুমাত্র তখনই আপনি নিজেকে ভালো বলে প্রমাণিত করতে পারবেন এবং বাস্তবে এটি আপনার জন্য লাভজনকও হবে।

সাহসীদের ভাগ্য সহযোগীতা করে

প্রত্যেকটি মানুষই জীবনে সফলতা, স্বাস্থ্য অর্থ এবং প্রসন্নতা প্রাপ্ত করতে চান, এর জন্য আপনাকে কুণ্ঠা, মানসিক চাপ, ভ্রম এবং অসুরক্ষিত ভাবনাকে ত্যাগ করে নিজেকে সফলতা স্বাস্থ্য, অর্থও প্রসন্নতা দান করতে হবে। জীবন থেকে ঈর্ষা, মানসিক চাপ এবং নিরাশা দূর করার জন্য সচেতন ভাবে প্রয়াস করতে হবে। আপনি নিজেকে হীন, পরাজিত, নির্ধন এবং অসফল মনে করবেন না। অভাবের কল্পনাই মানুষের মনে অর্থ ও সফলতার বিষয়ে নেতিবাচক চিন্তার জন্ম দেয়। যদি আপনার মনে প্রচুর পরিমাণে উৎসাহ থাকে তবে সমৃদ্ধির সাথে যুক্ত যেকোন স্বপ্নকে আপনি সম্পূর্ণ করতে পারবেন। আপনি নিজের সফলতাকে নিজের প্রয়োজন এবং শর্তের ভিত্তিতে নির্ধারিত করতে পারেন। আপনি নিজেই ঠিক করুন যে দিনে এমন কোন দুটো কাজ করতে পারলে আপনি দিনের শেষে আনন্দ এবং সন্তুষ্টি অনুভব করতে পারেন। প্রতিদিনের কার্য তালিক কা নির্ণয়ের সময় নিজেকে অবশ্যই এই প্রশ্ন করুন। নিজের জন্য অধিক সার্থক এবং গুরুত্বপূর্ণ কাজকে নির্ধারিত করার পর তার সূচীর সর্বাগ্রে অন্তর্ভুক্ত করুন। দিনের শেষে আপনি যখন বুঝতে পারবেন যে আপনি বিশেষ বিশেষ কাজ গুলিকে শেষ করতে পেরেছেন তখন আপনি শান্তির নিঃশ্বাস গ্রহণ করতে পারবেন। আমাদের মধ্যে লেশমাত্র ভয় নেই একথা বলা ভুল হবে। আমাদের সবার মধ্যেই ভয় আছে। কিন্তু যতক্ষণ না আপনি এই ভয়ের সাথে মোকাবিলা করবেন ততক্ষণ পর্যন্ত তা আপনার উপর শাসন করতে থাকবে। ভয়ের সম্মুখীন হোন, তবে তা নিজের থেকেই সমাপ্ত হয়ে যাবে। এই ভাবে আপনি ভয়ের হাত থেকে নিজেকে মুক্ত করতে সক্ষম হবেন। সবার আগে সেই কাজ করার চেষ্টা করুন যা আপনাকে সবচেয়ে বেশী ভয় প্রদান করে। ভয় জীবনের একটি অংশ।

আপনি এই অংশকে বাতিল করতে পারলেই শক্তিশালী হয়ে উঠতে পারবেন।

যে সমস্ত ব্যক্তিরা ইতিহাসের পাতায় নিজেদের নাম লেখাতে সক্ষম হয়েছিলেন তাদের মধ্যেও ভয় ছিল কিন্তু তারা সাহসের সাথে মাধ্যমে ভয়ের মোকাবিলা করেছে এবং তাতে জয় প্রাপ্ত করেছেন। যে কাজ আপনাকে চিন্তিত করে তোলে সেই কাজের পিছনে লেগে যান, ভয় আপনার থেকেই পালিয়ে যাবে। এই লক্ষ্যের দিকে আপনাকে চেতন বা অবচেতন মনেই পদক্ষেপ ফেলতে হবে। জিগ জিগারের মতে "Fear=FEAR বা False Evidence Appears Real" ভয় নকল জিনিষও আসল হয়ে প্রতিপন্য হয়। অধিকাংশ ব্যক্তিই যে কাজ সম্পন্ন করতে পারেনা তার জন্য নিজেক দোষী বলে সাব্যস্ত করেন। আপনি কখনই নিজের সাথে এমনটি করবেন না। আপনার ভবিষ্যৎ অনেক খুশী নিয়ে আসবে এই ভেবেই এই দিনটি উপভোগ করার চেষ্টা করুন। সম্ভবতঃ আপনি আগত দিনে সেই দীর্ঘ পরিকল্পনায় হস্তক্ষেপ করতে পারবেন যা বহু দিন ধরে পড়ে আছে।

সব থেকে বড় কথা হল নিজের সাহসকে বজায় রাখুন। "আমার কাছে সময় নেই 'বা' আমি এটি করার যোগ্য নই। এমন কথা শুনলে মনে হয় যে আপনার এই কাজটি করার কোন ইচ্ছাই নেই বা কাজের হাত থেকে রেহাই পাওয়ার জন্য আপনি অজুহাতের সন্ধান করছেন। মানুষের মধ্যে এইরকম কিছু ভুল ধারণা থাকার জন্যই যে সমস্ত কাজ তারা একটু চেষ্টা করলেই করতে পারে সেই কাজ গুলিকেই তারা করতে পারেনা এবং সেই কারণে তারা কখনই নিজেদের লক্ষ্য পর্যন্ত পৌঁছাতে পারেনা। আপনার উপরেই আপনার সফলতা এবং ব্যর্থতা নির্ভর করে। হেনরি ফোর্ডের মতে, যা আপনি চিন্তা করছেন আপনি পারবেন বা আপনি পারবেন না উভয় ক্ষেত্রেই আপনি ঠিক। আপনার স্বপ্নকে সত্যিতে পরিণত করার ক্ষমতা আপনার কাছে একটি পরীক্ষা স্বরূপ এবং তার জন্য প্রয়োজনীয় পদক্ষেপ গ্রহণ করুন।

আত্ম সংশয় এবং আত্ম সমালোচনাকে দূর করার চেষ্টা করুন। নিজের স্বপ্নের দিকে এগোনোর সময় নিজের বিরুদ্ধে কোন মতামত নেওয়ার চেষ্টা করবেন না। নিজের সমালোচনা করবেন এটা আপনার আকাঙ্খা পূরণের জন্য ক্ষতিকারক হতে পারে। নিজের ভেতর দেখুন, তবে আপনি নিজের স্বপ্ন সম্পূর্ণ করার সাহস প্রাপ্ত করতে পারবেন। আপনি অতীতের অনুভব থেকেও অনেক কিছু শিখতে পারেন এবং

বর্তমানের জন্য তা প্রয়োগও করতে পারেন। পৃথিবীর প্রত্যেকটি মানুষ এমনকি আমাদের সন্তানরাও প্রত্যেক ব্যক্তি বা বস্তু সম্পর্কে নিজেস্ব একটা মতামত জ্ঞাপন করেন। আপনি নিজের লক্ষ্য প্রাপ্ত করার জন্য অপরের মতামতের প্রতি যদি গুরুত্ব দেন তবে হয়তো আপনি নিজের গন্তব্যে কখনই পৌঁছাতে পারবেন না। এটা এমন হবে যে–পাঁচ ব্যক্তি একই স্থানে যাওয়ার জন্য পাঁচটি ভিন্ন রাস্তার সন্ধান দিল। প্রত্যেক ব্যক্তি নিজের মতন করে পথ সন্ধান দেবে। রাস্তা দিয়ে যাওয়ারা সময় আমার সাথে প্রায়ই এমন ঘটনা ঘটে। আমাদের নিজেদের সফলতার জন্য রাস্তা ঠিক করবার সাহস তৈরী করতে হবে। যেসব লোকেরা আপনাকে বলবে যে আপনি কখনই সফল হতে পারবেন না, তখন তাদের বিশ্বাস করবেন না। আপনার আনন্দ, প্রসন্নতা বা সন্তুষ্টির পথে যদি হঠাৎ কোন বাধা আসে তবে তা কাটিয়ে ওঠার চেষ্টা করুন। নিজের মনের কথা শোনার ও তা বোঝার চেস্টা করুন। অতীতর দুর্ঘটনা বা কলঙ্ককে নিজের ভবিষ্যিৎ-এর উপর প্রাধান্য বিস্তার করতে দেবেন না।

আপনি আপনার আর্থিক বিষয়ে ও ব্যক্তিগত বিষয়ে সবলতা আপনার জন্য সময় দিন। মনে রাখবেন যে যদি আপনার কাছে কোন বস্তুর অভাব থাকে তবে তা আপনি জীবনের অন্য কোন স্থান থেকে পেয়েই যাবেন। নিজের অভাবের প্রতি নজর দেবেন না এতে আশাভঙ্গ নিরুৎসাহের সৃষ্টি হয়। এর পরিবর্তে যা আপনাকে উদবুদ্ধ করে বা সংশোধন করে, সেই বিষয়গুলির দিকে নজর দিন যাতে আপনার অভাবের ঘাটতি হতে থাকে। জীবনে বাস্তবিক পরিকল্পনা করুন এতে আপনি সফল হবেন।-

লক্ষ্য প্রাপ্তির জন্য যে সমস্ত পদক্ষেপ গুলি সহায়ক এবং আবশ্যক সেগুলিই নেওয়ার চেস্টা করুন।

কর্মই সফলতার চাবিকাঠি

আপনার প্রতিটি দিন পর্যারক্রমে সুন্দর করে তুলতে আপনি সকালে দাঁত মেজে চা পানের সময় একটা সুন্দর অনুভবের জন্ম দিন আর বলুন যে "আজকের দিনটা খুব ভালো কাটবে," প্রতিদিন উৎপন্ন ভয় বা বাধাকে অতিক্রম করার জন্য আপনি প্রতিটি মুহুর্তের সর্বাত্মক প্রয়োগ করার চেস্টা করুন। আয়নায় প্রতিবিম্ব দেখার সময় বলুন–"এটা একটা সুন্দর দিন"। বেঁচে থাকাই বড় কথা নয়। সেটিকে সফল করেএকটা সুন্দর দিন তৈরী করার চেস্টা করুন। আপনি আপনার বর্তমানকে খাওয়া-দাওয়া, কার্য এবং বাক্যালাপের মধ্যে দিয়ে কাটিয়ে দিচেছন–এইগুলি উপভোগের কারণ। যখন আপনি প্রাতঃ ভ্রমণে বেরবেন তখন একবার চিন্তা করুন যে আপনার হাত থেকে কি বেরিয়ে যাচেছ। সেগুলি হল পাখিদের কোলাহল, ফুলোর সুগন্ধ, এবং সকালের মৃদুমন্দ বাতাস যা অপানাকে স্পর্শ করে চলে যাচেছ। উপভোগ করার জন্য এগুলি কি পর্যাপ্ত নয়?

প্রাতঃ ভ্রমণ আপনাকে প্রচুর পরিমাণে 'অক্সিজেন' প্রদান করে। মুক্ত বাতাসে জোরে জোড়ে শ্বাস নিন। একটি নির্জন স্হানে কুড়ি থেকে ত্রিরিশ মিনিট ধ্যান করুন চোখ বন্ধ করলেই কল্পনার নতুন রাস্তা খুলতে শুরু করবে। বিশ্বাস করুন যে আপনার মধ্যে কোন ভয় নেই এবং আপনার মধ্যে প্রচুর পরিমাণে শক্তিও আত্মবিশ্বাস আছে। কাল্পনিক দৃস্টিভঙ্গী আপনাকে শক্তিশালী ব্যক্তিত্ব তৈরী করে দেয়। আপনি নিজেই উচ্চতর প্রাকৃতিক শক্তিগুলির সাথে সম্পর্ক গড়ে তুলতে পারেন। আমি গরম জলে স্নান করলে নিজেকে সতেজ অনুভব করি। আমরা নিজেরাই আমাদের অসহায় অবস্হাকে বিশ্বাস, বল এং সাহসের মাধ্যমে পরির্পূণ করে তুলতে পারি। দিনকে সুন্দর ভাবে তৈরী করার একটি ভালো প্রক্রিয়া হল হাসি। টি.ভি. বা খবরের কাগজ থেকে সংগ্রহ করা কোন খবরের

জন্য বা মন্দ প্রতিবেশীর সাথে দেখা হওয়ার জন্য বা হতাশ সহকর্মীর সঙ্গে সাক্ষাৎ কোন কিছুকেই নিজের উপর প্রভাব বিস্তার করতে দেবেন না। প্রাতঃরাশে সর্বদাই পুষ্টিকর এবং শক্তিদায়ী খাবার গ্রক্ষণ করার চেষ্টা করুন। নেতিবাচকতার ঘেরাটোপ থেকে বাইরে আসুন এবং ইতিবাচক মনোভাবের জন্ম দিন। এমন কিছু করুন যা আপনাকে আনন্দ দেয়। পছন্দের গান শুনুন বা গান করুন বা কোন আগ্রহ উদ্দীপক বই পড়ুন। এই সমাধারেন দিকে গুরুত্ব দিন আপনার বর্তমান অবশ্যই সুন্দর হয়ে উঠবে।

সময়ের কিছু আগেই নিজের কর্মক্ষেত্রে পৌঁছানোর চেষ্টা করুন। এইভাবে আপনি সবার আগে কর্মক্ষেত্রে পৌঁছেছেন তার জন্য একটা ইতিবাচক সন্তুষ্টি লাভ করবেন। সহকর্মী বা সহযোগীদের সাথে করমর্দনের সময় হাসুন এবং শুভ সূচনার জন্য শুভকামনা জ্ঞাপন করুন। নিজের কাজের জন্য সম্পূর্ণ আনন্দ উপভোগ করুন। কাজ যে স্তরেরই হোক না কেন তা সম্পাদিত হলে গর্ব অনুভব করুন। এ আপনি মানসিক চাপ থেকে মুক্তি পাবেন, নিজেকে ছোট, পরাজিত এবং বোঝা বলে মনে হলে স্মরণ করুন যে "এটা একটা সুন্দর দিন"। আজকের দিনকে সুন্দর করে গড়ে তুলতে সমস্ত রকম প্রয়াস চালিয়ে যান কাল যা ঘটে গেছে তা আজ অতীতের গর্ভে। আমরা জানিনা আগামী কালকে বেঁচে থাকবে। কেবল বর্তমানই বাস্তব সত্য। এটি একটি গুরুত্বপূর্ণ দিন আর আমরা একে সুন্দর করে তুলতে পারি।

এটা সত্যি যে আমাদের কখনও কখনও নিজেদেরকে উৎসাহ দেওয়া উচিত। একটি প্রেরণা দায়ক পরিবেসের পরিবর্তে আমরা সর্বদা নিজেদেরকে নিরুৎসাহী মনে করি যার কারণে আমাদের পরিকল্পনা সম্পূর্ণ রূপ পায় না। এই সমস্যার সম্মুখীন সবাইকেই হতে হয়। আমাদের মধ্যে সমস্ত রকম সফলতার কামনা থাকা সত্ত্বেও প্রেরণা এবং উৎসাহের অভাবের জন্য আমরা গন্তব্য পর্যন্ত পৌঁছাতে পারছিনা। কোনকার্য শুরু করার সময় আমাদের মধ্যে যে উত্তেজনা বা উৎসাহ থাকে তা খুব তাড়াতাড়িই শেষ হয়ে যায়। এইরকম সময় আপনি নিম্ন লিখিত প্রক্রিয়া গুলিকে কাজে লাগাতে পারেন। আমার নিজেরও এই সমস্যা আছে। কিন্তু আমি সঠিক প্রেরণার সাহায্যেই সামনে এগিয়ে যাই।

সবার আগে কাজ করা শুরু করুন। কখনই চিন্তা করবেন না যে আপনার কাজটি আপনার পছন্দের না অপছন্দের, আপনি তা করতে চাইছেন না করতে চাইছেন না। নিজেকে জবরদস্তি কাজে লাগাবার চেষ্টা

করুন। এইভাবে আপনি প্রেরণা পেতে পারেন বা তার কখনই অনুভব করবেন না, কিন্তু তবুও যদি নিজেকে প্রেরিত করতে না পারেন তবে নিজেকে কার্যগত উদ্দেশ্য স্মরণ করানোর চেস্টা করুন। অর্থবান হওয়া, জীবনের গুণগতমান বৃদ্ধি করা বা অপরকে সাহায্য করা আপনার উদ্দেশ্য হতে পারে।

সফলতার সাথে সম্পর্কিত কোন ঘটনা বা সফল ব্যক্তিদের জীবনী আপনাকে প্রেরণা দান করতে পারে। এই ভাবে আপনার শক্তি সমস্যাকে এড়িয়ে লক্ষ্যের প্রতি কেন্দ্রিত হতে পারে। কোন বন্ধুর পরামর্শও কার্যকরি হতে পারে। নিজের সমস্যা তার সাথে ভাগ করুন। এই রকম করলে আপনি নিজেকে মানসিক চাপ থেকে মুক্ত করতে পারবেন। যদি আপনার পড়তে ইচ্ছা না করে তবে আপনি বাজার থেকে কোন প্রেরণা দায়ী ক্যাসেট এনেও তা শুনতে পারেন। আমি নিজেও এই প্রক্রিয়া অনুসরণ করতাম। অডিও টেপের ইতিবচক বাক্য গুলি আপনার দৃষ্টিভঙ্গী পরিবর্তন করতে পারবে। প্রসিদ্ধ বিচারকদের বা দার্শনিকদের উদাহরণ গুলি সংকলিত করুন এবং সেগুলি পড়ার চেস্টা করুন। এই উদাহরণের সাহায্যে আপনি নিশ্চিত রূপে প্রেরিত হতে পারবেন। আপনি যে কোন পথ অবলম্বন করতে পারেন কিন্তু নিজেকে অবশ্যই প্রেরণা দান করুন।

উচ্চতার দিকে ঃ

একটি শান্ত এবং সন্তুষ্টিদায়ক জীবন অতিবাহিত করার জন্য, গতিসম্পন্ন জীবনে পরিবর্তন আনুন। নিজেকে কিছু বাক্য দিন এবং তা স্মরণে রাখার চেস্টা করুন। আপনি এই বাক্যগুলিকে জায়গায় জায়গায় লিখেও রাখতে পারেন যাতে আপনি সকালে উঠেই পড়তে পারেন। এই বাক্যগুলিকে নিজের চেতনায় গেঁথে নিন। এই বাক্যগুলি বার বার পড়লে আপনার মনে এই বাক্য গুলি সম্পর্কে একটা ধারণা জন্ম নেবে। এই ভাবে আপনার বিশ্বাসও দৃঢ় হয়ে যাবে। মনের ভাবে পবির্তন আনতে পারলে চিন্তা নিজের থেকেই ইতিবাচক হতে থাকবে। এই বাক্য গুলি ফ্রিজ, আলমারি বা কাঁচের টেবিলের নিচেও আটা দিয়ে লাগিয়ে দিতে পারেন। নিজেকে বলুন যে, "আজ আমি লোকেদের সাথে সাক্ষাৎ করার সময় তাদের ভালো দিকটা এং ইতিবাচক দিকটার প্রতি লক্ষ্য রাখব। আমি জীবনের সমস্ত রকম প্রতিবন্ধকতার সাথে লড়াই করব এবং অপরকে সহায়তা করব। আমি আমার জীবনকে আস্বাদন করব ও প্রকৃতির মধ্যে যে আনন্দ লুকিয়ে আছে তা খোঁজার চেস্টা করব। আমি প্রত্যেকটি সমস্যাকে

একটি সুযোগ হিসাবে মেনে নেব। আমি শক্তিশালী হবার জন্য প্রত্যেকটি সুযোগের সৎ ব্যবহার করব।"

যদি আপনার মস্তিস্ক বা মানসিকতা সমস্ত রকম অসুবিধাগুলিকে সুযোগে পরিবর্তন করতে না পারে, তবে তা আপনাকে দুর্বল করে দেবে। তখন ক্ষুদ্র থেকে ক্ষুদ্রতর সমস্যাগুলিও আপনার মানসিকতাকে দ্বিধায় ফেলে দেবে। ছোট ছোট বিষয়ে কখনই নিজের সাহসকে হারিয়ে ফেলবেন না, কারণ প্রায় সকলকেই এই সুযোগের সম্মুখীন হতেই হয়। ঈশ্বর সকলকেই প্রতিদিন এগিয়ে যাওয়ার জন্য অবসর প্রদান করেন।

যেকোন সওদা করার সময় আপনার মুস্তিস্ক সফলতার কামনাকরে না অসফলতার জন্য ভীত হয় তা লক্ষ্য করার চেস্টা করুন। যদি আপনি ভিতরে ভিতরে অসফলতার জন্য ঘাবড়ে গিয়ে থাকেন তবে মনে করবেন যে আপনি মানসিক ভাবে আপনার লক্ষ্যের ক্ষতি করছেন। যদি আপনার মানসিকতা নেতিবাচক থাকে তবে লক্ষ্য পর্যন্ত পৌঁছানোর আগেই যে কোন অজুহাতে কাজটি ছেড়ে দেবেন। এইরকম মনভাব থাকে আপনি কোন উদ্দেশ্যই সম্পূর্ণ করতে পারবেন না।

আপনি নিজের জন্য প্রসন্নতা উৎপন্ন করতে পারবেন আপনার মধ্যে সেই বিশ্বাস থাকা উচিত। আপনার মানসিকতা কেন্দ্রবিন্দুকে ভিত্তি করেই থাকে। নিজের বোঝাকে কম করার জন্য ছোট ছোট ব্যাপারে আনন্দ খুঁজুন এবং তা ছড়িয়ে দেওয়ার চেস্টা করুন। আপনাকে যে কাজ দেওয়া হয়েছে যদি আপনি তার মধ্যে কেন্দ্রীভূত হতে পারেন তবে বর্থতার প্রশ্নই ওঠে না। সম্বন্ধ এবং পরিস্থিতির নির্ণয়ের উপরে ভিত্তি করেই আমাদের প্রসন্নতা সৃষ্টি হয়। আমরা চেতন অথবা অবচেতন কিভাবে সময়ের সঠিক ব্যবহার করব, কার সাথে সময় কাটাব, কোন কার্য সম্পন্ন করব, এই নির্ণয়গুলি ইতিবাচকতা বা নেতিবাকচতা আমাদের আনন্দের উপর প্রভাব বিস্তার করে। জন কেনেডির মতে "Change is the Law of Life. And those who look only to the part or the present are certain to miss the future." (পরিবর্তনই জীবনের নীতি। এবং যাা শুধুমাত্র অতীত ও বর্তমানকে দেখে তারা কখনই ভবিষ্যৎ-এর দিকে পৌঁছাতে পারেনা।) যখনই আপনি কোথাও বেরবেন তখন আপনার গন্তব্য আপনার কাছে পরিষ্কার কিনা তা ঠিক করে নিন। জীবনের দুটি দিকই দেখুন। জীবনের চলার পথে অজানা পরিস্থিতি তো আসবেই তবে আমাদের সেই সময় থেকে শক্তি সঞ্চয় করে এগিয়ে যেতে হবে। ঝঞ্ঝা পূর্ণ পরিস্থিতির সম্মুখীন হতেই হয় কিন্তু সেই সময় আপনি আপনার দক্ষতার ভরপুর

প্রদর্শন করতে পারবেন। যদি আপনার মনে হয় যে আপনি পথ হারিয়ে ফেলেছেন, তবে থেমে যান। যদি আপনার ভেতর এটাই সংশয় থাকে যে যার জন্য আপনি নিজেকেও বিশ্বাস করতে পারছেন না তবে সেই অজ্ঞান স্বরকে শোনার চেস্টা করুন। মনে রাখবেন যে ভাগ্যচক্র সব সময়ই ঘুরছে। বস্তুতে উন্নতি আসেই। পরিকল্পনায় সেই অজ্ঞান বিষয়ের উল্লেখ সর্বদই রাখবেন। যদি আপনি একবার অসফল হয়ে যান তবে এর অর্থ এই নয় যে আপনি কখনই জিততে পারবেন না। জীবন এবং প্রকৃতির থেকে ভরপুর আনন্দ নেওয়ার চেস্টা করুন এবং তা থেকে প্রেরণা পাওয়ার চেস্টা করুন। সর্বদা নিজের প্রতি সততা বজায় রাখার চেস্টা করুন কারণ, যদি আপনি সততার দিক থেকে মুখ ফিরিয়ে নেন তবে তার অর্থ দাঁড়াবে যে আপনি নিজের সাথেই ছলনা করছেন।

যে কোন সমস্যা সমাধান করার দুটি পথ আছে। 'হ্যাঁ' অথবা 'না'। জীবনের যে কোন পরীক্ষায় আমাদের এই দুটি নির্ণয় নিতে হয় 'হ্যাঁ' অথবা 'না'। যদি আমরা এর মধ্যে একটিকে বেছে নিতে না পারি, তবে হয়তে আমরা এর মুঠোর মধ্যে আবদ্ধ হয়ে যেতে পারি। এর অর্থ হল যে দ্বিতীয় কোন ব্যক্তি আমাদের জীবনের ফয়শালা করবে। 'হতে পারে' যে আমরা এই রকম পরিস্হিতির জন্য রাগী বা খিটখিটে হয়ে যেতে পারি। কিন্তু বাস্তবতা হল যে আমরা সঠিক নির্ণয় নিতে পারিনা। আমাদের চিন্তা ভাবনা করেই পদক্ষেপ নেওয়া উচিত যাতে এইরকম পরিস্হিতির সৃষ্টিই না হয়। আমাদের সম্পূর্ণ শক্তির মাধ্যমে 'হ্যাঁ' অথবা 'না' বলতে জানতে হবে। অনেক সময় কিছ মানুষ অপরের প্রতি সর্বদাই রুক্ষ ব্যবহার করে, বাস্তবে জীবন থেকে কিছুনা পাওয়ার জন্য, কিছু না করতে পারার কুন্ঠাই তাদের এমন করার জন্য বাধ্য করে দেয়।

যদি আপনাকে কেউ কখনও কোন কার্য করতে বলে তবে খেয়াল করুন যে আপনার অন্তর থেকে 'হ্যাঁ' স্বর বেরিয়ে আসছে কিনা। কয়েকবার অভ্যাস করলে আপনি আত্ম পরীক্ষা সম্পর্কে পারদর্শী হয়ে যাবেন এবং "হতে পারে" যে আপনি সমস্যা জর্জরিত পরিস্হিতির হাত থেকে রেহাই পেতে পারেন। আপনার নির্ণয়ের উপরেই আপনার স্বপ্নের সফলতা নির্ণয় করছে।

স্বাস্থ্য এবং প্রসন্নতা পরিচালনার দিকে জোর দিন

আপনার জীবনের বৈশিষ্ঠ্য নেতৃত্ব দানের উপরে নির্ভর করে। একটি বড় সত্য হল যে আমাদের আনন্দ, সুখ-স্বাচছন্দ ও নিরপত্তা পরস্পরের উপর নির্ভরশীল। আমাদের শরীর স্বাস্থ্য, আয়, সামাজিক গতিবিধি, ভোগ-বিলাস, শোয়ার অভ্যাস বা অন্য কোন সামাজিক বা মানসিক কাজ এই সবই আমাদের জীবনের বিশেষত্বের উপর নির্ভর করে। এই সমস্ত কিছুর মধ্যে দিয়ে একটি সূক্ষ্ম ভারসাম্য বজায় থাকে।

2000 সালের মার্চ / এপ্রিলে Psychosomatic Medicine-এর উপর একটি গবষেণা করা হয়েছিল, US Centres-এর Discare Control and Prevention-এর গবেষকদের মতানুসারে তারা 25-64 বছর বয়সের 3510 বা স্ত্রী-পুরুষদের মধ্যে মানসিক চাপ ও উচ্চ রক্তচাপ লক্ষ্য করেছে। তাদের মতে মানসিক চাপ ও উত্তেজনা রক্তের চাপকেও বাড়িয়ে দিচেছ। তারা আরও বলেন যে নিরাশা গ্রস্থ বা মানসিক চাপ গ্রস্থ ব্যক্তিরা কিছুটা অস্বাস্থ্যকর ক্রিয়াকলাপের সাথেও যুক্ত হয়ে যাচেছ যেমন ঃ বেশী পরিমানে খাদ্য গ্রহণ করা, বা সিগারেট অথবা মদ পান করা প্রভৃতি। অন্য অনেক গবেষনা থেকে জানা গেছে যে শুধুমাত্র শারীরিক অসুখই নয় মানসিক চাপও জীবনের কার্য ক্ষমতাকে ক্ষতি গ্রস্থ করে।

জীবনের ঘটনা স্বাস্থ্যে কি প্রভাব ফেলে ঃ

যে সমস্ত সংসারে মৃত্যু বা বিবাহ বিচেছদের মতন দুর্ঘটনা দেখা গেছে তাদের মানসিক চাপ অন্যদের তুলনা 30 থেকে 40 শতাংশ বেশী হয়। কোন মন খারাপ করা দুর্ঘটনা বা শারিরীশ পঙ্গুতা আপনাকে অবসাদের মধ্যে নিমজ্জিত করতে পারে। শারিরীক অসুস্থতা, মাব বাবা, সহযোগী, সন্তান, বন্ধু বা প্রতিবেশীদের সাথে খারাপ সম্পর্ক বা বৃদ্ধ মা-বাবার

চিতাও বিষাদের সৃষ্টি করতে পারে। সেক্স সম্পর্কে অজ্ঞানতা থাকার কারণেও সমস্যার সৃষ্টি হয় ও তা মানসিকচাপ ও উত্তেজনার সৃষ্টি করে। আবেগের কারণেও অনেক সময় অবসাদের সৃষ্টি হয়। ঘরোয়া হিংসা ও মানসিক চাপ, উত্তেজনা, আত্মহত্যা, বেশী পরিমাণে খাওয়া এবং অনিশ্চিয়তার মতন সমস্যার জন্ম দেয়।

আত্মবিশ্বাসই কার্য সম্পাদনের মূল মন্ত্র ঃ

আপনার মধ্যে আত্মবিশ্বাস থাকা অত্যন্ত আবশ্যক। আপনি কোন মানুষের সাথে কিভাবে সাক্ষাৎ করেন তাদের সাথে কিভাবে বাক্যালাপ করেন ? জীবন থেকে সমস্ত মানসিক চাপকে দূর করার জন্য আত্মবিশ্বাস এক সুরক্ষা হিসাবে কাজ করে। সংঘর্ষ এবং নির্ভরতা থেকে নিজেকে বাঁচানোর জন্য নিজের মধ্যে যোগ্যতা এবং বিশ্বাস উৎপন্ন করুন। নিজের জীবনে সর্বদাই হাসিকে বজায় রাখার চেস্টা করুন। মজাদার বই বা বিভিন্ন রকম চুটকি এই বিষয়ে আপনাকে সাহায্য করতে পারে। এর মাধ্যমে মাংসপেশী আরাম বোধ করে, আর একই সাথে অপানার মস্তিস্কও সতেজতা অনুভব করে।

- জীবনের ছোট ছোট কথার মধ্যেও খুশীকে খুঁজে বার করার চেস্টা করুন। প্রসন্নতা শুধুমাত্র একটি অনুমানই নয়, এটি অপানার সামনে প্রতক্ষ্য রূপে উপস্হিত আছে। আপনাকে শুধুমাত্র একে খুঁজে বার করতে হবে। যদি আপনি রেগে যান তবে অবশ্যই নিজের অনুভবকে লিখে রাখার চেস্টা করুন এবং আপনাকে কে রাগিয়ে দিয়েছে তার নামও লিখুন। সে আপনাকে আঘাত করেছে। তাকে সম্বন্ধিত করে পত্র রূপেও এই বিষয়টি লিখতে পারেন কিন্তু তা আপনি এই ব্যক্তিকে প্রেরণ করবেন না। এতে আপনি আপনার ভাবনাকে অনুভব করতে পারবেন। তখন জীবনের প্রত্যেকটি বিষয় আপনি নিয়ন্ত্রণ করতে পারবেন।
- সম্পূর্ণ পুষ্টিকর খাদ গ্রহণ করার চেস্টা করুন এবং নিয়মিত ব্যায়ামের অভ্যাস করুন। ধূমপান, অধিক পমিাণে মদ্যপান বা মাদক পদার্থ সেবন আপনার শরীরের জন্য ঘাতক বলে প্রমাণিত হতে পারে।
- আপনার শরীরের সুরক্ষার দিকে অবশ্যই নজর দিন। উদাহরণ স্বরূপ, যদি আপনার কস্ট বা ক্লান্তি সর্বদাই লেগেই থাকে তবে অবশ্যই ডাক্তারের সাথে পরামর্শ করুন।
- ঈর্ষাকে কখনই জন্মাতে দেবেন না। অতীতকে ভুলে বর্তমানের সাথে চলার চেস্টা করুন। প্রেমের জন্য হৃদয়কে মুক্ত করুন এবং জীবনকে ভরপুর উপভোগের মাধ্যমে কাটাবার চেস্টা করুন।

জীবনের প্রতি যদি আপনার ইতিবাচক দৃষ্টি থাকে তবে আপনার মানসিকতা ও স্বাস্থ্য দুই ক্ষেত্রেই আশানুরূপ পরিবর্তন আসবে। "সংঘর্ষের মোকাবিলা করার সময় নিজেকে শক্তিহীন এবং নিষ্প্রভ বলে মনে হয়" এই কথার পরিবর্তে বলুন যে–"আমি নিজেক সম্পূর্ণ নিয়ন্ত্রণ করতে পারি এবং আমি যে কাজের সংকল্প নিয়েছি তা আমি অবশ্যই সম্পূর্ণ করতে পারব।" জীবনের প্রতি বিপরীত মনোভাব আপনার মনে দুর্বলতার জন্ম দেয়। পরিবারের বন্ধনও আপনাকে মানসিক চাপের ঘেরাটোপ ছিন্ন করতে সাহায্য করে কারণ আমাদের জীবনের প্রতিটি বিষয়ে পরিবার এক গুরুত্বপূর্ণ ভূমিকা পালান করে। আমাদের পারিবারিক জীবন, জীবনের প্রতি দৃষ্টিকোন, প্রেরণা, উপলব্ধি এবং সংঘর্ষের প্রতি আমাদের মনোভাব আমাদেরকে প্রভাবিত করে। বৈবাহিক সম্পর্কের ক্ষেত্রে পারিবারিক জীবনের বিশেষতা বিবাহের গুণবত্তার উপর নির্ভর করে। বৈবাহিক জীবন সুখের হলে জীবনে মানসিক চাপ, নিরাশা, বা কুণ্ঠার নাম মাত্র দেখা যায় না। এর কারণ হল স্বামী-স্ত্রী একে অপরের আবেগকে সমর্থন করতে পারে। এই ভাবনার মাধ্যমে একটি সুস্থ জীবনশৈলীও বিকশিত হতে পারে।

কার্য সম্পাদনের জন্য সামাজিক সমর্থনও প্রয়োজনঃ

বন্ধুত্ব, সামাজিকতা, ধার্মিকতা এবং আধ্যাত্মিকতার মাধ্যমে আমরা বুঝাতে পারি যে আমরা একে অপরের সাথে যুক্ত এবং এর মাধ্যমে ইতিবাচক মানসিকতা প্রাপ্ত করতে পারি। সামাজিক সমর্থনের মাধ্যমে আমরা অনেক দুঃখ কষ্টের হাত থেকেও রেহাই পেতে পারি, যেমন ধরুণ কোন বন্ধু বা পরিবারের সদস্যের মৃত্যু, প্রেমজ সম্পর্কের সমাপ্তি, আর্থিক বিপন্নতা, জাতিভেদ, শারিরীক অসুস্থতা এবং অসুরক্ষার মতন নেতিবাচক বা মানসিকচাপ জনিত ঘটনার হাত থেকে বাঁচাতে পারে। একটি গবেষণার থেকে জানা গেছ যে, যে সমস্ত মহিলারা বিবাহ বিচ্ছেদ, স্বামীর মৃত্যু চাকরি মতন বিষয় নিয়ে দুঃখে নিমজ্জিত হন তারা কোন বিশ্বাসযোগ্য বন্ধুর সহযোগীতায় এই সমস্ত অবসাদকে কমাতে সফল হয়েছেন।

সামাজিক সম্পর্কের মাধ্যমে ব্যক্তিরা বিভিন্ন বিষয় সম্পর্কে জ্ঞান লাভ করতে সমর্থ হয়–যেমন ধরুন, শারিরীক ও আর্থিক সহযোগীতা সম্পর্কিত বিষয় এবং অন্যান্য, যদি আপনার জীবন দেখাশোনা করার মতন কোন শুভচিন্তক থাকে তবে আপনি জীবনের প্রতি একটি সুস্থ দৃষ্টিকোন উৎপন্ন করতে পারবেন। সর্বদাই নিজের আত্মসম্মানকে বৃদ্ধি করতে চেস্টা করুন। এরপর আপনাকে দেখতে হবে যে আপনার অন্তরঙ্গ সম্পর্ক থেকে আপনি প্রসন্নতা এবং সম্মান অনুভব করতে পারছেন কিনা।

পুরানো জিনিষের মাধুর্য্যতা

যে বস্তু গুলি কোন একটি সময় আমাদের জন্য প্রচণ্ড গুরুত্বপূর্ণ থাকলেও কখনও তাদের মোহ ত্যাগ করতে হয়। পরানো স্মৃতি বা ভাবনার হাত থেকে রেহাই পাওয়া অত সহজ নয় কিন্তু যদি আমরা পুরানো বস্তুকে আঁকড়ে ধরে থাকি তবে তা আমাদের জন্য প্রচণ্ড সমস্যা সৃষ্টি করবে। এর অর্থ এই নয় যে আমরা জিনিষ পত্র বর্জন করে দেব, বরঞ্চ বলা ভালো যে, যে সমস্ত বস্তু তাদের গুরুত্ব হারিয়ে ফেলেছে সেগুলিকে বর্জন করা উচিত। আপনি আপনার জীবন থেকে কেন জঞ্জালকে সরাতে চান সেই বিষয়ে লিখুন। এর কারণ হল যখন আপনি যাবেন তখন যে জিনিষগুলি আর প্রয়োজন নেই আপনি সেগুলি নেওয়ার প্রয়োজন মনে করবেন না, এছাড়া আপনার নতুন ঘরে এই সমস্ত পুরানো বস্তু গুলি রাখার জন্য কোন জায়গায়ই নেই। আপনি নিজেও বিশ্বাস করেন যে অতিরিক্ত জিনিষপত্র আপনার উপর অত্যাধিক মানসিক চাপ এবং শারিরীক চাপ সৃষ্টি করে। কারণ যাই হোক না কেন, সেটি অবশ্যই লিখুন এবং তার ফলে আপনি নিজেকে সপ্রতিভ করে তুলতে পারবেন। জীবন খুবই ছোট এবং এই কারণে সময়ে সময়ে আমাদের জিনিষ পত্র পরিবর্তন করা উচিত, এর ফলে জীবনেও পরিবর্তন সাধিত হয় আর এটা আমাদের জন্য খুবই জরুরী। যদিও এই নির্ণয় কখনও কখনও আবেগ পূর্ণ এবং বুদ্ধিদীপ্ত দুইই হয়ে যাকে। একটি বিষয়ে নজর রাখবেন যে পুরানো বস্তু চলে যাওয়ার জন্য আপনার মধ্যে যেন কোন অপরাধ বোধ কাজ না করে। এটি সংগঠিত প্রক্রিয়ার জন্য একটি গুরুত্বপূর্ণ অংশ। সর্বদা জিনিষপত্র রাখার জন্য অজুহাতের খোঁজ করবেন না, নিম্নলিখিত পরামর্শ আপনার জন্য কার্যকরী হতে পারে–নিজের প্রতিটি বস্তুর বিশ্লেষণ করুন, মনে করুন, যে বস্তুটি আপনি সরাতে

চাইছেন তা সেখানে ছিলই না। এইভাবে আপনি বাস্তবে প্রতিটি বস্তুর আবশ্যকতাকে বুঝতে পারবেন এবং কোন বস্তুগুলি আপনি এমনিই রেখে দিয়েছেন তাও বুঝতে পারবেন।

কল্পনা করুন যে আপনি বাড়ি পরিবর্তন করছেন। জিনিষপত্র গুলি দেখুন আর নিজেকে প্রশ্ন করুন যে "এইগুলিকে বেঁধে ভাড়া দিয়ে নিয়ে যাওয়ার কোন দরকার আছে কি?" এইভাবে ছয় থেকে সাত বছর অন্তর ঘর পরিবর্তন করার পরিকল্পনা মন্দ নয়। আপনি অনাবশ্যক জিনিষপত্র গুলিকে সরিয়ে ফেলতে পারবেন। এটাও খেয়াল রাখবেন যে আপনি যে সমস্ত বস্তু গুলিকে পছন্দ করেছেন সেই অনুসারেই ঘর খুঁজবেন। যদি আপনার ঘর ছোটো হয়, তবে সে সমস্ত গুলি প্রকৃত পক্ষে আপনার জন্য খুবই জরুরী, সেগুলিকে রাখার চেস্টা করুন।

জিনিষপত্র বাছাবাছি করার সময় আমরা প্রায়ঃই বলি যে, "এটিকে অন্যকোন দিন দেখব..."। আমার একটি আলমারি ভাঙা প্লাগ এবং না পড়া বই দিয়ে ভর্ত্তি হয়ে আছে, যেগলি এই ভেবে রাখা হয়েছে যে যদি কোন দিন কাজে লাগে। আমি ওর মধ্যে বেশীর ভাগ জিনিষগুলিকে গত পাঁচ বছর ধরে ছুঁয়ে পর্যন্ত দেখিনি এবং আগত সময়েও তার কোন সম্ভাবনা আছে বলে মনে হয়না। একদিন আমি এই জিনিষগুলিকে বিক্রি করে দিলাম। আমি কিছু টাকাতো পেলামই, সেই সাথে এই জায়গাও খালি হয়ে গেল। অনেক সময় আমরা এই জিনিষগুলির বিষয়ে একটা মীমাংসা করার জন্য সাহসই জুটিয়ে উঠতে পারিনা।

জিনিষ পত্র গুছিয়ে রাখার একটা কারণ এও হতে পারে যে আপনি সেগুলির দাম বৃদ্ধির জন্য অপেক্ষা করছেন। এই ধরণের জিনিষের দাম কখনও বৃদ্ধি পায়না। এগুলিকে বিক্রি করে দিলে আপনার হাতে কিছু পয়সা আসতে পারে নতুবা এগুলির দাম দিনে দিনে কমতেই থাকে। এইভাবে সামলাতে থাকলে কখনই কোন পয়সা পাবেন না। কখনও কখনও জায়গা খালি করার জন্যও এগুলিকে বিক্রি করা খুবই দরকার। যদি কোন বস্তুর প্রয়োজনীয়তা আপনার কাছে শেষ হয়ে যায় তবে সেটিকে কাউকে দান করে দিন। এইভাবে আপনি অকেজো জিনিষপত্রের হাত থেকে মুক্তি পাবেন।

আমাদের জীবনে বিভিন্ন অংশ আছে। এক একটি বস্তু একএকটি অংশের জন্য উপযোগী বলে প্রমাণিত হয়। কোন একটি সময় আমার কাছে অনেকগুলি স্যানডুইচ মেকার ছিল। কিন্তু কোন একটি সময় তা আমার জন্য অপ্রয়োজনীয় ছিল। আমি সেটি এক বন্ধুকে দিয়ে দিই।

আমাদের ঘরের অনেক জিনিষ সময়ের পরিবর্তনের সাথে সাথে অকেজো হয়ে যায়, যেমন ধরুন সন্তানরা বড় হয়ে বৈবাহিক সম্পর্কে আবদ্ধ হয়ে যায়, এবং সেই সাথে আমাদের রুচিও বদলে যায়। নিজেকে জিজ্ঞাসা করুন যে বর্তমান সময় অনুসারে আপনার কোন বস্তুর দরকার।

সমাজে আমরা প্রায়ই একে অপরকে উপহার প্রদান করি। কিন্তু মানুষ উপহারকে কোন সময়ে বর্জন করাকে অপরাধ বলে মনে করেন। যদি আপনাকে কেউ কখনও কিছু উপহার দেয় তার অর্থ এই নয় যে আপনি সেটিকে সারাজীবন নিজের কাছে রেখে দেবেন। উপহার পাওয়ার অর্থ হল আপনি সেটিকে যেকোন ভাবে ব্যবহার করুন। উপহার মুক্ত মনে দেওয়া এবং গ্রহণ করা উচিত।

যদি আপনি এই বিষয়ে নিজে নির্ণয় নিতে না পারেন তবে কোন নিরপেক্ষ ব্যক্তির সাহায্য নিতে পারেন। সেই ব্যক্তি আপনার বন্ধু বা পেশাদারী সংগঠন কর্তা হতে পারেন, তার মাধ্যমে আপনি এই বিষয়ে সিদ্ধান্ত নিতে সক্ষম হবেন।- আপনি প্রয়োজনানুসারে চিন্তা করার চেস্টা করুন যে, কেন অকেজো জিনিষ গুলি আপনার কাছে রাখতে চান? একজন স্বতন্ত্র পরামর্শ দাতা আপনাকে বোঝাতে পারে যে এই বস্তু বা পোশাকের চলন আর নেই সেটি বর্তমান যুগের জন্য অনুপযুক্ত।

যদি এখনও আপনি কোন বস্তু নিয়ে দ্বিধান্বিত থাকেন, তবে সেই বস্তুটি আপনার চোখের সামনে থেকে সরিয়ে দিন। সেটিকে এমন কোন বাক্সে বন্দি করে রাখুন, যার ফলে আপনার চোখের বাইরে চলে যায়। প্রায় ছয় সপ্তাহের মধ্যে আপনি সে সম্পর্কে একটি নির্ণয় নিতে পারবেন। এই ভাবে আপনার চর্তুর্দিকে ছড়ানো অকেজো জিনিষগুলির হাত থেকে আপনি নিজেকে মুক্ত করতে পারেন। এছাড়া একই সাথে নিজেকে প্রতিশ্রুতি দিন যে পুণরায় আপনি পুরানো বস্তুর মোহে নিজেকে জড়িয়ে ফেলবেন না।

স্বাস্থ্যই সম্পদ

প্রতিটি মানুষই স্বাস্থ্যবান হতে চায়। অধিকাংশ মানুষই এই বিষয়কে বিশেষ প্রদান করে। আপনি যদি স্বাস্থ্যবান না হন তবে বিশেষ কোন অসুবিধার সৃষ্টি হয় না। আবার অনেক লোক এমনও আছেন যারাএর কোন পরয়াই করেনা। শরীর আবর্জনা, সংশয় ও অস্বাস্থ্যকর খাদ্যের জন্য খারাপ হতে পারে, স্বাস্থ্যবান ও আনন্দিত থাকার জন্য এই বিষয় গুলির থেকে নিজেকে বাঁচিয়ে রাখতে হবে। আপনি ঘরের যে কোনো কোণ থেকে এই কাজ শুরু করতে পারেন, যে গুলিকে আপনি খুবই কম ব্যবহার করেন। যে সমস্ত বস্তু গুলি কোণায় পড়ে থাকে সেগুলির কম ব্যবহার হয় ও কোন একটি সময় সেগুলি অকেজ হয়ে যায়। সেগুলিকে খুব সহজেই নিজের কাছ থেকে আলাদা করে ফেলা যায়। একবার সেই কাজটি সহজেই সম্পন্ন করার পর আপনি ঘরের অপর কোনা গুলিও ভালো ভাবে পরিস্কার করতে পারবেন। এইরকম জিনিষপত্র গুলিকে বাতিল করার আগে সেগুলির জন্য রাখার জায়গা খুঁজে নিন। আপনি বেশ কিছু খালি কৌটো বা বাক্সে এগুলি ভরে দান করে দিতে পারেন। কিছু জিনিষ ফেলে দিন বা বিক্রি করে দিন। যদি কোন বড় বস্তু হয় যা কোন কৌটে বা বাক্সে কোলানো অসম্ভব তার জন্য স্হান নির্ণয় করতে নিজের মাথা খাটান। প্রায়ঃ অধিকাংশ ব্যক্তি স্বাস্থ্যবান মানুষদের কাছে তার স্বাস্থ্যের পিছনে কি রহস্য লুকিয়ে আছে তা জিজ্ঞাসা করেন। স্বাস্থ্য কি ?

এই বিষয়ে এক একজন এক একরকম মত পোষণ করেন। কেউ রোগহনতাকেই সুস্বাস্থ্য বলে মনে করে, আবার কেউ সুস্হ শরীরকে, কেউ কার্য করার শক্তিকে সুস্বাস্থ্য বলে বা কেউ আবার সুন্দর শরীরের অধিকারীকে সুস্বাস্থ্য মনে করে।

বাস্তবেই শক্তিই স্বাস্থ্য। যার দ্বারা যে কোন বিষয় প্রকৃত এবং সম্ভব বলে প্রতিপন্ন হয়। শক্তির স্তর কম হলে তবেই মানুষের শরীরের বিভিন্ন রকম রোগ আমন্ত্রিত হয়।

সুস্বাস্থ্যের মাধ্যমেই আপনি আপনার জীবনের সমস্ত রকম লক্ষ্য পূরণ করতে পারেন। আপনি যে কাজই করুন না কেন, তার সাহায্যে যেন আপনার শক্তির স্তর বৃদ্ধি পায়, সেদিকে খেয়াল রাখবেন। শক্তি আপনার শরীরের কোষের মধ্যে দিয়ে উৎপন্ন হয় এবং আপনার জীবনের গুণবত্তা আপনার শরীর মধ্যস্থ কোষের গুণবত্তার উপরেই নির্ভর করে। আমাদের শরীরে 75 টিলিয়নেরও বেশী কোষ আছে। এই কোষের মাধ্যমেই আমাদের শরীর পর্যাপ্ত পুষ্টি পায়। প্রত্যেকটি কোষ তাদের বিশেষত্বের উপর নির্ভর করে বিভিন্ন প্রকার কার্য সম্পাদন করে থাকে। পাচন তন্ত্রের কোষের ম্যাধমে আমাদের খাদ্য পরিপাক হয় এবং লাল রক্ত কণিকার মাধ্যমে আমাদের শরীরে অক্সিজেন সঞ্চালিত হয়। কিডনীর কোষগুলি দূষিত পদার্থকে বাইরে বার করে দেয় এবং স্নায়ুতন্ত্র আমাদের শরীরের অঙ্গপ্রত্যঙ্গগুলিকে সঞ্চালিত করে।

এই সমস্ত কোষ গুলি এক সাথে কার্য করে শক্তি উৎপন্ন করে, যার সাহায্যে জীবন সুন্দর গতিতে চলতে পারে। কোষ এই শক্তির মাধ্যমে বিভিন্ন উপযোগী কার্য সম্পন্ন করে।

যদি আপনি শরীরকে পরিপূর্ণ রূপদান করেত চান তবে শরীরকে বিভিন্ন রকম পুষ্টিকর বস্তু অবশ্যই দিতে হবে। অন্যভাবে বলা যায় যদি স্বাস্থ্যবান থাকতে চান তবে কোষগুলিকে সুস্থ রাখার চেষ্টা করুন। শরীরের কোষগুলি পর্যাপ্ত পরিমাণে শক্তি এবং অক্সিজেন দাবী করে।

ডঃ এলিক্স কারনেলের মতে–"আমি সম্পূর্ণ বিশ্বাস করি যে যদি কোষ গুলি সম্পূর্ণ পুষ্টি পায় এবং নিজেদের পরিবেশের জন্য দূষিত না হয় তবে সর্বদা জীবিত থাকতে পারে।" অক্সিজেনের কমের কারণেই কোষ গুলি রোগগ্রস্ত এবং মরে যায়। নিজেদের বিষয়ে কোন রকম হস্তক্ষেপ তারা সহ্য করতে পারেনা। সুস্থ থাকার জন্য শরীরের কোষ গুলিতে পর্যাপ্ত পরিমাণে শক্তি ও পুষ্টি দিন এবং শারিরীক ও যান্ত্রিক হস্তক্ষেপের হাত থেকে রক্ষা করুন।

খুশীতে থাকার উপায়

কোন কোন দিন আমাদের কাছে অন্যদের তুলনায় অনেকবেশী কস্ট সাধ্য হয়ে ওঠে। নিজের তুলনা কখনই অপরের সাথে করবেন না, নিজেীর সাথে করুন। যদি আপনি এমন করেন তবে তা আপনার শক্তিকে হ্রাস্ব করে দেবে। কোন কোন মানুষ খুব সহজেই আপনার বন্ধু হয়ে যেত পারে, আবার কেউ কেউ অতটা সহজ মনের হননা। যদি আপনি এই দ্বিতীয় শ্রেণীর লোকেদের মধ্যে পড়েন তবে এর র্অথ এই নয় যে আপনি কারোর চেয়ে কোন দিক দিয়ে কমতি আছেন। এর অর্থ এই যে আপনার মধ্যে অসাধারণ ক্ষমতা, বৈশিস্ঠ্য, শক্তি এবং যোগ্যতা প্রচুর পরিমাণে আছে। বাস্তবে, হয়তো অন্য সময়ে অন্য কেউ আপনাকে নিয়ে গভীরভাবে চিন্তা করবে এবং আপনার মতন অর্থসঙ্গত চিন্তা বা পোশাক পরিধানের চেস্টা করবে।

অপরের সঙ্গে কোন রকম তুলনাই আপনার জন্য ক্ষতিকারক হতে পারে এবং এই প্রতিযোগীতায় সবদিক থেকে আপনারই পরাজয় হয়। ঈশ্বর আমাদের সকলকেই বিশিস্ঠ্য যোগ্যতা, ক্ষমতা এবং স্বতন্ত্র ব্যক্তিত্ব দ্বারা তৈরী করেছেন। এই উপহারকে কৃতজ্ঞতার সাথে স্বীকার করুন এবং নিজেকে প্রকৃত অর্থের মাধ্যমে ব্যক্ত করার চেস্টা করুন। নীচে নামানোর পরিবর্তে সর্বদাই নিজেকে উপরে ওঠানোর চেস্টা করুন। জীবনের প্রতিটি দিন উপভোগ করুন। আনন্দে কাটাবার চেস্টা করুন। প্রত্যেকটি মুহুর্তকে আনন্দে কস্টে কাটাবার দাবী আপনি করতে পারেন। কাজের মধ্যে নিজের খুশীকে আবদ্ধ করে দেবেন না। যেমন ধরুন আমি মার্সিডিজ গাড়ী কেনার পর বা বাড়ী তৈরী করার পর বা সন্তানদের বিয়ে দেওয়ার পর প্রসন্নতা অনুভব করব। নিজের আনন্দকে সীমাবদ্ধ করে নিজের শত্রু হয়ে দাঁড়াবেন না। আপনি নিজেই আপনার বর্তমানের খুশীকে এড়িয়ে যাবেন

না। সেক্ষেত্রে আপনি নিজেই নিজের সাথে বিশ্বাসঘাতকতা করবেন। খুশীতে থাকার চেস্টা করুন এবং শীঘ্রই প্রসন্নতার দিকে পা বাড়াবার চেস্টা করুন।

খুশী সীমাবদ্ধ করবেন না

আমরা সকলেই বিশ্বাস করি যে আমরা নিজেদের ওজন হ্রাস্ব করে, ভালো জীবনসাথী প্রাপ্ত করে, সুখী পরিবার তৈরী করে আনন্দপূর্ণ সংসার গড়ে তুলতে পারব কিন্তু এই লক্ষ্য প্রাপ্ত করার পরেও অধিকাংশ ব্যক্তি পীড়া অনুভব করেন। সত্যি বলতে কি প্রসন্নতা কেবল মাত্র একবারই হাতে আসবে এমনকোন মন্ত্রপূত চাবিকাঠি নয়। একটাই ঘটনা বা প্রসঙ্গ আমাদের সর্বদা আনন্দ দান করতে পারেনা। কোন সুন্দর নারী বা আকর্ষক পুরুষ এর প্রেম অথবা কোন অভিনেত্রী বা অভিনেতা আপনার সম্পূর্ণ জীবনকে প্রসন্নতায় ভরে দিতে পারেনা। যদি আপনি তাই মনে করেন তবে তা আপনার ভ্রম এবং তাই আপনার জীবনে অসন্তোষের জম্ম দেবে।

কি হবে, কি হচেছ, এই রকম অনিশ্চিত নেতিবাচকতার মধ্যে নিজের মনকে আটকে রাখবেন না। এগুলি আপনাকে অবসাদের কালো মেঘে ঢেকে দেবে। এই নেতিবাচক বিষয় গুলি একটি কাগজে লিখে আপনি আনন্দকে ধরে রাখতে পারেন। আপনার খুশীকে তছনছ করে দেওয়ার মতন যেকোন নেতিবাচকতার সম্মুখীন হোন কিন্তু তা এড়িয়ে এমন কোন আশাজনক বা উৎসাহ প্রদ বাক্য লিখুন যা আপনাকে সফলতার জন্য প্রেরণা দান করতে পারে। সর্বদাই সামনের দিকে দেখার পরিবর্তে এটাও পরীক্ষা করুন যে আপনার উপলব্ধি জীবনের পূর্ণ উপলব্ধির অংশ হয়ে উঠছে কি উঠছে না।

লক্ষ্যের প্রতি নিজেকে কেন্দ্রিত রাখুন কিন্তু একই সাথে নিজের সফলতা, যাত্রা এবং উপলব্ধির আস্বাদন করুন। অন্যথায় আপনি নিজেকে রিক্ত বলে মনে করবেন। সর্বদাই ইতিবাচক চিন্তা করুন এবং নিজেকে উৎসাহিত করুন। সুন্দর ভবিষ্যৎ-এর দিকে নজর দিন। বাস্তবে আনন্দ আপনার অন্তরেই থাকে। নিজের চিন্তা কে যত বেশী নিয়ন্ত্রণ করতে পারবেন, খুশী তত বেশী আপনার সাথে থাকবে।

আপনার আশীর্বাদের প্রভেদ নির্ণয় করুন ঃ

হয়তো অধিকাংশ ব্যক্তি এই অনুভব ছাড়াই প্রসন্ন থাকতে পারেন।

আপনার লক্ষ্য কোথায় আছে, তার উপর আপনার খুশী নির্ভর করে। যদি আপনি সর্বদাই নেতিবাচকতার দিকে লক্ষ্য রাখেন তবে আপনি সঠিক এবং অনুকূল অবস্থায় পৌঁছাতে পারবেন না। জীবনে সর্বদাই প্রসন্নতা এবং অপর্যাপ্ততার দিকে লক্ষ্য রাখুন, যা আপনার জীবনে এখন উপস্থিত।

নিজের দৃষ্টিভঙ্গী বজায় রাখুন ঃ

সর্বদাই নিজের প্রতি সঠিক দৃষ্টিভঙ্গী নিক্ষেপ করুন। প্রসন্নতা সর্বদা চলনশীল কোন খেলা নয়। কোন মানুষের পক্ষেই সর্বদা প্রসন্ন থাকা সম্ভব নয়। আপনিও এর আশা করবেন না। ভালো হয় যদি আপনি আনন্দদায়ক ক্ষণকে সম্পূর্ণ উপভোগ করতে পারেন। এই দুইটি বিষয়কেই উৎপন্ন করার চেষ্টা করুন। সেই সঙ্গে এই কঠিন পরিস্থিতিকে অবহেলা করবেন না। আপনি হাস-পরিহাস, বন্ধুর সাথে ইতিবাচক আলোচনা, ব্যায়াম, লেখা বা সামুহিক কাজের মধ্যে নিজেকে অন্তরের গভীরতা পর্যন্ত আনন্দ উৎপাদনের চেষ্টা করুন এবং তা সকলের মধ্যে ভাগ করার চেষ্টা করুন। এই আনন্দ আপনাকে দৃঢ়তা প্রদান করবে, এবং আগত আনন্দের ভিত্তি হয়ে দাঁড়াবে। লোকে আপনার সম্পর্কে কি বলছে বা কি লিখেছে তা নিয়ে চিন্তিত হবেন না। এতে সময়ের অপচয় হয়। আপনি নিজেকে বা জীবনকে কিভাবে নিয়ন্ত্রণ করবেন তাই আপনার লক্ষ্য হওয়া উচিত। আপনি নিজের বসকে, স্বামীকে / স্ত্রীকে, সহযোগীকে যা বন্ধুকে তখনই নিয়ন্ত্রণ করতে পারবেন। ভালোবাসা এবং অনুকূল ধারণার প্রতি নিজের লক্ষ্য কেন্দ্রীভূত করুন। নিজের মধ্যে ইতিবাচক বিশ্বাসের জন্ম দিন এবং নিজের মূল্যকে প্রাপ্ত করার চেষ্টা করুন। অপরকে ঈর্ষা করে সময় নষ্ট করবেন না, কোন মানুষকে তার গন্তব্য পৌঁছানোর জন্য কি কি মূল্য দিতে হয়েছে তা অপানি কি করে জানবেন। এই হিংসাকে নিজের জন্য প্রেরণায় পরিবর্তিত করুন। নিজের আনন্দের পথে কাউকেই বাধার সৃষ্টি করতে দেবেন না।

নিজের প্রতি সর্বদাই সততা বজায় রাখুন। নিজের স্বপ্ন পূরণের জন্য লড়ার চেষ্টা করুন। সফলতা এবং প্রসন্নতা পাওয়ার জন্য স্বাস্থ্যের দিকে লক্ষ্য রাখবেন। জীবনকে খুশীতে ভরিয়ে দেওয়ার জন্য পথ খুঁজে বের করুন। মনে রাখবেন সমস্ত সুন্দর জিনিষই ভালো হয়না কিন্তু যা ভালো তা সর্বদাই নিজের সুন্দরতাকে বিচ্ছুরিত করতে থাকে।

দিনের সময়কে কাজে লাগান

যদি আপনি প্রতিদিন এক ঘন্টা করে বেশী কাজ করেন তবে সপ্তাহে সাত ঘন্টা এবং বছরে 365 ঘন্টা বেশী কাজ করছেন এইভাবে আপনি বছরে 9 সপ্তাহ আরো বেশী কাজ করতে পারছেন। এই বিষয়ের জন্য আপনি নিম্নলিখিত পরামর্শের প্রতি গুরুত্ব আরোপ করতে পারেন। কোন গতিবিধি কমানো, বাড়ানো বা পরিবর্তন করা উচিত তা এক এক ব্যক্তির ক্ষেত্রে এক এক রকম হবে। প্রতিদিন কিভাবে সময় ব্যয় হচ্ছে সে বিষয়ে একটা অনুমান কর,ন। কেউ কেউ দিনে 1 থেকে 3 ঘন্টা টি.ভি. দেখে। টি.ভি. বন্ধ করে সেই সময়টা কাজ করা যেতে পারে। আপনি এই সময়ের মধ্যে ঘরের কোন কাজ করতে পারেন, খবরের কাগজ বা পত্রিকা পড়তে পারেন, পরিবারের সদস্যদের সাথে কথা বার্তা বলতে পারেন এবং বাচ্চাদের পড়াশোনার বিষয়ে সাহায্য করতে পারেন। যদি আপনি দিনে একঘন্টা এই সব কাজের মধ্যে দিয়ে কাটান তবে সম্বন্ধ গড়ে তোলার জন্য তা উপযোগী হবে।

- আপনি পনেরো মিনিট পরে বিছানায় যাওয়ার চেষ্টা করুন এবং পনেরো মিনিট আগে বিছানা ত্যাগ করার চেষ্টা করুন। এই বিষয়টি আপনার শরীরের উপরেও নির্ভর করে কিন্তু একজন সুস্থ ব্যক্তির জন্য এই পরিকল্পনা সার্থক করা এমন কিছুই কঠিন নয়। এই ভাবে আপনি 30 মিনিট সময় কাজের জন্য বেশী পাচেছন। এবং এটি আপনার জীবনে খুবই গুরুত্ব রাখে।
- দিনের কার্য তালিকা সুনিশ্চিত করার জন্য আপনাকে অবশ্যই দশ মিনিট সময় ব্যয় করতে হবে যাতে বিশেষ কার্যগুলিকে সুন্দর ভাবে সম্পাদন করা যেতে পারে। পরিকল্পনার জন্য সময় ব্যর্থ হয়না। এতে আপনি নিজের কাজকে শীঘ্র সম্পন্ন করে কমপক্ষে এক ঘন্টা

বাঁচাতে পারেন। সঠিক পরিকল্পনা দিনের 30 থেকে 60 মিনিট সময় বাঁচাতে সাহায্য করে।

- নিজের সমস্ত পরিকল্পনা গুলিকে বা সক্রিয়তাকে একটি দলভুক্ত করুন এবং সেগুলি একত্রে সম্পাদন করার চেস্টা করুন। উদাহরণ স্বরূপ বলা যায় নিজের ই-মেল আগে থেকেই তৈরী করে নিন এবং সঠিক সময় পেলে তা প্রেরণ করুন। সমস্ত ফোন কল গুলি দিনে এক অথবা দুবারেই সম্পূর্ণ করে দেওয়ার চেস্টা করুন। এইভাবে আপনি 15 থেকে 30 মিনিট বাঁচাতে পারবেন।
- আমাদের দেশে ফোনে রং নম্বরের ব্যাপারটি খুবই সমস্যার সৃস্টি করে। কোন কোন দিন আমার কাছে কমপক্ষে দশটা রং ফোন আসে অথবা জিনিষপত্র বিক্রি করার জন্য সেল্সম্যানদের ফোন আসে। সর্বদা অসুবিধা জনক সময়েই টেলিফোন বেজে ওঠে, যেমন ধরুন যখন আপনি খাচেছন বা বাথরুমে গেছেন। এই কারণে সেই সময় রাগতো হয় আবার অসহ্য ও লাগে। আমি ফোনের পাশে বসে থাকলেও তা ওঠাই না। আমি সেটি ভয়েস-মেলে (Voice mail) যেতে দিই, ফলে যেকোন ফোন কল সম্পর্কে জানা যায় অথবা প্রয়োজনীয় বিষয় কাগজে ছেপে যায়। কখনও কখনও আমি এই কার্য আমার সহযোগীদের হাতে অর্পন করে দিই এবং কিছু বিশেষ ব্যক্তির সাথে ফোনে কথা বলি। যখনই আপনি কারোর সাথে ফোনে কথা বলেন তখন সামাজিকতাকে দূরে সরিয়ে রেখে শুধুমাত্র কাজের কথাই বলুন, এবং কখনই প্রসঙ্গ চ্যুতি ঘটতে দেবেন না। একদিনে আসা ফোন কলের সংখ্যা অনুসারে আপনি কমপক্ষে 45 মিনিট সময় বাঁচাতে পারবেন। যদি আপনার ফোনে কলার আইডি লাগানো থাকে তবে আপনাকে কে ফোন করেছে তা জানতে পারবেন। কোন কোন ফোনে এইরকম 100 টি নম্বর রেকর্ড হয়ে থাকতে পারে এবং তার জন্য কোন করও দিতে হয় না।
- যদি আপনি ব্যস্ত ব্যক্তি হন এবং সেক্রেটারী রাখতে সক্ষম হন, তবে আপনার প্রতিদিনের কিছু ছোট ছোট কাজ যেমন–ই-মেল-এর জবাব দেওয়া, ফোন শোনা বা করা, টাইপ করা প্রভৃতি কাজ গুলি তাকে দিয়ে সম্পাদিত করার চেস্টা করুন। একজন যোগ্য সেক্রেটারীর সহযোগীতায় আপনি এক থেকে দু-ঘন্টা সময় বাঁচাতে পারবেন, আমার সেক্রেটারী তার নিয়মিত কাজের বাইরেও কম্প্যুটারে ডেটা ইনপুটারের কাজ করে এতে আমি গুরুত্বপূর্ণ কাজ গুলির দিকে

আরোও বেশী সময় নজর দিতে পারি।

- দুটি ব্যক্তিত্ব কখনই একরকম হয়না। বিভিন্ন ব্যক্তির ভিন্ন ভিন্ন বিষয় আমাদের আকর্ষিত করে। আপনার লক্ষ্য থেকে আপনি যদি সরে না যান তবে সেটাই শ্রেয়। এর ফলে আপনি সময় মতন কাজ সমাপ্ত করতে পারবেন এবং একই সাথে তার গুণমান ও উৎপাদনের ক্ষেত্রেও আশানুরূপ পরিবর্তন আসবে। এইভাবে আমরা দিনে 20 থেকে 30 মিনিট পর্যন্ত সময় বাঁচাতে পারি। দুপুরে খাওয়ার সময় থেকে কিছুটা সময় বাঁচিয়ে নিয়ে আপনি বিশ্রাম করতে পারেন এতে আপনার শক্তি রূপান্তরিত হবে। বাজে গল্প করে সময় নষ্ট করবেন না, এর থেকে আপনি সহজেই 15 মিনিট বাঁচাতে পারেন। যখন আপনার অফিসে কেউ থাকবেনা তখন সেখানে কাজ করার চেষ্টা করুন। একা এবং কোন রকম হস্তক্ষেপ ছাড়া আপনি আপনার কার্যকে সুন্দর প্রণালীতে সম্পন্ন করতে পারবেন। এই ভাবে আপনার দক্ষতায় পরিবর্তন আসবে এবং একদিনে কমপক্ষে তিরিশ মিনিট বাঁচাতে পারবেন।

সময়ের সঠিক ব্যবহার ঃ যখন আপনি গাড়ী চালাবেন তখন আপনি ব্যবসা, মনোরঞ্জন, বা আত্মবিশ্লেষক প্রক্রিয়ার সাথে যুক্ত বিভিন্ন টিপস্ শুনতে পারেন এতে আপনার গাড়ী চলনশীল শিক্ষা সংস্থা হয়ে উঠবে। যদি আপনি তা কিনতে না পারেন তবে ভাড়া করে নিন ও গাড়ীতে শোনার চেষ্টা করুন। এইভাবে আপনি কমপক্ষে এক ঘন্টা মনোরঞ্জনে বা জ্ঞানবর্ধনের জন্য কাটাতে পারবেন। এই সমস্ত সময়গুলিকে যদি আপনি যোগ করে নেন তবে তিন থেকে চার ঘন্টা মময় আপনি বাঁচাতে পারবেন ও এই সময়টি আপনি নিজের উৎপাদনের কাজে লাগাতে পারেন। এর ফলে আপনার উৎপাদনে নাটকীয় পরিবর্তন আসবে। নিজের সময় ও জীবনকে সঠিকভাবে নিয়ন্ত্রণের চাবিকাঠি আপনার হাতেই আছে। শুধুমাত্র দৃঢ় সংকল্প শক্তির প্রয়োজন আছে।

পছন্দের বিষয়

কেউ কেউ মনে করেন বা পরামর্শ দেন যে কোন ব্যক্তি যদি খারাপ ব্যবহার করে তবে তা সহ্য করা উচিত বা উপেক্ষা করা উচিত। যাতে পারিবারিক সুসম্পর্কের ক্ষেত্রে কোন আঘাত না আসে। তারা মনে করেন যে যদি ব্যবহারে কোন রকম অশ্লীলতা না থাকে তবে তা সহ্য করে নেওয়া যায়। আপনার আনন্দ বা আত্মসম্মানের থেকে বড় কিছুই নেই। নিজের মূল্য বজায় রাখার জন্য আপনাকে একটি গণ্ডী অবশ্যই টানতে হবে, আপনাকে বুঝতে হবে যে, যথেষ্ট হয়েছে, এরপর আর সহ্য করা অসম্ভব। যতক্ষণ না আপনি প্রতিরোধ করবেন ততক্ষণ এই ভয়াবহ পরিস্থিতির সম্মুখীন আপনাকে বার 'বার হতে হবে।

আপনি নিজেকে এইরকম দুর্ব্যবহারের পাত্র করে তুলবেন না। পারিবারিক সদস্য, সহযোগী বা বস হওয়ার অর্থ এই হয়ে যে তাদের আপোনার সাথে খারাপ সম্পর্ক তৈরী করুন এতে আপনি অপরদের বুঝিয়ে দিতে পারবেন যে তারা যাতে আপনাকে হেয় করার চেস্টা না করে। আমার মতে বাবা-মায়েরও সন্তানদের সঙ্গে খারাপ কথা বলা বা স্বামী-স্ত্রীর কলহ হওয়াই উচিত না। আমার বাবা অনেক সময় এই কথার বিরুদ্ধে বলেছেন যে, "মা দীয়া গালা, তে ঘটে দীয়া নালা" (মায়ের গালাগালি আপনার উপর ঘি ছেটায়)। তখন একজন বালক হিসাবে চুপ করে থাকা ছাড়া আমার কাছে আর কোন উপায় ছিল না, কিন্তু আমি বাবা-মাকে স্পষ্ট ভাষায় জানিয়ে দিয়েছিলাম যে আমি এটি পছন্দ করি না। কোনও ব্যক্তির কাছে অপরকে বাজে কথা বলার কোন অধিকারই নেই। অনেক সময় অনেকে একজন রাগী এবং দুস্ট ব্যক্তিকে ভয় পান, সে কার সামনে কি মূর্তি ধারণ করবে সেই নিয়ে সকলেই ভয়ভীত থাকেন। মনে রাখবেন যে শুধুমাত্র আপনিই নিজের সমর্থনে কথা বলতে পারেন এবং নিজেকে

বাঁচাতে মাথা উঁচু করে দাঁড়াতে পারেন, আপনার আবেগ নিয়ে যে কেউ খেলা করবে তা আপনি কখনই সহ্য করনে না। কোন পারিবারিক দুস্ট ব্যক্তিকেও সহ্য করবেন না। তাকে ভয় করার পরিবর্তে পরিস্কার ভাষায় জানিয়ে দেবেন যে আপনি এই রকম ব্যক্তির সাথে কথা বলতে পছন্দ করছেন না। নিজের শক্তি এবং সাহসকে কোন মতেই নস্ট করবেন না।

আমাদের একটা বিষয় মাথায় রাখতে হবে যে আগুনের সঙ্গে লড়াই করতে গেলে আগুনের প্রয়োজন। মানসিক চাপ বা নিরাশার জন্য আমাদের রাগ এবং খিটখিট স্বভাব ও বৃদ্ধি পায়। কিন্তু এই নিয়ম সর্বদাই কার্যকরী হয়না, দুস্ট ব্যক্তি আপনাকে জ্বালানোর জন্য অন্য উপায় খুঁজতে পারে। তাদের অস্ত্রের অভাব থাকেনা। মিথ্যা, ছলনা, চালাকি এবং অসততা তাদের পরম বন্ধু। তারা আপনাকে অপমান করার জন্য কোন চেস্টাকেই ব্যর্থ করবেন না। তারা সবাইকে বোঝাবার চেস্টা করবে যে আপনিই সমস্যার কেন্দ্রবিন্দু। আপনার এই স্বভাবের জন্য আপনার জীবন দুঃখজনক হয়ে উঠবে।

এইরকম দুস্ট ব্যক্তিদের শিক্ষা দেওয়ার সবচেয়ে ভালো পন্থা হল–নিজের রাগকে নিয়ন্ত্রিত করার চেস্টা করুন। রাগ আপনাকে আপনার লক্ষ্য ভ্রস্ট করতে পারে। আপনি এর জালে জড়িয়ে নিজের ক্ষতি ডেকে আনবেন না। নিজের রাগকে ইতিবাচক বিষয়ে কাজে লাগাবার চেস্টা করুন। কিছু নীতির পালন করুন এবং তা হৃদয়ঙ্গম করার চেস্টা করুন। আপনি তাকে স্পষ্ট ভাষায় জানিয়ে দিন যে তার ব্যবহার অসহনীয় হয়ে যাচ্ছে। এই ভাবে আপনি নিজেকে তার অপমানজনক এবং বাজে কথার হাত থেকে বাঁচাতে পারবেন। যদি তখনও সে নিজের অভ্যাস ত্যাগ করতে না পারে তবে আপনি শান্ত ভাবে হেসে বলুন যে–“ক্ষমা করবেন, কথাটি আপনার খারাপ লেগেছে কিন্তু আমার এই রকমই মনে হয়।” আপনি এ কথাও বলতে পারেন যে যা হয়ে গেছে আপনি সেই সম্পর্কে কথা বলে নিজের সময় নস্ট করেত চান না। এই ভাবে অল্প আলোচনার বিষয় পরিবর্তিত করতে পারেন। যদি উত্তেজনা সৃষ্টিকারী ব্যক্তির উপস্থিতি আপনাকে জড়সর করে দেয়, তবে তার সাথে সম্পূর্ণ সম্পর্ক ত্যাগ করার চেস্টা করুন। যদি তার সাথে আপনার কোন কার্যগত প্রয়োজন থাকে তবে যতটা সম্ভব কম সময় ব্যয় করার চেস্টা করুন। এটি অনেকটা আপনার চাকরির পরিস্থিতির উপরেও নির্ভর করে, তার সাথেই চলুন, কিন্তু যতটা সম্ভব এড়িয়ে চলার চেস্টা করুন, কাজ সমাপ্ত করে চলে যান।

নিজের আনন্দই আপনার জীবনের লক্ষ্য হওয়া উচিত, দুস্ট ব্যক্তির

খ্যাতি যেন আপনার কাছে কোন গুরুত্ব না পায়। নিজের আত্মসম্মান এবং জীবনের প্রতি আনন্দই আপনার সবচেয়ে গুরুত্বপূর্ণ বিষয় হওয়া উচিত। নেতিবাচক লোক বা দুষ্ট লোকেদের জন্য নিজের আনন্দকে মাটি করবেন না। মনে রাখবেন যে আপনার ভালো মানসিক বা মানবিকতার থেকে অনুচিত লাভ পেতে চায়।

এইধরণের লোকেদের থেকে উপরে ওঠার চেষ্টা করুন। যদি তাদের সাথে খানিকটা কাটাতেই হয় তবে নিজের ক্রোধকে সম্পূর্ণ নিয়ন্ত্রণ করুন। নিজের দৃষ্টিভঙ্গীতে দয়া রাখবেন কারণ দুষ্ট লোকেরা অনুসরক্ষার ভাবনার থেকেই খারাপ হয়ে যায়। হতে পারে যে আপনার যোগ্যতাই তার হিংসার কারণ, যা সে নিজের দূষিত কাজের দ্বারা ব্যক্ত করে। জীবনে একজন দুস্ট লোকের উপস্থিতি সত্ত্বেও আপনাকে সম্পূর্ণ আনন্দিত থাকতে হবে। সকলের জীবনেই এই সমস্ত দিক আছে। একটি প্রসন্ন এবং সফল জীবন গড়ে তোলার জন্য প্রেরণা এবং উৎসাহই আপনাকে সাহায্য করতে পারে। এইভাবেই আপনি জীবনও ব্যবসার ক্ষেত্রে নিজের শ্রেষ্ঠত্বের পরিচয় দিতে পারেন।

মানসিক বিশ্লেষণ

প্রত্যেকটি মানুষ তার সম্পূর্ণ জীবন জুড়ে প্রচুর ছোট বড় বাধার সম্মুখীন হন। শুধুমাত্র মৃত ব্যক্তিদেরই কোন সাংসারিক সমস্যা নেই। নিজের মিউজিক সিস্টেমটি সারানো বা কেরিয়ারের অন্বেষণ সবই আপনার জীবনের সমস্যা হতে পারে। যখন আমরা আমাদের মনমতন জিনিষ খুঁজে পাইনা তখনই অসন্তোষের জন্ম হয়, আর এই কারেণই লক্ষ্য প্রাপ্তির আগে নিজেকে সংশোধন করা আবশ্যক হয়ে ওঠে অর্থাৎ নিজের মধ্যে সংশোধন আনতে হয়। জীবনের যে যে ক্ষেত্রে পরিবর্তন আবশ্যক সেখানে আত্ম সংশোধনেরও প্রয়োজন আছে। আমাদের জীবনের অনুভব এক এক সময় এক এক রকম হয় এবং ব্যক্তি বিশেষে তা পরিবর্তিত হতে থাকে।

অধিকাংশ সময় আমাদের জীবন বা উপলব্ধি সম্পূর্ণ আমাদের নিয়ন্ত্রণে থাকে কিন্তু অনেকেই সেই বিষয়টি বুঝতে পারেনা। জীবনে সেটাই পাই যা আমরা অপরকে দিই। আপনি অপরের বিষয়ে যা চিন্তা করেন তাই অদৃশ্য তরঙ্গের মাধ্যমে আপনার কাছে এসে পৌঁছায়। অপরের প্রতি আপনার চিন্তা অনুপাতিক প্রতিক্রিয়া প্রাপ্ত করে। এই পৃথিবীর সমস্ত কাজের মধ্যে প্রতিক্রিয়ার আবশ্যকতা আছে।

আমরা বিভিন্ন ক্ষেত্রে সফল ব্যক্তিদের জীবন থেকে শিক্ষা নিতে পারি। পরীক্ষার ক্ষেত্র অনেক বড় যেখানে আরবপতি, কোটিপতি, বৈজ্ঞানিক, নেতাগন, অধ্যাপক এবং অন্যান্য ব্যক্তিদের ভিড় দেখা যায়। কিছু মানুষ গড় ব্যক্তিদের তুলনায় নিজের প্রাণকেই অধিক মূল্যবান বলে মনে করেন। গড় ব্যক্তিদের জীবন বর্তমানকে কেন্দ্র করেই আবর্তিত হয়। তারা প্রায়ই এই বিষয়ে স্পস্ট ভাবে বলতে পারেনা যে তারা জীবনে কি চায় বা কি রকম ভবিষ্যৎ-এর আশা করে। ফলস্বরূপ তার দিন, মাস, বছর

একই রকম কার্যসূচীতে আবদ্ধ হয়ে কেটে যায়। নিজের যোগ্যতা বা ক্ষমতাকে প্রয়োগ না করে ইতিবাচক উৎসাহের অভাবে একই রকম কার্যের মধ্যে ঘুরপাক খেতে থাকে। তাদের জীবনের কোন উদ্দেশ্য থাকেনা এবং তারা নিজেদেরকেও পরীক্ষা করতে পারেনা।

সময়ের পরিবর্তনের সাথে সাথে এই সমস্ত ব্যক্তিরা নিরস এবং ক্লান্ত হয়ে পড়ে। তারা নিজেদের জীবন সম্পর্কে মানসিক বিশ্লেষণও করতে পারেনা। তারা তাদের উপলব্ধিগুলিকে বিচার বিবেচনা করে না বা বেশী পাওয়ার জন্যও বিচার করতে পারে না। সফল ব্যক্তিরা জীবনকে সম্পূর্ণ উপভোগ করেন এবং আগত সময়ের প্রতি সজাগও সাবধান থাকেন কিন্তু নিরস ব্যক্তিদের জীবন ক্লান্তিতে ভরে যায়। এক ঘেয়েমি দিন যাপন তাদের জীবনের অঙ্গ হয়ে যায়। সেখানে অন্য দিকে সফল ব্যক্তিরা নিজেদরে জীবনকে সার্থক ও আরোও উদ্দেশ্যপূর্ণ করার জন্য বিভিন্ন উপায় সম্পর্কে বিচার বিশ্লেষণ করতে থাকে। তাদের নীরস মানসিকতা তাদের সফলতার পথে প্রতিবন্ধতার সৃষ্টি করেনা। তারা সর্বদাই নিজেদেরকে প্রশ্ন করে যে তাদের জীবনে কি গুরুত্ব রাখে? তারা জীবনের লক্ষ্য সম্পর্কে খুবই ওয়াকিবহাল হন এবং মাঝে মাঝে তাতে পরিবর্তন আনার চেস্টা করেন। তারা সম্পূর্ণ একাগ্রতা নিয়ে নিজেদের লক্ষ্যের সাথে দিন, মাস ও বছর অতিবাহিত করার চেস্টা করে। তাদের এই মানরিসকতার জন্যই তারা নীরস ও ক্লান্ত ব্যক্তিদের থেকে আলাদা হয়ে যান।

সফল ব্যক্তি তাদের জীবনের মূল্য সম্পর্কে ওয়াকিবহাল এবং সেই ভিত্তিতে নিজেদের জীবনের একটি কাল্পনিক চিত্র মস্তিস্কে রাখতে সক্ষম হন। তারা মস্তিস্কে সংগঠিত বিভিন্ন পরিস্থিতির মাধ্যমে চালিত হন এবং যেকোন পরিস্থিতির সম্মুখীন হতে পারেন। তারা বিলাসিতাও করেন এবং কর্তব্য পালনের মধ্যে দিয়ে জীবনকে সম্পূর্ণ উপভোগ করে। তারা তাদের পরিকল্পনার সার্থকতা মাথায় রাখে এবং সেই অনুসারে চলে ও ধীরে ধীরে প্রশংসার পাত্র হয়ে ওঠে। ভবিষ্যৎ-এ যে সমস্ত উপলব্ধি বা প্রগতি প্রাপ্ত করতে পারে তার একটি তালকা প্রস্তুত করে। তারা জীবনে সাবধানতা অবলম্বন করে এবং জীবনের বৈশিস্ঠের সাথে যুক্ত বিষয়গুলির দিকে অধিক গুরুত্ব প্রদান করেন। কিছু সফল ব্যক্তি প্রতিদিনের লক্ষ্য এবং প্রাপ্তিকে লিখে রাখতে পছন্দ করেন। তারা কাল্পনিক দৃষ্টিভঙ্গীর মাধ্যমে খুব সহজেই নির্ণয় নিতে সক্ষম হন। তারা প্রতিদিন শোয়ার আগে এই কাজটিকে সম্পন্ন করে রাখে। তারা কতটা যেতে চায় এবং কত পর্যন্ত এসে পৌঁছেছে সেই দিকটিকে তারা খুব

ভালোভাবে নিরীক্ষণ করেন। আপনারাও যদি তাদের লক্ষ্য করে নিজেদের উদ্দেশ্যগুলিকে একটি কাগজে লিপিবদ্ধ করে নেন তবে খুবই ভালো হয়।

যে সমস্ত ব্যক্তিরা নীরস এবং একঘেয়েমি জীবন অতিবাহিত করছেন তারা নিজেদেরকে প্রশ্ন করেত পারেন যে আপনারা নিজেরা কি কখনও একটি বাঞ্ছিত ভবিষ্যৎ-এর স্পষ্ট, কাল্পনিক এবং উৎসাহ পূর্ণ ছবির কল্পনা করেছেন।

ব্যবসাই হোক বা জীবন, সামান্য কিছু পাওয়ার জন্যও স্পষ্টতা অনিবার্য। সফল ব্যক্তিগত কন্টকপূর্ণ রাস্তা দিয়ে চললেও ভবিষ্যৎ-এর স্পষ্টতাকে কখনই ত্যাগ করেন না। বর্তমানই সেই সময় যেখানে আপনি নিজের জীবনকে প্রতিবিম্বিত করতে পারেন। এরজন্য আপনাকে সকল বিষয়ে নিপুণ হতেই হবে এর কোন মানে নেই। নিজের সমস্যাকে কখনই নেতিবাচক দৃষ্টি দিয়ে দেখবেন না, সব সময় সফলতারই চিন্তা করুন। আজ থেকেই নিজের উদ্দেশ্যকে কাগজে লিখতে শুরু করুন।

এই সফলতার পথে আপনাকে অনেক প্রতিবন্ধকতার সম্মুখীন হতে হবে। যতক্ষণ না আপনি নিজের লক্ষ্য এবং আগত সমস্যা নিয়ে সচেতন হচ্ছেনা ততক্ষণ জীবনে কিছুই পাবেন না। এছাড়া যখনই সমস্যার সম্মুখীন হবেন তখনই তার সমাধানেই নিজের লক্ষ্য বলে মনে করুন যাতে লক্ষ্য প্রাপ্তিতে কোন বাধা না আসে।

আপনি জীবনে যা যা চান, সব পেতে পারেন। বর্তমান জীবনের পরিস্থিতি আপনারই বিচারের, প্রয়াসের এবং ধারণার প্রতিধ্বনি। আপনি খুব সহজেই এই পরিস্থিতির পরিবর্তন করতে পারেন। আপনাকে শুধুমাত্র লক্ষ্য পূরণের দিকে এবং সেই দিকে নিয়ে যাবে এমন ইচ্ছাশক্তিকে উৎসাহিত করতে হবে। এইভাবে আপনি সহজেই সফলতার শক্তির দিকে আকর্ষিত হয়ে যাবেন। সংসারের বেশীরভাগ মানুষ চেতনে অথবা অবচেতনে আকর্ষণ শক্তির প্রয়োগ করে থাকেন। এইভাবে তারা যা কল্পনা করেন তাকেই বাস্তবে পরিণত করেন। আপনিও অর্থ, সফল ব্যবসা, বুদ্ধি, মানসিক শান্তি, উদ্দেশ্যপূণতা এবং সন্তোষজনক সম্পর্ক পাওয়ার জন্য এই পথ অবলম্বন করতে পারেন।

আমাদের জীবনের সবচেয়ে বড় রহস্য হল লক্ষ্য বাধা এলেও আমরা ইচ্ছা করলেই আমরা জীবন থেকে সমস্ত কিছু পেতে পারি। বর্তমানের নেতিবাচকতাকে নির্মূল করার চেস্টা করুন এবং একটি সুন্দর অস্তিত্বের সন্ধান করুন যাতে আপনি আপনার জীবনের লক্ষ্য থেকে প্রচুর কিছু পেতে পারেন।

অন্য কোন উপায়

এপিকটুসের মতে–"যদি আপনার সম্পর্কে কোন বাজে কথা বলা হয় এবং যদি সেটা সত্যি হয়, তবে নিজেকে ঠিক করার চেস্টা করুন, কিন্তু যদি সেটা মিথ্যা হয় তবে তা হেসে উড়িয়ে দিন।" যদি কোন ব্যক্তি সর্বদাই কোন চাপ গ্রস্হ মানুষের সাথে সাক্ষাৎ করতে থাকেন তবে তার জন্য নিজের প্রতিলক্ষ্য দেওয়া এবং নিজেকে উৎসাহিত করা কঠিন হয়ে যায়। বিভিন্ন মানুষ বিভিন্ন উপায়ে পরিবারের সদস্য বা বন্ধুদের অসমর্পিত শব্দ এবং ব্যবহারের সম্মুখীন হন। কখনই ভাববেন না যে প্রত্যেক ব্যক্তি আপনাকে বা আপনার স্বপ্নকে সমর্থন করবে। সমর্থনের অভাবকে বা আপনার স্বপ্নকে সমর্থন করবে। সমর্থনের অভাবকে সম্পূর্ণতা দেওয়া আবশ্যক হয়ে ওঠে। কাউকেই নিজের সামনে উপস্হিত সমস্যার জন্য লজ্জিত হওয়া উচিত নয়। যদি কেউ আপনার একটি গাল থাপ্পর মারে তবে অপর গালটি না বারিয়ে বা এই খারাপ ব্যবহারকে উপেক্ষিত করার পরিবর্তে নিজেীর পক্ষে প্রতিবাদ করুন। আপনাকে নিজের লড়াই নিজেকেই করতে হবে। নিজের জীবনের নেতিবাচকতার স্রোতাকে সন্ধান করুন, কারণ এটা আপনার স্বপ্নের পথে বাধা হয়ে দাঁড়াচেছ বা আপনার বিশ্বাসকে দুর্বল করছে। এই অবিশ্বাস থেকে নিজেকে বাঁচান।

আমার একজন সহযোগী সর্বদাই নিজের বস, সহযোগীদের সাথে এবং অধিনস্ত কর্মচারীদের সাথে লড়াই করত। ফলস্বরূপ যখন সে কিছু ভালো কাজ করত তখনও কেউ তার প্রশংসা করত না। সে আমার থেকে কিছু পরামর্শ চাইলে আমি তাকে বলি যে, অনেক সময় যুদ্ধে হেরে গিয়েও জয় লাভ করা যায়। অমি তাকে বোঝালাম যে সমস্ত মানুষদের একই রকম মনে করতে নেই। আমার সবচেয়ে ভালো সহযোগী সেক্রেটারী সর্বদাই কয়েক মিনিট দেরীতে পৌঁছাতো। আমি কখনই তা নিয়ে মাথা ব্যথা করিনি কারণ দেরী পর্যন্ত কাজ করাতেও তার কোন আপত্তি ছিলনা এবং নির্ধারিত কার্য সম্পন্ন না করে সে তার জায়গা থেকে নড়তো না।

যে কোন কাজ করার একটিই প্রক্রিয়া আর সেটা হল ভালো উপায়ে তা সম্পন্ন করা। নিজের স্বপ্নকে সর্বদাই নিজের মুষ্ঠিতে আবদ্ধ রাখুন। নিজের যোগ্যতা এবং ক্ষমতাকে চিনে তা মজবুত করার চেষ্টা করুন। যদি কেউ আপনাকে ছোট করতে চায় তবে তাতে গুরুত্ব দেবেন না, এই ধরণের লোকেদের সহচার্য থেকে দূরে থাকার চেষ্টা করবেন কিন্তু কখনই নিজের উদ্দেশ্যকে বিস্মৃত হবেন না। অপর ব্যক্তিরা আপনার সফলতার পথে অবশ্যই বাধার সৃষ্টি করতে চাইবে কারণ এটি একটি স্বাভাবিক এবং প্রাকৃতিক প্রক্রিয়া।

সফলতার আকাঙ্খী ব্যক্তিরা কখনই পরিবর্তিত পরিস্থিতির জন্য ভীত হন না। তারা নিজেদের স্বপ্নকে সার্থক করতে যথা সম্ভব বড় পদক্ষেপ ফেলার চেষ্টা করেন, ও তার জন্য যথেষ্ট্য সাহসও দেখান। সফলতা নিজেই আপনার শত্রু সংখ্যা বৃদ্ধি করে। যখন কেউ আগে এগিয়ে যায় তখন স্বাভাবিক কারণে কিছু মানুষ পিছনে পড়ে থাকে। কিছু লোক নিজেদের সফলতার কারণ সম্পর্কে কৈফিয়ত দিতে থাকেন এবং তারা নিজের সফলতা, নিজের সক্ষমতা ও বিচার বিবেচনা সম্পর্কে মতামত জ্ঞাপন করতে গিয়ে প্রচুর সময় অতিবাহিত করেন। মনে রাখবেন যে আপনি যত বেশী কৈফিয়ত দেওয়ার চেষ্টা করবেন তত বেশী সে আপনাকে চেপে ধরবে। আপনি কখনই নিজের সফলতা বা প্রাপ্তি সম্পর্কে কৈফিয়ত দেবেন না। এতে আপনার আত্মসম্মান দূর্বল হয়ে যায়। এর পরিবর্তে নিজের অপর লক্ষ্যের জন্য নিজেকে তৈরী করুন এবং নিজের ক্ষমতায় আরো উন্নতি আনার চেষ্টা করুন।

মনে রাখবেন যে আমাদের নিজেদেরকেই নিজেদের যুদ্ধ লড়তে হবে, কেউই সাহায্য করবে না। যদি কেউ আপনার মতন সফল না হতে পারে তবে তার অর্থ এই নয় যে আপনার সফল হওয়ার কোন অধিকার নেই। কঠোর পরিশ্রম করুন যাতে অপরের পথে আগত প্রতিবন্ধকতা থেকে তাদের বাঁচাতে পারেন। যে কোন লক্ষ্যে পৌঁছানোর জন্য নেতিবাচকতাই সবচেয়ে বড় বাধার সৃষ্টি করে। একে কখনই নিজের উপর চাপতে দেবেন না।

আমরা বিভিন্ন ধরনের লোকের সাথে মেলা মেশা করি। তাদের মধ্যে কেউ কেউ অপমানজনক প্রশ্নের মাধ্যমে আপনাকে লজ্জিত করতে পারে, যেমন–"আপনি ব্যবসার এই ক্ষতির জন্য কাজ বন্ধ করছেন?" কেউ কেউ আমাদের অপমান করার জন্য সমস্ত সীমাও লঙ্ঘন করতে পারে। তারা মনে করেন যে তারা যেহেতু আপনার থেকে উঁচুতে আছেন তাই আপনার সম্পর্কে যে কোন খোঁজ খবর তারা নিতে পারে। আপনি যে কোন উপায়ে এর থেকে মুক্তি পেতে পারেন। এই রকম ক্ষেত্রে আমি প্রায়ই বলি যে–"আমি এই বিষয়ে কথা বলতে চাইনা" বা "এই বিষয়ের সাথে যুক্ত কোন চর্চাই আমার জন্য সুখকর নয়"। আপনি এই ধরণের

লোকেদের অন্য কোন বিষয়ে কথা বলার জন্য বলতে পারেন।

যদি আপনি এই ধরণের ব্যক্তিদের ছোট করতে চান তবে বলতে পারেন–"আমি খুব ভালোভাবে নিজের কাজ করছি" বা "আমি এর আগে কোন ব্যবসা থেকেই এত পয়সা রোজগার করি নি।" আপনি তাকে তার ব্যবসার হাল, স্ত্রীর শরীর বা বাচচাদের পড়াশোনা সম্পর্কে প্রশ্ন করতে পারেন। যদি ত্যনও এই ব্যক্তি আপনার পিছনেই পড়ে থাকে তবে আপনি পরিস্কার জানিয়ে দিন যে সে এই প্রশ্ন সাতবার জিজ্ঞাসা করছে।

অনেক সময় আমার সাথে এই রকম লোকেদের সাক্ষাৎ হয় যারা প্রচণ্ড ব্যক্তিগত প্রশ্ন করেন। নয় আমি এই প্রশ্নকে উপেক্ষা করে যাই তা না হলে বলি যে "ধন্যবাদ, আমি খুব খুশীতে আছি, সম্ভবত এটাই আপনার প্রশ্নে উত্তর," যদি তখনও প্রশ্ন শেষ না হয় তবে যে কোন অজুহাতে ওখান থেকে উঠে যাই এবং বলি যে প্রশ্ন করার এই প্রক্রিয়া আমি পছন্দ করছিনা। যদি আপনাকে কোন নেতিবাচক মানসিকতা সম্পন্ন ব্যক্তির সাথে দেখা করতে না চেয়েও দেখা করতে হয় তবে সেই ভাবনার থেকে বাঁচার জন্য কমপক্ষে দুজন ইতিবাচক মানসিকতা সম্পন্ন মানুষের সাথে সাক্ষাৎ করুন। নিজেকে সফলতার দিকে নিয়ে যায় এমন যোগ্যতা বা ক্ষমতাকে সম্পূর্ণ ভাবে ব্যবহার করার চেস্টা করুন।

জীবন বোঝাপড়ার মধ্যে দিয়েই অতিবাহিত হয়। আমাদের যোগ্যতা অনুসারে সবকিছু আমরা সর্বদাই পাইনা। সেই সমস্ত ক্ষেত্রে বোঝাপড়া করা ছাড়া উপায় থাকে ন। শুধুমাত্র আপনার সাথে যাদের শত্রুতা আছেই, তারাই একমাত্র আপনি অখুশীতে আছেন যেনে খুশী হয়। অনেক সময় এমন পরিস্থিতির সৃষ্টি হয় যে লোকেরা নিজেদের বর্তমান অবস্থার জন্য ঘাবড়ে গিয়ে নিজেদের সাথী এবং চাকরি ছেড়ে দেওয়ার চিন্তাকরে। সমালোচকদের কঠোর ভাষার থেকে বাঁচার জন্য সেগুলি একটি কাগজে লিখুন এবং ভালো কথা স্মরণ করুন, একই সাথে নিজের ক্ষমতার দিকেও লক্ষ্য করুন। নিজের ইতিবাচকতা এবং উদারতা সর্বদাই বজায় রাখুন। যদি কোন সাথী অথবা সহযোগী আপনার সফলতার পথে বাঁধার সৃষ্টি করে তবে তার থেকে মুক্তি পাওয়ার জন্য তিন থেকে পাঁচটি উপায় লিখুন এবং তার মধ্যে যেকোন একটিকে কার্যকরি করার চেস্টা করুন। সবচেয়ে ভালো নীতিটি পালন করার চেস্টা করুন। এই ধরনের লোক অথবা সংস্থার নাম দিয়ে একটি তালিকা প্রস্তুত করুন যা আপনার জন্য সাহায্যকারী এবং প্রেরণাদায়ক বলে প্রমাণিত হবে।

সফলতা নিজেই নিজের রাস্তা চিনে নেয়। এর জন্য আপনার অবাঞ্ছিত ব্যক্তিদের সমর্থনের প্রয়োজন নেই। নিজের লক্ষ্যে স্থির থাকুন এবং জীবনের উজ্জ্বলতার দিকেই দেখুন।

মস্তিষ্কের সক্রিয়তা

যখনই আমাদের সাথে কোন মানুষের সাক্ষাৎ হয় তখন আমাদের হৃদয়ের বাসনা থাকে যে সেই ব্যক্তির উপর যেন আমাদের যোগ্যতা এবং ক্ষমতার একটা ভালো প্রভাব পড়ে। এই বিষয়ে আপনাদের কিছু পরামর্শ দিচ্ছি। এই পরামর্শ যেমন প্রভাব বিস্তার করবে তেমনি অপরের জন্য প্রেরণা দান করবে। নিজের জীবনের প্রতিটি মুহুর্তকে উদ্দেশ্যপূর্ণ ভাবে কাটাবার চেস্টা করুন। যদিও আমরা অপরের উপর প্রভাব বিস্তারকারী পরিস্হিতির উপর সম্পূর্ণ নিয়ন্ত্রণ করতে পারিনা কিন্তু লোকেদের সাথে নিজেদের ব্যবহার বা এই কারণে যে প্রভাব সৃষ্টি হয় তার প্রতি অবশ্যই সজাগ হতে পারি। এদের জীবন বেশীরভাগ সময়ে অভ্যাসের উপরেই ভিত্তি করে গড়ে ওঠে এবং আমরা নিজেদের কার্যের জন অপরের প্রতি কি প্রভাব পড়তে পারে তা দেখেও না দেখার ভান করি। অপরের প্রতি কি প্রভাব পড়তে পারে তা দেখেও না দেখার ভান করি। আমরা সবাই আধাজ্ঞান সম্পন্ন চালকের মতন ব্যবহার করি। এই কারণে অধিকাংশ ব্যক্তির ব্যবহার তাদের ঘোষিত মূল্যবোধের সাথে সামঞ্জস্য হয় না। কোন কোন মানুষ নিজেদেরকে উদার বলে ঘোষণা তো করেন কিন্তু বাস্তবে তারা নিজেদের দৃষ্টিকোনকে প্রস্তুত করতে পারেনা।

যদি আমরা অপরের থেকে কিছু শিখতে চাই বা পেতে চাই তবে সেই ব্যক্তিদের সাথে একটি বন্ধুত্বের সম্পর্ক গড়ে উঠতে পারে। জীবনের প্রতিটি মুহুর্ত অসাধারণ। জীবনে কোন কিছুই সাধারণ নয়। অপরের প্রতি প্রভাব বিস্তার করার জন্য এবং মনোবাঞ্ছিত বৈশিষ্ঠ্য পাওয়ার জন্য ক্রমাগত সজাগ প্রয়াস করেত হবে। যদিও জীবনে এমন অনেক মুহুর্ত আসে যখন আমাদের ব্যবহার খুব ভালো বলে মনে হয় কিন্তু দিনের পর দিন এমন অনেক সুযোগ আসে যখন আমরা নিজেদের দুর্বলতাকে জয়

করতে সক্ষম হই। দীর্ঘকালীন এবং স্থায়ী প্রভাবের মূল্য নির্ধারণ করা এতই সহজ নয়। ব্যবহারই অপরের কাছে আমাদের পরিচয় হয়ে ওঠে। এটি একটি ক্রমাগত চলতে থাকা সীমাহীন প্রক্রিয়া। এই পৃথিবীর কোন কাজই ছোট নয়। আমাদের একটি ছোট পদক্ষেপও জীবনে পরিবর্তন আনতে পারে।

1955 থেকে 1961 সাল পর্যন্ত আমি কলেজে অধ্যয়ণ করেছিলাম, সেই সময় আমার এক বন্ধু আই.পি.এস.এ নিজের স্থান করতে সক্ষম হয়। আমার দুজনই লুধিয়ানার গর্ভানমেন্ট কলেজের নিউ হোস্টেলে এক সাথে থাকতাম। আমি তার অধ্যয়ণ, কাজ করার রীতি এবং ব্যবহার খুব ভালো করে নজর করতে থাকলাম তার সফলতাই আমাকে উৎসাহিত করেছিল। আমি বুঝতে পারলাম যে, আমি ওর থোকে দ্বিগুণ বেশী পড়াশোনা করি, সুতরাং ও যদি পেতে পারে তাহলে আমি কেন পাবনা ? আর আমি তা করেও দেখলাম।

মনে রাখবেন যে আমাদের মস্তিস্কের দ্বারাই আমরা সবকিছু বাস্তবে পরিণত করতে পারি। এটা স্বীকার করা এবং এর প্রতি সজাগ থাকাই শ্রেয়। আরোও বেশী সফলতা পাওয়ার জন্য নিজের মস্তিস্কের ব্যবহার করুন। যদি আপনি ইচ্ছানুসারে মস্তিস্কের ব্যবহার না করেন তবে তা লক্ষ্য পর্যন্ত পৌঁছানোর আগেই পথ হারিয়ে ফেলবে। আপনি চান বা না চান সমস্যা আসে তবে সাহস ত্যাগ করার পরিবর্তে ইতিবাচক মনোভাব নিয়ে তার সম্মুখীন হওয়ার চেস্টা করুন। আপনি জীবনে যা চান তাই যেন পেতে পারেন তার জন্য নিজের মস্তিস্ককে যোগ্য করে তুলুন। নিজেকে বোঝারা চেস্টা করুন যে, যা আপনি আজ পাচেছন না কাল তাই আপনার সফলতা হয়ে উঠবে। নিরাশার পরিবর্তে আশার আলো দেখুন। সফলতার রাস্তায় আগত প্রতিবন্ধকতাকে টপকানোর জন্য নিজের মস্তিস্ককে সঠিক বিচার ও উপায় খুঁজতে দিন। এইভাবে আপনি সমস্ত বাধা অতিক্রম করতে পারবেন। বাঁধন বা গণ্ডীবদ্ধতার কারণে ভয় না পেয়ে তার সম্মুখীন হওয়ার চেস্টা করুন। নিজের প্রেরণা, কল্পনা এবং উৎসাহের শক্তিত প্রসন্নতা প্রাপ্ত করুন। তবেই আপনি যে কোন সীমাবদ্ধতার থেকে মুক্তি পেতে পারেন। নিজেকে প্রসন্নতা মধ্যে এমন ভাবে নিমজ্জিত করার চেস্টা করুন যাতে কোন সীমাবদ্ধতার বা বাধার চিন্তা পর্যন্ত আপনার মাথায় না আসে। জীবনকে শ্রেস্ঠ বানানোর অভ্যাস করুন।

দৈনন্দিন জীবনের সাধারণ বস্তু এবং সাধারাণ স্থান থেকেই মানুষ অসাধারণত্বে পৌঁছাতে পারে এবং প্রাকৃতিক জীবন যাপনের মধ্যে দিয়েই

নিজেকে প্রভাবিত করে তুলতে পারে। এটা সত্যি যে, অনেক অভিনেতা-অভিনেত্রী বা লেখক প্রমুখ নিজেদের কর্তৃত্বের জন্যই সফল হয়ে উঠেছে, কিন্তু এদেরকেও একটা লক্ষ্য ধার্য্য করে সম্মুখে বর্ধিত হতে হয়। প্রভাব সৃষ্টি করা শুধুমাত্র উচ্চ বর্গেরই সম্পত্তি নয়। আমরা কোন জীবন যাপন করছি তো অপর লোকেরা খেয়াল করে। জীবনের এক একটি সময়ে আমাদের এক একটি ভূমিকা পালন করেত হয়। কখন বাচ্চ, কখন মা-বাবা, স্বামী স্ত্রী, কর্মচারী বা মালিকের ভূমিকা পালন করেত হয়। জীবনকে ভালো ভালো ভাবে গড়ে তুলুন যাতে আপনি অপরের উপর খুব ভালো প্রভাব সৃষ্টি করতে পারেন। এক মুহূর্তের জন্যও ভাববেন না যে আপনার জীবন নিরর্থক। সততার মাথায় সর্বদাই মায়া রাখবেন যে আপনার আনন্দ উপভোগ করার সম্পূর্ণ অধিকার আছে। নিজের কাজ করার সময়টিকে সম্পূর্ণ সততার সাথে স্বীকার করুন। এইভাবে আপনি জীবনকে সম্পূর্ণ উপভোগ করতে পারবেন। পরিস্হিতি যেমনই হোকনা কেন আপনার আনন্দ বজায় থাকতে পারে–এটা বিশ্বাস করার চেস্টা করুন।

পরিস্হিতির টানাপোড়েনে নিজের আনন্দকে ত্যাগ করবেন না। অনথ্যায় আপনাকে নিরস এবং আশাহত জীবন যাপন করতে হবে। ফলে কেন আপনি খুশীকেই নির্বাচন করবেন না, নিজেক আনন্দের থেকে সরিয়ে রেখে নিজের সাথে অন্যায় করবেন না। এর পরিবর্তে জীবনের গুরুত্বপূর্ণ আকাঙ্খা গুলির দিকে লক্ষ্য করুন। আনন্দকে নিজের দিকে আকর্ষিত করান। নিরাশাই আপনার পথের সবচেয়ে বড় বাধা হয়ে দাঁড়ায়। যদি আপনি পরিণাম দেখত নাও পান তবুও কাজ করতে থাকুন। সফলতার রাস্তা নিরাশায় এবং কুণ্ঠায় আবৃত থাকে। জীবন অথবা কেরিয়ারে এমনও সময় আসে যখন আপনার মনে হতে পারে যে প্রগতি যেন নেমে গেছে। এই রকম পরিস্হিতি নিশ্চিত রূপে কুণ্ঠার সৃষ্টি করে, এই রকম সময় ধৈর্য্য হারাবেন না এবং নিজেকে বোঝান যে সফলতা রাতারাতি পাওয়া যায় না। তা পাওয়ার জন্য সময়কে ধৈর্য্য ধরে অপেক্ষা করতে হয়। এই সময় নিজেকে শক্তিশালী করার চেস্টা করুন। মনে রাখবেন, কঠোর পরিশ্রম ছাড়া সফলতা পাওয়া অসম্ভব। যদি আপনি শুধুমাত্র ? আপনার কাজের উপর লক্ষ্য করেন তবে সমস্ত কিছুই সহজ হয়ে যাে। ক্যালভিনের মতে–"পৃথিবীতে দৃঢ়তার উপরে আর কিছুই নেই। এর স্হান প্রতিভা, বুদ্ধি বা শিক্ষা কেউই নিতে পারবেনা। কেবল মাত্র দৃঢ় সংকল্পই সর্বাধিক গুরুত্বপূর্ণ হয়।"

জীবনে দীর্ঘকালীন সফলতা পাওয়ার জন্য সততা এবং সত্যি সর্বাধিক

প্রয়োজনীয়। বেইমানীর দ্বারা খুব তাড়াতাড়ি অবস্হিত হয়ে ওঠা যায় কিন্তু সৎ-ব্যক্তিই শেষ প্রর্যন্ত বিজয়ী হতে পারে, সুতরাং সততার পথ অবলম্বন করুন। অনেকেই সফলতার দ্বারে পৌঁছেও তার থেকে পিছিয়ে আসে। সফল ব্যক্তি সকলের সাথেই মিলে মিশে চলে। আপনিও কাজকে সফলতার সাথে এবং শীঘ্র সম্পন্ন করার জন্য সকলের সাথে সুন্দর ব্যবহার বজায় রাখুন।

সারাজীবন পাঠক হিসাবেই থাকুন এবং জ্ঞান বর্ধনের জন্য নিজেকে প্রসারিত করুন। কোন সমস্যার সম্মুখীন হলে নিজের জন্য তা সুবর্ণ সুযোগ হিসাবে ব্যবহার করুন। নালিশ করাার অভ্যাস ত্যাগ করুন। ফলে শেষ পর্যন্ত আপনি সবার উপর নিজের গভীর প্রভাব সৃষ্টি করতে পারবেন। আপনি যে বার্তা পাঠাচেছন তা নেতিবাচক হবে না ইতিবাচক তা সম্পূর্ণ আপনিই ঠিক করেত পারেন। দিনের শেষে একবার অবশ্যই লক্ষ্য করুন যে দিন ভোর আপনি কেমন ব্যবহার করলেন। আপনার প্রভাবে হয়তো বর্তমান প্রজম্ম বা কোন মানুষের জীবন পরিবর্তিত হতে পারে।

নিজেকে একটা সুযোগ দিন

আমরা আমাদের সম্পূর্ণ জীবনের জন্য কোন লক্ষ্য বা উদ্দেশ্যর নির্ধারিত করি। কিন্তু অনেকসময় এমন কিছু অদৃশ্য ঘটনা আমাদের জীবনে ঘটে থাকে যা আমরা নিয়ন্ত্রণ করতে পারিনা। সেই ঘটনা ভালো বা খারাপ দুইই হতে পারে। আমাদের পরিকল্পনার সাথে সম্পর্কহীন বহু ঘটনা দ্রুত গতিতে সম্পন্ন হয়ে যায়। তখনও, আমরা জীবনে কি ধরনের কার্য সম্পাদিত করতে চাই তা আমাদের উপরেই নির্ভর করে। এটাও সম্পূর্ণ সত্য যে বহু অজানা ঘটনা আমাদের জীবনকে প্রভাবিত করে।

আমরা জীবনের এই যুদ্ধে জয়ী অথবা পরাজিত দুইই হতে পারি। জীবনের ঘটনা গুলিকে আমরা কি রূপে গ্রহণ করব তা আমাদের চারিত্রিক বৈশিষ্ঠ্যেতার উপর নির্ভর করে। চরিত্রই আমাদের জীবনের মানদণ্ড। দুজন ব্যক্তি যদি একই রকম কঠিন পরিস্থিতির সম্মুখীন হন তো দুজনে দুরকম ভাবে তা ব্যক্ত করবে। এদের মধ্যে একজন এইরকম পীড়নের মধ্যে এই দুঃখ দুর্দশার জন্য নিজের জীবনকে দোষী রূপে সাবস্ত্য করতে পারে অপরজন এই কঠিন পরিস্থিতিকে পরীক্ষা হিসাবে গ্রহণ করে তা অতিক্রম করার চেষ্টা করতে পারে। আমাদের নির্বাচন এবং আমরা জীবনে কোন পথ অনুসরণ করব তা এক্ষেত্রে গুরুত্বপূর্ণ ভূমিকা পালন করে।

কখনই বিপথগামী হবেন না বা ছোট রাস্তায় যাবেন না

আমার এক বন্ধু সর্বদাই দুঃখে থাকে। সে সর্বদাই নিজের স্ত্রীকে বা তার বড় পরিবারকে তার স্বপ্ন ভঙ্গকারী বলে দোষী সাবস্ত্য করে। সে তার অশিক্ষিত স্ত্রীকেই সবচেয়ে দোষী বলে মনে করে এবং তার কাছে তার বিয়েটা ব্যর্থ রূপে পর্যবশিত হয়েছে, যদি সে নিজের পছন্দে তার

প্রতিবেশীর মেয়েকে বিয়ে করেছিল। সে সর্বদাই নিজেকে হীন বলে মনে করত। একবার সে তার সমস্যার কথা আমাকে জানায়, আমি তাকে নিজের প্রতি সৎ এবং জীবনের দায়িত্ব পালনের পরামর্শ দিই। আমি তাকে বোঝাবার চেস্টা করি যে বর্তমান এই পরিস্হিতির জন্য সে নিজেই দায়ী। নিজের গুরুত্বপূর্ণ আকাঙ্খা গুলি পূর্ণ করার জন্য তার নিজের দৈনিক জীবন যাপনে পরিবর্তন আনা এবং পরিবারের প্রতি লস্ক্ষ্য করা উচিত। ছিল। ওর বড় পরিবার ওর ভুলের জন্যই গড়ে উঠেছে ও ইচ্ছা করলে পরিবার পরিকল্পনা করতে পারত। নিজের গুরুত্বপূর্ণ আকাঙ্খা গুলি পূর্ণ করার জন্য তার নিজের দৈনিক জীবন যাপনে পরিবর্তন আনা এবং পরিবারের প্রতি লক্ষ্য করা উচিত ছিল। আমি তাকে বোঝাবার চেস্টা করি যে জীবন কঠোর পরীক্ষার মধে দিয়ে অতিবাহিত হয়, নিজের প্রতি বা অপরের প্রতি অত্যাচার না করাই শ্রেয়। সে আমাদের মতই নিজের স্ত্রী বাচ্চাদের এবং পরিবারের প্রতি দায়বদ্ধ ছিল। এর থেকে তার আত্মাভিমান জাগ্রত হয় এবং সে নিজের মূল্য বুঝতে পারে। যে কেউ এই রকম পরিস্হিতির মধ্যে আবদ্ধ থাকতে পারে, কিন্তু আমাদের প্রত্যেককেই জীবনের প্রতি সততা বজায় রাখা উচিত। নিজের দুর্বলতা এবং অভাবকে দূর করার জন্য আমাদের কঠোর পরিশ্রম করতেই হয় কিন্তু সাহসিকতাপূর্ণ পদক্ষেপের অভাবে আমরা আরোও ভালো কিছুর জন্য পদক্ষেপ নিতে পারিনা। আমাদের নিজেদেরকেই নিজের মুশ্কিল আসান করতে হবে। যদি আমাদের সফল হতেই হয় তার জন্য পথও নিজেদেরকেই খুঁজে বার করতে হবে।

খারাপ পরিস্হিতির হাত থেকে নিজেকে মুক্ত করার পরিবর্তে নিজের দুর্ভাগ্যের জন্য অপরেক দোষী শাবস্ত্য করা অনেক সহজ। এক মুহুর্তের জন্যও চিন্তা করবেন না যে আপনার সাথে সবসময় খারাপই হবে অথবা আমার কপাল খারাপ। খারাপ সম্পর্ক, খারাপ চাকরি এবং অসফলতার স্বনির্মিত চক্র থেকে বেরিয়ে আসার জন্য নিজের ভিতরে বিশ্বাস উৎপন্ন করতে হবে। কখনই মনে আনবেন না যে, অতীতের ঘটনা বা অসফলতা আপনার ভবিষ্যৎ-এও প্রভাব বিস্তার করে আপনাকে অকেজো করে দেবে। কখনই মনে করবেন না যে আনন্দ একটি পাখির মতন তাকে কখনই আপনি ধরতে পারবেন না। উন্নততর পরিবর্তন, সংশোধন এবং সুযোগের জন্য অতীতের ভুলের থেকে শিক্ষা নেওয়া যেতে পারে।

অনেকেই আনন্দ পাওয়ার জন্য অপেক্ষা প্রতিক্ষা করেন তারা বোঝেনা যে তারা নিজেরাই আনন্দের উৎপাদন করতে পারে। এই ধরনের মানুষেরা স্বরচিত গণ্ডীর মধ্যে আবদ্ধ হয়ে যায়। তারা মনে করেন যে জীবন এমন একটি ঘটনা যা তারা ইচ্ছা করিলেও নিয়ন্ত্রণ করতে পারেনা। তারা ভবিষ্যৎ-এর প্রতিও বিশ্বাস হাড়িয়ে ফেলে। এখন ব্যক্তিদের কখনই নিজেদের মূল্যকে কম করে অঙ্কন করা উচিত নয় এতে তারা এই চক্রকে কখনই ভারতে পারবেনা। যদি আপনি জীবনের কাছ থেকে অতি মাত্রায় কিছু পেতে চান তবে নিজের স্বপ্নকে সফল করার জন্য অনেক বেশী শক্তি ও ক্ষমতা চাই। জীবন যত কঠিনই হোক না কেন নিজের আনন্দকে কখনই বর্জন করবেন না।

যদি কোন দুর্ঘটনা বা কারণ বশত আপনার আত্মবিশ্বাস টলমল করতে থাকে তবে জয় প্রাপ্তির জন্য বা সফলতার জন্য এই উপলব্ধিকে পুণরায় স্মরণীয় করার চেস্টা করুন। খারাপ পরিস্থিতির থেকে বেরনোর জন্য সমস্ত রকম চেস্টা চালিয়ে যান। যে কোন যুদ্ধের থেকে নিজের সাহস বৃদ্ধি করার চেস্টা করুন। যে সমস্ত ব্যক্তিরা মনে করেন যে সংসার থেকে সে কোন দিনই আনন্দ পেতে পারেনা তারা খুশীর মধ্যেও দুঃখের সন্ধান করে নেয়। এমন ব্যক্তিদের ক্ষেত্রে জীবনে কেউই আনন্দ দিতে পারবেনা এই ধারণাটা বদ্ধমূল হয়ে যায়। অনেক ব্যক্তি এমনও আছে যারা নিজেদের একটি গণ্ডীর মধ্যে আবদ্ধ করে নেয়। যা পায় তারা তাই নিয়েই সন্তুস্ট থাকে, কিন্তু যদি এরা প্রয়াস চালিয়ে যান তবে এর থেকে অনেক বেশী পেতে পারেন। আপনি উচ্চ থেকে উচ্চতর স্থানে পৌঁছাবার চেস্টা করুন এটাই জীবনের আদর্শ দৃষ্টিভঙ্গী আর এর মাধ্যমে আপনি সফলতা ও প্রসন্নতা প্রাপ্ত করার প্রচুর সুযোগ পেয়ে যাবেন। এইভাবে আপনার অস্তিত্ব একটি নতুন অর্থ পাবে। নিজের সম্পূর্ণ আত্মা, হৃদয় এবং সমগ্রতার মাধ্যমে জীবনের নির্বাচন করুন। বড়স্বপ্ন এবং অপেক্ষাই যে কোন বিজয়ীর পরিচয়।

এই মনভাবের মাধ্যমে আপনি ভয়, সন্দেহ, আলোচনা এবং বিপক্ষের থেকে উপরে উঠতে পারেন। জীবন থেকে যা চান তার প্রতি সততা বজায় রাখুন। নিজের সফলতা এবং প্রসন্নতার পথে কোন বোঝাপড়া করবেন না। নিজের অতীতকে ভুলে সামনের দিকে এগিয়ে যান এবং মনে রাখবেন যে প্রতিদিন আপনি সফলতা এবং প্রসন্নতা প্রাপ্ত করার জন্য প্রচুর সুযোগ পান।

যোগ্যতার মূলমন্ত্র

যখন জনগণ কোন একজন ব্যক্তিকে নেতা হিসাবে গ্রহণ করে নেন তখন তারা একজন নেতার সমান মূল্য দিতে চান, বা তারা তার চরিত্র, কথা বলার ভঙ্গি বা অন্য কিছুর দেখে আকৃস্ট হন। কিন্তু প্রথমে তারা এই ব্যক্তির নেতা হওয়ার যোগ্যতা আছে কিনা তা খেতিয়ে দেখার চেস্টা করে, এর পিছনে অনেক কারণ থাকতে পারে, কিন্তু মুখ্য কারণ এটাই। যদি আপনি একজন সাধারণ এবং প্রভাবপূর্ণ নেতা হতে চান তবে আপনাকে বর্তমান পরিস্হিতির দিকে নজর রেখে এগিয়ে যেতে হবে। সেক্সপীয়ারের মতে "মানুষের জীবনে জোয়ার আসতেই থাকে। এই জোয়ারই তাকে সফতলার উচ্চ শিখরে নিয়ে যেতে পারে আর এই জোয়ারই তাকে ধূলিসাৎ করে দিতে পারে।" নেতাদের সম্পূর্ণ পরিস্হিতিকে নিয়ন্ত্রণ করবার ক্ষমতা থাকা চাই। তারা অনুগামীদের বা সংস্হাকে সকল প্রকার দুস্ট প্রভাব থেকে বাঁচানোর ক্ষমতা থাকা চাই।

একই সাথে কোন নেতার খারাপ ও ভালোর মধ্যে বিচার করার বিচক্ষণতা থাকতে হবে। সৃজনশীল, আশাবাদী এবং প্রেরণাদায়ক ব্যক্তিই সফলতার দিকে পৌঁছাতে পারে। পরিস্হিতিকে নিয়ন্ত্রণ করার সময় নেতাদের ভালো সম্ভাবনা গুলিকে কখনই উড়িয়ে দেওয়া উচিত হয়। যদি আপনি ভালো নেতা হতে চান তবে দলের মধ্যে নিজের থেকেও যোগ্য ব্যক্তিদের অন্তর্ভুক্ত করুন। এক্ষেত্রে একটা ভয় থেকেই যায়, সে যেন আপনারই শাসক না হয়ে ওঠে। নেতারা গুরুত্বপূর্ণ, গুরুত্বহীন, মুখ্য এবং গৌণ কাজের মধ্যে পার্থক্য করতে পারে। গুরুত্বহীণ ব্যক্তির তুলনায় অধিক মূল্যবান বস্তুর নির্বাচন আমাদের কার্যক্ষমতা বৃদ্ধি করে। গুরুত্ব এবং মূল্যের বিষয়ে সজাগ হলেই নির্ণয় ক্ষমতা প্রভাবী এবং সহজ হয়ে যায়। আপনি নিজের ব্যবহার এবং কার্যের প্রতি লক্ষ্য করলে নিজের মূল্যকে চিনতে পারবেন।

আমাদের কার্যের মাধ্যমেই আমাদের মূল্য প্রতিবিম্বিত হয়। যদি আপনার সামনে দুটি পথ খোলা থাকে তবে আপনি কোন পথ নির্বাচন করছেন তার মাধ্যমে আপনার মূল্য প্রতিবিম্বিত হয় সুতরাং কোন নেতার নির্বাচন তার অনুগামীদের প্রভাবিত করে। তার মূল্যের মধ্যেই অপরের ভাবনা লুকিয়ে থাকে। নিজের দিক দিয়ে যেকোন ব্যক্তির কাছে তার পরিবার, স্বাস্থ্য এবং কেরিয়ার গুরুত্বপূর্ণ। কিছু ব্যক্তি নিজের কেরিয়ারের জন্য সমস্ত কিছুকে বাজী ধরতে প্রস্তুত থাকে।

এখন প্রশ্ন হল এই যে, কেমন ধরনের মানুষ একজন যোগ্য নেতা বা ভালো বন্ধু হতে পারে। উত্তর হল, যে ব্যক্তির নিজের মূল্য যা আদর্শ উঁচু হবে। আপনার জীবনের বৈশিষ্ঠ্য বা দৃষ্টিভঙ্গী, আপনার চরিত্রকে বিশেষ ভাবে প্রভাবিত করে। প্রেম, সাহস, সততা এবং শ্রেষ্ঠ্যতার মতন গুণের দ্বারা আপনি একটি আদর্শ ব্যক্তি রূপে খ্যাতি অর্জন করকতে পারেন। এই আদর্শই ঠিক করে আপনি কেমন ধরনের মানুষ বা অপরের প্রতি আপনার কেমন প্রভাব সৃষ্টি হয়। কঠিন কার্য সম্পাদনের মাধ্যমে আপনি অমূল্য শিক্ষা পেতে পারেন। যদি কোন কঠিন পরিস্থির সৃষ্টি হয় তবে তার সাথে সংগ্রাম করার মধ্যেই তার সমাধান লুকিয়ে থাকে। এর মাধ্যমে আপনি অনেক উঁচুতে পৌঁছাতে পারেন। কখনই ভুলবেন না যে আপনার জীবন আপনাকেই কাটাতে হবে তা অন্য কেউ কাটাবেনা। আপনার স্থানে অন্য কেউ সফলতা পেতে পারেনা। আপনাকে নিজেকেই প্রয়াস চালিয়ে যেতে হবে।

আমাদের সমস্ত চাওয়াই সন্তোষজনক স্থিতি ভরা পূর্ণতা পেতে পারে। যা আমরা চিন্তা করি তা আমরা অবশ্যই পেতে পারি। আশা এবং ইতিবাচক মনভাব এই ক্ষেত্রে বিশেষ গুরুত্বপূর্ণ ভূমিকা পালন করে। সমস্ত কিছুই আপনার কেন্দ্র বিন্দুর উপরেই নির্ভর করে। যাই হোক না কেন নিজের মতন করে চলার চেষ্টা করুন কিন্তু বর্তমানের দিকে না তাকিয়ে লক্ষ্যের দিকে তাকিয়ে চলুন। জীবন থেকে ভয় এবং সংশয়কে দূরীভূত করুন এবং ইতিবাচক দৃষ্টিভঙ্গী বজায় রাখুন। একজন লেখকের মতে–"আমার জীবন খুবই সহজ, কঠোর পরিশ্রম করুন, সীমার মধ্যে থেকে আনন্দ উপভোগ করুন। অপরের মতামতকে নিজের উপর চাপাবেন না। বন্ধুদের সাথে বিশ্বাসঘাতকতা করবেন না। প্রত্যেকটি মুহূর্তকে সম্পূর্ণ ভাবে উপভোগ করুন এবং জীবনে সর্বদাই প্রসন্ন থাকার চেষ্টা করুন।"

আমাদের জীবনে আগত পরিবর্তন থেকে সম্পূর্ণ লাভ নিঙড়ে নিতে

জানতে হবে। এই অনুভব আমাদের জন্য বোঝা হওয়ার পরিবর্তে মূল্যবান সুযোগ হয়ে উঠতে পারে। প্রতিদিন নিজের স্বপ্নকে পুণরাবৃত্ত করুন এবং বাঞ্ছিত পরিণামের কল্পনাকরুন। এইভাবে আপনি লক্ষ্যের প্রতি কেন্দ্রিত থাকতে পারবেন এবং উৎসাহও পাবেন। সমস্ত কিছু নিয়মমাফিক বা চললেও ভরসা হারাবেন না। যদি আপনি এমন না করেন তবে অবশ্যই আপনি নিজের স্বপ্ন নিয়ে ছিনিবিনি খেলছেন। নেতা সর্বদাই নিজের কল্পনাকে বাস্তবায়িত করতে চায়। নিরাশা আপনার পথে এক বিশাল বাধার সৃষ্টি করে। পরিণামে যদি কিছু নাও পান তবুও কাজ করা বন্ধ করবেন না। সফলতার পথে প্রচুর প্রতিবন্ধকতা আসে, এই বাধার থেকে ভয় পাওয়ার পরিবর্তে তার থেকে শক্তি সঞ্চয়ের চেস্টা করুন। এই সময়ে আপনি নিজের লক্ষ্যকেও একবার ঝালিয়ে নিতে পারবেন।

আপনার বর্তমান অবস্হায় আপনি সন্তুস্ট কিনা তা নিজেকে জিজ্ঞাসা করুন, এটাই সর্বাপেক্ষা সঠিক উপায়। সর্বদাই আনন্দে থাকার চেস্টা করুন। উদাসীনতা যদি আপনাকে ঘিরে ফেলে তবে নিজেকে সামলান এবং এর মোকাবিলা করুন। জীবনে আপনাকে অনেক কিছু পেতে হবে। এটাই আপনার জন্য এক বিশাল সুযোগ একে হাত ছাড়া করবেন না। জনের মতে–"ভাগ্য কি ? এটা কি সঠিক সময়ে সঠিক স্হানে থাকা ?" আমার মতে এটা এর থেকেও বেশী কিছু। এটা আপনার সক্রিয় জীবনের প্রতিক্রিয়া, বসে বসে ভালো ঘটনা ঘটার প্রতিক্ষা করবেন না। সাহসী হোন এবং নিজের প্রাপ্য পাওয়ার চেস্টা করুন। লক্ষ্যের প্রতি দৃস্টি দিন। ভাগ্য তখনই সঙ্গ দেয় যখন আপনি কঠোর পরিশ্রমে ব্যস্ত থাকেন। একজন ব্যক্তি ক্ষমতা হারাতে পারেন কিন্তু তাকে ততক্ষণ পরাজিত মনে করবেন না যতক্ষনা সে নিজের দোষ অপরের কাঁধে চাপাবার চেস্টা করে।

সফল জীবনের জন্য কিছু সহজ উপায়

জীবনে সফলতা প্রাপ্ত করার জন্য অন্যান্য পরামর্শ গুলির সাথে লি এবং হাওয়াই-এর পরামর্শ গুলির দিকেও লক্ষ্য করুন। এগুলি আপনাকে দীর্ঘ পথ চলতে এবং আপনার মন মতন জয় প্রাপ্ত করতে সাহায্য করবে–

1. জীবনের গুরুত্বপূর্ণ বিষয়গুলিকে নিশ্চিত করুন–আপনার জন্য সর্বাপেক্ষা কি গুরুত্বপূর্ণ তা ঠিক করুন। সেগুলি সজাগ হয়ে কাগজে লিখে ফেলুন।
2. নিজের লক্ষ্যগুলি লিপিবদ্ধ করুন–সেগুলি প্রতিদিন পড়ুন। সেটিও গুরুত্ব অনুসারে নিশ্চিত করুন।
3. নিজের পরিকল্পনাকে বাস্তবায়িত করার জন্য একটি সময় নিশ্চিত করুন। পরিকল্পনা বাস্তবায়িত করার জন্য কাজ করুন।
4. সফল ব্যক্তিদের জীবনী পড়ুন, এতে আপনি সহজেই নিজের আদর্শ স্থাপন করতে পারবেন।
5. যাঁরা জয় প্রাপ্তি করেছে তাদের থেকে পরামর্শ নিন। নিজের লক্ষ্য এবং পরিকল্পনা কাউকে দেখান ও তার কাছ থেকে পরামর্শ চান। যা খোঁজা হয়ে গেছে তার জন্য সময় নষ্ট করবেন না।
6. সর্বদাই শ্রেষ্ঠ্যত্বের কামনা করুন। গুরুত্বপূর্ণ বিষয় গুলির সাথে বোঝাপড়া করবেন না। জীবনে সর্বদাই উন্নততর কিছু করার দিকে লক্ষ্য রাখুন।
7. অপরের ভুলের থেকে শিক্ষা নিন–এটা আপনার জন্য সুবিধাজনক এবং কম যন্ত্রণাদায়ক হবে।
8. আপনি যা চান তার উপর একাগ্রতা কেন্দ্রীভূত করুন, তবেই তা পেতে পারেন।
9. সুমিস্ট শব্দ, আলিঙ্গন, ফ্যাক্স, ই-মেল, চিঠি, উপহার এবং অমূল্য সময়ের মাধ্যমে অপরকে তার গুরুত্ব বোঝানোর চেস্টা করুন।
10. স্বাস্থ্যই সম্পদ–সুন্দর স্বাস্থ্য বানান। সুন্দর স্বাস্থ্যের অধিকারী হলে

তবেই আপনি অর্থবান হতে পারেন।

11. যে কাজের মধ্যে আপনি আনন্দ পাবেন তা অবশ্যই করুন কিন্তু তার জন্য অপরের যেন লাভবান হয়।
12. শান্ত এবং সন্তুস্ট থাকুন। এই মনোভাবের মাধ্যমে আপনি অধিকাংশ পরিস্হিতিকে সামলাতে পারবেন।
13. বিশ্রাম অবশ্যই গ্রহণ করুন নিজের শরীর এবং আত্মাকে শক্তিশালী করুন।
14. শরীর থেকে বর্জ পদার্থকে নির্গত করার জন্য প্রচুর জল পান করুন। এতে আপনার ত্বক মসৃণ ও কোমল থাকবে। এই পাণীয়র মাধ্যমেই আমাদের শরীর সুস্হ থাকতে পারে।
15. অনুভব বৃদ্ধির জন্য যতটা সম্ভব ঘুরে বেড়ান। জীবনের ক্ষেত্র বিস্তৃত করুন এবং অপরের জীবন থেকে অভিজ্ঞতা লাভ করুন, জীবনকে সম্পূর্ণ উপভোগ করুন।
16. জীবনে যদি এগিয়ে যেতে চান তবে বিপদের সম্মুখীন হোন। যদি কিছু পাওয়ার জন্য কিছু খোওয়াও যায় তাতেও পিছপা হবেন না। জীবন থেকে অনেক নতুন অনুভব পেতে পারেন।
17. প্রতিদিন নতুন কিছু শেখার চেস্টা করুন–এটাই প্রসন্নতার গোপন কথা। যখনই আপনি কিছু শিখবেন তখনই আপনার আনন্দ বৃদ্ধি পাবে।
18. সমস্ত বস্তুর মধ্যে সেরাটিকেই নির্বাচন করুন–আপনি কি ধরনের ব্যবসা করেন তাতে কিছু এসে যায়না। যত ভালো করার চেস্টা করবেন তত ভালো ফল পাবেন। আরোও উন্নততর করার জন্য চেস্টা করুন।
19. জীবনে ক্রমাগত পরিবর্তন আনুন–জীবনের প্রতিটি ক্ষেত্রেই এই বিষয়টি মাথায় রাখবেন, কখনও আটকে যাবেন না।
20. জীবনকে সংগঠিত করার জন্য কম্প্যুটারের ব্যবহার করুন। এটিকে খুব ভালো ভবে চালাতে শিখুন। আপনার জানতে অবাক লাগবে যে এর ব্যবহার আপনার জীবনকে আরোও সৃজনশীল করে তুলবে।
21. উৎপাদনের ক্ষমতা বৃদ্ধি করুন–জীবনের গতি বৃদ্ধির জন্য পরীক্ষার সম্মুখীন হোন। সর্বদা দক্ষ থাকার চেস্টা করুন।
22. সফলতা কোন ধাপ বা তলা নয় এটি একটি যাত্রাপথ। সর্বদাই এই বিষয়টি মাথায় রাখবেন। এটি আপনার লক্ষ্যের দিকে ক্রমবর্ধনশীল যাত্রা। একে উপভোগ করুন।
23. নিজের তুলনা করবেন না–অপরের সাথে তো কখনই না। এইরকম লোক প্রচুর আছে যারা আপনার থেকে কম অথবা বেশী পেয়েছে। নিজেকে কুন্ঠা বা হতাশা কেন দেবেন? সর্বদাই ভালো কিছু করার চেস্টা করুন। এটাই যথেস্ট।
24. সততার সাথে কিছু পেতে গেলে কিছুটা সময় লাগে. এটি পাওয়ার জন্য তাড়াহুড়ো করবেন না। এটি একটি অমূল্য বস্তু।

25. নিজের জীবনকে অবিস্মরণীয় ভাবে গড়ে তুলুন। সেই কাজই শুধুমাত্র করার চেস্টা করুন যা আপনার জন্য স্মরণীয় হবে এবং গুরুত্ব রাখবে। এতে আপনি সম্পূর্ণ নিয়ন্ত্রণে থাকবেন।
26. একটি সাদাসিদা জীবন উপভোগ করুন। নিজের জীবনকে সুচারু হিসাবে গড়ার চেস্টা করুন। আপনি নিজে স্বয়ংই একজন শিল্পী। জীবন যাপন যদি সাদাসিদা হয় তবে আপনি নিজেও সবল হয়ে যাবেন।
27. সকলোর জন্যই দয়াবান থাকুন–যে এর কম প্রদর্শন করে তার এটি সবথেকে বেশী প্রয়োজন। সর্বদাই দয়ালু থাকুন।
28. প্রতিদিন ব্যায়াম করুন–কমপক্ষে তিরিশ মিনিট হাঁটাহাঁটি করুন। কেন বন্ধু থাকুন বা নাই থাকুক, এই সময় প্রাকৃতিক দৃশ্য দেখুন ও নিজের লক্ষ্য ও গুরুত্বপূর্ণ কাজকে নিশ্চিত করুন।
29. পুস্টিকর খাবার খান। এই সম্পর্কিত বই পত্র পড়ুন। স্বাস্থ্যবান লোকেদের সাথে মেলামেশা করুন যাতে আপনিও একশ বছর সুস্থ্য হয়ে বেঁচে থাকতে পারেন।
30. নিজেকে পুরস্কৃত করুন–প্রত্যেক সন্ধ্যেতে পরদিল সকালোর লক্ষ্য নির্ধারণ করুন।
31. যার সাথেই দেখা হোক না কেন–সবার আগে তাকে দেখুন হাসুন। সর্বদাই বন্ধুত্বপূর্ণ এবং প্রশংসক হয়ে থাকুন।
32. প্রত্যেকটি পরিস্থিতিতে সর্বদাই নিজের জয় সম্পর্কে চিন্তা করুন। যখন পৃথিবী শান্তির কথা চিন্তা করবে তখন সবকিছু শান্তিপূর্ণ হবে। আপনার থেকেই তা শরু হোক না, অসুবিধা কি ?
33. অনেক বেশী কিছু শেখার জন্য নিজের পছন্দের বিষয় পড়ুন। এই বিষয়টির উপর অবশ্যই গুরুত্ব আরোপ করুন। আপনি অবশ্যই অপরের তুলনায় লাভবান হবেন।
34. অপরকে উৎসাহিত করার জন্য একটি উদাহরণ তৈরী করুন। যতটা সম্ভব ভালো হওয়ার চেস্টা করুন এং অপরকেও এই বিষয়ে প্রেরণা দান করুন।
35. জীবনের প্রতিটি মুহুর্তকে সম্পূর্ণ উপভোগ করার চেস্টা করুন। জীবনকে সমৃদ্ধি, প্রসন্নতা এবং আবেগের মাধমে ভরিয়ে তুলুন।
36. আপনি নতুন কিছু করে পৃথিবীকে চমকে দিন এবং পৃথিবীর উন্নতিতে সাহায্য করুন।
37. যাই করুন না কেন, তাতে ভরপুর আনন্দ বজায় রাখুন। জীবনের প্রতিটি অবস্হাগুলি থেকে শিক্ষা নিন এবং তার মধ্যেই আনন্দিত থাকুন।
38. ক্ষমা করতে শিখুন–তাহলেই আপনি নিজেকেও ক্ষমা করতে পারবেন। এর ফলে আপনি ভারমুক্ত জীবন অতিবাহিত করতে পারবেন।
39. অপরকে সাহায্য করতে শিখুন তাহলে আপনি নিজেকেও সাহায্য করতে পারবেন।
40. নিজেকে প্রেরণা দিন। নিজের জীবনকে সুখের চমকে ভরিয়ে রাখুন।

সফলতার দিকে

বড়-বড় শহরে ট্রাফিকের সমস্য এতই বৃদ্ধি পেয়েছে যে সেই কারণে অনেক লোকের প্রচুর সময় ব্যর্থ নষ্ট হয়। তারা তাদের জীবন যাপনের জন্য অর্থ রোজগার করেন সুতরাং তারা যতটা সম্ভব বেশী কাজ করতে চান। এই কারেণ তারা সকলেই মানসিক চাপ অনুভব করেন।

যদি আপনি নিজেও এই পরিস্থিতির সমৃদ্ধখীন হন তো নিঃসন্দেহে আপনিও মানসিক চাপ অনুভব করবেন।

অধিকাংশ ব্যক্তিই মনে করেন যে সম্বদ্ধশীল লোকেদের সাথে মানসিক চাপের কোন সম্পর্ক নেই কিন্তু এটা সত্যি যে তারাও জীবনকে আরোও উন্নততর প্রক্রিয়ার মাধ্যমে অতিবাহিত করার চেস্টা করেন। মনে রাখবেন যে জীবন 200 মিটারের কোন দৌড় প্রতিযোগীতা নয় যা সফলতার রেখাতেই শেষ হয়ে যাবে। সফলতার সরাসরি যোগসূত্র আমাদের প্রসন্নতার সাথে থাকা উচিত কিন্তু সত্যি কথা হল যে, মানুষ অনেক কিছু পাওয়ার পরেই পরবর্তী বিষয়ের প্রতীক্ষাতে নিজেদের প্রসন্নতাকে স্হগিত রাখে।

সর্বদা দ্রুত গতিতে কাজ করলেই যে তা উৎপাদনশীল এবং শ্রেস্ঠ বলে প্রমাণিত হবে তার কোন মানে নেই। আপনি যাতে সমস্ত রকম মানসিক চাপ থেকে নিজেকে সরিয়ে রাখতে পারেন–সেটাই আপনার উদ্দেশ্য হওয়া উচিত। সর্বদাই সজাগ ও তৎপর তার সঙ্গে বাঁচা কখনই স্বাস্থ্যকর ও শান্তিপূর্ণ বাঁচা নয়। এর থেকে আপনি হৃদ রোগ এবং মানসিক চাপ ঘটিত অনেক রোগকে আমন্ত্রণ করেন। সঠিক উত্তর হল আপনি নিজের শক্তিকে সঠিক ভাবে ব্যবহার করুন যাতে অনেক বেশী বিষয় অনুভব করতে পারেন। নিজের সময়ের মূল্যকে বুঝে তার মূল্য দিন। সময়ের ব্যাপারে সতর্ক থাকুন যাতে আপনি বর্তমানের প্রতি সম্পূর্ণ লক্ষ্য রাখতে পারেন। আপনি নিজের প্রয়াসের মাধ্যমে সম্পূর্ণ সন্তুস্টি এবং উপলব্ধি পেতে পারেন।

সর্বদা নিজেকে শ্রেস্ঠ করে গড়ার জন্য চেস্টা করুন। 1963 সালে

আমাকে অ্যাসিসটেন্ট সুপারেনটেণ্ডেন্ট অফ্ পুলিশ-এর রূপে বিজাপুর জেলের অন্তর্ভুক্ত 'ইন্দ' এলাকায় পাঠিয়ে দেওয়া হয়েছিল। আমার জন্য এই স্থানটা সম্পূর্ণ অচেনা ছিল। শুধু যে কথ্য ভাষাই কানাড়া ছিল তাই নয় পুলিশ রেকর্ডেও কানাড়া ভাষাই ছিল। আমি ধৈর্য্যের সাথে স্থানীয় ভাষা শিখি, তা না হলে আমি ওখানকার সাধারণ লোকের দুঃখ দুর্দশার কথা জানতে পারতাম না এবং পুলিশের প্রতি তাদের মনোভাব সম্পর্কেও বুঝতে পারতাম না। এক বছরের মধ্যেই আমি ওদের ভাষা জেনে গিয়েছিলাম এবং খুব সহজে কথাবার্তাও বলতে শুরু করে দিয়েছিলাম।

বেশীর ভাগ ক্ষেত্রে মানুযেরা খুক তাড়াতাড়ি নিরাশ হয়ে যায় এবং চেস্টা ছেড়ে দেয়, তারা মনে করেন যে তারা কখনই সফলতা পাবেন না। এর পিছনে তদের অতীতের বিশ্বাস ও অনুভব জড়িয়ে থাকে। প্রসন্নতা এবং সফলতার ক্ষেত্রে নিজের ধারণা এবং মনোভাবের কারণে আপনি পিছিয়ে যান। একটি বিষয় অবশ্যই খোতিয়ে দেখুন যে আপনি চিন্তা ও মনোভাব আপনাকে পিছনের দিকে নিয়ে যাচেছ কিনা। একবার এই স্বনির্মিত সীমা বোঝার পরে আপনি তা সহজেই বুঝে পারবেন। সঠিক স্থান বা সঠিক সময় ছাড়াও ভাগ্য আরোও অনেক কিছু। ভাগ্য কঠোর পরিশ্রমের একটি ফলাফল এবং আপনার আকাঙ্খিত জীবনের ধাপ। সৌভাগ্য নিজে থেকেই আমাদের কোলে এসে পড়বে এই চিন্তা করে আমাদের কখনই অলস হয়ে বসে থাকা উচিত না। আমাদের সাহস সঞ্চয় করে মনোবাঞ্ছিত জীবনের অনুসরণ করা উচিত। প্রতিদিন নিজেীর লক্ষ্যের কথা ভাবুন ও তার কাল্পনিক চিত্র তৈরী করুন। যখন আপনি সম্পূর্ণ নিজের লক্ষ্যর প্রতি কেন্দ্রীভূত থাকবেন শুধু তখনই আপনার ভাগ্য আপনার সঙ্গ দেবে। কিছু মানুষ প্রতিকূল পরিস্হিতিতে নিজেকে, অপরকে বা অবস্হাকে দোষী বলে সাবস্ত্য করেন। এটি ভালো উপায় নয়। এই রকম পরিস্হিতিতে নিজেদেরকেই কিছু করতে হয়। দোষারোপ করতে করতে আমরা সঠিক বেধিকের পার্থক্যও ভুলে যাই। এই কারণ গুলি না ঘটিয়ে আমাদের এই মানসিকতাকে ঝেড়ে ফেলা উচিত এবং এগিয়ে যাওয়া উচিত। অপরকে দোষী সাবস্ত্য করে সমস্যার সমাধান করা সম্ভব না। নিরাশা এবং কুণ্ঠা কে কাটিকে ওপরে ওঠার চেস্টা করুন। নিরাশা পূর্ণ জীবন আপনাকে কখনই কিছু দিতে পারেনা। শ্রেস্ঠ্যত্বের প্রতি লক্ষ্য রাখুন যাতে জীবনের যেকোন ঘটনার প্রতিক্রিয়াতেইও নিজের উপর প্রসন্নতা বজায় রাখতে পারেন।

একটি রুচিকর ধারণা হল যে, আমাদের ভবিষ্যৎ বর্তমানের নিরন্তন প্রয়াসের মাধ্যমেই গঠিত হয়। আমাদের জীবন খারাপ এবং ভালো ঘটনার সংমিশ্রণ। যদি আমরা অতীতে কিছু ভুল করে থাকি তবে সেই প্রবৃত্তি ভবিষ্যৎও থেকে যেতে পারে. সুতরাং ভবিষ্যৎ সম্পর্কে নির্ধারণ

করার সময় আপনাকে সেই পুরানো চক্র ভাঙার চেষ্টা করতে হবে। আপনার অতীত যদি নিরাশা বা অপ্রসন্নতায় ভরা থাকে তার অর্থ এই নয় যে আপনার ভবিষ্যৎও এমনই হবে কিন্তু এই চক্র ভাঙার জন্য আপনাকে সমস্ত রকম চেষ্টা চালিয়ে যেতে হবে। ভালো বই বা উৎসাহ পূর্ব ছবি দেখা, পড়া বা শোনার মাধ্যমে আপনি নিজের আত্মবিশ্বাসকে বৃদ্ধি করতে সক্ষম হবেন। সাহায্যকারী নিয়ন্ত্রণ করার চেষ্টা করুন এতে আপনি নিজের পছন্দ মতন ভবিষ্যৎ পেতে পারেন। প্রতিটি দিনকে নতুন সুযোগ হিসাবে গ্রহণ করুন। এর থেকে আপনি অসফলতার চক্র থেকে নিজেকে মুক্ত করতে পারবেন। যদি আপনি মনে করেন যে অতীতের পরাজয়ের সাথে আপনার ভবিষ্যৎ-এর কোন সম্পর্ক নেই তবে নিঃসন্দেহে আপনি শীঘ্রই আপনার লক্ষ্যে অবতীর্ণ হতে পারবেন।

সময়ের গুরুত্ব বোঝার চেষ্টা করুন ঃ যে কোন সফল কাজের জন্যই সময় আবশ্যক। যে কোন মানুষের জন্যই এটি মূল্যবান সাধনা। আপনি নিজের সময়কে কিভাবে কাটাবেন তার উপরেই আপনার ভবিষ্যৎ নির্ভর করে। এটা প্রত্যেক ব্যক্তির নিজস্বতা যে সে সময়ের সঠিক ব্যবহার করবে না তা ব্যর্থ রূপে অতিবাহিত করবে। সময়ের সঠিক ব্যবহারের ফলে আপনি মানসিক চাপ থেকে তো মুক্তি পাবেনই একই সাথে আপনার জীবনে ক্রমাগত পরিবর্তন আসবে। উদাহরণ স্বরূপ বলি, আমি লাঞ্চ ও ডিনারের জন্য প্রচুর নিমন্ত্রণ পাই। আমি আমন্ত্রণকারীকে স্পষ্ট ভাষায় জানিয়ে দিই যে আমি 45 মি. বেশী থাকতে পারবনা। আমি যে সময়টা কোথাও অতিবাহিত করতে চাই তার জন্য আমার স্টপ ওয়াচ আমাকে নির্ধারিত সময় স¯পর্কে তথ্য জ্ঞাপন করে। এমনিতেও সাধারণ কথাবার্তার জন্য আধা ঘন্টা যথেস্ট। এর থেকে বেশী হলে বেশীর ভাগ মানুষ একে অপরের কাছে অপরিচিত হয়ে যায়। আমি শুধুমাত্র আমার আমন্ত্রণকারীর জন্য যাই, আমার উপস্থিতিই তার জন্য যথেস্ট।

বেশীর ভাগ ব্যক্তির ক্ষেত্রে সম্পূর্ণ দিনের আকস্মিক ঘটনার জন্য সময়ের পরিচালনা করা কঠিন হয়ে যায়। এটা এমন একটি জাল যা আপনাকে নিজের গুরুত্বপূর্ণ কাজ সম্পর্কে নির্ধারিণ করতে দেয়না। সমস্যা হল যে যদি আপনি প্রতিদিন এমন জালে জড়িয়ে যান তবে নিজের লক্ষ্য হারিয়ে ফেলতে পারেন। এর অর্থ হবে যে আপনি কোন গন্তব্য ছাড়াই এদিক ওদিক ঘুরে বেড়াবেন। সফলতার জন্য আপনাকে স্পষ্ট এবং উৎসাহপূর্ণ লক্ষ্য নির্ধারিত করতে হবে। সর্বদাই খেয়াল রাখুন যে আপনার সময় আপনার উদ্দেশ্য পূরণ করছে কি করছেনা। এদিকেও খেয়াল রাখবেন যে আপনি সঠিক লক্ষ্যে আছেন তো অর্থাৎ আপনার মহৎ আকাঙ্খা গুলি কার্যকর হচ্ছে কি হচ্ছে না?

সম্ভাবনা গুলি কার্যকর করার উপায়

নিজেকে শক্তিশালী চুম্বকে পরিণত করার জন্য আমরা তার জন্য কি করতে পারি তা দেখা উচিত, সমস্ত বিশ্বাস এবং আস্থার সহিত কার্য করাই সফলতার একমাত্র পথ। কোন সন্দেহই নেই যে কিছু ব্যক্তিদের প্রতিদিন টেবিলে পড়ে থাকা স্তুপাকার কাগজের সাথে লড়াই করতে হয়। এইরকম ঘটনা খুবই স্বাভাবিক কারণ, আমরা এমন একটি সংসারে বসবাস করছি যেখানে কাগজের মাধ্যমেই সবকিছু চলে। তা খবরের কাগজ বা পত্রিকাই হোক অথবা কোন লিখিত দলিল পত্রই হোক। এমনকি কম্প্যুটারের ব্যবহারও এই সমস্যার সমাধান করতে পারছেনা কারণ, আমরা যে ব্যক্তির সাথে লেনদেন করছি তার কাছে সমস্ত রকম সুবিধা নাও থাকতে পারে। প্রয়োজনীয় কাগজের স্তুপকে যত কমানো যাবে আমাদের দক্ষতা ততই বৃদ্ধি পাবে। প্রযুক্তি বিজ্ঞান কাগজের স্তুপকে কম করাতে এবং আমাদের দক্ষতা বৃদ্ধি করতে সাহায্য করবে। আমরা লিখিত শব্দের প্রতি বেশী বিশ্বাস করি তাই সম্ভবত আমাদের জীবনে কাগজ স্তুপাকার হতে থাকে। নিচে কিছু পরামর্শ দেওয়া হল যার সাহায্যে আপনি ছড়ানো ছিটানো কাগজপত্র গুলিকে সামলাতে সক্ষম হবেন

–***ছড়ানো ছিটানো কাগজ পত্রগুলিকে সামলান ঃ*** কাগজপত্র অগোছালো হয়ে যাওয়ার ব্যাপারটি খুব ছোট একটা রাস্তা দিয়ে শুরু হয়। পোস্ট মাস্টারের কাছ থেকে আমরা যে চিঠিপত্র বা কাগজপত্র পাই তা খাওয়ার টেবিলে বা ড্রয়িং রুমের চেয়ারে ফেলে চলে যাই। কোরিয়ারের কাছ থেকে ব্যাঙ্ক সম্পর্কিত যে সমস্ত কাগজপত্র আসে তা পরিবারের সদস্যরা ফ্রিজের মাথায় বা রান্না ঘরে রেখে দেয়। পরিবারে কোন সদস্য খবরের কাগজ নিয়ে বাথরুমে ঢোকে আর তা সেখানেই ফেলে রেখে চলে আসেন। আমার মেয়েরা প্রায়ই এই খবরের কাগজ বা কখনও পত্রিকা

বাথরুমেই ফেলে রেখে চলে আসে। যখন আমি দিনের খবরের কাগজ খুঁজি এবং তা পাইনা তখন আমি অনুমান করতে পারি যে তা বাথরুমেই পড়ে আছে।

এই রকম চলতে থাকলে কিছু দিনের মধ্যেই বাড়ীতে জায়গায় জায়গায় কাগজের স্তুপ জমে যাবে। আপনি সমস্ত কাগজ গুলিকে রাখার জন্য একটি সুনির্দ্দিষ্ট স্থানের ব্যবস্থা করুন, এতে অসুবিধার হাত থেকে রেহাই পেতে পারেন। আপনি পরিবারের প্রত্যেক সদস্যের জন্য পৃথক পৃথক বাক্স রাখতে পারেন, যার মধ্যে তারা প্রয়োজনীয় কাগজপত্র গুছিয়ে রাখতে পারবে। এমনিতে যদি সম্ভব হয় তবে পত্রাদি গুলিকে শীঘ্র পড়ে তার উত্তর দেওয়াই বাঞ্ছনীয় কিন্তু তবুও যদি সেগুলিকে সামলাতেই হয় তবে সেগুলি এমন জায়গায় রাখুন যাতে হারিয়ে না যায়।

প্রতিদিনের কাগজ পত্র গুলিকে সামলান ঃ যদি আপনি কাগজ পত্র গুলিকে প্রতিদিন সামলাতে পারেন বা এক অথবা দুদিনের মধ্যেই সামলে নিতে পারেন তবে সেগুলি অগোছালো হওয়ার থেকে রক্ষা করতে পারবেন। যদি আপনি কিছুদিনের মধ্যেই এই কাজকে বন্ধ করে দেন তবে নিশ্চিত ভাবে আপনি কাগজের স্তুপে চাপা পড়ে যাবেন। নিজের চিঠি পত্র গুলিকে প্রতিদিন বাছাই করাই শ্রেয়। এর প্রধান কারণ হল অপ্রোয়জনীয় কাগজ গুলিকে ডাস্টবিনে ফেলে প্রয়োজনীয় কাগজ গুলিকে তার গুরুত্ব অনুসারে সুব্যবস্থিত রাখা। আমি প্রতিদিন আমার ই-মেল বক্স চেক্ করি এবং অপ্রয়োজনীয় মেল গুলিকে মুছে দিই। যদি কোন কাগজ বা পত্রিকা আপনার পড়ার যোগ্য হয় তা প্রতিদিন পড়ার চেস্টা করুন।

অপ্রোয়জনীয় কাগজগুলিকে আমি ডাস্টনিনে ফেলে দিই। প্রয়োজনীয় কাগজ গুলিকে নির্দ্দিষ্ট ফাইলে রাখাও একটি গুরুত্বপূর্ণ কাজ। যদি আপনি এই পথ অবলম্বন না করেন তবে সময় মতন সেই কাগজ পাবেন না। আমার মতে কাগজ পত্রগুলিকে নির্দ্দিষ্ট ফাইলে রাখতে এক থেকে দু মিনিট সময় লাগে। কিন্তু বিপরীত দিকে যদি কাগজের স্তুপ হয়ে যায় তবে তা গোছাতে অনেক সময় লেগে যায়, এইজন্য অনেকেই নিজেদের ফাইল ছুঁতে পছন্দ করে না কারণ তা কাগজের স্তুপে পরিণত হয়।

সমস্ত কিছুর প্রিন্ট করবেন না ঃ ই-মেল যাই পারেন তাই-প্রিন্ট করবেন না। যদি আপনি এই পথ অবলম্বন করেন তবে ড্রয়ারে প্রয়োজনীয় কাগজ রাখার জায়গা টুকু পর্যন্ত পাবেন না। মনে করুন যে আপনার কাছে প্রতিদিন 20 টি ই-মেল আসে, এবং আপনি এই কুড়িটাই প্রিন্ট করে নেন। অর্থাৎ এক বছরে 365 দিনের হিসাবে মোট 7300 ই-

মেল, অর্থাৎ 7300 পৃষ্টা সেক্ষেত্রে স্বাভাবিক ভাবেই আপনার কাছে কাগজের স্তুপ জমে যাবে যা গোছানো আপনার পক্ষে কষ্টসাধ্য হয়ে উঠবে। আমার মতে প্রতিদিন যত ই-মেল পাওয়া যায়, তার মধ্যে 95 শতাংশ ই-মেলের উত্তর দিয়ে তার পাট চুকিয়ে দেওয়া যায়। শুধুমাত্র 2 শতাংশ এমন ই-মেল থাকে যেগুলিকে একটু ভেবে চিন্তে উত্তর করতে হয়, অর্থাৎ উত্তর না দেওয়া পর্যন্ত এই ই-মেল গুলি ফোল্ডারে বা ফাইলে রাখুন। এর ফলে আমার ইনবক্স পরিস্কার থাকে।

ছোট কাগজে জম্মদিন, ফোন নম্বর কাজ করার তালিকা বা মালপত্রের তালিকা লিখে রাখলে সেই কাগজ হারিয়ে যায়। এই জন্য নিজোর কাছে একটি ডায়রি রাখুন যাতে সময় মতন প্রয়োজনীয় বিষয় গুলি পেয়ে যান।

এইভাবে আপনি অগোছালোতার হাত থেকে বাঁচতে পারবেন এবং জীবনকে সম্পূর্ণ নিয়ন্ত্রণ করতে পারবেন। এমনও হয় যে ফাইলে বদ্ধ করা কাগজ পত্র গুলির মধ্যে 80 শতাংশকে পুণরায় দেখাই হয়না। এই কারণে তাদের ফাইল রাখার আলমারী গুলিতে ঠাসঠাসি হয়ে যায়। একবার কিছু খোঁজা খুজি করার সময় আমি 1982 সালে UK এবং USA বেড়ানোর সময় ডিপার্টমেন্টাল স্টোরসের কিছু ক্যাটালগ ও ব্রুশিয়ার খুঁজে পাই। যে কাগজ পত্র গুলিতে 2 বছর ধরে হাত পরেনি সেগুলিকে বাতিল করুন অবশ্যই আমি স্থায়ী রেকর্ড সম্পর্কে এই কথা বলছি না। যে কোন কাগজকে ফাইল বদ্ধ করার আগে বৈজ্ঞানিক দৃষ্টিকোন দিয়ে তার গুরুত্ব বিচার করুন। একটি গোছানো পরিবেশ আপনাকে নিঃসন্দেহে দক্ষ এবং তৎপর করে তোলে। এই প্রক্রিয়াকে ক্রমাগত বজায় রাখুন। একদিনের অলসতাও নোংড়া, অগোছালোতা এবং ভ্রমের সৃষ্টি করত পারে।

অর্থের সঠিক ব্যবহার

যে কোন ব্যক্তিকে যদি জিজ্ঞাসা করা হয় যে আপনি কত বছর বয়স পর্যন্ত কাজ করে সম্পূর্ণ অবসর গ্রহণ করতে চান এবং নিজেক বিশ্বের দ্বারা সমর্পন করতে চান-তবে তা একটি উৎসাহোদ্দীপক প্রশ্ন হবে। বেশীর ভাগ মানুষ এই প্রশ্ন শুনে সংশয়ে পড়ে যাবে এবং সাধারণত তাদের মুখ থেকে বেরোবে যে, সম্পূর্ণ অকেজো হয়ে গেলে তারা আর বাঁচাতেই চাইবেন না। এটা সত্য যে এর অনুমান করাও বাস্তবে কোন সহজ কাজ নয়। বেশীর ভাগ মানুষ আমৃত্যু কাজ করতে চান।

আমাদের স্বীকার করতেই হবে যে, তারা তাদের শেষ নিঃশ্বাস পর্যন্ত উৎপাদনের সাথে যুক্ত থাকত চান। ভারতের গড় আয়ুকাল 65-70-এর মধ্যে ধরে নেওয়া হয়। এর মধ্যে প্রায় পাঁচ দশক ভরপুর কর্মময় জীবন পাওয়া যায়। 18 বছর বয়স থেকে প্রাপ্ত বয়স্ক হিসাধে ধরে নেওয়া হয়। এর অর্থ হল এই বয়সের অধিকার প্রত্যেক ব্যক্তি সমাজের প্রতি নিজেকে সমর্পন করতে পারে এবং আমাদের অস্তিত্বের বৃহত্তম অংশকে আরোও সমৃদ্ধশালী করে গড়ে তুলতে পারে। যদি আমাদের কাছে কঠোর পরিশ্রম করার জন্য সময় না থাকে, তবে আমরা অর্থ উপার্জন করতে পারবো না এবং কোন রকম প্রগতিতে ও অংশ গ্রহণ করতে পারবো না। সময় হল সেই অমূল্য কোষ যার অভাবে প্রগতির কল্পনা করাও সম্ভব না। অর্থ এমন একটি বস্তু যা কখনই কারোর কাছেই প্রচুর বলে মনে হয় ন। একটি সুন্দর জীবন যাপন করতে গলে অর্থের সাথে আপনাকে এমন সম্পর্ক গড়ে তুলতে হবে যাতে আপনি কখনই অর্থনৈতিক সংকটের মধ্যে না পড়েন, অর্থনৈতিক সংকটের জন্য যেন আপনার কোন প্ল্যান ভেঙে না যায়।

প্রয়োজন এবং চাহিদা ঃ আমাদের জীবন যাপনের জন্য খাদ্য, বস্ত্র, বাসস্হান এবং শিক্ষা মতন বেশ কিছু জিনিষ অবশ্যই প্রয়োজন। এগুলি এমন প্রয়োজনীয় বস্তু যার অভাবে আপনি বাঁচতে পারবেন না। এর অভাবে জীবন নিরস এবং কঠোর হয়ে যায়। চাহিদা এবং প্রয়োজনের

মধ্যে পার্থক্য করা খুবই আবশ্যক যাতে আমরা কোন ক্ষেত্রে অর্থের ব্যবহার করব তা বুঝতে পারি। একবিংচমকপ্রদ জীবন। চমকপ্রদ জীবন সহ আয়ুর্বেদিক পদার্থ, ঔষধ পত্র, অস্ত্রোপ্রচার ফোন, ই-মেল, স্যাটালাইট, টি.ভি., দ্রুতগামী যাতায়াতের জন্য ট্রেন, প্লেন, গাড়ী প্রভৃতি, ইলেকট্রনিক উপকরণ এবং আঙুলোর স্পর্কেই ঠাণ্ডা অথবা গরম জল সহজেই পাওয়া সম্ভব। 1939 সালে যখন আমার জন্ম হয়েছিল বা 1945 সালে যখন আমি স্কুল যেতে শুরু করেছিলাম তখন এই সমস্ত বস্তু গুলির কেনা অস্তিত্বই ছিল না। নতুন প্রযুক্তি বিদ্যার বলে সমস্ত কিছুই সহজ সাধ্য হয়ে ওঠে এবং জীবনের গুণবত্তায় পরিবর্তন সাধিত হয়।

কিন্তু প্রযুক্তি বিদ্যার সুবিধা অর্জনের জন্য যাতে আপনার পকেট খালি না হয়ে যায় বা আপনি ঋণের জালে না জড়িয়ে পড়েন সেদিকে খেয়াল রাখতে হয়, এতে আপনার সমস্ত জীবন ঋণ শোধ করতেই কেটে যাবে। আপনার সহযোগীদের দেখাদেখি শুধুমাত্র মূল্যবান বস্তুর ক্ষেত্রেই অর্থ নিয়োগ করুন। এমন জিনিসপত্র কখনই কিনবেন না যা আপনি পরিচালনাই করতে পারবেন না। আমার মতে বলে যে ক্রেডিট কার্ডের অনাবশ্যক ব্যবহার করবেন না। আমি একবার এর জালে জড়িয়ে গিয়েছিলাম ফলে আমাকে প্রয়োজনের অনেক বেশ অর্থ খরচ করতে হয়েছিল। ধার নিলে আপনাকে সুদও দিতে হয়। একই সাথে যতক্ষণ না ঋণের হাত থেকে মুক্তি পাচেছন ততক্ষণ আপনি মানসিক চাপ অনুভব করেন, কারণ ঋণের টাকা পরিশোধ করতে না পারলে আপনাকে আপনার কেনা বস্তুটি ফেরত দিতে হতে পারে।

জিনিষপত্র বিক্রীর জন্য আকর্ষণীয় বিজ্ঞাপনের সাহায্য নেওয়া হয়। বিজ্ঞাপন বস্তুর প্রতি আকর্ষণ বাড়ায় এবং তা 'চাহিদা' উৎপন্ন করে, তা আপনার প্রয়োজন থাক বা নাই থাক। এটি আপনার কেনা কাটাকে প্রভাবিত করার একটি উপায় মাত্র।- সে বস্তুটির বিজ্ঞাপন দেওয়া হচেছ আপনার জন্য তা প্রয়োজনীয় কিনা, বা তা আপনার জীবন যাপনে পরিবর্তন আনতে পারবে কিনা তা ঠিক করার দায়িত্ব আপনার অথবা এর দ্বারা আপনার অর্থের অপচয় হচেছ কিনা তা আপনাকেই ঠিক করতে হবে। যদি আপনি বিচার বিবেচনা করে জিনিষ পত্র না কেনেন তবে দ্রুত আপনার ঘর এমন বস্তু দিয়ে ভরে যাবে যেগুলির মধ্যে বেশ কিছু আপনি বছরে একবার ছুঁয়েও দেখবেন না। আমার বাড়ীতেও এমন একটি ড্রয়ার আছে যেটি কিছু ঘড়িও ও ক্যাসেটে পূর্ণ আর গত কুড়ি বছরে ওগুলির ব্যবহার করা হয়নি। আমি সরকারী কাজে যখনই বাইরে যাই তখনই এই ধরণের বস্তু কিনে আনি। এর অর্থ হল অর্থের অপচয় বা অনুৎপাদকতা। যদি এই পয়সা গুলি কোন ব্যাঙ্কে রাখা যেত তবে কমপক্ষে আমি সুদ তো পেতাম।

একজন সামান্য ব্যক্তির কাছে (লাখপতি বা কোটিপতিদের ছাড়া) তার লব্ধ অর্থ যথেস্ট্য হতেও পারে নাও হতে পারে। কখনও কখন লাখপতি বা কোটিপতিদের কাছে কোন পরিকল্পনাকে বাস্তবায়িত করার জন্য যথেস্ট্য অর্থ নাও থাকতে পারে। জীবনটি হল একটি ব্যবসা। যদি আপনি একটি বিশেষ কোন ক্ষেত্রে অর্থ বিনিয়োগ করেন তবে এমনও হতে পারে যে অপর আবশ্যিক ক্ষেত্রে অর্থ বিনিয়োগ করার মতন আপনার কাছে অর্থ নাও থাকতে পারে। যদি একটি বড় টি.ভি. কেনার জন্য আপনি অর্থ বিনিয়গ করে দেন তবে অপানার কাছে আধুনিক মিউজিক সিস্টেম, আকর্ষণীয় সোফা, ও ল্যাপটপ কম্প্যুটার কেনার মতন পয়সা নাই থাকতে পারে। কোন জিনিষ কেনার আগে নিজেকে জিজ্ঞাসা করুন যে সেই জিনিষটি আপনার কাছে প্রয়োজনীয় নাকি শুধুমাত্র আকর্ষণের জন্যই কিনছেন। এক্ষেত্রে শুধুমাত্র বিশেষ দ্রব্য গুলির প্রতিই গুরুত্ব দিন, যেমন ভাবে আপনি আপনার সময়কে গুরুত্ব দেন ঠিক সেই ভাবে জমা ও খরচের বিষয়টিকেও গুরুত্ব দিন।

শুধুমাত্র নগদের ব্যবহার ঃ আমাদের আর্থিক অবস্হার জন্য আমরা প্রত্যেকে দায়ী। আমরা যা খরচ করি তার সম্পূর্ণ দায়িত্ব আমাদের। ভারতই এই শুধুমাত্র এমন একটি দেশ যেখানে বেশীর ভাগ কেনা কাটা নগদের মাধ্যমে করা হয়। নিজের খরচ করার অভ্যাসকে নিয়ন্ত্রণ করতে হলে আপনাকে এক থেকে দু মাস এক টাকা খরচ করলেও তা কাগজে লিখে রাখতে হবে। আমার কম্প্যুটারেও জমা খরচের পুরো হিসাব করা থাকে যাতে আমি কোথায় কি খরচ করছি সে সম্পর্কে ওয়াকিবহাল থাকতে পারি। এই পথ অবলম্বন করলে আপনি অনাবশ্যক খরচ, ওভারড্রাফট্ এবং ক্রেডিট কার্ডের চক্কর থেকে বাঁচতে পারবেন।- যে সমস্ত জিনিষপত্রের ব্যবহার কম হয় সেই রকম জিনিষ কিনবেন না। প্রত্যেকটি বিলকে মন দিয়ে দেখুন কারণ তাতে হিসাবের গণ্ডগোল থাকতে পারে। আমি অনেকবার হোটেলে এমন ভুল হতে দেখেছি। বলার পর ক্ষমা চেয়ে মুক্তি লাভ করে। এই ভাবে লক্ষ্য করলে এই রকম কেনা কাটার হাত থেকে আপনি মুক্তি পেতে পারেন কিনা সেটাও ঠিক করতে পারেন। যেটুকু আপনি খরচ করবেন না সেটুকুই আপনার বেঁচে যাবে বাঁচাবার পরিকল্পনা করা খুবই গুরুত্বপূর্ণ। এই ধরণ পরিকল্পনা মানসিক চাপ মুক্ত জীবনের শুভারাম্ভ।

ঋণের বোঝা ঃ আমি ধারের চাপে পড়তে পছন্দ করিনা। আপনাকে সেই পয়সা সুদ সহ পরিশোধ করতে হয়। কখনও কখনও বাড়ী অথবা গাড়ী কেনার জন্য ধার নেওয়াটা খুবই দরকার হয়ে পড়ে। আমি 1978 সালে ব্যাঙ্গালোর একটি বাড়ী তৈরী করার জন্য কর্ণাটক সরকারের কাছ থেকে 7.5% হারে কিছু টাকা ঋণ করেছিলাম পরে অবশ্য আমি তা অতি

শীঘ্র শোধ করে দিই। অনেকে অমার এই কাজটাকে খুবই প্রশংসা করেছিল কিন্তু ঋণ আমার শান্তি কেড়ে নিয়েছিল। ঋণ পরিশোধ করার পরই আমি শান্তি এবং সন্তুষ্টি পাই। আমার কাছ থেকে কেউ পয়সা পাবেনা এটাই আমার কাছে যথেস্ট্য। মানসিক চাপ থেকে সম্পূর্ণ মুক্ত থাকার জন্য ঋণ মুক্ত হওয়া খুবই আবশ্যক।

কোন কোন মানুষ এমনও আছেন যারা নিজেদের চাহিদা পূরণ করার জন্য ঋণের চাপে পড়ে যান। যে সমস্ত মানুষের কেনাকাটার প্রতি একটু বেশী সখ থাকে তাদেরকেও এই অবস্হা শীঘ্র চেপে ধরে। আপনার নিজেকে নিজের ডেবিট ও ক্রেডিটকে নিয়ন্ত্রণ করতে হবে। আপদকালীন পরিস্হিতির জন্য নিজের কাছে ক্রেডিট কার্ড রাখুন। এমন কার্ড ব্যবহার করুন যা সর্ব ক্ষেত্রেই ব্যবহার করা সম্ভব হয়। লক্ষ্য রাখবেন যে খরচা যেন বেশী না হয়। আমি ক্রেডিট কার্ডের ব্যবহার করিনা বললেই চলে আর ততটুকুই খরচ করি যতটুকু আমার পকেট সহ্য করতে পারে।

পয়সা বাচানা ঃ আপনি যা আয় করেন তার 20% (কমপর্ক্ষে) জমানোর চেস্টা করুন। সেই টাকা আপনার বেতনের থেকে অথবা আয় থেকে নিজেই কেটে জমিয়ে ফেলুন অথবা অপর কোন ক্ষেত্রে নিয়োগ করে দিন। এক টাকাও যদি বেঁচে থাকে সেটাই আপনার লাভ। এই রকম মনোভাব থাকলে আপনি একটি সুরক্ষিত ভবিষ্যৎ পেতে পারেন। মনে করুন যে আপনি ব্যাঙ্কে দশ লাখ বা তারও বেশী পয়সা জমা করেছেন। এর থেকে আপনি নিজেই অনেক শান্তি পেতে পারেন। আর এটা কোন অসম্ভব ব্যাপার নয়। সঠিক ভাবে পরিকল্পনা করলে আপনি এই স্বপ্নকেও বাস্তাবায়িত করতে পারেন। নিজের পয়সাকে শ্রদ্ধা করতে শিখুন। কোন বড় জিনিষ কিনলে তা অসুবিধার সৃষ্টি করেনা কারণ আমরা সেই বস্তুর লাভ ক্ষতি বিচার করে তবেই কিনি। কোন বড় হোটেলে লাঞ্চ বা ডিনার করলে আপনার দৈনন্দিন খরচের মধ্যে পড়ে, এটা আপনি আপনার আর্থিক স্বতন্ত্রতা অনুযায়ী করতে পারেন।

আমাদের সকলের সামনেই আর্থিক স্বাধীনতার পথ খোলা থাকে। আমাদের শুধুমাত্র নিজেদের পয়সার ও নিজেদের জীবনের দায়িত্ব নিতে হবে। আমাদের বর্তমান আর্থিক অবস্হাকে নিয়ন্ত্রণ করার জন্য আরোও ভালো প্রক্রিয়া অবলম্বন করতে হবে এবং অভ্যাসের ক্ষেত্রে পরিবর্তন আনতে হবে। এর মাধ্যমেই আপনি নিজেকে সক্ষম এবং দৃঢ় করে তুলতে পারবেন। আপনাকে শুধুমাত্র জমানোর মানসিকতা আনতে হবে। ফলে আর্থিক বিষয়ে আপনি যে লক্ষ্য প্রাপ্ত করতে চান তা সহজেই পেয়ে যাবেন। যদি আপনি এই পরিকল্পনার প্রতি সজাগ থাকেন তবে আপনি তা সহজেই পেতে পারেন।

কি ভাবে আরোও দৃঢ় হবেন

দৃঢ়তা বলতে কি বোঝায়? প্রথমে কিছু বস্তু সম্পর্কে বর্ণনা এবং সনাক্তকরণ সম্পর্কিত তথ্য দেওয়া হল, যার মাধ্যমে দৃঢ়তা সম্পর্কে ধারণা পেতে আপনাদের সুবিধা হবে। দৃঢ়তা অর্থ এই নয় যে আপনি চিৎকার করবেন, দোষারোপ করবেন, বাজে কথা বলবেন বা কাউকে ভয় দেখাবেন। দৃঢ়তার মাধ্যমে আপনি অপরের অধিকার না ছিনিয়েও নিজের সমর্থনে দাঁড়াতে পারবেন। এর অর্থ হল স্পষ্ট ভাষায় নিজের ইচ্ছাকে ব্যক্ত করা। এর অর্থ হল আপনি অপরের ভাবনা এবং অধিকারের সাথেই নিজের ভাবনা, বিকল্প এবং প্রয়োজন গুলিকে সততার সাথে ব্যক্ত করবেন। এটার সাথে ইতিবাচকতা এবং আত্মবিশ্বাসের গভীর সম্পর্ক বিদ্যমান।

আমাদের অধিকাংশ প্রণালী এবং প্রক্রিয়া গুলি আমাদের যৌবন কালেই গড়ে ওঠে। এর উপর আমাদের পরিবেশ এবং আবহাওয়ার একটা প্রভাব পড়ে। যদি বাল্য কালে আপনার উপর অনেক প্রতিবন্ধকতা থেকে থাকে বা যদি মত প্রকাশের ক্ষেত্রেও নিষেধ থেকে থাকে তবে আপনার পরবর্তী জীবনেও আপনি এই নীতিই অনুসরণ করবেন। হতে পারে যে আপনি নিজের তুলনায় অপরের প্রতি বেশী ভরসা করেছেন। এই বিষয়ে আমাদের সমাজের সেক্স সম্পর্কে উদাহরণ দেওয়া যায়। বেশীরভাগ মহিলা এবং ভালো মেয়েরা গর্ব করে বলে যে তারা সেক্সের বিষয়ে কোন বিচার বিবেচনাও করেনা আবার স্বামীর সাথে শয়ন কক্ষে এই বিষয়ে কোন কথাও বলে না। পরিণামস্বরূপ দেখা যায় যে দাম্পত্য জীবন অসন্তোষজনক হয়ে ওঠে। আপনি নিজেকে অবশ্যই প্রশ্ন করুন যে আপনি জীবনে কি চান? নিজের ভেতর একটি বিশ্বাস উৎপন্ন করার চেস্টা করুন যা আপনাকে সমর্থন দেবে। এই রকম ভাবনার বশীভূত হয়ে আপনি অনিচ্ছা থাকলে লাভ করতে পারেন এবং প্রয়োজন হলে সাহায্যও

চাইতে পারেন। আমাদের মূল্য এবং বিশ্বাসেরও ভুল স্বীকার করার ক্ষমতা থাকা উচিত।

নেতিবাচক প্রশ্নের ঝড় প্রায়ই আমাদের দৃঢ় বাক্যগুলিকে হাল্কা করে দেয়। আপনি 'না' বলতে চাইলে 'নাই' বলুন। আপনি কেন 'না' বলতে চান তা বিস্তারিত জানাতেও পারেন। সেই সময় কখনই লজ্জা পাবেন না। একবার স্বরাষ্ট্রমন্ত্রী আমাকে এমন একটি পদের অধিকার করতে চেয়েছিলেন যে পদে তিনি নিজে দশ বছর ধরে আসীন ছিলেন। আমি তাকে বিনম্রভাবে অথচ স্পস্ট করে জানিয়ে দিয়েছিলাম যে এমনটি করা নিয়ম বিরুদ্ধে। মন্ত্রী মশাই বলেছিলেন যে তাকেও চাপ দেওয়া হচেছ কিন্তু আমি নিজের মতেই গোঁ ধরে ছিলাম, তার কথা মতন চলা আমার উচিত ছিলনা। যদি সরকার মনে করে তবে আদেশ দিতে পারে। যদিও আমি মন্ত্রী মশাইয়ের ভাবনাকে অপমান করতে চাইনি কিন্তু তবুও আমি আমার মতেই দৃঢ় ছিলাম এবং উনিও আমার সাথে একই মত পোষণ করতে শুরু করেন। দৃঢ় হওয়ার জন্য একটা বিষয় খুবই প্রয়োজন সেটা হল নিজের কথার উপর জেদ ধরে থাকা।

দৃঢ় প্রতজ্ঞিা এবং আত্ম বিশ্বাস একে অপরের সাথে সম্পর্কিত, যে মানুষের মনে নিজের প্রতি আত্মবিশ্বাস কম থাকে তার নিজের কথা বলার সাহস থাকেনা। আত্মবিশ্বাসর অভাব তাকে আক্রমক করে তোলে। আমি অনেক এমন ব্যক্তিদের দেখেছি যারা পদোন্নতি না হওয়ার জন্য কুন্ঠিত হয়ে যান এবং নিজের অধীনস্থ কর্মচারীদের উপর চিৎকার করেন। এই ব্যবহার তাকে আরোও হীন বলে প্রতিপণ্য করে। অনেক সময় পুরানো স্মৃতিকে মাথায় রেখে অনেক ব্যক্তি অপরে অখুশী হবে সেই ভয় করে নিজের বক্তব্য পেশই করতে পারেনা। এই রকম ব্যবহার করলে আপনার অধীনস্থ কর্মচারীরা বা সহযোগীরা আপনাকে পাত্তা দেবেনা। মিটিং-এর সময়ও যদি আপনার এমন মনোভাব থাকে তবে আপনি আপনার বসের চোখে অযোগ্য বলে প্রমাণিত হবেন।

যদি আপনি নিজের কথা রাখতে না পারেন তবে অপরে তার সুবিধা নিতে পারে। এর ফলে আপনার আত্মবিশ্বাস খণ্ডিত হবে এবং আপনার যোগ্যতা সম্পর্কে আপনি নিজেই সন্দিগ্ধ হয়ে পড়বেন। কিছু ব্যক্তি কত অকারণের ক্ষমা চাইতে থাকে। কোন কারণ ছাড়াই ক্ষমা চেয়ে নিজেকে ছোট করবেন না। যদি কোন সমস্যা আসে তবে বস এবং সহকর্মী উভয়েরই সাহায্য নিন। সর্ব প্রথম মানসিকচাপ জনিত পরিস্থিতি এবং অধ্যাত্মিক দায়িত্বের থেকে নিজেকে দূরে রাখুন। ক্রমাগত অভ্যাসের মাধ্যমে নিজের দৃঢ়তা এবং শক্তির বৃদ্ধি করুন। যদি কখনও আপনি

নিজের কথার উপর অটল থাকতে না পারেন তবে লজ্জা বোধ না করে আপনার কোথায় ভুল হয়েছে তা খেতিয়ে দেখার চেস্টা করুন। এবং পরবর্তী সময়ে এই অবস্হার সম্মুখীন হলে আপনি তা কিভাবে কাটিয়ে উঠবেন, তা ভাবুন। আপনার আকাঙ্খিত পরিণাম প্রাপ্ত হোক বা নাই হোক আপনি প্রয়াস ছাড়বেন না এবং নিজেকে সর্বদাই উৎসাহিত করুন। দুর্ভাবনা করবেন না। অতীতের থেকে নিজেকে বারের করে ভবিষ্যৎ-এর নতুন দিশায় চলুন। নিজের মনে ঘৃণা পোষণ করবেন না, তার পরিবর্তে প্রেম ভাব জাগিয়ে তুলুন। এইভাবে আপনি নিজেকে সম্পূর্ণ মুক্তি প্রদান করতে পারেন।

যদি আপনি নিজের ব্যবহারের প্রতি সচেতন নাও হন তবুও অপরে আপনার দৃঢ় ব্যবহার সম্পর্কে সহজেই বুঝতে পারবে। কখনই নিজের বাকী পাওয়া সম্পর্কে জানতে সংকোচ করবেন না। আপনাকে আপনার এবং আপনার ভবিষ্যৎ-এর মূল্য নির্ধারিণ করতে হবে। কখনও কখনও অপানাকে নিজেকেও উৎসাহিত করতে হবে। নিজেকে ফুল উপহার দিন, বাহবা দিন, নিজেকে আলিঙ্গন করার চেস্টা করুন বা নিজের কোন প্রিয় স্হানে ঘুরে আসুন অথবা খুব ভালো ভালো খাবারের জন্য আমন্ত্রণ জানিয়ে অপনি নিজেকে উৎসাহিত করতে পারবেন। এর জন্য আপনি লজ্জা বোধ করবেন না বা কাউকে সেই সম্পর্কে কিছু বলবেন দৃঢ় না। এই পদক্ষেপ অনুসরণ করলে আপনার আত্মবিশ্বাস অবশ্যই দৃঢ় হবে। আপনি নিজেকে যতটা মূল্য দেবেন অপরেও আপনাকে দেখে ততটাই দৃঢ় হবে। আত্মবিশ্বাসের অভাবে নিজেকে শিকারে পরিণত করবেন না। কোন কোন মানুষ অবচেতনেই নিজের হীণতার প্রদর্শন করে ফেলেন। আপনার কথা উঁচু স্বরে বা তার্কিক হলেই শ্রেয়। আপনার কথা শেষ না হওয়া পর্যন্ত তা যেন প্রেজ থাকে সেই দিকে খেয়াল রাখবেন। অপরের কথা শোনার সময় বা কিছু করার সময় সর্বদা হাসার, মাথা নাড়ানোর বা চোখের পাতা ফেলার অভ্যাস থেকে নিজেকে বাচান। কথপোকথনের সময় সর্বদাই চোখে চোখ রেখে কথা বলার চেস্টা করুন। গর্ব বজায় রেখে সহজ ভঙ্গীমা বজায় রাখুন। লক্ষ্য রাখবেন যে কথা বলার সময় যেন আপনার চেহরা এবং ভাবের মধ্যে সাদৃশ্য থাকে। বিষয়ের গম্ভীরতা এবং সময় ও সুযোগের গুরুত্ব বুঝে নিজের স্বরকে যথাসাধ্য তেজ অথবা ধীমা করুন। অপরের কথা মন দিয়ে শুনুন। যদি স্পস্টভাবে কিছু বুঝতে চান তবে অবশ্যই প্রশ্ন করুন। কিছু ক্ষেত্রে আপনি নিজেকে ছোটও করতে পারেন। যেমন ধরুন–'আমাকে মাফ করবেন কিন্তু আমি আপনার সাথে একমত হতে পারলাম না।' নিজের শক্তিহীন সম্ভাষণকে প্রভাবী করার চেস্টা করুন যাতে আপনার কথার প্রভাব তৈরী হয়।

রোমাঞ্চকর জীবন যাপন করুন

অপরের প্রশংসার মধ্যে লুকিয়ে আছে আপনার সফলতার রহস্য ঃ নিজের জীবনকে উপভোগময় এবং মনোরম রোমাঞ্চে পরিণত করুন। রোমাঞ্চ এবং দৈনন্দিন জীবন যাপনের মধ্যে কিছু সাধাণর সামঞ্জস্য আছে। যদি নতুন দৃষ্টিকোন দিয়ে জীবনকে দেখতে চান বা জীবনে প্রতিদিন যদি নতুন কিছু করতে চান তবে অবশ্যই রোমাঞ্চের সন্ধান করুন। বড় কিছু করার চেষ্টা করুন, সকলের থেকে নিজের জীবনকে আলাদা করে তৈরী করুন, সকলোর থেকে আলাদা ভাবে বাঁচার চেষ্টা করুন। ক্রমাগত নিজের অভিজ্ঞতা বৃদ্ধি করার চেষ্টা করুন। যদি আপনার মধ্যে নতুন কিছু শেখবার আগ্রহ না থাকে তবে আপনার জীবন একটি নিরস দিন যাপনে পরিণত হবে। আমাদেরকে জীবনে সামান্য রোমাঞ্চ আনতেই হবে। জীবন অনেক ছোট। যদি আপনি পথ হারিয়ে ফেলেন তবে আপনি লক্ষ্য পর্যন্ত পৌঁছাতে পারবেন না।

জীবনে সকলকেই কুণ্ঠা এবং মানসিক চাপের সম্মুহীন বার বার হতে হয়। সফল ব্যক্তিদের জীবনও এর থেকে মুক্তি পায়না। যদি সেটা বিশেষ কিছু না হয় তবে সেই বিষয়টিকে আপনি পরের দিনে পরের মাসে বা পরের বছরে কিভাবে গ্রহণ করবেন। নিজের প্রতি সততা বজায় রাখুন। নিজের জীবনের প্রতি মানসিক চাপ, কুণ্ঠা, নিরাশা এবং উদ্বেগ কে চেপে বসতে দেবেন না। নিজেকে অবশ্যই জিজ্ঞাসা করুন যে, আপনি অপরের সঙ্গে কেমন ব্যবহার করেন? আপনি কি ঘরকুনো, মদ্যপ, বন্ধুবর্জিত নাকি বন্ধুত্ব পূর্ণ মানুষ? নিজের ভূমিকা এবং চাহিদা সম্পর্কে ওয়াকিবহাল হোন। এবং নিজের পছন্দের ও চাহিদার একটি তালকা তৈরী করে ফেলুন, যতক্ষন না আপনি নিজের ইচছা গুলিকে ক্রমবর্ধভাবে সাজিয়ে নেবেন ততক্ষণ পর্যন্ত আপনি আগত পরিস্হিতির শিকার হতেই থাকবেন। যে কোন জয় প্রাপ্ত করার আগে নিজের গুরুত্বপূর্ণ আকাঙ্খা গুলিকে চিনতে

হবে। যে সমস্যার জন্য আপনি ক্রমাগত জেরবার হয়ে যাচেছন তা যেকোন উপায়ে সমাধানের চেস্টা করুন। এই ক্ষেত্রে নিজের দায়িত্বের থেকে কখনই পিছিয়ে আসবেন না।

এই ভাবে আপনি নিজের বন্ধু না শত্রু তা সহজেই বুঝতে পারবেন। নিজেকে মূল্য দেওয়ার মধ্যে অপরের খুশী লুকিয়ে আছে কিনা ? তাও বুঝতে পারবেন। সমস্যার প্রতি সজাগ থাকলে আপনি তার অর্ধেক সমাধনা করে ফেলতে পারবেন। জীবনকে একটি আনন্দকর যাত্রা মনে করুন। তখনই আপনি নিজের আসল রূপ দেখতে পাবেন। কোন মানুষই সম্পূর্ণ দ্বীপ হয়, তাই অপর মানুষের সাথে সুসম্পর্কই হয়ে ওঠে সফলতার মূল মন্ত্র। এমন কি প্রজাতন্ত্রতেও প্রধান মন্ত্রীকেও নিজের দলোর সমর্থন নিতে হয়, তবেই দেশের শাসন ব্যবস্হা সুসম্পন্ন করা সম্ভব হয়। ঠিক তেমনি অপরাধ দমন করার জন্য পুলিশের উচ্চ পদস্হ অফিসারদের তার দলের সহায়তা নিতে হয়। CBI-এর ডিরেক্টর হিসাবে আমি সর্বদাই সমালোচনাকে উপেক্ষা করে গেছি এবং নিজের দায়িত্ব পালনের চেস্টা করেছি। যদি সমালোচনা যৌক্তিক হত তবে আমি নিজের মধ্যে পরিবর্তন আনার চেস্টা করেছি নতুবা তা উপেক্ষা করে গেছি।

নিজের মুখে সর্বদাই হাসি বজায় রাখার চেস্টা করুন। অপরের সাথে বন্ধুত্বপূর্ণ সম্পর্ক বজায় রাখার চেস্টা করুন। সর্বদাই নিজের কথা বলার পরিবর্তে অপরকে বলার সুযোগ করে দিন। সম্পর্ক জীবনে এক গুরুত্বপূর্ণ ভূমিকা পালন করে। ভিজিটিং কার্ড আদান-প্রদনা করার পর এই ব্যক্তির সাথে কি বিষয়ে দেখা করেছিলেন তা নোট করে রাখার চেস্টা করুন। অনেক সময় এমন হয়েছে যে, কারোর সাথে দেখা করার পর কেন তার সঙ্গে দেখা করেছিলাম তা ভুলে গেছি এবং এর ফলে একটা সুন্দর সম্পর্ক নস্ট হয়ে গেছে। যার সঙ্গেই দেখা করুন না কেন তার থেকে কার্ড অবশ্যই নিন। আমি সর্বদাই নিজের কাছে সাদা কাগজের টুকরো রাখি আর মধ্যে আমি বিশেষ বিশেষ কথা গুলি লিখে রাখি।

এই সম্পর্কের বিষয়ে যদি আপনাদের মধ্যে আগ্রহের জন্ম হয় তবে আপনি ই-মেল বক্সে সেই অ্যাড্রেস নথিভুক্ত করতে পারেন। যদি কোন বা কিছু ব্যক্তিকে আপনার পছন্দ হয় সেই ব্যক্তিদের সাথে সম্পর্ক আপনার ক্ষেত্রে লাভদায়ক হয় তবে তাদেরকে অবশ্যই নিমন্ত্রণ করুন। যতক্ষন না আপনি তাদের জন্য প্রয়োজনীয় হয়ে উঠবেন ততক্ষণ তারা আপনার সাথে যোগাযোগ করবে তা কখনই আশা করবেন না। যদি অন্য কারোর পার্টিতে গিয়ে আপনার সাথে কারোর পরিচয় হয় তবে এমন ব্যবহার করুন যে যাতে মনে হয় আপনিই পার্টির উপস্হাপক. আপনিই তাদের আমন্ত্রণ করেছেন। এই ভাবে আপনার মুখে একটা সুন্দর হাসি

ফুটে উঠবে। উচ্চতম স্থানে পৌঁছানোর জন্য আমাদের সর্বদাই অপরের সহায়তার প্রয়োজন এবং অপরের পদাঙ্ক অনুসরণ করতেই হয়। কিছু মানুষ আমাদের সর্বদাই এগিয়ে যাওয়ার জন্য প্রেরণা প্রদান করতে থাকেন। কোন ব্যক্তিকে বা ব্যক্তিদের উঁচু করার একটাই পথ, সেটা হল তাদের প্রশংসা করা, প্রশংসাতে প্রচুর শক্তি আছে। অবশ্যই খেয়াল রাখবেন যেন সেটা সত্যি কথা হয়, তা যেন তোষামোদ বলে মনে না হয়। যখন আপনি কারোর সত্যি প্রশংসা করবেন তখন অবশ্যই তা অপরকে প্রভাবিত করবে। আমাদের সকলেরই প্রশংসা ভালো লাগে এবং প্রশংসককেও আমরা কখনই ভুলি না। প্রশংসা করার সময় শুধুমাত্র ইতিবাচক দিক গুলিকেই তুলে ধরবেন।

বিভিন্ন উপায়ে মানুষের প্রশংসা করা যায়। আমাদের সফলতা এবং আরামদায়ক জীবন আমাদের সম্পর্ককে আরোও বিকশিত ও উন্নত করে। সম্বন্ধকে ভাষা খুবই সহজ কিন্তু ভালোবাসা মিশ্রিত প্রশংসা সূচক দুটি বাক্য তা গড়তে পারে। সম্বন্ধের মধ্যে পরিবর্তন এনে আপনি অপরের জীবনকে প্রভাবিত করতে পারেন। অপরের জীবনকে উৎসাহিত করার চেস্টা করুন কিন্তু তার পিছনে কোন স্বার্থ রাখবেন না।

প্রত্যেক ব্যক্তির ক্ষেত্রে এক-এক ভাবে প্রশংসা করতে হয়। কিন্তু কখনও যদি তা তোষামোদ বলে মনে হয় তবে তার আর কোন অর্থ থাকবেনা। আপনি আপনাদের বস, সহযোগী এবং সাথীদের প্রশংসা করতে পারেন। ফলে তারা যে আনন্দ পাবে তাতে তাদের কঠোর পরিশ্রম, দায়িত্ব এবং সততা আরোও বৃদ্ধি পেতে পারে। এই ভাবে আপনার প্রশংসাও সঠিক সম্মান পাবে।

আপনি ফুলের তোড়া, কার্ড এবং বিভিন্ন রকম উপহারের মাধ্যমে নিজের ভাবনাকে ব্যক্ত করতে পারেন। অথবা নিজের কথার মাধ্যমে প্রশংসার ফুল অর্পণ করতে পারেন। এটি প্রকৃত পক্ষেই একটি শক্তিশালী উপায়। এর মাধ্যমে বোঝানো যায় যে আপনি অপরের পরোয়া করেন, এবং আপনি এই সম্পর্কের মূল্য সম্পর্কেও ওয়াকিবহাল। আপনার এই চেস্টার ফলে সহযোগীরাও আপনার মিত্র হতে পারে। সর্বদাই নিজের মধ্যে উৎসাহ বজায় রাখুন। বন্ধুত্ব স্বীকার করার অর্থ এই নয় যে আপনি সমস্ত কিছু মানতে প্রস্তুত।

আক্রমণকে এবং নিজের কথার উপর অটল থাকা দুটোর মধ্যে অনেক পার্থক্য আছে। এই সীমারেখাকেই অবশ্যই সম্পূর্ণ সম্মান দেওয়া উচিত। সর্বদাই জয়ের প্রক্রিয়া এবং নীতি গুলিকে স্মরণ রাখবেন। জীবনের প্রতিটি স্তরে যে পরিবর্তন আসে তার থেকে শিক্ষা নিন। এটা কোন জাদু নয় কিন্তু এটিকে অবশ্যই নিজের উপর ব্যবহার করুন।

আত্মবিশ্বাস বজায় রাখুন

বেশীর ভাগ লোকই তাকে অপরে তার প্রয়োজনের কথা বলুক তা পছন্দ করে–এটি একটি সার্বভৌমিক সত্য। কিন্তু যদি এমন ধরনের ব্যক্তি শুধুমাত্র নিজের কাজকেই গুরুত্ব দিতে থাকে, তবে তার সাথে তার পরিবারের সদস্য বা বন্ধুদের সম্পর্ক খুব তাড়াতাড়িই শেয হয়ে যাবে। যদি মনে হয় তবে নিজের সম্পর্কের সমাধান নিজেকেই করতে হবে। অপরকে কখনই বুঝতে দেবেন না যে আপনি শুধুমাত্র নিজের জন্যই বেঁধে রাখতে চান। মনে রাখবেন যে যখন আপনি নিজের কাজ করার জন্য অপরেক 'না' বলেন তখন তার অর্থ এই দাঁড়ায় যে আপনি শুধুমাত্র নিজের প্রয়োজনের সময়ই 'হ্যাঁ' বলেন।

অভদ্র হবেন না ঃ সর্বদা মনে রাখবেন যে, নিজের পছন্দের জিনিয পাওয়ার জন্য কখনই অভদ্র হয়ে উঠবেন না, ব্যক্তিত্বতে পরিবর্তন আনবেন না, ভালো অভ্যাসকে কখনই বিসর্জন দেবেন না বা নিজের গুরুত্বকে কখনই মাথা থেকে সরিয়ে ফেলবেন না। আপনার সর্বচ্চ আকাঙ্খা প্রাপ্ত করার অর্থ এই নয় যে আপনি অহঙ্কারি, স্বার্থপর এবং আত্মকেন্দ্রিক হয়ে উঠবেন। যদি আপনি অপরকে সম্মান দেন তবে আপনি নিজেও সম্মান পাবেন। এই রকম ব্যবহারই আপনাকে প্রশংস্িত করবে। রাগ উৎপন্ন করা নিজের শরীরের জন্যও ক্ষতিকারক। নিজের বন্ধু বান্ধবদের উপর বা পরিবারের সদস্যদের উপর কখনই রাগ দেখাবেন না। উদাহরণের জন্য বলি, একবার আবহাওয়া খুব খারাপ হওয়ার জন্য আমার শরীর খুবই খারাপ হয়। আমি নিজের উপর নিয়ন্ত্রণ হারিয়ে ফেলি এবং খারাপ ড্রাইভিং-এর কারণে ড্রাইভারকে যা খুশী বলে উঠি কিন্তু সে সম্পূর্ণ নির্দোষ ছিল। কারণ সে গাড়ী ঠিকই চালাচ্ছিল। ঘরের অগোছালতা দেখে নিজের মেয়েদের উপরেও রেগে যাই। তখন আমি বুঝতে পারি যে আমি ভুল করছিলাম। নিরানন্দময় পরিস্থিতি আপনার ভিতর রাগ উৎপন্ন করতে পারে। সর্বদাই আনন্দে থাকার এবং মেনে নেওয়ার চেষ্টা করুন। নিজের স্বপ্ন এবং গুরুত্বপূর্ণ আকাঙ্খা গুলিকে সর্বদাই মাথায় রাখুন। যা চান, তার থেকে সামান্য কম পেলেও সন্তুস্ট হবেন না। কিন্তু আপনার ব্যবহার অপরকে কিভাবে প্রভাবিত করছে তা সব সময় মাথায় রাখুন।

নিজের প্রতি আস্থা রাখুন : সফলতার পথে চলতে গেলে সর্বদাই আত্মবিশ্বাসকে টিকিয়ে রাখবেন। এর শক্তির মাধ্যমেই আপনি সবকিছু পেতে পারেন। যদি আপনার মধ্যে হীণতা বোধ থাকে তবে নিশ্চিত ভাবে আপনার আশা আকাঙ্খাও ক্ষীণ হয়ে যাবে। আপনার মানসিকতা খুবই গুরুত্ব রাখে। নিজের বন্ধু হোন এবং আত্মবিশ্বাস বাড়ানোর জন্য সর্বদাই সচেস্ট থাকুন। কখনও কখনও ব্যক্তি নিজেদেরকেই অপমান করে বসে। কিন্তু তারা বোঝে না যে এই শব্দ গুলি তার জীবনে নেতিবাচক প্রভাব ফেলে। হীণ ভাষা মনে গেড়ে বসে যায়। অনেক সময় এই হীণ ভাবনাও জীবনকে দুঃসাধ্য করে তোলে। এই ব্যবস্থা থেকে আপনি রেহাই পেতে পারেন। আত্মবিশ্বাসের মাধ্যমে এই পরিস্থিতিকে নিয়ন্ত্রণ করতে পারেন।

স্বয়ং সম্পূর্ণ বাতাবরণ সৃষ্টির মাধ্যমে নিজের জীবনকে প্রসারিত করার চেস্টা করুন। নিজের সম্পর্কে চিন্তা করার জন্য অবশ্যই সময় বের করুন। এইভাবে আপনার জীবনে অবশ্যই পরিবর্তন আসবে। ঘর এবং অফিসে এমন পরিবেশ তৈরী করুন যেখানে আপনি হাল্কা ধরনের কোন সঙ্গীত শুনতে পারেন প্রয়োজন পড়লে সামান্য শুতে পারেন। আপনি নিজের জন্য কিছু সময় চান তা অপরকে বলতে কখনই সংকোচবোধ করবেন না। এতে আপনি আপনার ক্ষয় প্রাপ্ত শক্তি ফিরে পেতে পারেন। এই সময়টা আপনাকে প্রচুর শক্তি এবং ক্ষমতা প্রদান করবে।

আত্মবিশ্বাস বৃদ্ধি করার অন্য উপায় হল আপনি বর্তমান অসফলতাকেই সত্যি বলে মনে নেবেন না, আগত সময় নতুন সম্ভাবনার জন্ম দেবে। যদি আপনার নিজের প্রতি প্রচুর অবিশ্বাস জম্মে থাকে তবে ইতিবাচক চিন্তার সাহায্য নিন। এই ভাবে আপনার হারানো বিশ্বাস পুণরায় পেতে পারেন। কিছু ব্যক্তি তাদের গন্তব্য সম্পর্কে সুনিশ্চিত থাকে কিন্তু তবুও তারা সেই পর্যন্ত যেতে পারেনা। সবার আগে নিজের প্রতিবন্ধকতা গুলিকে চেনার চেস্টা করুন। নিজের ভয়কে চিনুন। অসফলতার জন্য কখনই নিরাশ হবেন না। এর পরিবর্তে কি আপনার উপর নেতিবাচক প্রভাব সৃষ্টি করছে তার সন্ধান করুন। আপনার দুর্বলতার মূল শিকড় খোঁজার চেস্টা করুন। নিজের সাথে নিজের জন্য সর্বদাই ভালো কথা বলুন। যদি আপনি ধর্মের প্রতি আবস্থ হন তবে আপনি গীতা, কোরান, গ্রন্থসাহেব, বাইবেল প্রভৃতি ধর্মগ্রন্থের অধ্যয়ণ করতে পারেন। এতে আপনার হারানো বিশ্বাস ফিরে আসতে পারে। নিজের দুর্বলতাকে কখনই ভুলবেন না ও সেটিকে দমন করার চেস্টা করুন।

নিজের মতন করে শিখুন : আপনি যে ভাবে নিজের সম্পর্ক, মা-বাবা এবং সহকর্মীদের পছন্দ এবং সম্মান করেন ঠিক সে ভাবে নিজের প্রতিও শ্রদ্ধা এবং ভালোবাসা বজায় রাখুন। নিজেকে পরিবর্তন করার একটি পথ হল নিজের জীবনের গুরুত্বপূর্ণ অনুভব, সফলতা, অগ্রগতির মোড়, এবং উচ্চাকাঙ্খা গুলিকে অবশ্যই লিখে রাখুন। নিজের জীবনের পাঁচটি সফলতা, অসফলতা এবং

গুরুত্বপূর্ণ শিক্ষাকে লিখে রাখুন। এই ভাবে আপনি কি হারিয়েছেন, কি পেয়েছেন এবং বাস্তবে আপনি কি চান সে সম্পর্কে জানত পারবেন। যে পথ সফলতার দিকে নিয়ে যায় তার উপর নিজেকে কেন্দ্রীভূত করার চেস্টা করুন। স্বপ্নেও নিজেকে অসফল মনে করবেন না। আমরা যা কিছু দেখি, শুনি বা চিন্তা করি তা আমাদেরজীবনে নাটকীয় প্রভাব সৃষ্টি করে। যখন আমরা অপরের ব্যবহার এবং আমাদের সাথে ঘটা ঘটনাগুলিকে নিয়ন্ত্রণ করতে পারিনা তখন সেই ব্যাপারে নিজেদের প্রতিক্রিয়া অবশ্যই ব্যক্ত করতে পারি। আপনাকে স্বীকার করতে হবে যে আপনিই আপনার সংসারের রচয়িতা আর তখনই আপনি তা সম্পন্ন করতে পারবেন। নিজের জীবনের পরিবর্তন করতে দায়িত্ব নিন। যে কোন পরিস্হিতিতেই কখনই অপরকে দোষী সাব্যস্ত করবেন না।

এইভাবেই পরিস্হিতিকে নিয়ন্ত্রণ করুন।

বেঞ্জামিন ফ্রাঙ্কলিনের মতে – "There are two ways to acquire wisdom: you can either buy or it an or borrow it. By buying it, you pay full price in terms of time and cant to learn the lessons you need to learn. By borrowing it, you go to those men and women, who have already paid the price to learn the lessons and get their wisdom from them" (জ্ঞান প্রাপ্ত করার জন্য দুটি পথ খোলা আছে ঃ আপনি এটি কিনতেও পারেন আবার ধারও করতে পারেন। যদি আপনি কিনত চান তবে, আপনাকে সময়ের মধ্যে সম্পূর্ণ টাকা পরিশোধ করতে হবে এবং আপনি যে অনুশীলন পাঠ করতে চান সেটিও মূল্য দিয়ে কিনতে হবে। যদি ধার করেন তবে, যে ব্যক্তি ইতিমধ্যে এই শিক্ষা ও অনুশীলননের জন্য মূল্য দিয়ে দিয়েছে তার কাছে যান এবং তার থেকে জ্ঞান প্রাপ্ত করুন।)

আমার মতে সফল হওয়ার জন্য প্রচলিত প্রক্রিয়া এবং নীতিকেও প্রয়োগ করা উচিত। সফল ব্যক্তিদের জীবন থেকে শিক্ষা নিন, সমস্ত কিছু শুরুর থেকে শুরু করতে চেয়ে সময় ব্যর্থ করবেন না। প্রথম থেকে শুরু শেষ পর্যন্ত পৌঁছানোর সময় কারোর হাতেই থাকেনা, কারণ কোন মানুষের জীবন এত বড় হয়না। আপনার পথ প্রদর্শকের জ্ঞান, ক্ষমতা বিচার প্রভৃত্তির উপর খেয়াল রাখুন। লিখিত সাহিত্যও আপনাকে এই জ্ঞান বৃদ্ধি করার জন্য বিভিন্ন ভাবে সাহায্য করতে পারে। এমনকি বাস্তব জীবনের ক্ষেত্রেও আপনি পরামর্শ দাতার সাহায্য নিতে পারেন কিন্তু তার যোগ্যতাকে অবশ্যই বিচার করে নেবেন।

সফল ব্যক্তিদের কথাও মন দিয়ে শুনুন। আপনি সর্বদাই ভালো কিছু করার জন্য কার্য করার চেস্টা করুন। কাউকে অনুসরণ না করে নিজেই নিজের পথ তৈরী করার চেস্টা করুন। এট আপনার জীবন তাই সমস্ত নির্ণয়ের ক্ষমতা আপনার হাতেই ন্যস্ত থাকে, আপনিই ঠিক করুন যে আপনি তা কি ভাবে কাটাতে চান।

নিয়মানুবর্তিতার পথ

আমরা যদি আমাদের পরিচয় এবং আত্মবিশ্বাস গড়ে তুলতে চাই তবে আমাদের নিজেদের জীবনের প্রতি কিছু দায়িত্ব পালন করতে হবে। আমরা কিভাবে নিজেদের শক্তিশালী করে গড়ে তুলতে পারি সে সম্পর্কে আমাদের ক্রমাগত অনুন্ধান করতে হবে। নিজের মধ্যে পরিবর্তন আনতে পারলে আপনার সম্পর্ক গুলিও সুদৃঢ় হবে। ক্ষুদ্র থেকে ক্ষুদ্রতর পরিবর্তন বা মানিয়ে নেওয়ার মানসিকতা আপোনার আশা এবং ইচ্ছার মধ্যে যে পার্থক্য থাকে তা পূরণ করতে পারে। এর দ্বারা আমাদের নির্ণয়ও প্রভাবিত হয়। কেবল মাত্র একজন ব্যক্তির প্রতিই আপনি আশ্বস্ত হতে পারেন, সেটা আর কেউ নয় সেটা স্বয়ং আপনি। আমাদের কাজ বা কথাবার্তার রীতি আমাদের জীবনে পরিবর্তন আনতে পারে। উইলিয়াম ফেদারের মতে, "If we don't discipline ourselves, the would will do it for us" (যদি আমরা নিয়মানুবর্তিতার পালন না করি তবে সংসার আমাদের জন্য এই কাজ করে দেবে) এই কথাটি অনেক পুরানো হয়ে গেলেও আজও অতটাই সত্য। নিয়মানুবর্তিতার মাধ্যমেই আমরা প্রত্যেক ক্ষেত্রে দক্ষতা এবং নিপণুতার পরিচয় দিতে পারি। যে কোন সংগঠনের মূল মন্ত্রই হল নিয়মানুবর্তিতা তা কেউই অস্বীকার করতে পারবেনা।

যদি আপনি আরোও কিছু ভালো করত চান তবে নিয়মানুবর্তিতা ছাড়া আর কোন রাস্তাই নেই। যদি কাউকে বলা হয় যে দীর্ঘকালীন লক্ষ্য পূরণের জন্য তাকে আজ কিছু ত্যাগ স্বীকার করতে হবে তবে সে খুব আনন্দের সাথেই সেই কাজ করবে। বেশীরভার মানুষই নিয়মানুবর্তিতার মূল্য সম্পর্কে ওয়াকিবহাল নয় এই কারণে তারা সে সম্পর্কে কোন গুরুত্বই দেয় না। পুলিশের উপস্থিতিতে কোন কেউই কোন অপরাধ করবেনা–এই বিষয়টা অনেকটা এই রকম। কোন মানুষই এর ঝুঁকি নিতে চাইবেনা। সম্ভবত এই কারণেই আমরা ট্রাফিক ব্যবস্থাকে উলঙ্ঘন করিনা।

প্রকৃত সত্য হল যে নিয়মানুবর্তিতার অভাবে আমরা কোন গুরুত্বপূর্ণ আকাঙ্খা এবং আদর্শকে সম্পর্ণ করতে পারিন। এটি জীবনের প্রতিটি

ক্ষেত্রেই প্রযোজ্য–সেটি হোটেল হোক বা অফিস, বাড়ি হোক বা কোন সামাজিক ক্ষেত্র। এই নিয়মানুবর্তিতাই আমাদের পরিণাম গুলিকে নিয়ন্ত্রণ করতে শেখায়। নিয়মানুবর্তিতার অভাবে আপনি আকস্মিক বাধা বিপত্তি এবং অনউৎপাদক বাঁধা গুলিকে ভাঙতে পারবেন না। এর অভাবে যে সমস্ত গতিবিধি গুলি আমাদের ব্যবসার ক্ষেত্রে গুরুত্বপূর্ণ সেগুলির দিকেও লক্ষ্য রাখতে পারিনা। এর মাধ্যমেই আমরা জীবনের গুরুত্বপূর্ণ বিষয় গুলি নিধারণ করতে পারি।

যদি আপনি নিয়মানুবর্তিতাকে মেনে চলেন তবে নিজের ইপ্সিত গন্তব্যে আপনি সহজেই পৌঁছাতে পারবেন, এবং অন্যান্য চাহিদা গুলিকেও উপেক্ষা করতে পারবেন। নিয়মানুবর্তিতা পালন করার অর্থ হল আপনি সেই সব বাধা গুলিকে সহজেই 'না' বলতে পারবেন যে গুলির সাথে আপনার স্বপ্ন পূরণের কোন সম্পর্কই নেই। নিয়মানুবর্তিতাকে শ্রদ্ধা করার অর্থ হল যে কোন প্রকার হওয়া। অন্যভাবে বলতে গেলে বলা যায় যে সমস্ত ছাত্র-ছাত্রীরা আড্ডা দিয়ে বা টি.ভি.ত সময় নস্ট করেনা তরা একদিন সুন্দর ভবিষ্যৎ এবং ভালো চাকরির অধিকারী হবে। এই অনসুারে বাবা-মাকেও একটা আদর্শ জীবনের উদাহরণ হিসাবে বাচ্চাদের সামনে উপস্হিত হতে হবে। এর অর্থ হল বাচ্চাদের অধৈর্য্যপূর্ণ ব্যবহারকে নিয়ন্ত্রণ করা।

সুকরাতের মতে দর্শনের একটাই উদ্দেশ্য সেটা হল প্রত্যেক ব্যক্তিকে 'অসাধারণ মানুষে' পরিণত করা। আমরা সকলেই জীবনে এটাই চাই। অ্যারিস্টোটেলের মতে প্রত্যেকটি বস্তুর একটি উদ্দেশ্য আছে। তার মতে মানুষ হিসাবে আমাদের একটা সুন্দর জীবন অতিবাহিত করার চেস্টা করা উচিত। তিনি পরীক্ষকের দৃস্টি ভঙ্গীতে বলেছিলেন – "We are what we repeatedly do. Excellence, then, is next can act, but a habit-' (যা আমরা বারবার করতে থাকি তা ভালো হবেই কারণ তা কার্য থাকেনা, অভ্যাসে পরিণত হয়।) আমাদের অভ্যাস আমাদের সম্পর্কে অনেক কিছু বলে যায়। এর মধ্যে অচেনা ব্যক্তি, বন্ধু, সহকর্মী এবং সদস্যদের সাথে পরিচয় করা বা মেলামেশা করাও আমাদের অভ্যাসে পরিণত হয়। জীবনে এমন কিছু জিনিষ অভ্যাস করা উচিত যার মাধ্যমে আপনার জীবনে উন্নতি আসবে এবং উৎপাদনও বৃদ্ধি পাবে। আপনাকে একট জিনিষ বিচার করতে হবে যে আপনি নিজের সম্পর্কে মানুষের মনে কেমন ধারণার জম দিতে চান। আপনি নিজের অভ্যাসের পরিবর্তন করে এমন ভাবে নিজেক গড়তে পারেন যাতে সর্বদাই আপনার শ্রেস্টতাই প্রতিবিম্বিত হয়। শ্রেষ্ঠতার অভ্যাস করার জন্য আপনাকে ক্রমাগত কিছু কাজ চালিয়ে যেতে হবে। আপনি যে কোন বিষয় পছন্দ করতে পারেন, যে ক্ষেত্রে আপনি পরিবর্তন আনতে চান।

আমাদের নিজেদের দক্ষতা এবং যোগ্যতা বৃদ্ধি করতে হবে। এই ক্ষেত্রে শিক্ষা একটি সঠিক মাধ্যম হতে পারে। জীবনে চলার পথে বহু মনোরঞ্জিত

বিষয় এবং বিভিন্ন পথের সন্ধান পারেন আপনাকেই ঠিক করতে হবে যে আপনি কোন পথে বেশী সময় নষ্ট করবেন। ভারতের অধিকাংশ মানুষ এই লেখাপড়া, বা সমালোচনা বা অনর্থক বাজে কথায় নিজের দিন যাপন করে। একবার আমি আমার গ্রাম জলালাবাদ যাওয়ার পথে একজন মানুষকে জিজ্ঞাসা করেছিলাম যে আপনি কি করছেন? তিনি উত্তর দিয়েছিলেন যে তিনি সময় কাটাচেছন। অনেকেই এমন আছেন যারা আজও জানেন যে কিভাবে তাদের সময়কে সঠিক ভাবে ব্যবহার করা যায়। তিনি বলেছিলেন যে বিনোদন সম্পর্কিত কিছু পড়ার অভ্যাস তিনি ত্যাগ করে দিয়েছেন এবং এমন দিন আসবে যে দিন পৃথিবীর কোথায় কি হচ্চে তা জানার জন্য কেউ খবরের কাগজ পড়বেনা। আপনি তাকে তার এবং অন্যদের জীবন পরিবর্তন করার পরামর্শ দিই। তিনি বলেছিলেন যে তিনি, এই বুড়ো হয়ে গেছেন যে কিছুই নতুন শিখতে পারবেন না। বেশীর ভাগ ব্যক্তিদের মনেই এই ধারণা থাকে। কিছু মানুষই শুধুমাত্র জানেন যে কি ভাবে তাদের সময়ের সঠিক ব্যবহার করা সম্ভব।

উচ্চ আকাঙ্খীরা জীবনে সর্বদাই কিছুনা কিছু পেতে প্রস্তুত থাকে। আমি বুঝেছি যেএকটা জীবনে সব কিছু পাওয়া সম্ভব না। আমরা কম সময়ে কিভাবে অনেক কিছু জানতে পারব তা আমাদের উপর নির্ভর করে। আপনি নিজের ব্যবসায়িক পছন্দ, পড়ার অভ্যাস, রন্ধন প্রণালী, এবং সুন্দর করে ঘর সাজানোর ইচছা যেকোন সময় সম্পন্ন করতে পারেন। আপনি নিজের যোগ্যতাকে বৃদ্ধ বয়সেও বৃদ্ধি করতে পারেন। অপরের বিষয়ে বাজে কথা বা নেতিবাচক কথা বলবেন না। অপরের সম্পর্কে সর্বদাই আকর্ষক এবং উৎসাহোদীপক কথা বলার চেস্টা করুন। আপনার কথার মাধ্যমে আপনি যেকোন অযোগ্য মানুষের জীবনে পরিবর্তন আনতে পারেন। এটা আপনার খাওয়া-দাওয়া, কাজ গল্প করা, শোয়া, টি.ভি. দেখা, ধূম্রপান করা এবং অপব্যয় করার অভ্যাসের উপরেও নির্ভর করে। আপনার মধ্যে আপনার জীবনকে পরিবর্তন করার জন্য যথেস্ট্য ক্ষমতা আছে। আপনি শুরু করলেই অর্ধেক কাজ সম্পন্ন হতে পারে। করা এবং না করা দুটিই বিষয়ই আপনার উপর নির্ভর করে।

বেশীর ভাগ মানুষই সম্পূর্ণ তথ্য না জেনেই কোন ব্যক্তি বা বিষয় সম্পর্কে নিজের মতামত তৈরী করে নেয়। তারা নিজেদের ধারণা এবং বিশ্বাসের উপর ভিত্তি করে বেঁচে থাকে।

তর্ক না করে চিন্তা করার চেস্টা করুন। একে অপরের সঙ্গে সম্মুখে ঝগড়া করার পরিবর্তে নিজেকে শান্ত রাখার চেস্টা করুন। জীবনে এমন অনেক লোকের সাথে কথা বলতে হয় যারা আমাদের উত্তেজিত করে দেয়। তার উত্তর আমাদের উপরেই নির্ভর করে। কোন একজন বিদ্যান ব্যক্তির মতে–"It is the mark of educated mind to be able to entertain a thought without accepting it." (একটা শিক্ষিত মস্তিস্কই পারে কোন চিন্তাকে গ্রহণ না করে মেনে নিতে)।

দৈনিক পাঁচ মিনিটে আপনার অগোছালো কাগজপত্র গুলি গুছিয়ে নিতে পারেন

প্রায়ই দিনই আমাকে আমার শোয়ার ঘর, পড়ার ঘর বা আমার বাড়ীতে যে অগোছালোতার সৃষ্টি হয় তা নিয়ে রীতি মতন লড়াই করতে হয়। প্রতিদিন যে চিঠিপত্র আসে তা আমার শোয়ার অথবা খাওয়ার ঘরে ছড়িয়ে ছিটিয়ে পড়ে থাকে। একই সাথে পরিবারের সদস্যরা প্রায়ই দিনই ভুলে খবরের কাগজ বাথরুমে ফেলে রেখে চলে আসে। এইভাবে আমাদের সকলের ঘরেই অগোছালো পরিবেশের সৃষ্টি হয়, যা আমাদের প্রচুর অসুবিধার সৃষ্টি করে। আমার মতে কোন সমস্যা জটিল হওয়ার আগেই যদি তা সামলে নেওয়া যায় তবে বেশী সময় লাগেনা।

কোন ও কাজকে দ্রুত গতিতে সম্পন্ন করা ছাড়া কোন উপায় নেই। যদি আপনি আপনার বাড়ী গুছিয়ে রাখতে চান তবে এর প্রয়োগ আপনি বাড়ীতেও করতে পারেন। আপনি জ্যাম বা কোন খালি কৌটোকে ব্যবহার করতে পারেন। এইভাবে আপনি কোন জিনিষ রাখলে তার জন্য জায়গাও কম লাগবে আবার তা খুঁজতেও অসুবিধা হয় না। এমনকি আপনি অফিসেও পেপার ক্লিক প্রভৃতি বস্তুগুলিকে আলাদা আলাদা শিশি বা কৌটতে রাখতে পারেন। যেমন কৌটো বা শিশিগুলি ঘর এবং রান্না ঘরের জন্যও উপযোগী। এগুলি আকর্ষণীয় ভাবে টেবিলে সাজিয়ে রাখতে পারেন। কাঁচের শিশিতে লেবেল লাগানোর ও কোন প্রয়োজনীয়তা নেই।

অফিসে রাখা ফাইল গুলিকে যদি বিষয় অনুসারে সাজিয়ে রাখেন তবে তা সংগঠিত রূপেই থাকবে। প্রতিদিন আপনাকে এর জন্য আট থেকে দশ মিনিট সময় ব্যয় করতে হবে। এই কাজ আমি শোয়ার আগেই শেষ করে নিই, যাতে পরের দিন কাজ শুরু করতে অসুবিধা না হয়।

জীবনকে সংগঠিত করার জন্য আপনাকে নিয়মানুবর্তিতার পালন করতে হবে। অগোছালোতা শুরু হওয়ার আগেই তা সামলানোর চেষ্টা করা উচিত।

আমাদের সবাইকেই বিল দিতে হয়। যদি আপনি ক্রেডিট কার্ডের ব্যবহার করতে চান তবে তার জন্য আপনাকে কি পরিশোধ করতে হবে তা জেনে নিন। আমি অনেক সময় দেখেছি যে কোন কোন হোটেল বা স্টোর্স পরিশোধের সংখ্যাগুলিকে যোগ করতে ভুল করে বসে। জিজ্ঞাসা করলে সেটি কম্প্যুটারের ভুল বলে কাটিয়ে দেওয়া হয়।

আপনি যে বস্তু গুলি কিনছেন তার জন্য যদি আপনি নগদ পয়সা দেন তবেই সবচেয়ে ভালো হয়। বাস্তবে কখনও কখনও আমি আগেই টেলিফোনের বিল দিয়ে দিই যাতে পরে ইলেকট্রিক বিল দেওয়ার সময় সামঞ্জস্য বজায় থাকে এই ভাবে আমি আমার বাজেটে ভারসাম্য বজায় রাখি।

ট্যাক্স এবং বীমার কাগজ গুলিকে আলাদা ফাইলে রাখুন। এগুলি ফাইলে রাখার পর দেখার প্রয়োজনীয়তা কমই হয়। যে কাগজ আপনার কাছে প্রয়োজনীয় নয়, তা তাড়াতাড়ি ফেলে দিন। যদি কোন কাগজ পত্র ছয় মাস ধরে ব্যবহার না করেন তবে তাও ফেলে দিতে দ্বিধা করবেন না। মাঝে মাঝে কম্প্যুটারের পাশে থাকা ফোল্ডার গুলির অনুসন্ধান করুন। অন্তত পক্ষে পনেরো মিনিট পর পর এই কাজ অবশ্য করুন। যে সমস্ত ব্যবসা সম্পর্কিত চিঠি পত্রের বা ব্যক্তিগত চিঠিপত্রের উত্তর দিতে হবে সেগুলি আলাদা করে রেখে দিন। পরের দিন সকালেই আমি আমার সেক্রেটারীকে দিয়ে এই চিঠিগুলি টাইপ করিয়ে নিই এবং স্বাক্ষর করে পাঠিয়ে দিই। আমার কম্প্যুটারে একটি আলাদা ফোল্ডার আছে–'2003 অথবা 2004 এর পাঠানো চিঠি'। এটি কে বছরের ভিত্তিতেই গড়ে তোলা হয়েছিল। যদি কোন চিঠি খুব বেশী গুরুত্বপূর্ণ হয় তবে তা এই ফাইলে রেখে দিই।

অনেক সময় জ্ঞানের অভাবে অনেক কাজকে মাঝ পথেই ছেড়ে দিতে হয়। মনে রাখবেন যে এই বিষয়ে জেনে নেওয়ার পরই এই অপূর্ণ কাজটিকে সম্পূর্ণ করতেই হবে। কোন কোন কম্প্যুটারে এমন কিছু প্রোগ্রাম থাকে যাতে শুধুমাত্র প্রয়োজনীয় বিষয় গুলি অন্তর্ভুক্ত করে দিতে হয়।

পোস্টের মাধ্যমে এমন কিছু জিনিষ আসে, যার জন্য অগোছালোতার সৃষ্টি হয়। আমার কাছে এমন অনেক পত্র পত্রিকা আসে যার জন্য আমি

চাঁদা পর্যন্ত প্রদান করিনা। যদি সে গুলি আমার রুচি বা পছন্দের অনুরূপ না হয় তবে আমি সেগুলি ডাস্টবিনে ফেলে দিই। পশ্চিমী দেশ গুলিতে এই অবাঞ্ছিত পুরানো জিনিষপত্র গুলি একটা সমস্যার সৃষ্টি করে, সেখানে এই অবাঞ্ছিত জিনিষের হাত থেকে রেহাই পাওয়ার জন্য লোককে পয়সা দিতে হয়। শুধুমাত্র ভারতবর্ষই এমন দেশ যেখানে অবাঞ্ছিত জিনিষও বিক্রী করে দেওয়া হয়। আমি পুরানো খবরের কাগজ বিক্রী করে দিই। এমনকি পত্রিকা গুলি পড়া হয়ে গেলে তা থেকে যদি কোন তথ্য কপি করার থাকে তা করার পর তাও বিক্রী করে দিই।

পোস্টের মাধ্যমে আমার কাছে গয়না ও খাবারের তালিকা আসে। যদিও আমি ভালো হোটেলের কার্ড গুলি সামলে রাখি যাতে আমি আমার পরিবারের সাথে সেখানে গিয়ে খাবার মজা নিতে পারি। বাছাইয়ের জন্য নিয়মিত আমার পাঁচ থেকে দশ মিনিট সময় লাগে কিন্তু তার ফলে সমস্ত কিছু খুব সহজেই ব্যবস্থিত হয়ে যায়। নিজের দক্ষতা বাড়ানোর জন্য আপনি আধুনিক প্রযুক্তি বিদ্যারও ব্যবহার করতে পারেন।

আপনি যে ই-মেল গুলি পাঠাতে চান তা আপনি আউটবক্সে আগে থেকেই বানিয়ে রাখতে পারেন। আপনি যে পথই অবলম্বন করুন না কেন আপনার উদ্দেশ্য একটাই সেটা হল আপনার কাজ এবং জীবনকে সঠিক পথে চালনা করা।

মনে রাখবেন যে এর জন্য আপনাকে ক্রমাগত অভ্যাস করতে হবে। এর ফলে শুধু যে আপনার সময় বাঁচবে তাই নয় আপনার কাজে স্পষ্টতা এবং ক্রমবর্ধতাও আসেব। কার্য ক্ষেত্র যদি ব্যবস্থিত হয় তবে আপনি গুরুত্বপূর্ণ বিষয় গুলি নিয়ে ভাবার সময় পাবেন। প্রত্যেকটি পাওয়া না পাওয়া অথবা জীবনের ধাপ আমাদের জীবন ধারণের উপরই নির্ভর করে। সত্যি কথা বলতে কি, আমরা পৃথিবীকে যা দিই পরিবর্তে পাই। ইতিবাচক বিচারের মাধ্যমেই ইতিবাচক প্রতিক্রিয়ায় সৃষ্টি হয়। যে কোন কাজকে ভালোবেসে করুন এবং সুসংগঠিত ভাবে করুন।

নিজের প্রকৃত সম্পত্তি এবং মূল্য সম্পর্কে সচেতন হন

বেশীর ভাগ সময় আমরা নিজেদের নিয়ম, আদর্শ এবং শ্রদ্ধার প্রতি সচেতন হইনা। কোন চাপের মধ্যে পড়ার পর আপনি ঘটনা এবং অন্য ব্যক্তিদের সাথে হওয়া ব্যবহারের মাধ্যমে তা চিনতে পারেন। এটা আপনার মূল্য নির্ধারণের সরল উপায়। আপনি কোন বিষয়ের উপর অধিক গুরুত্ব দেবেন তা আপনার কাজের মাধ্যমেই বোঝা যাবে। আপনার কখনই নিজের প্রকৃত নিয়ম, মূল্য এবং আদর্শকে ব্যক্ত করতে ইচ্ছা করেনা। সেটা আপনার ব্যবহার থেকেই বোঝা যাবে। আপনার অতীতের সাথে যুক্ত কাজ এবং নির্বাচনের মাধ্যমেই বোঝা যাবে যে আপনি সব থেকে বেশী কিসে আনন্দ পেয়েছেন। সমস্ত ব্যক্তিদের মূল্য এবং গুরুত্ব একই হবে-তার কোন প্রয়োজনীয়তা নেই। কোন ব্যক্তি পরিবারের তুলনায় কেরিয়ারকে বেশ প্রাধান্য দেয় কেউবা স্বাস্থ্যকেই সর্বাধিক প্রাধান্য দেয়। কিন্তু আপনার মূল্য আপনি কোনটা বেশী প্রাধান্য দিচেছন এবং কোন পরিবেশে তা ব্যক্ত হচেছ তার উপরেই নির্ভর করে। প্রকৃত পক্ষে অতীতের প্রভাবেই আমাদের ব্যক্তিত্ব গড়ে ওঠে। এর মাধ্যমেই আমাদের চরিত্র গড়ে ওঠে যার দ্বারা আমরা প্রশংসা এবং স্বীকৃতির অধিকারী হয়ে উঠি।

জীবনের অগ্রিম এবং উন্নতিবর্ধক আদর্শ গুলি অসাধারণ ঃ আপনি কি মনোভাব ব্যক্ত করবেন তা আপনার ব্যক্তিত্বের বৈশিষ্ঠ্য উৎসাহিত করে। একতা, প্রেম, সাহস, সততা, শ্রেষ্ঠ্যতা দায়িত্ব স্বীকারের মাধ্যমে এবং জীবনের মূল্যর সাথে ভারসাম্য বজায় রেখে চলতে পারলে আপনি

প্রশংসনীয় পাত্র হয়ে উঠতে পারেন। আপনার স্তরই আপনার ব্যক্তিত্বকে বৃদ্ধি করে। উচ্চ মূল্য এবং আদর্শের সাথে সম্পর্কিত ব্যক্তি নিশ্চিত রূপে উচ্চ স্তরের মানুষ হয়ে উঠতে পারে।

এই চিন্তা গুলিকে কার্যকরী করার জন্য আপনাকে দুটি কাজ করতে হবে, মনে রাখবেন যে কথার তুলনায় আপনার কাজ অনেক বেশী প্রভাবশালী। দুনিয়াকে জানিয়ে দিন যে আপনি কোথায় দাঁড়িয়ে আছেন এবং পৃথিবীতে আপনার স্হান কি। যদি আপনি সবার নজরে আসতে চান তবে চাপের মুখে আপনি কিভাবে সামলান তা জেনে নিন। এইরকম পরিস্হিতিতে অন্যান্য ব্যক্তিরা কেমন ব্যবহার করেন তা আপনাকে দেখতে হবে। যে সমস্ত ব্যক্তির সাথে আপনার মূল্যের মিল হয়, তাদের সাথে সম্পর্ক বজায় রাখার চেস্টা করুন। কিছু ব্যক্তি খুব শীঘ্রই নিজের কর্তব্য এবং ব্যবহার সম্পর্কে ওয়াকিবহাল হন এবং সেই কারণে তারা প্রশংসার পাত্র হয়ে ওঠেন। এই আন্তরিক জ্ঞানের জন্য যেকোন স্হিতির ভালো মন্দ দিকটি তারা সহজেই বুঝতে পারে। আমি জানি যে এই বৈশিষ্ঠ্য ভগবানই প্রদান করেন। আমাদের যা প্রয়োজন, তা পাওয়ার জন্য আমাদের স্বাভাবিক বুদ্ধিও বজায় রাখতে হবে কিন্তু সেই একই সাথে পয়সার দু দিকেই নজর দিতে হবে। কোন একটা বিন্দুতেই নিজের ভাগ্যকে সন্ধান করবেন না। জীবন এবং কার্যের ক্ষেত্রে আপনার একনিষ্ঠতার কোন বিকল্প নেই। আমাদের অন্তর জ্ঞান আমাদের জন্য একটা উপহার যা অনুভব করে আমাদের বুদ্ধি বৃদ্ধি পায়।

সংগঠিত জীবন আমাদের কাছে একটা আশীর্বাদ। আজ থেকে নিজের জীবনকে সংগঠিত করার চেস্টা করুন। কোন কাজ শুরু করার আগে একাট পরিকল্পনা গড়ে নিন। প্রকৃতি পক্ষে বর্তমান এবং ভবিষ্যৎ-সম্পর্কে একটা পরিকল্পনা করে নেওয়া খুবই আবশ্যক। আগামী দিনের জন্য আজই একটা সূচী তৈরী করে নিন এবং কাজও বিনোদনের সময়কে ভাগ করে নিন। সকালে ঘুম থেকে উঠেই ক্যালেণ্ডার বা নিজের ডায়রি দেখে নিন যাতে আপনি সম্পূর্ণ দিনটির জন্য মানসিক ভাবে তৈরী হয়ে যেতে পরেন। আপনাকে দিন অথবা ঘন্টায় আপনি কতটা উৎপাদন করতে পারলেন সে দিকে নজর দিতে হবে। এই ভাবে আপনাকে শেষে এসে আর তাড়াহুড়ো করতে হবেনা, কঠোর পরিশ্রম ছাড়া কোন কিছুই পাওয়া সম্ভব নয়। যদি ও কখনই এমন হয়না যে আমরা সারাদিন ধরে

বিশ্রাম করে গেলাম। আপনি নিজেই ঠিক করুন যে আপনার শক্তি বজায় রাখতে গেলে কতটা বিশ্রাম আবশ্যক। সেই সময় টুকু সম্পূর্ণ বিশ্রাম নেওয়ার চেস্টা করুন। অসম্পূর্ণ ঘুম আপনার কার্য ক্ষমতাকে প্রভাবিত করে, আমি অসময় ঘুম পছন্দ করিনা কারণ তাতে আমার পরের দিনের কাজ প্রভাবিত হয়। আমি একরত্রিরে সাত ঘন্টা ঘুমাই যা আমার শরীরের জন্য যথেষ্ঠ্য এবং এই ভাবে আমি যে কোন পরিকল্পনার জন্য সম্পূর্ণ শক্তি পাই। ঘুমের সময়ও এক এক ব্যক্তির কাছে এক এক রকম।

আপনার খাওয়ার পরিমাণ এবং প্রকারের উপরেও আপনার দক্ষতা নির্ভর করে। গাড়ী চালানোর জন্য পেট্রোল যতটা গুরুত্বপূর্ণ শরীরের জন্য খাদ্যও ঠিক ততটা গুরুত্বপূর্ণ। ভারী জলখাবার আমার পেটকে ভারী করে দেয় আর হাল্কা খাবার খেলে তাড়াতাড়ি খিদে পেয়ে যায়। এই কারণে আমি জাঁক ফুডের পরিবর্তে স্বাস্থ্যকর খাবারই খেতে পছন্দ করি। জলখাবারে ফল এবং দুধ খেলে সম্পূর্ণ পুস্টি পাওয়া যায়। নিজেদের শরীরের দিকে অবশ্যই লক্ষ্য করুন। কোন খাবার আপনার জন্য স্বাস্থ্যকর এবং শক্তিদায়ক তা আপনি নিজেই বুঝতে পারবেন। এইজন্যও আপনাকে একটা পরিকল্পনা তৈরী করতে হবে। আপনার সাথে সম্বন্ধ যুক্ত বিষয় গুলির উপর নজর দিন।

আপনি যে কোন একটি কাজ শুরু করুন, তা শেষ হওয়ার পরেই আর একটি কাজে হাত দিন। গুরুত্বপূর্ণ কাজ গুলিকে সবার আগে সম্পন্ন করুন। কার্য তালিকায় এক গাদা কাজ রাখবেন না। যে কাজ আপনাকে অর্পন করা হয়েছে তা সর্বাগ্রে সম্পন্ন করার চেস্টা করুন। মনে রাখবেন যে কঠিন এবং জটিল কাজের জন্য বেশী সময় ব্যয় করেত হয়। যদি আপনি কঠিন কাজ সম্পন্ন করতে না পারেন তবে আপনার মনোবল ভেঙে যেতে পারে। যদি প্রতিদিনই আপনার সাথে এমন হতে থাকে তবে কার্যসূচী টিকে পুণরায় দেখে গুরুত্বপূর্ণ বিষয় গুলির দিকে নজর দিন।

যদি আপনার কাজ খুব তাড়াতাড়িই সমাপ্ত হয়ে যায় তবে তার অর্থ হল আপনি আরোও বেশী কিছু কাজ করতে পারেন। ছোট-বড় বিভিন্ন কাজের মধ্যে দিয়েই অপানার কাজ অগ্রগতি পেতে পারে। অগোছালো এবং এবং খারাপ পরিবেশে কাজ করার অর্থ হল নিজের জন্য মানসিক চাপ সৃস্টি করা। আমি পরিস্কার পরিচছন্ন ভাবেই কাজ করতে পছন্দ

করি। একটি সাজানো গোছানো কার্যক্ষেত্র আপনার চাপকে অর্ধেক করে দেয়। যখন কাজ করবেন তখন একটা বিষয়ের দিকেই নজর দেবেন। কাজের শেষে সমস্ত বস্তুগুলিকে যথা স্হানে রেখে দিন। এতে আপনার উৎপাদন সম্পূর্ণ হবে বলে আশা করতে পারেন। চতুর্দিকে ছড়ানো ছেটানো কাগজ পত্র নিরাশা এবং নিরানন্দের কাণর হয়ে দাঁড়ায়। কাজের জন্য একটা ভালো পরিবেশ আপনাকে দক্ষতা এবং সফলতার দিকে এগিয়ে নিয়ে যেতে পারে।

একটি লাভপ্রদ অনুশীলন

আপনি কোন কার্য দক্ষতার সাথে শেষ করার জন্য সেটিকে সরল করে নিতে পারেন। নিশ্চিত এবং গুরুত্বপূর্ণ কার্যগুলিকে সময়ের মধ্যে শেষ করার চেস্টা করুন। আপনি কোন কাজ সকালে, কোন কাজ দুপুরে এবং কেন কাজ রাতে সম্পন্ন করবেন তা সুনিশ্চিত ভাবে স্হির করে নিন। উদাহরণ হিসাবে বলা যায় আমাদের মধ্যে কেউ কেউ ভোর বেলা কাজ করত পছন্দ করেন যখন টেলিফোনের আওয়াজ বা বাচ্চাদের চিৎকারের কোন সম্ভাবনা থাকে ন। কেউ কেউ প্রাতঃ ভ্রমণটি গুরুত্বপূর্ণ বলে মনে করেন। আমি সেই সমস্ত লোকেদের মধ্যে পড়ি যারা বর্ষাকালেও ব্যায়ামকে ত্যাগ করতে চাননা।

আপনার এই কার্যতালিকায় কিছুটা সময় অবশ্যই বাঁচিয়ে রাখার চেস্টা করবেন যাতে আপনি অন্যান্য কাজের জন্য সময় বের করতে পারেন। কখনও কখনও কোন আকস্মিক ঘটনার জন্য আপনার দৈনন্দিন জীবন যাপনে পরিবর্তন আসতে পারে তখন আপনাকে সামান্য পরিবর্তন আনতে হবে। যদি আপনি কার্যক্ষমতা এবং কাজের মধ্যে নিয়মের পালন করেন তবে তা আপনার জন্য সুবিধাজনক হবে। নিজের কার্যক্ষেত্রকে পরিস্কার পরিচ্ছন্ন রাখুন। টেবিলে সেই জিনিষ গুলিই রাখুন যা আপনার প্রতিদিন প্রয়োজন হবে। অবশিস্ঠ্য বস্তু গুলিকে ড্রয়ার, শেল্ফ এবং ফাইলে রাখার চেস্টা করুন। আপনার ঘরের আসবাব পত্রগুলিকেও গুছিয়ে রাখুন। যে জিনিষ পত্র গুলি আপনার জন্য খুব প্রয়োজনীয় সেগুলি আপনার আশে পাশে রাখার চেস্টা করুন।

রাতে শোয়ার আগে অবশ্যই পনেরো মিনিট সময় বের করুন, যে সময়ে আপনি অগোছালো জিনিযপত্র গুলিকে সামলে রাখতে পারেন। এই কাজ স্মরণে রাখার জন্য আপনি এলার্ম ঘরির ব্যবহার করতে

পারেন। যদি আপনি পনেরো মিনিট বের করতে না পারেন তবে পাঁচ মিনিট অবশ্যই বের করুন যাতে আপনি কার্য শুরু করতে পারেন, তবেই আপনি নিজের জীবন সংগঠিত করতে পারেন। এটা যাতে ক্রমাগত করতে পারেন সেদিকে অবশ্যই খেয়াল রাখবেন। এই নিয়ম পালন করতে পারলে আপনার জীবনে অবশ্যই পরিবর্তন আসবে।

প্রত্যেক ব্যবসা এবং কাজের ক্ষেত্রে কিছু কাগজপত্রকে অবশ্যই লক্ষ্য করা হয়। এই কাগজ গুলিকে আপনি খুব সহজ পন্থায় পরিচালিত করার জন্য যে কোন প্রক্রিয়া অবলম্বন করতে পারেন।

যদি কোন কাগজ অপ্রোয়জনীয় মনে হয় তবে তা সঙ্গে সঙ্গে ফেলে দিন। কাগজটি হাতে আসলেই তা ভালো করে দেখে নিন। যদি কোন কাগজের ক্ষেত্রে বেশী পরীক্ষা নিরীক্ষার প্রয়োজন হয়, তবে তা অন্যান্য গুরুত্বপূর্ণ কাগজগুলির মতন সামলে রাখুন।

আপনার সুবিধা অনুসারে আপনি যে কোন প্রক্রিয়ার ব্যবহার করতে পারেন। আমি আমার প্রয়োজনীয় কাগজগুলিকে টেবিলে অথবা ড্রয়ারে রেখে দিই। যখন যে কাগজের প্রয়োজন হয় তা সহজেই পেয়ে যাই। কোন চিঠির উত্তর দিতে হলে আমি বা আমার সেক্রেটারী তা কম্প্যুটারে টাইপ করে নিই। এবং তারপর পাঠিয়ে দিই। সম্পত্তি সংক্রান্ত দলিল পত্র গুলি খুবই গুরুত্বপূর্ণ হয়, সেগুলি সম্পর্কে আমি নিজের সূচীতে বা কম্প্যুটারে নোট করে রাখি। আমার কম্প্যুটার আমাকে অর্ধসমাপ্ত কাজ গুলির কথা স্মরণ করিয়ে দেয়। আমার কার্য তালিকায় প্রথম দিকে যে কাজ গুলি থাকে আমি কাজ করেত বসে সবার আগে সেগুলি সম্পন্ন করার চেস্টা করি। প্রধান তালিকার সাথে দৈনন্দিন তালিকা গুলিকে মিলিয়ে নিই। লড়াই-ঝগড়া করের সময় নস্ট করবেন না। যদি ঝগড়া হয় তবে তার কারণ খুঁজে বার করা চেস্টা করুন। আপনার কাজের জীবনকে সাধারণ ভাবে পরিচালিত করে আপনি অতি শীঘ্র সফলতা পেতে পারেন।

বেশীর ভাগ বড়লোক বাড়ীতে গাড়ী রাখার জন্য গ্যারেজ তৈরী করা হয়। আমি খেয়াল করে দেখেছি যে খুব তাড়াতাড়িই সেটা জঞ্জাল রাখার স্হানে পরিণত হয়। সেখনে গাড়ীর পুরানো পার্টস, পুরানো ফার্নীচার এবং ভাঙা চোড়া জিনিষ পত্র রেখে দেওয়া হয়। আপনার কাছে যে সমস্ত জিনিষ গুলি অকেজো বলে মনে হয় আপনি সেগুলি বিক্রী করে দিন, জ্বালিয়ে দিন বা দান করে দিন। এতে আপনার বাড়ী পরিস্কার পরিচ্ছন্ন থাকবে। এর ফলে বাড়ীতে অনেক স্হান বেড়ে যাবে। গাদা কার আগে তা কিভাবে সামলাবেন তার চিন্তা করুন। যদি কোন নতুন আসবাব পত্র

নেন তবে তার আগে পুরানোটির বন্দোবস্ত করুন। আপনি যা চোখের সামনে দেখবেন আপনি তারই ব্যবহার করবেন নতুবা সেগুলি বন্ধ স্থানে অপ্রয়োজনীয় হয়েই পড়ে থাকবে।

দেওয়ালে হুক বা ব্রেকেটের ব্যবহার করে আপনি অনেক জিনিষ রাখতে পারেন। সেগুলি যেন অবশ্যই পরিস্কার পরিচ্ছন্ন, টেকসই এবং মজবুত হয়। আপনার ঘর কিভাবে গোছানো তার উপর জিনিষপত্র রাখার বিষয়টি নির্ভর করে। দেওয়ালে রাখা জিনিষপত্র গুলিকে আপনি মাঝে মধ্যে সরাতে পারেন বা পরিবর্তন করতে পারেন। কাঁচের তৈরী প্যানেলও কার্যকরী হয়। এর জন্য আপনাকে বিশেষ কিছু করতে হবেনা শুধুমাত্র সেটিকে দেওয়ালে টাঙাতে হবে। আমার বাথরুমেও দুটি আছে যেখানে দৈনন্দিন জীবনে ব্যবহৃত কিছু জিনিষপত্র রাখা হয়। আপনার জীবনকে সুব্যবস্থিত করার জন্য কোন বিশেষ দক্ষতার আবশ্যকতা নেই। বাইরের জগতে এই সমস্ত কাজ গুলি করতে প্রচুর লোকের প্রয়োজন হয় কিন্তু ঘর সামলানোর জন্য সামান্য ব্যবহারি বুদ্ধি এবং সামান্য অংশ গ্রহণের প্রয়োজন হয়।

সময়ের সঠিক ব্যবহার

উষ্ণতা সহ একটি নিরেট প্রতিশ্রুতি, ধৈর্য্য এবং একাগ্রতার প্রতি নিস্ঠাই হল সফলতার চাবিকাঠি। সফলতার থেকে বড় আর কিছুই হতে পারে না। অন্যান্য মানুষের সাথে ভালো এবং মধুর সম্পর্ক সফলতার প্রাপ্তিকে সুনিশ্চিত করে। আপনার বাক্যলাপ এবং পরিকল্পনা যেন অপরের জন্য সহজ সরল বলে মনে হয় এবং তা যেন অপরকে প্রভাবিত করতে পারে। কোন বিষয় আপনাকে জড়সড় করে দেয় সেদিকেও খেয়াল রাখুন।

যদি আপনি একজন মুডি মানুষ হন বা আপনার মধ্যে ধৈর্য্যের অভাব থাকে তাহলে এমনটা ঘটতে পারে, যদি আপনি অপরকে সর্বদাই ছোট করতে চান বা কারোর অকারণ দাবীতে 'না' বলার ক্ষমতা না থাকে. তবে আপনার উপর একটি চাপ সৃষ্টি হতে পারে। যতক্ষন আপনি নিজে নিজের এই জড়সড়তার কারণ বুঝতে না পারবেন ততক্ষণ পর্যন্ত আপনি তা দূর করেত পারবেন না। আপনি নিজেকেই জিজ্ঞাসা করুন যে কোন ব্যক্তি বা কোন বিষয় আপনাকে গণ্ডীবদ্ধ করে তুলছে। কোন চাহিদা আপনার সময় নস্ট করছে সে দিকে খেয়াল করুন। সেটিকে পরিবার, সম্পর্ক বা বন্ধুর চাহিদা, এই ভাবে বিশ্লেষণ করলে আপনি আপনার সময়কে সুন্দর ভাবে ব্যবহার করতে পারবেন। অধিক পরিমাণে উৎপাদনের জন্য দিনের কোন সময়টা আপনার সর্বাধিক উৎপাদক সময় বলে মনে হয় তার নির্ণয় করতে হবে, এতে আপনার কার্যক্ষমতা বৃদ্ধি পাবে। কোন কোন মানুষ সকালে কাজ করতে পছন্দ করেন, কেউ দুপুরে তো কেউ রাতে কাজ করতে পছন্দ করনে। যদি আপনার মধ্যে সময়ের এই জ্ঞান থাকে তবে সেই সময় সমস্ত গুরুত্বপূর্ণ কাজ গুলিকে সম্পন্ন করার চেস্টা করুন।

পীটার ড্রুকারের মতে "Doing the right thing is more important than doing things right." (সঠিক উপায়ে কাজ করার পরিবর্তে সঠিক শকাজ করা অনেক বেশী গুরুত্বপূর্ণ।) সঠিক কার্য সম্পন্ন করতে পারলে আপনি দৃঢ় মানসিকতা, দক্ষতা এবং একাগ্রতার অধিকারী হয়ে উঠবেন। সমস্যার সমাধানের জন্য ডাক্তার যেভাবে রুগীর শরীর পরীক্ষা নীরিক্ষা করেন আপনিও ঠিক একই ভাবে সততা সহ নিজের আত্ম নীরিক্ষা করুন। এতে বাস্তব সমস্যা ওয়াকিবহাল হওয়ার পর তার চিকিৎসা করা সম্ভব হবে।

আপনি যাই করুন না কেন, নিজের জন্য অবশ্যই সময় বের করবেন। এটি কঠিন কাজ হলেও অসম্ভব নয়। অনুৎপাদক কাজ কর্ম যেমন, আড্ডা দেওয়া, কেনা কাটার সময় থেকে সামান্য সময় বাঁচিয়ে তা নিজের জন্য রাখতে পারেন। গুরুত্বহীন কার্যের ক্ষেত্রে যদি আপনি না বলেন তবেও আপনার সময় বাঁচতে পারে। দৈনিক কাজের জন্য এবং মানসিক কাজের জন্য একটি আলাদা সূচী প্রস্তুত করুন। মাঝে মাঝে পাঁচ থেকে কুড়ি মিনিট পর্যন্ত বিশ্রাম অবশ্যই গ্রহণ করুন। এতে আপনার কার্যক্ষমতা সতেজ থাকবে পড়াশোনার জন্য কিছুটা সময় বের করার চষ্টা করুন। নিজেকে সন্তোষ প্রদান করে এমন কিছু কাজ বা ব্যায়াম প্রতিদিন করুন। যত কাজই থাকুক না কেন পরিবারের সকলে মিলে এক সাথে অন্ততঃ একবার খাবার খান। প্রত্যেক সপ্তাহে এমন কিছু কাজ অবশ্য করুন যাতে সম্পূর্ণ পরিবার অংশ গ্রহণ করতে পারে। এইভাবে আপনার পারিবারিক জীবনও আনন্দদায়ক হয়ে উঠবে।

অনেক মানুষের কার্যক্ষেত্র খুবই অগোছালো হয়। শুধুমাত্র মন থেকে চাইলেই এই অগোছালোতাকে দূর করা যায় না। এর জন্য আপনাকে কষ্ট করতে হবে। জায়গার জিনিষ জায়গায় না রেখে এখানে ওখানে ফেলে রাখার অভ্যাস ত্যাগ করুন। এটাই অগোছালোতার মুখ্য কারণ হয়ে দাঁড়ায়। এটিকে কখনই জীবনে চেপে বসতে দেবেন না। যতক্ষণ না আমার ঘরের প্রতিটি কোনা সুন্দর ভাবে গোছানো হয়ে যায় ততক্ষণ আমি ঘর থেকে অপ্রয়োজনীয় কাগজ ও জিনিষপত্র ফেলতে থাকি। কিছু কিছু জিনিষ আছে যেগুলিকে হঠাৎ করে ফেলে দিতে গায়ে লাগে তার জন্য আমি বুধবার এবং শনিবার দিন দুটিকে ঠিক করে রেখেছি। এই দুই দিন আমি এই কাজ অবশ্যই সম্পন্ন করি। বেশীর সময় আমি টেবিল ছেড়ে ওঠার সময় দুই থেকে তিনটি বাড়তি কাগজ ফেলে দিই।

আমাদের কাছে আধুনিক উপকরণের কোন অভাব নেই। সেগুলিকে

ব্যবহার করার জন্য সমস্ত নির্দেশ গুলিকে খুব ভালো করে পড়া উচিত এবং এই কাগজ পত্র গুলিকে আলাদা ফাইলে রাখার চেস্টা করুন। ব্যবহার করার পর সেটিকে পুণরায় ওখানেই রেখে দিন। মাঝে-মাঝে অবশ্যই এই বিষয় গুলির দিকে লক্ষ্য রাখবেন। আপনি কারখানার ভাঙা জানালার গল্পতো অবশ্যই শুনেছেন। যখন প্রথম জানলাটা ভেঙে যায় তখন মালিক সে দিকে ভ্রুক্ষেপই করেনি। লোকেরা সেই জানালা দিয়ে সহজেই যাতায়াত করা শুরু করে দেয় আর এই ঘটনার প্রতি লক্ষ্য রেখে বাকি জানলা গুলিও একে-একে ভেঙে ফেলা হয়। প্রথম ভাঙা জানলাটা কেউ ঠিক করার চেস্টা করেনি বলে এই ঘটনা চরম আকার ধারণ করে।

জীবনের অন্যান্য ক্ষেত্রেও এই একই ঘটনা ঘটতে পারে। ছোট ছোট বিষয়ের মাধ্যমেই একটা বড় আকারের সৃস্টি হয়। ছোট ছোট বদ-অভ্যাসই একটা বড় আকার ধারণ করে। এই কারণে যখনই টেবিলোর উপর কাগজপত্র অগোছালো হয়ে পড়ে থাকতে দেখবেন বা পত্রিকা এদিক ওদিক ছড়ানো দেখবেন তখনই তা গুছিয়ে ফেলার চেস্টা করুন। 'ভাঙা জানলার' গল্পটি স্মরণ করার চেস্টা করুন এটি আপনার জঞ্জাল পরিস্কার করার কাজে তৎপর করে তুলবে। মনে রাখবেন যে–"Every big problem was out one time as small inconvenience or a nuisance or a disturbance (সমস্ত বড় অসুবিধা একদিন একটি ছোট অসুবিধা বা একটি উপদ্রব বা একটি বিশৃঙ্খলার আকারে থাকে)।

সকালে ঘুম থেকে উঠেই নিজের বিছানা পরিস্কার করে নিন। কাপড়-জামা কাজের লোকই ধুক বা আপনিই ধুন সেগুলিকে একটি স্হানে রাখুন। যারা কাজে বেরোবে বা স্কুলে যাবে তাদের জন্য আপনি যে খাবার দাবার প্রস্তুত করেছেন সেগুলিও একটি নির্ধারিত স্হানে রাখুন, এতে তাদেরকে ঘুম থেকে তোলাটা সহজ হয়ে যাবে।

বেশীর ভাগ মধ্যবিত্তদের কাছে গাড়ী অথবা স্কুটার থাকে। নিজের ক্যালেণ্ডারের উপর আর সার্ভিসিংয়ের ডেটটিকে দাগিয়ে রাখুন যাতে ভুলে না যান। উৎসবের সময় উপহার দেওয়া নেওয়ার বিষয়টি খুবই সাধাণর ঘটনা। আমি জন্মদিনের সময় যে সমস্ত কার্ড পাঠাতে চাই সেগুলি আগেই কিনে রাখি। অনেক সময় উপহার গুলি একই ধরনের হয়ে যায়। আপনি সেই উপহার গুলি দান করে দিতে পারেন বা অন্যকে উপহার স্বরূপ দিয়ে দিতে পারেন। শুধু একটা বিষয়ই খেয়াল রাখবেন যে, যিনি আপনাকে এই উপহার প্রদান করেছেন তার কাছে যেন তা চলে না যায়।

পরিবারের সদস্য, বন্ধু ও প্রতিবেশীদের সাথে সর্বদাই প্রেম এবং ভাতৃত্ব

বোধের সম্পর্ক বজায় রাখার চেষ্টা করুন। পরিবারের সদস্য ছাড়া বন্ধুদেরও কিছু সময় দেওয়ার চেষ্টা করুন। কারণ বন্ধুই আপনার সাহায্যকারী হয়ে ওঠে। যখন আপনি কোন কাজ করবার জন্য মন স্থির করবেন তখন কোন কাজটি আপনার জন্য সবচেয়ে গুরুত্বপূর্ণতা বিচার করুন এবং তার জন্যই সময় অতিবাহিত করুন। কাজই জীবনের সর্বাপেক্ষা গুরুত্বপূর্ণ অংশ। কল্পনা করুন যে একদল মানুষ একটি অন্ধকার ঘরে দাঁড়িয়ে আছে। তাদের বলা হল যে এই ঘরের কোথাও একটা চেয়ার আছে যার উপরে এক লাখ টাকা আছে, আপনারা খুঁজুন যে পাবে তার। এই একদল ব্যক্তির মধ্যে কেউ কেউ চুপচাপ দাঁড়িয়েই থাকবেন এবং দর্শনের কথা বলে যাবেন আর কেউ কেউ খুঁজতে থাকবে। যারা খুঁজবে অবশ্যই তাদের মধ্যে কেউ একজন সেই টাকার অধিকারী হবে।

যে কোন চাপের মুখে পড়ে দাঁতে দাঁত চেপে কোন লাভ হবে কি ? মুক্ত ভাবে সেই সমস্যা সমাধানের চেষ্টা করুন এবং তা কাটাবার চেষ্টা করুন, আপনি নিশ্চিত ভাবে সফল হবেন। কাউকেই কখনও নিজের উপর চেপে বসতে দেবেন না। অতীতকে ভুলে এগিয়ে চলার চেষ্টা করুন। আপনি অবশ্যই জয় প্রাপ্ত করবেন।

সঠিক পথে চলার চেষ্টা করুন

কখনও কখনও, কোন ব্যক্তি কিভাবে তাদের অকাঙ্খিত সফলতা পায় ? বা ভাগ্য কি সর্বদাই তার প্রতি প্রসন্ন ? এই সমস্ত প্রশ্ন আমাদের কাছে আশ্চর্য বলে মনে হয়। এই অধ্যায়ে এই সমস্ত বিষয়ে একটি গুপ্ত রহস্যের উদ্ঘাটন করা হয়েছে। সফল ব্যক্তিগন বাক্যালাপের বিষয়ে ঘুর পটু হন, কার কাজ বার করার জন্য কথার মধ্যে নিপুণতা থাকতেই হবে। সব থেকে বড় বিষয় হল কোন কোন মানুষ তাদের এই দুর্বলতাকে স্বীকার করেন না। আমাদের জীবনে এই সমস্ত ঘটনা আকছার ঘটে থাকে। কথপোকথনের অভাবের জন্য বা ভুল কথপোকথনের জন্য আমার বন্ধু মহেশকে প্রায়ই ট্রেন অথবা বিমান ছাড়তে বাধ্য হয়। সঠিক কথপোকথন এবং বাক্যালাপের মধ্যে একটা গভীর সম্পর্ক বজায় থাকে। যদি আপনি একজন ভালো শ্রোতা হন তবেই আপনি বলা কথা গুলিকে শুনতে সক্ষম হবেন। অনেক বেশী কথা বা একেবারেই কথা না বলা কথপোকথনের বিষয়টিকে জটিল করে দেয়। যদি আপনি ভালো শ্রোতা এবং বক্তা উভয়ই হতে পারেন। তবেই আপনি ভালো কথাপোকথনের অধিকারী হয়ে উঠতে পারবেন। কখনই মনে করবেন না যে সামনের লোক আপনাকে ভুল বোঝাচ্ছে। পুলিশ বা সৈনিকদের ক্ষেত্রে যে নিয়মের পালন করা হয় আপনি সেই নিয়ম পালন করতে পারেন। সেখানে পরিস্কার ভাবে জিজ্ঞাসা করা হয় যে সকলে আদেশ শুনেছে কিনা ? শ্রোতা গণকে যেকোন সন্দেহ দূর করার জন্য প্রশ্ন করার অধিকার দেওয়া হয়। কাজের ক্ষেত্রে এই বিষয়টি লক্ষ্য করা সম্ভব নাও হতে পারে কিন্তু বন্ধুদের সাথে আলোচনার সময় আপনি পুণরায় কথার মূল বিষয়টি সম্পর্কে আলোচনা করতে পারেন। অপরকে বোঝার এবং বোঝানোর জন্য চেষ্টা ও একাগ্রতা দুইই আবশ্যক। এর ফলে ভুল বোঝাবুঝি হওয়ার সম্ভাবনা খুবই কম থাকে। নিজের কথাপোকথনে সর্বদা পরিবর্তন আনার চেষ্টা করুন। যখন আপনি নিজের কথার উপর সম্পূর্ণ নজর দেবেন তখনই এটা হওয়া সম্ভব।

সহজাত অর্ন্তজ্ঞান এবং উদ্ভাবনী দক্ষতা ঃ ঈশ্বর আমাদের সকলকেই

কিছু নিপুণতা, সৃজনশীলতা এবং প্রাকৃতিক দক্ষতা প্রদান করেছেন। এই কারণে প্রতিটি মানুষ ভালো লেখক বা শিল্পী হতে পারেন না বা সাধারণ ভাবেও থাকেনা। সফলতার জন্য ভগবান আমাদের যে জ্ঞান ও দক্ষতা প্রদান করেছেন সেটিকে চেনার চেস্টা করুন। সফল ব্যক্তিরা নিজেদের অন্তর্জ্ঞানকে উৎসারিত করতে সক্ষম হয়েছেন। বেশীর ভাগ মানুষ নিজেদের এই জ্ঞানকে উদ্ভাবন করতে পারেন না ফলে তা ধীরে ধীরে লুপ্ত হয়ে যায়। অনেকে আবার ভয় পেয়ে তা প্রয়োগ করতে চান না। সফল ব্যক্তিগণ নিজেদের সৃজনশীলতার সন্ধান করে তাকে সঠিক কার্যে লাগাতে সক্ষম হন। অনেক ব্যক্তি আবার নিজেদের কার্য পদ্ধতির মধ্যে দিয়েই নিজের অন্তরে লোকানো এই সৃজনশীলতার সন্ধান করতে পারেন। তবে আমাদের এই বিষয়টি নিজেদের আয়ত্তে এনে তার ব্যবহার করা উচিত। এগুলি মানুষের সম্বন্ধ, শিল্প অথবা সভ্যতার ক্ষেত্রে পাওয়া যেতে পারে। এইভাবে প্রাপ্ত জ্ঞান সম্পর্কে ওয়াকিবহাল হওয়ার পর আপনি নিজের ক্ষমতা এবং যোগ্যতার বিস্তার ঘটাতে পারেন। এই শক্তির মাধ্যমে সফলতার পথে আসা যেকোন প্রতিবন্ধকতাকে দূর করতে পারেন। আমি নিজের সম্পর্কেই জানি যে, আমি দুপুরে খুব ভালে কাজ করতে পারি, কারণ সকালে ঘুম থেকে ওঠাটা আমার জন্য খুবই কষ্টকর তাই আমি জলখাবারের নিমন্ত্রণ কখনই গ্রহণ করিনা এবং দুপুরে আমি নিজের প্রয়েজনীয় কার্যাদি সম্পন্ন করি।

পছন্দের বিষয়ে সক্ষম হন ঃ সফল বক্তিরা জীবনের সব কিছুকেই পছন্দ করতে পারে–এটা তাদের একটা মূল্যবান ক্ষমতা। তারা এই যোগ্যতাকে সম্পূর্ণ ভাবে ব্যবহার করতে জানে। শৈশবে আমাদের সকলেরই এই ক্ষমতা থাকে কিন্তু বয়স বাড়ার সাথে সাথে বিভিন্ন পরিস্হিতি, নিরাশা এবং কুণ্ঠা আমাদের অপ্রসন্ন এবং রুক্ষ করে তোলে। অপ্রসন্ন এবং নিরাশ ব্যক্তিরা সর্বদাই সফলতার থেকে বঞ্চিত হয়ে থাকেন। ইতিবাচকতা, সততা, সহ্যশক্তি এবং সংবেদনশীলতার মাধ্যমে আপনি অপরের সহযোগীতা এবং সমর্থন আকর্ষিত করতে পারেন। যদি সব কিছু সঠিক পন্থায় সম্পন্ন না হয় তবুও ইতিবাচক মনোভাব বজায় রাখার চেস্টা করুন।

সফল ব্যক্তি হওয়ার জন্য নিজের মধ্যে এই গুণ থাকাটা খুবই আবশ্যক। নিজের রুক্ষ ও খিট্খিটে ব্যবহার এবং অভ্যাসকে চেনার চেস্টা করুন এবং খুব সজাগ হয়ে তাতে পরিবর্তন আনার চেস্টা করুন। এই বিষয়ে যদি আপনি তিন থেকে চার সপ্তাহে ক্রমাগত চেস্টা চালিয়ে যান তবে তাতে যথেস্ঠ পরিবর্তন আসা সম্ভব।

বুদ্ধি এবং শীঘ্র বিচার ক্ষমতা ঃ বুদ্ধি এবং শীঘ্র বিচার শক্তির মাধ্যমে আপনি খুব সহজেই নিজের লক্ষ্য পর্যন্ত পৌঁছাতে পারবেন। আমরা সবাই এই গুণটি সদ্ব্যবহার করতে পারি। কুণ্ঠিত এবং ছোটো চিন্তা ত্যাগ করে তবেই এই বিষয় সম্পর্কে চিন্তা করা যেতে পারে। এর জন্য আপনাকে প্রথমেই যে পদক্ষেপ অবলম্বন করতে হবে তা হল নিজের সঠিক স্হান

সম্পর্কে ওয়াকিবহাল হোন বা তা সন্ধান করার চেস্টা করুন। বুদ্ধিমত্তা এবং শীঘ্র বিচার করার ক্ষমতা প্রাপ্ত করার জন্য সর্বদাই নিজেকে জিজ্ঞাসা করুন যে আপনার সফলতার পথে কি বাঁধার সৃষ্টি করছে। এর কারণ হল আপনি নিজের মানসিক সংকীর্ণতা এবং ভুল ধারণার বশবর্তী হয়ে একই কাজ ক্রমাগত করে যাচ্ছেন। যদি আপনি একই পদ্ধতিতে একটি কাজ করার চেস্টা করনে তবে আপনি কখনই বিভিন্ন পরিণাম পেতে পারেন না। শীঘ্র বিচার করার ক্ষমতা আপনাকে উৎসাহিত ও শক্তিবান করে। অনেক বেশী স্হিতিস্হাপকতার দ্বারা বা সর্বদা নতুন কিছু করার ও ভালো কিছু করার পরিকল্পনার মধ্যে দিয়ে আপনি সফল ব্যক্তি হয়ে উঠতে পারেন।

সক্ষমতা ঃ জীবনের গুরুত্বপূর্ণ ক্ষেত্রে ভারসাম্যহীণতা পরাজয়ের একটি মুখ্য কারণ হয়ে উঠতে পারে। খুব বেশী বা খুব কম কাজ করলে, সমস্ত সময় বিনোদনের পিছনে ব্যয় করলে বা পরিবারে অল্প সময় দিলে, মানবিক সম্পর্ক গুলিকে উপেক্ষা করলে বা স্বাস্হ্যের প্রতি সচেতন না হলে, অথবা অত্যাধিক খাওয়া দাওয়া করলে বা নিজের প্রতি অবিচার করলে এই বিষয়টি সৃষ্টি হতে পারে।

সাম্যতা বা ভারসাম্যতা এমন একটি অবস্হা যার মধ্যে দিয়ে আপনি নিজের জীবনকে আদর্শ ভাবে চালনা করতে পারেন এবং নিজের ভারসাম্যতা বজায় রাখতে পারেন। এর মাধ্যমে আপনি খুব সহজেই নতুন পথকে খুঁজে বার করতে পারেন আপনি যেখানে আছেন বা যেখানে পৌঁছাতে চান তার মধ্যবর্তী দূরত্বকেও আপনি সহজেই টপকাতে পারবেন। যদি আপনি এটিকে অভ্যাস না করেন তবে অনেক সময় খুব ভারী বিষয়গুলিকে ব্যক্ত করতে পারবেন না এবং অনেক সময় নিজেকে কি ভূমিকা পালন করতে হবে তা নিয়েও দ্বন্দ্বে পড়ে যাবেন।

অন্তর দর্শনের ব্যবহার করুন ঃ সফল ব্যক্তিরা সর্বদাই নিজেদের জিজ্ঞাসা করতে থাকেন যে, বর্তমান অবস্হার থেকে আরোও উন্নতি করতে গেলে তাদের কি করা উচিত? তারা জীবনে কি চান অথবা লক্ষ্য পর্যন্ত যাওয়ার জন্য তাদের কোন ক্ষমতা এবং যোগ্যতাকে বিকশিত করতে হবে, সবসময় তারা সে সম্পর্কেও নিজেদের প্রশ্ন করেন। যতক্ষন না আমরা এই প্রশ্ন উত্তরের দিকে নজর দেব ততক্ষণ আমরা কিছুতেই সফল হতে পারবনা। এই জিজ্ঞাসার অভাবেই আমরা সর্বদা ভুল বশত ভুল প্রক্রিয়ায় ভুল কাজ করতে থাকি। পূর্ব পরিকল্পনা অনুযাই কাজ করলে ভুলের সম্ভাবনা আপনার থেকেই অনেক কমে যায়। অনেক সময় আপনার ভিতরের পথ প্রদর্শক আপনাকে সঠিক পথ দেখাতে সাহায্য করে। আপনি নিজের মনের কথা যদি শুনত পারেন সেটাই হবে শ্রেস্ঠ্য উপায়। সফলতা একটি ক্রমাগত চলনশীল যাত্রা, এর মধ্যে কখনও নিস্প্রভ ভাবে বিশ্রাম করার চিন্তা করবেন না। এর জন্য ক্রমাগত চেস্টার প্রয়োজন।

একটি অবিস্মরণীয় অনুভব সম্পর্কে পরিকল্পনা করুন

অনেক সময় আমরা ভবিষ্যৎ-এর জন্য কাগজ সঞ্চিত করতে করতে তার তলাতেই চাপা পড়ে যাই। এর মধ্যে ইন্টারনেট থেকে প্রাপ্ত সামগ্রী, স্কুল অথবা কলেজ থেকে প্রাপ্ত কাগজ-পত্র অথবা খবরের কাগজ থেকে সংগ্রহ করা কোন মনরঞ্জিত বা প্রয়োজনীয় খবরের কাটিং থাকে। 1965 তে খবরের কাগজে যে ফটো প্রকাশিত হয়েছিল তা আজও আমরা কাছে সযত্নে রাখা আছে। এত কাগজ সামলে রাখার অর্থ হল প্রয়োজনের সময় আমরা পুরানে কাগজপত্র খুঁজে পাইনা।

আপনার কাগজপত্র গুলিকে এবং জীবনকে সুব্যবস্হিত রাখার জন্য নিম্নলিখিত পরামর্শ গুলির দিকে নজর দিন–

নোট প্যাড ঃ

আপনি যেখানেই জান না কেন আপনার কাছে যেন একটা ছোট ডায়রি ও পেন সব সময়ের জন্যই থাকে+ যখনই মাথায় কোন চিন্তা আসবে তা সঙ্গে সঙ্গে কাগজে লিখে ফেলুন এত আপনার মস্তিস্কের সমস্ত কিছু স্মরণে রাখার দায়িত্ব থাকবেনা এবং এর ফলে কোন বিশেষ সাক্ষাৎকারের সময়ও আপনার স্মরণে থেকে যাবে। আমি সবসময় আমার সাথে মাইক্রো ক্যাসেট রেকর্ডার রেখে দিই এবং তাতে জরুরি কথা গুলি টেপ করে নিই। পরে কাজ শুরু করার আগে সেটিকে একবার শুনে নিই।এই পথ অনুসরণ করলে সময়ের অভাবে বা ভুলে যাওয়ার জন্য আপনি যে কাজ করতে পারেনি তা সম্পন্ন করতে পারবেন।

টেলিফোন ঃ

কথপোকথনের কথাগুলির মাধ্যমের মধ্যে টেলিফোন অন্যতম। আমার এক সাহায্যকারী বন্ধু একে সামাজিকতা বজায় রাখার একটি যন্ত্র বলে মনে করেন। সে কারোর সাথে টেলিফোনে কথা বলতে শুরু করলে আধ ঘন্টার আগে কখনই কোন রাখেনা। অধিকাংশ ব্যক্তিই তার এই লম্বা

স্বগতোক্তির জন্য বিরক্ত হন। একদিন আমি কোথাও বেরোবার জন্য তৈরী হচ্ছিলাম সেই সময় তার ফোন আসে। আমি তাকে স্পষ্ট ভাবে জানিয়ে দিই যে আমি বেরোচ্ছি এবং আমার দেরী হয়ে যাচেছ কিন্তু সে এই কথায় কর্ণপাত করেনি। আমি জানতাম যে সে বক্‌বক্‌ করে যাবে আর আমাকে হ্যাঁ, হুঁ বলে যেতে হবে, আমি আমার চাকরকে ফোন ধরে দাঁড় করিয়ে দিই আর সে 17 মিনিট ধরে শুধু হ্যাঁ হ্যাঁ করতে থাকে। সেই সময়ের মধ্যে আমি জামা কাপড় -জুতো পরে নিই, পাগড়ি বেঁধে নিই এবং এক কাপ চাও খেয়ে নিই। তারপর আমি ফোন নিয়ে বলি যে আমার স্ত্রী অপেক্ষা করছে, আমাকে এক্ষুনি বেরোতে হবে। সে কখনও জানতেই পারেনি যে এই দিন সে আমার চাকরের সাথে কথা বলে গেছে।

ফোনে সর্বদা সংক্ষিপ্ত কথা বলুন। সমস্ত ফোনের জন্য একটা সময় নির্দ্দিষ্ট করে নিন ও তার মধ্যেই চলার চেস্টা করুন। ফোনের অপর প্রান্তে বসে থাকা ব্যক্তিকে আপনি আপনার কম সময়ের কথা জানাতে পারেন। এইভাবে আপনি ফোন কল তাড়াতাড়ি সমাপ্ত করার জন্য যে দ্বিধা ও মানসিক চাপ সৃস্টি হয় তার হাত থেকে বাঁচতে পারেন। এই পদ্ধতির যদি গ্রহণ করেন তবে যে ফোন করেছে সেও খুব তাড়াতাড়ি ফোন করার কারণ আপনাকে জানিয়ে দেবে।

যাত্রাকালীন সময়ে আমরা আমাদের গন্তব্যে পৌঁছাবার আগে কখন অপর প্রান্তে আমাদের প্রয়োজনীয় ব্যক্তি ফোন ধরবেন তার জন্য অপেক্ষা করতে হয় ও সময় অতিবাহিত করতে হয়। এই অপেক্ষার সময়টিকে আমরা কাজে লাগাতে পরি। বসের সাথে সিটিং-এর ক্ষেত্রেই হোক বা হোস্টের তৈরীর জন্য সময় দেওয়ার জন্যই হোক এইসময় গুলিকে আমরা সঠিক ভাবে ব্যবহার করতে পরি। এই সময়ের মধ্যে আমরা কোন পরিকল্পনা গড়ে নিতে পারি, কিছু পড়তে পারি অথবা আশেপাশের পরিষ্কার পরিচ্ছন্নতার দিকে নজর দিতে পারি।

আপনার সাহায্যকারী বা পরিবারের সদস্যদের অবশ্যই প্রশংসা করুন। প্রশংসা করতে দেরী করবেন না সেটি খুবই ক্ষতিকারক বিষয়। আপনার দৈনন্দিন জীবনের কার্যসূচীকে কখনই উপেক্ষা করবেন না। আপনি সবথেকে কঠিন ও নিরস কাজটি সর্বাগ্রে শেষ করার চেস্টা করুন, আপনি এই কাজটি ছোটো ছোটো ভাগেও সম্পন্ন করে ফেলতে পারেন। 'আমার চাই' বা 'আমার মনে হয়' এই বাক্যগুলির বেশী ব্যবহার করবেন নাঃ এই বাক্যগুলির মধ্যে নমনীয়তার অভাব দেখা যায়। এর পরিবর্তে অপরের চিন্তা গুলিকে সমাদার করুন। কারোর কথার পরিবর্তে আপনি যদি 'আমার পরামর্শ হল' এই এর মতন বাক্য ব্যবহার করেন তবে আপনি অপরের ভালবসাকে অনাদার করবেন। যদিও নিজের বিচারকে অবশ্যই বিনম্রতা পূর্বক পেশ করার চেস্টা করুন। কোন কাজ করার মতন সময় যদি আপনার কাছে না থাকে তবে তা অপরেক ভাগ করে দিন অথবা

কারোর সাহায্য নিয়ে সম্পন্ন করে ফেলুন।

কোন কাগজের টুকরো কে একবারই ব্যবহার করার চেষ্টা করুন, তা লেখার জন্যই হোক বা অন্যকোন ব্যবহারেই হোক। এর পর সেটি ডাস্টবিনে ফেলে দিন। যে সমস্ত কাগজগুলিকে আপনি অন্য সময় সামলানোর কথা চিন্তা করবেন সেগুলিকে কখনই টেবিলের উপর স্তুপ করে রাখবেন না।

একটি পরিকল্পনা অথবা প্রণালী গ্রহণ করুন ঃ

একটি সঠিক প্রণালীর অভাবে আমরা যেকোন জিনিষ খুঁজতে প্রচুর সময় ব্যর্থ নস্ট করি। নিজের কাজ এবং জীবনশৈলীর উপর নির্ভর করে একটি প্রণালী অবশ্য তৈরী করুন। এটিকে দৈনন্দিন জীবনে ব্যবহার করার অভ্যাস করুন। অকল্পনীয় ভাবে আপনি নিজের সময়কে বাঁচাতে সক্ষম হবেন।

আনন্দদায়ক মুহুর্তকে হাত থেকে যেতে দেবেন নাঃ

আপনি নিজের জন্য অবশ্যই বিনোদন, বিশ্রাম এবং প্রসন্নতার সময় বার করুন। এটি ত্রিরিশ মিনিটের পড়াশোনাও হতে পারে বা ধীরে সুস্হে স্নান ও হতে পারে। নিজের জন্য সাক্ষাৎ-এর সময় নিশ্চিত করুন এবং তা বন্ধ করবেন না। 15-20 মিনিট সময় পেলেও সেই সময়টি ভরপুর উপভোগ করুন।

অজানাকে আমন্ত্রণ করুন ঃ

অজানার বিষয়ের মধ্যে প্রচুর আনন্দ এবং রোমাঞ্চ লুকিয়ে থাকে। তার জন্য লোকে অজানার খোঁজে এত ব্যাকুল হয়। এই সময়ে উদ্বেগ একটি বিরাট সমস্যার সৃষ্টি করে। টাইম ম্যাগাজিনে USA-কে 'American the anxious' বলা হয়েছে। এটি ভারতের মতন দেশের ক্ষেত্রেও সঠিক বলে বিবেচিত হয়। তীব্র গতির জন্য সংসারে অজানা বিষয় নাটকীয় গতিতে বৃদ্ধি পেয়েছে। সেটা যুদ্ধ হোক বা, সন্ত্রাসবাদই হোক কিংবা ভালো চাকরির সন্ধানই হোক। আমরা জীবনে আসা পরিস্হিতিগুলিকে কিভাবে সামলাবো তা আমাদের উপরেই নির্ভর করে। আমরা চাইলে একটি শান্ত, সন্তোষজনক এবং উদ্দেশ্যপূর্ণ জীবন পেতে পারি।

হৃদয়কে মুক্ত করুন ঃ

এর অর্থ হল নিজের পছন্দ অনুসারে হৃদয়কে উম্মুক্ত করে দিন। যে বস্তুগুলিকে আপনি নিয়ন্ত্রণ করতে পারবেন না সেগুলিকে সেইভাবে স্বীকার করে নেওয়াই শ্রেয়। বস্তুতে বিভিন্ন রূপে পাওয়ার ইচ্ছা বা তা গ্রহণ করার ইচ্ছা আমাদের জন্য দুঃখ এবং কষ্টের কারণ হয়ে ওঠে। আমরা সকলেই সুস্বাস্হ্যের প্রয়াসী। কিন্তু অনেক সময় আমরা জীবনের কাছ থেকে যা চাই তা পাই না। একটি উন্নততর পৃথিবীর পরিকল্পনা করলে আমাদের নিজেদেরই তা বাস্তবে পরিণত করতে হবে। যখন আমরা পরিস্হিতিকে নিয়ন্ত্রণ করতে পারিনা তখন আমাদের মধ্যে বিশ্বাস জন্মাতে হবে যে আমরা কাজকে ভালোমতে পরিবর্তন করতে পারি। কখনই নিজেকে জীবন এবং পরিস্হিতির কারণে পরাজিত মনে করবেন না।

আপনার দক্ষতাকে তীক্ষ্ণ করুন

আমরা বিভিন্ন বিষয়ে চর্চা এবগং কথাবার্তা বলতে পারি। যদি ব্যবসায়িক বিষয়ে কথাবার্তা বা চর্চা করা হয় তবে তার উদ্দেশ্য অবশ্যই স্পষ্ট হওয়া উচিত যাতে নিশ্চিত লক্ষ্য প্রাপ্ত হতে পারে। যদি সামাজিক বিষয়ে কথাবার্তা বলা হয় তবে আমাদের একাট ভালো প্রভাব সৃষ্টি করা উচিত। যদি আমরা কাউকে সাক্ষাৎকার দিই তখনই এই কথাটি খুবই গুরুত্বপূর্ণ হয়ে ওঠে কারণ যে সাক্ষাৎকার নিচ্ছে, তিনি আপনার যোগ্যতাকেই পরখ করতে চান। কথা বলার ভঙ্গীমা সুন্দর হলে তা সমাজে সারা ফেলে দেয়। বিচার বিবেচনাকে আদান-প্রদান করার জন্যও কথপোকথনের বিষয়টি প্রভাব সম্পন্ন হওয়া প্রয়োজন। এই ধরনের ব্যক্তির সাথে কথাবার্তা বলার সময় সবই আনন্দ অনুভব করেন। যেকোন বিষয় হোক আনন্দ লাভই, সবচেয়ে গুরুত্বর্পূণ উদ্দেশ্য হয়ে ওঠে। আমার স্বর্গীয় বন্ধু বুটা সিং-এর কথোপকথন এতা প্রভাব বিস্তার করত যে তাঁর সাথে কাটানো প্রতিটি মুহুর্তকে জীবন্ত বলে মনে হয়। তিনি স্পষ্টবাদী এবং হাস্যরসিক ছিলেন, তিনি যে শুধুমাত্র পড়া লেখাতেই সমকক্ষ ছিলেন তাই নয় মানবজীবনের গুঢ় রহস্য জানাও তার স্বভাব সিদ্ধ ছিল।-

বাক্যলাপের ম্যাধমে আমরা আমাদের বিচারেকে ব্যক্ত করি যার মাধ্যমে আমরা অপরের কাছে আসার সুযোগ পাই। চর্চা এবং সংবাদের মাধ্যমেই অপর ব্যক্তিকে আরোও ভালো করে জানা সম্ভব হয়। ব্যবসার ক্ষেত্রেই হোক বা বিক্রীর ক্ষেত্রে বাক্যালাপ একটি অমূল্য শিল্প হয়ে দাঁড়ায়। এর মাধ্যমে আমরা নিজেদেরকে স্পষ্টভাবে ব্যক্ত করতে পারি। একজন ভালো কথপোকথনকারী অপরের বিশ্বাস এবং সমর্থন পেতে সমর্থন হন। সংবাদের মাধ্যমে যে কোন ব্যক্তিত্ব সম্পর্কে অনেক পরিচয় পাওয়া সম্ভব হয়। যদি আপনার মধ্যে বাক্ পটুতা থাকে তবে সঠিক প্রশ্ন করে যে কোন ব্যক্তির কাছ থেকে যেকোন ঘটনা সম্পর্কে জবাবদিহি

চাইতে পারেন।-

সুন্দর কথা বন্ধুত্ব এবং সম্পর্ক দুটিকেই গড়ে তোলে। এই কথার মাধ্যমে ব্যক্তি তার নিজের বিচারকে উপস্থাপিত করে। এই বিষয় সম্পর্কে ব্যক্ত করার জন্য ফিল্ম ইণ্ডাষ্ট্রির উদাহরণ দেওয়া যেতে পারে, সেখানে নায়ক-নায়িকারা কেবল কথপোকথন কথা এবং মৌখিক বচন ও প্রদর্শন ক্ষমতার বলে সফলতা অর্জন করে। এইভাবে টি.ভি. এবং রেডিওতেও কোন বচন ভঙ্গীর মাধ্যমেই সে ভালো অথবা খারাপ প্রদর্শক হিসাবে পরিগণিত হন। কথাপোকথন প্রক্রিয়াকে আরোও উন্নততর করার জন্য শুধু রসিকতা এবং স্পস্টতা থাকলেই হবে না, তারই সাথে যে বিষয়ে কথা বলা হচেছ সেই সম্পর্কে যথেস্ঠ্য জ্ঞান থাকা দরকার। একজন ভালো বক্তা হওয়ার সাথে সাথে একজন ভালো শ্রোতা হওয়াও প্রয়োজন। বাস্তব জীবনে আমরা অপরের পরোয়া না করেই নিয়োগের অনুভব ব্যক্ত করতে চাই। এর সাথে খবরের কাগজ পড়ার বিষয়টা সাদৃশ্য পূর্ণ, পাঠক যখনই মনে করেন, তখনই খবরের কাগজ পড়তে পারেন। আপনার বাক্যলাপ যদি সুন্দর হয় তবে আপনি খুব ভালো মাধ্যম হয়ে উঠতে পারেন। ঘরই হোক বা বাইরের জীবন বেশীর ভাগ সময়েই ব্যক্তিদের মাধ্যমের ভূমিকা পালন করেত হয়। ঘর, অফিস বা বাইরে যেখানেই যাইনা কেন আমাদের একে অপরের সাথে বাক্যালাপ চালিয়ে যেতেই হয়। আমরা গাড়ী, বাসে যেখানেই যাইনা কেন আমাদের অপরের সাথে কথার মাধ্যমে মধ্যস্হতা করতে হয়, আমরা কি খাবো, কাকে নিমন্ত্রণ করব সব ক্ষেত্রেই কথাটাই মূল বিষয় হয়ে দাঁড়ায়, আপনার কথাপোকথন যদি প্রভাব বিস্তার করতে পারে তবে আপনি যেকোন ক্ষেত্রে সফলতার অধিকারী হয়ে উঠতে পারেন।

আপনি অপরকে খুব ভালো শব্দ, বিচার এবং মতামত সম্পর্কে প্রশ্ন করে তার সাথে বাক্যালাপ শরু করেত পারেন। আপনি অবশ্যই অপরকে কথা বলার সুযোগ করে দিন। 1968 সালে যখন আমরা করতাম, তখন দুপুরে খাওয়ার জন্য যে অবকাশ পেতাম সেই সময় আমাদের এক সহকর্মী একাই কথা বলে যেত আর কাউকে কোন কথা বলার সুযোগ দিত না। ফলস্বরূপ একটি ভালো দল ভেঙে গেলে কারণ সে একাই বক্তা রূপে প্রকট হওয়ার চেস্টা করত। আপনাদের একে অপরের সাথে কথা বলা উচিত, কোন ভাষণ দেওয়া উচিত না। একটি প্রভাবী কথপোকথনের জন্য আপনাকে অবশ্যই কিছু নিপুণতা জানতে হবে, এই বিষয়ে কিছু পরামর্শ প্রদান করা হল–

বর্তমান সময়ে আপনি নিজের জন্যই কিছু করুন বা কোন সংগঠনের

জন্যই কাজ করুন, আপনাকে অবশ্যই নির্দ্দিস্ট একটি সময় নির্ধারিত করতে হবে। ই-মেল, ফোন অথবা চিঠিপত্র গুলিকে উপেক্ষা করার চেস্টা করুন কারণ কয়েক মুহুর্তের জন্য হলেও তা আপনার একাগ্রতাকে নস্ট করে। এই হস্তক্ষেপ থেকে বাঁচার জন্য আপনাকে সবরকম চেস্টা করতে হবে। যদি আপনি এই দিকে লক্ষ্য না করেন তবে সম্পূর্ণ দিনটিই আপনি আপনার পরিকল্পনাকে সার্থক করার জন্য ব্যবহৃত করতে পারবেন।

একটি ডায়রি নিন। তাতে আপনি কোন তারিখে কি কাজ করতে চান তার একটি তালিকা প্রস্তুত করুন। আপনার এই তালিকা গুরুত্ব অনুসারে তৈরী করুন। গুরুত্বপূর্ণ কাজ গুলিকে আগে লিখুন। তালিকা বদ্ধ যে কাজ গুলি আপনি সম্পন্ন করে ফেলবেন সেগুলি কেটে দিন। কাজ শেষ হয়ে গেলে টেবিল পরিস্কার পরিচ্ছন্ন করে ফেলুন। কাজের শেষে মনের মধ্যে এই সন্তুস্টি আনার চেস্টা করুন যে আপনি সময়ের সঠিক ব্যবহার করে প্রচুর কাজ সম্পন্ন করতে পেরেছেন।

তালিকা অনুসারে দৈনন্দিন অধিক গুরুত্বপূর্ণ এবং কম গুরুত্বপূর্ণ কাজগুলি করার মনোভাবও খারাপ নয়। এই মনোভাব সর্বদা বজায় রাখার চেস্টা করবেন। বর্তমান দিনে চাহিদা উত্তরোত্তর বৃদ্ধি পাচেছ। আপনি নিজের প্রতি বা অপরের প্রতি যে প্রতিজ্ঞা দ্বারা আবদ্ধ আছেন আপনাকে অবশ্যই সেগুলিকে সম্পূর্ণ করতে হবে।

জীবনের একটি গুরুত্বপূর্ণ অংশ হল বিচেছদ কিন্তু এই বিচেছদ যদি ক্রমাগত আসতে থাকে তবে আপনি গুরুত্বপূর্ণ কাজগুলিকে সম্পন্ন করতে পারবেন না তাই সবার আগে এই বিচেছদ বন্ধ করা খুবই প্রয়োজন। সুতরাং আপনি নিজের গুরুত্বপূর্ণ কাজগুলিকে সম্পন্ন করতে পারবেন না তাই সবার আগে এই বিচেছদ বন্ধ করা খুবই প্রয়োজন। সুতরাং আপনি নিজের গুরুত্বকে বুঝতে শিখুন। সবচেয়ে গুরুত্বপূর্ণ কাজ গুলিকে সবার আগে সম্পন্ন করার চেস্টা করুন। এই গুরুত্ব বোঝার জন্য সবা আগে আপনার দৃস্টিভঙ্গী উন্নত করা খুবই আবশ্যক। শুধুমাত্র দিন বা সপ্তাহের জন্য পরিকল্পনা করবেন না বরঞ্চ মাস বা বছরের জন্য পরিকল্পনা গড়ে তুলুন। প্রায়ই দীর্ঘকালীন পরিকল্পনার সাথে সাথে অল্পকালীন পরিকল্পনার দিকেও লক্ষ্য রাখতে হয়। পরিকল্পনা অনুসারে আপনাকে বোঝাপড়া করতে হবে। পরিকল্পনার মাধ্যমেই একটা সুন্দর ও স্পস্ট ছবি তৈরী হতে পারে। যদি আপনি এইদিকে লক্ষ্য না করেন তবে গুরুত্বহীন কাজের মধ্যেই ব্যস্ত হয়ে পড়বেন। পরিকল্পনা দীর্ঘকালীনই হোক বা অল্পকালীনই হোক আপনার দৃস্টিভঙ্গী সঠিক হওয়া আবশ্যক।

নিজের শিক্ষক হওয়ার চেষ্টা করুন

বর্তমান অবস্থার থেকে আপনার জীবন আরোও ভালো অবস্থায় উপনীত হতে পারে তা সর্বদা বিশ্বাস করার চেষ্টা করুন। ছোট থেকেই বড়োর দিকে যাওয়া সম্ভব। জীবনে আপনি যাই পেতে চাননা কেন তার জন্য শক্তির প্রয়োজন, শক্তি যত বেশী হবে আমরা তত বেশী ক্ষমতার অধিকারী হয়ে উঠতে পারি। আমাদের সর্বদাই অধিক পরিমাণে শক্তিশালী হয়ে ওঠার চেষ্টা করতে হবে। সুন্দর স্বাস্থ্যের জন্য প্রয়োজন পুষ্টিকর খাদ্য। পুষ্টিকর খাদ্যের মাধ্যমেই শক্তিশালী হয়ে ওঠা সম্ভব।

আমি খেয়াল করে দেখেছি যে যদি আমি অনেকটা সময় ধরে জল অথবা কোন পানীয় গ্রহণ না করি তবে আমি নিস্তেজ হয়ে পড়ি। পানীয় বলতে বাজারে লব্ধ সফট ড্রিঙ্কের কথা বলছিনা। ডাক্তার আমাদের প্রতিদিন এক থেকে দুই লিটার পানীয়, সাত থেকে আট ঘন্টা গভীর ঘুম এবং কম পক্ষে পঁয়তাল্লিশ মিনিট ধরে ব্যায়াম করার পরামর্শ দেন। লম্বা শ্বাস গ্রহণ মানসিক চাপ দূর করার একটি সহজ উপায়। সকালে প্রাতঃ ভ্রমণের সময় লম্বা শ্বাস নিতে আমি কখন ভুলি না।

আপনি আপনার শক্তির ক্ষেত্রে পরিবর্তন এনে জীবনের ক্ষেত্রেও পরিবর্তন আনতে পারবেন। যদি আপনি পুরো দিন ধরে কোন সার্থক কাজ করতে না পারেন তবে নিজের প্রতি অসন্তুষ্ট হয়ে ওঠেন। আপনি খুব ভালো করে নিরীক্ষায় করার চেষ্টা করুন যে আপনি নিজের সময়টি কিভাবে অতিবাহিত করছেন। এমন অনেক কাজ আছে যে ক্ষেত্রে আপনার শক্তি অপচয় হতে পারে। কলহ প্রিয় স্বামী অথবা স্ত্রী, নিরুৎসাহী এবং খিট্‌খিটে বস, ঝগড়াটে প্রতিবেশী, এবং জটিল সম্পর্ক আপনার শক্তির অপব্যয় করে। প্রায়ই ঘর বা কার্যক্ষেত্রে একটা কোলাহল পূর্ণ পরিবেশ দেখা যায়। আমাদের কার্যক্ষেত্র বাঘের পরিস্কার পরিচ্ছন্ন রাখার জন্য আমাদেরকে পুরানো বই, পুরানো কাপড় চোপড়, কাগজপত্র

অথবা জিনিষপত্র ফেলার অভ্যাস করতে হবে। অতীতের পরিবর্তে আমাদের বর্তমান নিয়েই বাঁচা উচিত। অনেক সময় আমাদের কাছে আমাদের মুখ্য চাহিদা খাদ্য, বস্ত্র, বাসস্থান এবং যাতায়াতের থেকেও বিলাসিতার দ্রব্যগুলি গুরুত্বপূর্ণ হয়ে ওঠে। মধ্যবিত্ত সমাজের কিছু মানুষ দেখাবার জন্য সেই সমস্ত জিনিষ গুলিকে ধারে কিনে নেন। কিন্তু সঠিক সময়ে সেই ধারের টাকা শোধ করতে পারেনা এবং তখন নিজের আয় অকুলান বলে মনে হয় ফলে জীবনে মানসিক চাপ এবং উদ্বেগ বৃদ্ধি পায়।

এই সমস্ত বস্তু গুলি যে আমাদের জীবন পরিবর্তন করতে পারবেন। সে বিষয়ে কোন সন্দেহ নেই। আপনার কাছে ব্যায়ামের জন্য অত্যাধুনিক সরঞ্জাম থাকতেই পারে কিন্তু তা কোন মতেই আপনাকে ব্যায়ামের প্রেরণা যোগায় না। কিন্তু অবশ্যই একটি ডিজিটাল ডায়রি অথবা কম্প্যুটারের সাহায্যে আপনি জিনিষপত্র কেনার হাত থেকে রেহাই পেতে পারেন।

বাস্তবে আপনি কি চান তা বোঝার জন্য কিছুটা সময় ব্যয় করুন। একশো শতাংশ একাগ্রতার মাধ্যমেই আপনি লক্ষ্য পর্যন্ত পৌঁছাতে সক্ষম হবেন। সব সময় মনে করেন যে আপনি সবথেকে ভালো এবং উন্নততর কাজ করেন। এর মাধ্যমে আপনি প্রচুর শক্তি প্রাপ্ত করতে পারবেন। অসম্পূর্ণ কাজের জটিলতা আপনার সমস্যার সৃষ্টি করতে পারে। কেবল মাত্র বর্তমান পরিকল্পনার প্রতিই সমস্ত ধ্যান কেন্দ্রীভূত করুন। আপনি ই-মেল অথবা ফোনের অন্সারিং মেশিনটিকে পরেও দেখতে পারবেন। অপরের সাথে কথা বলার সময়ও অবশ্যই এই প্রক্রিয়ার ব্যবহার করবেন অপরের কথার মধ্যে বাধা না দিয়েই তা শোনার চেস্টা করুন। অভাবও এমন একটি বিষয় যার মাধ্যমে আপনার শক্তি ক্ষয় হতে পারে। যতক্ষন না ভালো কিছু পাচেছন ততক্ষন যেখানে কাজ করছেন সেখানেই সম্পূর্ণ একাগ্রতার সাথে কাজ করে যান এমনিতেই ভারতবর্ষে রোজগারের সুযোগ খুবই কম। নিজের প্রতিটি কাজের মধ্যে দিয়ে আনন্দকে খুঁজে বার করার চেস্টা করুন। আর্থিক পরিকল্পনার মাধ্যমে আপনি এই ক্ষেত্রটি সম্পূর্ণ বশ করতে পারেন।

বেশীর ভাগ যুবক যুবতীরা ঋণ সম্পর্কে চিন্তাই করেনা কিন্তু চেতন অথবা অবচেতনে এটি আমাদের অবশ্যই প্রভাবিত করে। কিন্তু অনেক সময় ঋণ গ্রহণের বিষয়টি প্রয়োজনীয় হয়ে পরে। যদি এমন হয় তবে সেক্ষেত্রে এটিকে আর্থিক পরিকল্পনার অন্তর্ভুক্ত করুন। ঋণ গ্রহণের সময় অবশ্যই সুদের হার দেখে নেবেন এবং আপনাকে কতদিন ধরে টাকা শোধ করতে হবে তাও দেখে নেবেন। যদি আপনি ক্রেডিট কার্ডের ব্যবহার

করতে চান তার পরিবর্তে ডেবিট কার্ডের ব্যহার করুন এর অন্ত অর্থ হল আপনি জিনিষপত্র কেনার সময় ব্যাঙ্কের পয়সার পরিবর্তে নিজের পয়সা খরচ করুন। ঋণ শোধের বিষয়টি শীঘ্র সম্পন্ন করার চেস্টা করুন।

আপনার প্রকৃত আয় এবং দৈনন্দিন ব্যয়ের মধ্যে সততা বজায় রাখুন, এর ফলে আমি একটি ঋণ ও মানসিক চাপ মুক্ত জীবনের আনন্দ নিত পারেন। যখনই আপনি ধার নিই বা ধার দিই তখন আমি নিজের মধ্যে একাট জড়সড় ভাব অনুভব করি। আমার ব্যক্তিগত ধারণা হল এর থেকে আমার একটি ব্যক্তিগত বা পারিবারিক সমস্যা উৎপন্ন হতে পারে। অতয়েব এটি শোধ করাই হবে আমার প্রথম প্রচেস্টা। 1978 সালে আমি বাড়ী তৈরী করার জন্য আশি হাজার টাকা ঋণ গ্রহণ করি। মানসিক শান্তি লাভের জন্য আমি আমার ভবিষ্যৎ-এর জন্য সঞ্চিত টাকার থেকে সময়ের আগেই সেই টাকা শোধ করে দিই। আমার বন্ধু আমাকে বলেছিল যে আমি এই পয়সার থেকে সুদের পরিমাণ কমাতে পারতাম কিন্তু আমার উত্তর হল ঋণের চাপ থেকে যত তাড়াতাড়ি মুক্তি পাওয়া যায় ততই ভালো ঋণ গ্রহণ করা বা তার গড়ে ঝুঁকে যাওয়ার আমার জীবন দর্শনের সম্পূর্ণ বিপরীত।

যে পরিকল্পনার মাধ্যমে আপনি আপনার পয়সা বৃদ্ধি করতে সক্ষম হবেন না অবশ্যই মাথায় রাখুন। 1990 সালে বেশ কিছু কম্পানী এবং ব্যাঙ্ক এমন একটি পরিকল্পনা এনে দিলে যেখানে 2500=0 টাকা জমা করলে পঁচিশ বছর বাদে তা এক লাখ টাকায় পরিণত হবে। কিছু দিন বাদে এই পরিকল্পনা বন্ধ হয়ে যায় কিন্তু আমি প্রতি মাসে আমার মাইনে থেকে একশো টাকা করে বাঁচিয়ে রাখতাম। সঞ্চয় সর্বদাই লাভজনক বিষয়। মাসিক খরচ সামান্য কম করার চেস্টা করুন এবং আয়ের 10-20 শতাংশ টাকা বাঁচাবার চেস্টা করুন। যদি আপনি কোনস্হান থেকে ঋণ গ্রহণ করে থাকেন তবে অবশ্যই মাঝে মধ্যে শেষ কতটাকা জমা পড়ছে তা জেনে নেবেন।

মাঝে মধ্যে আমাদের নিজেদের আর্থিক অবস্হাকে খোতিয়ে দেখা উচিত। আমাদের মধ্যে বাজে খরচ করার প্রবণতা আছে কি? নাকি আমরা ভাবি অর্থ নিজেই নিজের দেখাশোনা করবে? একটি কথা অতিব সত্য যে আর্থিক স্বাধীনতাই বাস্তব স্বাধীনতা সৃষ্টি করে। অর্থই আমাদের সামনে অনেক বন্ধ দরজা খুলে দেয়। আর্থিক স্বাধীনতা এবং সুরক্ষিত জীবনের অধিকারী হতে গেলে মাঝে মধ্যে আর্থিক অবস্হার দিকে লক্ষ্য রাখবেন এবং প্রয়োজন পড়লে তাতে পরিবর্তনও আনার চেস্টা করুন।

ঝুঁকিহীন জীবন

আমাদের কর্মজীবনের শেষ লগ্নে পা দিয়ে আমরা সকলেই একটু আরামদায়ক জীবন অতিবাহিত করতে চাই। এই সময় কারোর প্রতি ভরসা না করে আমাদের নিজেদেরই নিজেদের দেখাশোনা করা উচিত। প্রত্যেক মানুষই তার মৃত্যুর পর তার সন্তানদের জন্য কিছু রেখে যাওয়ার চেষ্টা করেন। একটি সুপরিকল্পিত পক্রিয়ার মাধ্যমে এই লক্ষ্য সহজেই পাওয়া যেতে পারে। আমি কোন অর্থনৈতিক পরামর্শ দাতা নই কিন্তু আপনাদের সাথে কিছু অভিজ্ঞতা ভাগ করে নিতে চাই, যার মাধ্যমে আমি লাভবান হয়েছি। ভারতে প্রচুর অর্থনৈতিক পরামর্শ দাতা পাবেন যারা আপনাকে অনেক ভালো ভালো পরিকল্পনা দান করতে পারেন। কিভাবে আপনি কম ট্যাক্স প্রদান করতে পারেন বা অন্যান্য সুবিধা সম্পর্কে (যেমন–বয়স্ক নাগরিক এবং মহিলা) এদের সাথে আগেই পরামর্শ করার চেষ্টা করুন।

অতি দ্রুত সঞ্চয় করার চেষ্টা করুন। আপনি যদি প্রতি মাসে আপনার আয়ের 10-% রাখতে পারেন তবে অবশ্যই রাখুন। চক্রবৃদ্ধি হারে সুদের সূত্রটিও একটি অপূর্ব বিষয়। যদি আপনি কম্পাউণ্ড সুদের হারে রাখেন তবে আপনি বর্ধিত অর্থের থেকে কিছু পয়সা পেতে পারেন। সঞ্চয়ের অর্থ হল আপনার পরিবার এবং বাচ্চাদে সুরক্ষা। কুড়ি থেকে ত্রিরিশ বছরের মধ্যে কম্পাউণ্ড সুদ প্রচুর পরিমাণে বৃদ্ধি পায়। সবার প্রথমে নিজের জীবনে নিয়মানুবর্তিতার নিয়ে আসার প্রয়োজন যাত আপনি নিজের আয় ব্যয়ের মধ্যে ভারসাম্য বজায় রাখতে পারেন এবং নিয়ন্ত্রণ করতে পারেন। আপনি আয়ের ব্যয় কম করবেন সে বিষয়ে আপনাকে অবশ্যই প্রতিজ্ঞা বদ্ধ হতে হবে। এই বিষয়ে ভুল করে তা সঠিক করার থেকে অভিজ্ঞতা প্রাপ্ত লোকের কাছ থেকে পরামর্শ গ্রহণ করা উচিত। আপনার নির্ণয় উৎকৃস্ট হওয়া আবশ্যক। সমস্ত কিছু জেনে নিয়ে তবেই কোন নির্ণয় নেওয়ার চেষ্টা করুন। মনে রাখবেন যে একটা কাজ করার একটাই

প্রক্রিয়া নয় তাই যদি আপনার কারোর পরামর্শ ঠিক বলে মনে না হয় তবে নিজের বুদ্ধি অনুসারে কোন নির্ণয় নেওয়ার চেস্টা করুন। কখনই ঋণের জালে জড়িয়ে যাবেন না। এটি আপনার ভবিষ্যৎ, ব্যাঙ্ক ব্যালেন্স, এবং মানসিক ও শারীরিক দিকে ক্ষয়ের সৃস্টি করবে। যদি আপনি ঋণের জালে জড়িয়ে না পড়েন তবে আপনার জীবনে সর্বদা শান্তি এবং প্রসন্নতা বজায় থাকবে।

অনেক সময় অনেক লোক বলেন যে ঋণের অভাবে তা ভালো বাড়ী বা গাড়ী কিনত অসমর্থ হচেছন। যদি ঋণ নিতেই হয়, তবে অবশ্যই নিজের আয়ের দিকটা বিচার করুন এবং দেখুন যে আপনি কোন রকম চাপ ছাড়াই প্রতিমাসে টাকা শোধ করতে পারবেন কিনা। যদি আপনার আয় আপনাকে ঋণের জাল থেকে বাঁচাতে না পারে তবে অবশ্যই এই বিষয়ে পুণরায় চিন্তা করুন। অনেক সময় আপনি যে কম্পানী বা ব্যাঙ্ক থেকে ধার নেবেন সঠিক সময়ে তা ফেরত দিতে না পারলে আপনার বস্তুর উপর কব্জা করে নিত পারে। এইভাবে আপনার শোধ করার টাকা এবং বস্তু দুইই আপনার হাত থেকে চলে যাবে। মনে রাখবেন যে ঋণ কখনই আপনার জীবনকে সুন্দর করে তুলতে পারেনা।

আমি নিজেও অত্যাধিক খরচ করেত পছন্দ করি। কিন্তু সর্বদাই নগদ পয়সায় জিনিষ পত্র কেনাকাটা করি তাই ঋণের চাপে কখনই নিজেকে জড়িয়ে ফেলিনা। বাস্তবে ভারতে ঋণ প্রদানকারী ব্যাঙ্কের অভাব নেই। তারা যতদূর সম্ভব লোকেদের ঋণ নেওয়ার জন্য উৎসাহিত করেন। একবার টেলিফোনে এক ব্যাঙ্ক কর্মচারী আমাকে বলেন যে, আমাদের ব্যাঙ্ক আপনাকে অর্থ দিতে প্রস্তুত। আমি প্রথমে তাকে ধন্যবাদ জ্ঞাপন করে জিজ্ঞাসা করি যে, কেন দিতে চায়? এই অর্থ আপনাকে শত্বাধীন ঋণ রূপে প্রদান করা হবে। তা আমি তাঁকে পরিস্কার বলে দিলাম যে আমার টাকার প্রয়োজন নেই। এইভাবে আমি এই সমস্ত ফোন-কল্স থেকে নিজে রেহাই পাই। আপনি এই সমস্যা সমাধানের জন্য যেকোন উপায় অবলম্বন করতে পারেন।

যৌবন প্রাপ্ত ব্যক্তিরা আবেগে চলে কিন্তু পৌঢ় ব্যক্তিরা অনেক বাস্তববাদী হন। আমার এক নিকট আত্নীয় জীবনে প্রচুর বিপদের সম্মুখীনতা করে অনেক অর্থ উপার্জন করেছিলেন আবার অন্যদিকে একজন বৃদ্ধমানুষ ছিলনে যিনি সম্পূর্ণ এর বিপরীত ছিলেন। যুবকেরা শীঘ্রই বড় লোক হতে চায় আর পৌঢ় ব্যক্তি গণ নিজেদের পুঁজি সামলে রাখতে চান। একটি সত্য কথা হল যুবকদের সামনে সম্পূর্ণ জীবনটাই পড়ে থাকে তাই তারা কোনও বিপদ বা ক্ষতির আশঙ্কা না করেই প্রচুর অর্থ উপর্জন করতে চান। এই জন্য তারা এত বেশী আক্রমক হয়ে ওঠে। জীবন উত্থান পতনের মধ্যে দিয়েই অতিবাহিত হয়। কিন্তু এটি অর্থ সুরক্ষিত রাখার কোন পন্থা নয়।

বিপদের সাথে খেলাটা কোন খারাপ বিষয় হয় কিন্তু তার জন্যও একটি সীমা নির্ধারণ করা আবশ্যক।

বীমাও পয়সা প্রাপ্তির একটা ভালো উপায় হতে পারে। যদি আপনি বীমার শেষ সময় পর্যন্ত বেঁচে থাকেন তবে আপনি প্রচুর পয়সার অধিকারী হবেন। যদি আপনি নাও থাকেন তবে আপনার প্রিয় ব্যক্তি অনেক পয়সা পেতে পারেন। জীবন, স্বাস্থ্য, বিকলাঙ্গ, আসবাব পত্র এবং গাড়ী প্রভৃতি বিভিন্ন ক্ষেত্রে বীমা করা যায়। একজন অর্থনৈতিক পরামর্শ দাতই এই সমস্ত সুরক্ষিত উপায় গুলি সম্পর্কে আপনাকে সঠিক পরামর্শ দান করেত পারে। ভারতে এবং বিভিন্ন স্থানে তারা এই সমস্ত কাজের জন্য কমিশানও পান। অনেক জায়গায় আবার নিজের কমিশানের কিছুটা পয়সা নিয়োগকারীকেও প্রদান করা হয়। এছাড়া অর্থ দ্বিগুণ করার অনেক উপায় আছে কিন্তু কোন অভিজ্ঞ ব্যক্তির পরামর্শ ছাড়া একাজে হাত দেবেন না।

সঞ্চয়ই হল আয়। এই সঞ্চয় যদি আপনি বুদ্ধির মাধ্যমে কাজে লাগতে পারেন তবে আপনি একটি মনোবঞ্ছিত জীবন শৈলী পেতে পারেন। এর অর্থ এই নয় যে আপনি আপনার প্রয়োজন মেটাবেন না এবং একটি ভিখারীর মতন থাকবেন। আপনার অর্থ আপনার জীবনশৈলীর সাথে সম্পর্কিত তাই এই সম্পর্কে অভিজ্ঞতা প্রাপ্ত করা খুবই দরকারি যাতে আপনি নিশ্চিন্ত থাকতে পারেন যে আপনি সঠিক স্থানে পয়সা লাগিয়েছেন। যদি প্রত্যেক মাসে আপনি এই বিষয়ে সামান্য জ্ঞান অর্জন করেন তবে সঞ্চয়, খাটানো সুদের হার, স্টক মিউচুয়াল ফ্যাণ্ড এবং কম্পাউণ্ড ইন্টারেস্ট সম্পর্কে জানা এমন কিছু কষ্টকর বিষয় হয়ে উঠবেনা। অর্থ এবং জীবন দুটো আপনারই, এক্ষেত্রে আপনার নির্ণয়ই সঠিক হতে পারে।

অর্থ সম্পর্কিত ধারণা গুলি কোন অভিজ্ঞ লোকের কাছ থেকে নেওয়ার চেস্টা করুন। আপনি অর্থশাস্ত্রের ছাত্র নাই হতে পারেন এবং এই বিষয়ে আপনার আগ্রহ নাই থাকতে পারে তবুও পয়সা কি পদ্ধতিতে গুণ করা হয় সেটা জানা খুবই প্রয়োজন। এইভাবে আর্থিক দিক থেকে শ্রেষ্ঠত্ব পেতে পারেন। নিজের সাথে লড়াই করার পরিবর্তে নিজের প্রতি যে প্রতিজ্ঞা করেছেন তা সম্পূর্ণ করার চেস্টা করুন, এতে আপনার অর্থনৈতিক অবস্থা সুদৃঢ় হবে। এটাই জীবনের জয় এবং পরাজয়, ধনী এবং দরিদ্রের মধ্যে কঠোর পার্থক্য সৃষ্টি করে। বিচার আপনার হাতে। আমার মতে একটা সুন্দর জীবন অতিবাহত করার জন্য আবশ্যই আপনার চিন্তা করা উচিত। যাই করবেন না কেন সম্পূর্ণ মন দিয়ে করুন।

প্রতিশ্রুতি বজায় রাখুন

আপনি যাই করুন না কেন তার প্রতি একশো শতাংশ একাগ্রতা বজায় রাখার চেষ্টা করুন। কার্যের বিষয়ে যদি আপনি প্রতিশ্রুতি বদ্ধ না হন তবে আপনি নিজের সময়, চেষ্টা এবং অর্থের অপচয় করছেন। যেকোন সম্পর্ক অথবা গতিবিধি সম্পর্কে আপনাকেই নির্ণয় নিতে হবে। অবাঞ্ছিত কাজের জন্য নিজেকে কখনই জোড়াজোড়ি করবেন না। মনে রাখবেন যে যদি আপনি সম্পূর্ণ মনোনিবেশ না করেন তবে আপনার কাজের পরিণাম ভালো হবেনা। নিজের সাথে লড়াই করে বা অশ্রদ্ধা পূর্বক কোন কাজ করলে তা আপনার উপর মানসিক চাপ সৃষ্টি করতে পারে। যাই করুন না কেন তার প্রতি প্রতিজ্ঞাবদ্ধ থাকুন। কারোর উপর চাপ দেওয়া যায়না ঠিকই কিন্তু আপনার নিজের চেষ্টা থাকা চাই।

যে কোন কাজকে হৃদয় দিয়ে করার চেষ্টা করুন। আপনি যদি কোন কাজ করতে না চান বা তার সমালোচনা করেন তবে সেই কাজের প্রতি আপনি কখনই প্রতিজ্ঞাবদ্ধ হতে পারবেন না। কাউকে খুশী করতে গিয়ে কখনই অবাঞ্ছিত কার্য করবেন না। যে কাজের মাধ্যমে আপনি সম্পূর্ণ সমর্থন এবং সন্তুষ্টি পেতে পারেন শুধু সেই কাজই করার চেষ্টা করুন। এটাই প্রাপ্তি এবং কুণ্ঠার মধ্যে পার্থক্য। ব্যায়াম, স্বাস্থ্য এবং পুষ্টিকে সর্বদাই গুরুত্ব দিন। দক্ষ এবং নিপুণ হওয়ার জন্য একটি সুস্থ জীবনশৈলী থাকা অনিবার্য। জীবনশৈলীর নির্ণয় ব্যক্তিগত এবং ব্যবসা দুই ক্ষেত্রেই হতে পারে। সফল ব্যক্তিরা কখনই নিজেদের স্বাস্থ্যকে উপেক্ষা করেন না। যদি আপনি নিজের ইচ্ছা মতন কাজ করতে অসমর্থ হন তবে সেই দিকে আপনাকেই লক্ষ্য রাখতে হবে। মনে রাখবেন যে গন্তব্য পর্যন্ত পৌঁছানোর পর শুধুমাত্র একটি রাস্তাই থেকে যায়না। একাগ্রতা সহ পরীক্ষাকে নতুন সুযোগ মনে করে লক্ষ্য এবং প্রসন্নতার দিকে প্রথম পদক্ষেপ বাড়ান। 'সঠিক সুযোগ'-এর থেকে উপযুক্ত আর কিছু হতেই

পারেনা। স্বপ্নকে সফল করার জন্য সঠিক সুযোগ পেতে হবে। জীবন আপনি যাই চাননা কেন, তা স্পস্ট রাখার চেস্টা করুন। নিজের সম্পূর্ণ ক্ষমতা প্রয়োগ করে শ্রেষ্ঠ্য কিছু প্রদর্শিত করার চেস্টা করুন। স্উইলিয়াম রোজারের মতে "The worst thing that happens for you may be the best thing for you if you don't let it yet the best of you" (যে জিনিষটা আপনার সবথেকে খারাপ লাগে সেটাই আপনার জন্য শ্রেষ্ঠ্য বলে প্রমাণিত হতে পারে।

আমাদের সকলকেই জীবনে কস্ট সহ্য করতে হয়। যদি কোন দুর্ঘটনা ঘটেও থাকে তবে সেই খারাপটাকে আমরাই ভালোতে পরিবর্তিত করতে পারি। আপনি কখনই কঠিনকে ভালোর উপর চেপে বসতে দেবেন না। সেক্ষেত্রে নির্ণয় আপনাকেই নিতে হবে। নিজেকে পরিস্হিতির শিকার না করে আনন্দ এবং সম্পূর্ণের মাধ্যমে দাঁড়ানোর চেস্টা করুন। নিজের দুর্বলতার জন্য সংসার বা লোকজনকে কখনই দোষী সাবস্ত্য করবেন না। যদি ক্রমাগত ভয়াবহ পরিস্হিতির সম্মুখীন হতে হয় তবে সেক্ষেত্রে আত্ম পরীক্ষার দ্বারা নিজেকে চিন্তা মুক্ত রাখার চেস্টা করুন। জীবন বিভিন্ন রং এবং রূপ নিয়ে আমাদের সামনে উপস্হিত হয়। নিজের জীবনের দায়িত্ব আপনাকেই নিতে হবে। প্রকৃতই সীমা রেখা আছে নাকি তা সম্পূর্ণ কল্পিত তা অবশ্যই বিচার করে নিন। স্বপ্নকে বাস্তবে পরিণত করতে কি বাধার সৃষ্টি করছে তা খুঁজে বার করার চেস্টা করুন। নিজের সম্ভাব্য অসফলতার ভয়ে চর্তুদিকে প্রাচীর তুলে দেবেন না। অনেক সময় আমরা নিজেদের বুঝিয়ে নিই যে এই কাজ আমাদের আওতার মধ্যে ছিল বা এবং সেই কথায় আমরা ভরসাও করতে থাকি। সম্ভবত আমরা সংঘর্ষের হাত থেকে বাঁচতে চই। কিন্তু এর পরিবর্তে আমরা এটাওতো চিন্তা করতে পারি যে, আমরা যা চাই তা একলা একদিন অবশ্যই পেয়ে যাব। বাধার অতিক্রম করার উপায় খোঁজাই বাঞ্ছনীয়।

গণ্ডীবদ্ধ হওয়ার পরিবর্তে তার থেকে বেরনোর পথ খুঁজুন। আপনি নিজের চেস্টাতেই তা কাটিয়ে উঠতে পারেন যখন আপনি সম্পূর্ণ মনোযোগ সহকারে নিজের খুশী এবং সুন্দর জীবনের জন্য চেস্টা করতে থাকবেন তখন আপনার মনে নিরাশা এবং অসফলতার ভয় অঙ্কুরিত পর্যন্ত হতে পারবে না। ইতিবাচক মনোভাবের মাধ্যমে আপনি নিজের ইচ্ছার থেকেও বেশী পয়সা রোজগার করতে পারবেন। ব্যক্তিগত বা পারিবারিক প্রয়োজনের জন্য হঠাৎ করে আপনার অনেক পয়সার প্রয়োজন হতেই পারে সেক্ষেত্রে অসুবিধা ও প্রয়োজনটি ভালো করে খুঁজে বের করার চেস্টা করুন। নিজের শরীরের প্রতি ভালো করে পরীক্ষা নিরীক্ষা করে আপনার ভেতর কোন

রোগ.আছে কিনা তা জেনে নিন। আপনি কেমন ধরনের মানুষ? আপনি কি হিংসুটে, কৃপন, রাগী, বন্ধুহীন, খারাপ বাবা-মা, মদ্যপ বা দুশ্চরিত্র। শুধুমাত্র এই পথের মাধ্যমেই আপনি নিজের জীবনে পরিবর্তন আনতে পারেন। এর জন্য আপনাকে অনেক সাহস গোটাতে হবে কিন্তু এছাড়া আপনি কি তা আপনি জানতেও পারবেন না, জীবনকে যদি আপনি নিয়ন্ত্রণ করতে না পারেন, তবে তার কারণ সন্ধান করুন। এই রকম পরিস্থিতিতে আপনাকে জীবনের প্রতি দায়বদ্ধতা স্বীকার করতেই হবে। কোন কোন ব্যক্তি অপরকে খুশী করতে গিয়ে নিজের জন্য অসুবিধার সৃষ্টি করে ফেলেন। আমার এক বন্ধু সুশল কাউকে খুশী করার জন্য সব কিছু করতে পারে। অর্ধেক রাত্রিরেও যদি তাকে কাউকে রেলওয়ে স্টেশান বা এয়ারপোর্ট থেকে নিতে বা দিতে যেতে হয় তবুও সে সর্বদাই প্রস্তুত। এর পর সে নিজেই জানায় যে তার নিজের জন্য বা পরিবারের জন্য তার কাছে কোন সময় নেই। যখন সে কোলকাতায় গেছিল তখন সে খুবই জোর মানসিক আঘাত পায়। তার একজন কাছের বন্ধু সে বেশীর সময় তার সঙ্গে অতিবাহিত করত, সে সুশীলেরা সাথে দেখা করতে পর্যন্ত অস্বীকার করে। তখন সে বুঝেছিল যে সবাই তাকে ব্যবহার করে আসছে। এই ভাবে সে জীবনকে খুব ভালোভাবে চিনতে ও বুঝতে পারে। নিজের জীবনের সীমারেখাকে চেনার চেস্টা করুন। নিজের প্রতিবন্ধকতা গুলিকে সততার সাথে চেনার চেস্টা করুন কারণ এগুলি আপনার স্বপ্ন পূরনের পথে বাধার সৃস্টি করছে।

সমস্যার সমাধানের জন্য আপনি কি করতে চান? সেই বিষয়টি খুবই স্পস্ট ভাবে প্রস্তুত করুন। যতক্ষন না আপনি নিজের প্রয়োজন সম্পর্কে ওয়াকিবহাল হবেন, ততক্ষন কিছুতেই সমস্যায় সমাধান করতে পারবেন না। এটাই সফলতা প্রাপ্তির প্রথম পদক্ষেপ হতে পারে।

নির্ণয় নেওয়ার ক্ষেত্রে আপনি অনেক গুলি পথের সন্ধান পাবেন তার মধ্যে শ্রেস্ঠ্যটিই খুঁজে বের করার চেস্টা করুন এবং তার প্রতি লক্ষ্য রাখুন। দ্বিতীয় এবং তৃতীয় নির্ণয়ের বিষয়টিও উপেক্ষা করবেন না। খারাপ অভ্যাস ত্যাগ করুন। জীবনের প্রতিটি ক্ষেত্রকে শোধরানোর চেস্টা করুন যাতে আপনাকে ভবিষ্যৎ-এ আফসোস করতে না হয়। এইভাবে আপনি নিজেই নিজের জীবনকে নিয়ন্ত্রণ করতে পারবেন। যে কোন সমস্যার সম্ভাব্য সমাধানের পথ খুঁজে বেড় করুন। অপরকে শেধরানোর পরিবর্তে সর্বদাই নিজেকে শোধরানোর চেস্টা করুন। নিজের নাগাল এবং ধারণার মধ্যে একটা সাম্যতা বজায় রাখার চেস্টা করুন, এতে আপনি নিজের ইচছা এবং উপলব্ধি পেতে সক্ষম হবেন।

ঝুঁকি নেওয়ার আগে সুরক্ষা বজায় রাখুন

যেকোন কাজ করার আগে সুরক্ষার বিষয়টিকে সবার আগে মাথায় রাখবেন তবেই আপনি নিজের আকাঙ্খিত দিকে এগোতে সক্ষম হবেন। এর ফলে আপনার স্বপ্ন একটি মূর্ত রূপ পেতে পারে। যতটা সম্ভব কম প্রতিবন্ধকতার সম্মুখীন হয়ে নিজের স্বপ্ন গুলিকে চেনার চেষ্টার করুন–এটাই আপনার পক্ষে লাভজনক বিষয় হয়ে উঠবে। যে কোন কঠিন পরিস্থিতির সাথে লড়াই করার জন্য আপনার জ্ঞান এবং তথ্যের প্রয়োজন। যে বিষয় সম্পর্কে আপনার জ্ঞান যত বেশী হবে সেই বিষয়ে আপনি তত ভালো নির্ণয় নিতে পারবেন। নিজেকে প্রশ্ন করুন যে, আপনি এই সম্পর্কে কি জানেন ? এবং সেটিকে কাগজে লিপিবদ্ধ করুন। ইন্টারনেট বা অন্য কোন প্রকাশিত মাধ্যমের সাহায্যে আপনি কোন বিশেষ বিষয় সম্পর্কে জ্ঞান অর্জন করতে পারেন।

আপনি যে কোন বিষয় সম্পর্কে জ্ঞান অর্জন করতে পারেন। উদাহরণস্বরূপ বলি, যদি আপনি গাড়ী বা ঘর কিনতে চান তবে আপনি খবরের কাগজের সাহায্য নিতে পারেন কারণ এতে এই বিষয় সম্পর্কে অনেক. বিজ্ঞাপন থাকে। এটি আপনাকে দাম, লাভ, ক্ষতি, স্হান এবং অন্যান্য বিষয়ে অনেক সঠিক তথ্য দেবে। যদিও শুধুমাত্র বিজ্ঞাপনের ভরসাতেই থাকা ঠিক নয় কারণ অনেক ক্ষেত্রে এতে লেখা থাকে যে, "শর্তাধীন"। এই শর্ত গুলি কোনও বিজ্ঞাপনে প্রকাশিত করা হয় না। এই ধরণের বস্তু কিনতে গেলে সেক্ষেত্রে আপনাকে 25 থেকে 50 শতাংশ ট্যাক্স হিসাবে বা পৌঁছানোর খরচ হিসাবে দিতে হতে পারে। আর্থিক সামাজিক, অর্থনৈতিক প্রযুক্তিবিদ্যা এবং ইলেকট্রনিক ক্ষেত্রের জন্য আলাদা

আলাদা ভাষা এবং শব্দ ব্যবহৃত হয়। উদাহরণ স্বরূপ বলা যায়, ব্যাঙ্কের ক্ষেত্রে "ফিক্সড-ডিপোজিট", 'ফ্লোটিং ইন্টারেস্ট রেট', 'স্টক্ এক্সচেঞ্জ', 'স্টক মার্কেট', 'ফরোয়াড প্রাইজিঙ্গ', 'বণ্ড' প্রভৃতি শব্দের ব্যবহার হয়। যে কোন ক্ষেত্রে নিয়োগের পূর্বে কোন ধরণের নিয়োগে আমাদের সুরক্ষ্ বেশী ভয় কম সে দিকটা দেখতে হবে। অপরের কাছ থেকে পরামর্শ নিতে পারেন কিন্তু সর্বদাই নিজে নির্ণয় নিন। প্রতিটি ব্যক্তিটি প্রতিটি বিষয় সম্পর্কে বিশেষজ্ঞ হবেন সেটা ঠিক কথা নয়। শুধুমাত্র একবার আমি নিজের ইচ্ছার বিরুদ্ধে গিয়ে আর্থিক পরামর্শদাতার পরামর্শ গ্রহণ করেছিলাম এবং পয়সা নিয়োগ করেছিলাম। আমার আসল পয়সার 60% লোকসান হয়েছিল। এছাড়া অন্যান্য সমস্ত নির্ণয়ের ক্ষেত্রে আমি দুটি দিক সম্পর্কে খাতিয়ে দেখে তবেই সিদ্ধান্ত নিই। সব ক্ষেত্রে ফলাফল ভালে হয়েছে এবং অসন্তোষ সৃষ্টি হওয়ার কোন কারণই ঘটেনি। আর্থিক পরামর্শদাতাই হোক বা দালাল যে নাম নিয়েই সামনে আসুক না কেন সেক্ষেত্রে তাদের স্বার্থও জড়িয়ে থাকে। কারণ তারা কমিশান হিসাবে ভালো অর্থ উপার্জন করে। অর্থনৈতিক ক্ষেত্রে সফলতা পাওয়ার জন্য আপনি সেই ক্ষেত্র সম্পর্কে অভিজ্ঞ ব্যক্তিদের সঙ্গে দেখা করুন বা পত্রিকা থেকে জানার চেষ্টা করুন। যদি কেউ উচ্চমানের ভাষা বা প্রযুক্তিবিদ্যা ব্যবহার করে আপনাকে প্রভাবিত করার চেষ্টা করে তবে কখনই অবিভূত হয়ে পড়বেন না।

ভবিষ্যৎ-এর জন্য মনে মনে নিজের আয় সম্পর্কে একটা পরিকল্পনা করে নিন। এই বিষয় সম্পর্কে সফল ব্যক্তির সাথে কথাবার্তা বলে নিন। সে এগুলি কিভাবে করেছে সেদিকে লক্ষ্য করুন। তখনই আপনি বুঝতে পারবেন যে আপনার নির্ণয় সঠিক ছিল কি ছিলনা। পত্রিকা, ইন্টারনেট, অফিস, টি.ভি. অথবা রেডিও আপনার জানার মাধ্যম হয়ে উঠতে পারে। সরাসরি সম্প্রচারিত যে কোন অনুষ্ঠানে তারা দর্শকদের প্রশ্ন পাঠাবার জন্যও আবেদন করে। আপনি নিঃসংকোচ নিজের প্রশ্ন জিজ্ঞাসা করুন। যতক্ষণনা নিজে মন থেকে মেনে নিতে পারবেন ততক্ষণ অপরের কথার সাথে একমত পোষণ করবেন না। তবেই আপনি সেই বিশেষ ক্ষেত্র সম্পর্কে অভিজ্ঞ হয়ে উঠতে পারবেন। যদি আপনি কোন রকম খোঁজ ছাড়াই টি.ভি. অথবা মিউজিক সিস্টেম কিনে নেন তবে আপনি কখনই সন্তুস্ট হতে পারবেন না। এর সমস্ত রকম খবরাখবর না নিয়ে কখনই এগোবেন না। একটি সুরক্ষিত ভবিষ্যৎ-এর জন্য আপনাকে চিন্তা-ভাবনা করে এগোতে হবে।

প্রকৃত জ্ঞান

সফল ব্যক্তিরা বেশীর ভাগ ক্ষেত্রে পরম্পরাকে অনুসরণ করেন না। তারা কখনই অন্যরা কি ভাবে বা কি বলবে সে সম্পর্কে মাথা ঘামায় না। বেশীর ভাগ ব্যক্তিদের মতন তারা অপরকে অনুসরণ করে চলেন না। বেশীর ভাগ মানুষের কাছে কার্য সম্পর্কিত চিন্তাই মূল চিন্তা হয়ে ওঠে। সফলতার পথে আসা যেকোন বাধাকেই (কমই হোক বা বেশী) তারা তুচ্ছ বলে মনে করে। এই ধরনের ব্যক্তিরা খুবই তাড়াতাড়ি কার্যের পরিণাম পেতে চান। সফলতার জন্য আকঙ্খিত ব্যক্তিরা শুধুমাত্র আজ নিয়েই চিন্তা করেন না তাদের চিন্তা থাকে ভবিষ্যৎ নিয়ে। ভবিষ্যৎ-এ একটি বড় লাভ প্রাপ্ত করার জন্য তারা বর্তমানের ছোটখাট লাভ গুলিকে এড়িয়ে চলে। হয়তো এই কারণে বেশীর ভাগ ব্যক্তিই ভবিষ্যৎ-এর জন্য কিছুই সঞ্চয় করে রাখেনা। মোবাইল ফোন, টি.ভি. বিভিন্ন দ্রব্য, মিউজিক সিস্টেম বা গাড়ী প্রভৃতি শৌখিন দ্রব্য দেখে এতই লোলুপ হয়ে ওঠে যে তা পাওয়ার চেস্টা করেন।

অবসর গ্রহণের পর যদি আপনি অর্থনৈতিক দিক থেকে একটি সুরক্ষিত এবং সফল জীবন চান তবে আপনাকে প্রতি মাসে একটি নির্দিষ্ট অঙ্কের টাকা জমানোর পরিকল্পনা করতে হবে। 1966 সালে যখন আমি বিয়ে করেছিলাম তখন আমি মাসে 740 টাকা আয় করতাম। আমার বৌ আমাকে প্রতি মাসে 20 টাকা সঞ্চয় করার পরামর্শ দিয়েছিলো। সেই সময় প্রথম শ্রেণীর অধিকারী আই.পি.এস.-দের প্রতিমাসে 3000/0 টাকা থেকে 440/- টাকা পর্যন্ত বেতন দেওয়া হত। আমার মতন ব্যক্তিদের পক্ষে প্রতি মাসে 20 টাকা বাঁচানো দূরহ কাজ ছিল। সেই সময় DSP হিসাবে আমাকে সমাজে একটি উচ্চস্তর বজায় রাখতে হত তাই সেখান থেকে খরচ কমার কোন সুযোগই ছিল না। কিন্তু পরামর্শ করার পর আমি প্রতিমাসে যে দুটি করে রেকর্ড কিনতাম তা কেনা ছেড়ে

দিয়েছিলাম। সেই সময় ঋণ গ্রহণ খুব সুবিধাজনক ব্যাপার ছিল না। একবার আমার 17450/- টাকা দামের একটি ফিয়েট কেনার দরকার ছিল। আমি সরকারের কাছ থেকে লোন নিই কিন্তু 2000/- টাকা কম হচ্ছিল। বীদরে অবস্থিত স্টেট ব্যাঙ্ক অফ্ হায়দ্রাবাদের ম্যানেজার আমাকে স্পষ্ট ভাবে বুঝিয়ে দিয়েছিলেন যে ঋণ গ্রহণ করলে আমাকে যে হারে পয়সা দিতে হবে আমার আয় তার জন্য যথেস্ট্য নয়। তখনই আমি ঠিক করি যে আমি নিজের আয় থেকে কিছুটা টাকা বাঁচাবো। বর্তমানে ঋণ গ্রহণের এতো সুযোগ থাকা সত্ত্বেও সমকালীন ব্যক্তিরা বিশেষ করে 25 থেকে 55 বছর বয়স প্রাপ্ত মানুষেরা নিজেদের ভবিষ্যৎকে অপ্রাকৃতিক বলে মনে করেন। সফল হওয়ার জন্য আপনাকে নিজেকে প্রশ্ন করতে হবে যে আপনি শুধুমাত্র বর্তমান নিয়েই বেঁচে থাকতে চান নাকি ভবিষ্যৎ-এর প্রতিও আপনার কিছু দায়িত্ব আছে। সফলতা এবং বর্তমান সন্তুষ্ট জীবন কখনই নিজের চতুর্দিকে ছড়ানো এলোমেলো বিষয় ও ঋণের সাথে এক হতে পারেনা।

আপনার সক্রিয় যোগদানের মাধ্যমেই সফলতা প্রাপ্ত করা সম্ভব। সফল ব্যক্তিদের জীবনী সম্পর্কে পড়লে জানতে পারবেন যে তারা তাদের শরীর সম্পর্কে যথেষ্ট ওয়াকবহাল। তারা প্রতিদিন ব্যায়াম এবং ছয় থেকে আট ঘন্টার ঘুমকে খুবই গুরুত্ব প্রদান করেন। আমার মতে সকালেই শান্ত সময় পাওয়া যায়। সকাল পাঁচটা থেকে সাড়ে পাঁচটার মধ্যে ঘরের চতুর্দিক শান্ত থাকে এবং কোন রকম বাধা থাকেনা। এই সময়ে খবরের কাগজও এসে পৌঁছায়না আবার আমরা টি.ভি. চালানোর কথও ভাবি না।

অনেক ব্যক্তির কাছেই সকালে তাড়াতাড়ি ঘুম থেকে ওঠাটা কস্টকর বলে মনে হয়। অধিকাংশ ব্যক্তিদের জীবনে ব্যায়ামের জন্য কোন সময় বরাদ্ধ করা থাকেনা। তারা ব্যায়ামকে উপেক্ষা করার জন্য বর্তমান গতিসম্পন্ন জীবন ধারাকে দায়ী করেন। ব্যায়ামের মাধ্যমে আপনি জীবন শৈলী এবং কার্য শৈলীতে অনেক দক্ষতা অনুভব করবেন।

যদি আমরা সমস্ত কিছুর জন্য প্রচুর চেস্টা করি এব নিজেদের প্রতি ভরসা বজায় রাখি তবে আমরা অবশ্যই সফলতা অর্জন করতে পারব। অধিকাংশ ব্যক্তিদের তুলনায় কিছু বেশী পাওয়ার এটাই একমাত্র রাস্তা। আপনি উচ্চ শিক্ষিত না হলেও এই কার্যে নিপুণতা পেতে পরেন। আমার ঘরের কাজের পরিচালিকা রীতা তিন ঘন্টায় সমস্ত কাজ সম্পন্ন করে এবং আমার সেক্রেটারীর থেকে বেশী উপার্জন করে। তার বাচ্চারা ভালো স্কুলে পড়াশোনা করে। তার ঘরে টি.ভি., ফ্রিজ, ফোন সমস্ত কিছুরই সুবিধা আছে, এর কারণ হল সে ক্রমাগত প্রয়াস করে।

স্বপ্ন সত্যি হবে

আপনি চিন্তা, পরিকল্পনা এবং সংগঠনের জন্য যে সময় অতিবাহিত করবেন তা কখনই ব্যর্থ হবে না। নিজের কাজ এবং জীবনকে এমনভাবে সংগঠিত করুন যাতে অনেক বেশী কিছু পেতে পারেন। পরিকল্পনার অভাব পরাজয়ের বার্তা বয়ে নিয়ে আসে। নিজেকে সংগঠিত করতে পারলে আপনি সমস্ত আবশ্যকতা গুলিকে পূর্ণ করতে পারবেন। নিজের অনুভব থেকে বলছি যে যদি অপনি সময় এবং সাক্ষাৎকারের পরিকল্পনা না করেন তবে সমস্ত কিছু উল্টোপাল্টা হতে পারে। উদাহরণ স্বরূপ বলা যায়, আমি এবং আমার চার সাহায্যকারী বন্ধু একদিন একটি পাঁচ তারা হোটেলে দুপুরের খাওয়া খাচ্ছিলাম। আমরা নিজেদের আই.পি.এস ট্রেনিং সংক্রান্ত কথা বলছিলাম এবং খুব আনন্দ অনুভব করছিলাম। এই ভাবে প্রায় 2 ঘন্টা 46 মিনিট কেটে যায় কিন্তু আমি এক থেকে দেড় ঘন্টা সময় নির্ধারণ করেছিলাম। এই সময়টিকে কাজে লাগাবার জন্য আমার এক বন্ধুর সাথে রাতের খাওয়ার কথা ছিল তা স্হগিত করে দিই কারণ শেষ কার্য গুলিকেও সুন্দর ভাবে সম্পন্ন করার প্রয়োজন ছিল।

আমাদের নিজেদের লক্ষ্যগুলিকে সর্বদাই মাথায় রাখতে হবে কারণ সেগুলিই আমাদের জীবনের দিক ঠিক করে এবং সময়ের সঠিক ব্যবহার শেখায়। লক্ষ্য গুলিকে বাস্তবতা, বিশেষ, লোভ এবং মাপদণ্ডের সাথে যুক্ত হওয়া প্রয়োজন। এটিই আপনাকে উঁচুতে উঠতে এবং গভীরে যেতে সাহায্য করে। কিন্তু এটি যাতে এতটাও সংকীর্ণ না হয় যার দ্বারা আপনি শেষ হয়ে যাবেন বা ক্ষতবিক্ষত হবেন। যখন-একজন সমৃদ্ধশালী ব্যক্তিকে তার সমৃদ্ধির রহস্য সম্পর্কে জিজ্ঞাসা করা হয়েছিল, তখন তিনি উত্তর দেন যে, "আপনি প্রথমে ঠিক করুন যে আপনি বাস্তবে কি চান?"

আপনারও ইটালীর অর্থনতিবীদ ভিলফ্রেডোর দেওয়া 80-20 টি পরামর্শ সূচক সূত্র গুলি জেনে নেওয়া উচিত। তার মতে 20% প্রয়াসের মাধ্যমে

80% পরিণাম প্রাপ্ত করা সম্ভব। সেই অমূল্য 20 শতাংশের খোঁজ এবং গুরুত্বপ্রদানের মধ্যেই এই রহস্য লুকিয়ে আছে। এটিকে একার চেনার চেষ্টা করুন এবং নিজের সময়কে গুরুত্ব দিন, এর মাধ্যমেই আপনি শ্রেষ্ঠ্য পরিণাম পাওয়ার রাস্তা গুলিতে নিজেকে কেন্দ্রীভূত রাখতে পারবেন। আপনি যদি সীমা রেখে নিশ্চিত করতে পারেন তাহলে আরোও ভালো হয়। কাজের সময় পরিবার বা বাচ্চার প্রতি নজর দেবেন না। আমার মতে টি.ভি. এবং টেলিফোনের অনুপস্হিতিও কার্যক্ষমতাকে অস্বাভাবিক ভাবে বৃদ্ধি করে। যে কাজটি আমি সকালে 2 ঘন্টার মধ্যে সম্পূর্ণ করতে পারি সেই কাজই টি.ভি., টেলিফোন বা কাউর উপস্হিতিতে ছয় ঘন্টাতেও শেষ করতে পারিনা। যদি আপনি একবার কেন্দ্রবিন্দুর থেকে সরে যান তবে তা পুণরায় পাওয়াটা খুবই কঠিন হয়ে পড়ে।

প্রতিদিনের জন্য আপনাকে একটি কার্য তালিকা প্রস্তুত করা উচিত এবং সেই অনুসারে কাজ করা উচিত। আপনি নিজের জন্য যে কোন কার্যকারী প্রক্রিয়ার ব্যবহার করতে পারেন। যে কোন একটি প্রক্রিয়ার মধ্যে নিজেকে আটকে না রেখে দক্ষতা বৃদ্ধি কারী যে কোন প্রক্রিয়াকে অবলম্বন করার চেষ্টা করুন। প্রতিটি কাজের মধ্যে বাধা এবং হস্তক্ষেপ আসবেই তার জন্য সম্পূর্ণ সময় দেওয়া উচিত। কোন কোন পরামর্শ দাতার মতে শুধুমাত্র 50% শতাংশেরই পরিকল্পনা করা উচিত বাকিটা শেষ সময়ের ভারসাম্যতার উপরে ছাড়া উচিত। কিন্তু আমার মতে আপনাকে সম্পূর্ণ দিনটারই পরিকল্পনা করে নেওয়া উচিত এব আকস্মিক ঘটনার জন্য সময়ের ব্যয় হবেই সেদিকেই তৈরী থাকা উচিত। অনেক সময় আমাকে অবাঞ্ছিত আগন্তুকের সম্মুখীন হতে হয়। আমি তাদের সাথে স্টাডি অথবা ড্রয়িং রুমে সাক্ষাৎ করার পরিবর্তে ঘরে, লনে অথবা দরজায় দাঁড়িয়ে কথা বলতেই পছন্দ করি। সে যার সম্পর্কেই কথা হোক না কেন, তা আমার সম্পর্কেও হতে পারে আবার তার সম্পর্কেও হতে পারে। এই বিষয়ে আমার আত্মীয় সজ্জনরাও ওয়াকিবহাল। আপনি নিজেই হস্তক্ষেপ এবং বাধার প্রকৃতি গুলিকে অনুভব করতে পারেন। আপনি দৈনন্দিন কার্য অনুসারে পরিকল্পনা বানাতে পারেন। আপনার প্রধান গুরুত্বপূর্ণ কাজ গুলির জন্য অনেক বেশী সময় কে বাঁচিয়ে রাখার চেষ্টা করুন।

ত্যাগ করতে শিখুন ঃ যে সমস্ত কাজ থেকে আপনি দীর্ঘকালীন কোন লাভ পাবেন না সেই সমস্ত ছোটো এবং তুচ্ছ কাজ গুলির দিকে মাথা ঘামাবেন না। যে সমস্ত কাজ আপনার একার দ্বারা করা সম্ভব না সেই গুলির জন্য অবশ্যই অন্যের সাহায্য নিন। সাহায্য নিতে সংকচ

করবেন না। লেখক হিসাবে আমাকে প্রচুর লিখতে হয়। যদি আমি দিনে আট ঘন্টা ধরে টাইপই করতে থাকি তবে আমি টাইপিস্ট হয়ে যাব। এই কারণে আমার সেক্রেটারী আমার টাইপের কাজ গুলি করে দেয়, আমি তাকে লিখে দিই। এই ভাবে কাজ গুলিকে ভগ করে নেওয়ার আমার কাজের গুণাগুণ বৃদ্ধি পেয়েছে। সংসারে প্রতিদিনই টাটকা ফল এবং সব্জির প্রয়োজন। যদি আমি প্রতিদিন এই কাজের জন্যও সময় বার করি তবে এই কাজের জন্য আমার প্রচুর সময় ব্যয় হবে, সুতরাং এই কাজও চাকরের হাতে সমর্পিত হল।

কাজ দুই প্রকারের একটি থেকে অল্পকালীন পরিণাম প্রাপ্ত হয় যেমন, টেলিফোনে জবাব দান, আবার কোন কোন কাজ থেকে দীর্ঘকালীন পরিণাম পাওয়া যায়, সেই কাজ গুলি নিপুণতার মাধ্যমে সমাপ্ত করুন যাতে আপনার প্রতিস্ঠার ক্ষেত্র সুনিশ্চিত হয়। গুরুত্বপূর্ণ কাজ গুলির প্রতি কেন্দ্রিত থাকার জন্য আমাদের আবশ্যক ছোট কাজ গুলিকে দূরে সরিয়ে রাখতে হবে। নিজের সূচীতে যে সমস্ত কার্য গুলি খুবই গুরুত্বপূর্ণ সেগুলি চিহ্নিত করুন। প্রতিটি কাজের জন্য একটি নির্দ্দিস্ট সময় সীমা ব্যবহার করুন। এটি গুরুত্বপূর্ণ কাজকে আকস্মিক কাজ হতে দেবে না।

দেরী করবেন না ঃ এলন ম্যাকেনি একটি পরামর্শ দিয়েছেন যা 'Swiss Cheese' নামে পরিচিত, উনি এটিকে আত্মিয়করণ করার বিষয়ে জোর দিয়েছিলেন। এর অর্থ হল যদি আপনি কোন কাজ এড়িয়ে চলার চেস্টা করেন তবে সেই কাজটি ছোট ছোট ভাগে ভাগ করে নিন। যে কাজ সহজ বলে মনে হয় সেই কাজটি আগে করুন। আপনি বড় কোন কাজের জন্য 25 থেকে 30 মিনিট সময় বরাদ্দ করতে পারেন। অল্প-অল্প করে কাজ করলেও আপনি খুব সহজেই তা সম্পন্ন করতে পারবেন। উদাহরণের জন্য বলি, গরম কাল এসে গেলেই শীতের বস্ত্র গুলিকে গুছিয়ে ফেলতে হয়, নিজেদের জন্য এটি একট বিরাট কাজ। আমি একটি বাক্সকে সুবিধাজনক জায়গায় রেখে দিই। এক সঙ্গে দুই অথবা তিনটি জামা কাপড় দিয়ে দিই এইভাবে এক সপ্তাহের মধ্যে সমস্ত জামা কাপড় গুলি গুছিয়ে ফেলি। এই কাজটি একই ভাবে শীত আসার আগেও চলে। এইভাবে যখন কম্প্যুটার থেকে কোন নম্বর নিয়ে আমাকে ফোন করতে হয় তখন আমি আমার সুবিধামতন নম্বরটি কোন জয়েরিতে লিখে রাখি পরে ফোন করে নিই। অন্যভাবে বলা যায় যে এই কাজটি নম্বর খোঁজা, লেখা এবং ফোন করা তিনিট ভাগে বিভক্ত হয়ে গেল।

'না' বলতে শিখুন ঃ 'না' একটি খুবই ছোট শব্দ কিন্তু আমরা সবাই তা বলার সময় দোনোমনো করি, যদিও আমরা জানি যে এর ফলে

আমাদের ভবিষ্যৎ-এর পরিকল্পনা প্রচণ্ড প্রভাবিত হতে পারে। যদি আপনি নিজের লক্ষ্যের প্রতি কেন্দ্রীভূত থাকেন তবে আপনি খুব সহজেই এই কাজ করতে পারবেন। এই শব্দটি খুবই আনন্দজনক ভাবে ব্যবহার করা উচিত যাতে আপনি খুব সহজেই নিজের কাজ সম্পন্ন করতে পারেন। অনেক ব্যক্তি আমাকে শুধুমাত্র তাদের বৈবাহিক অনুষ্ঠানেই যে আমন্ত্রণ করেন তা না বরঞ্চ অনেক দূরের সম্পর্কেও নিমন্ত্রণ করেন। একবার এক ব্যক্তি শুধু যে আমাকে আমন্ত্রণ করেছিলেন তাই নয় একই সাথে যাতায়াতের টিকিট এবং পাঁচ তারা হোটেলে থাকার বন্দোবস্ত করে দিয়েছিলেন। আমি তাকে খুব ভালো ভাবে জানতাম পর্যন্ত না। নিমন্ত্রণকারীকে ভালো ভাবে না জেনে তিনি ব্যর্থ কাটাবার কথা চিন্তা করে আমি ভয় পেয়ে গেলাম। আমি একটি ধন্যবাদসূচক পত্র প্রেরণ করে নিমন্ত্রণে না যাওয়ার কথা জানিয়ে ছিলাম। আপনাকে প্রতিটি নিমন্ত্রণেই যেতে হবে তার কোন মানে নেই। আপনাকেই দেখতে হবে যে 'না' করতে না পারার জন্য আপনার বিশেষ কার্য করার সময়টি ব্যর্থ নস্ট হয়ে যাচেছ কি ?

সম্পূর্ণ দক্ষ হওয়ার চেস্টা করবেন না ঃ পূর্ণতার চাহিদা কখনই খারাপ নয় কিন্তু যদি আপনি নিজের সম্পূর্ণ সময় দৈনিক কাজের মধ্যে দিয়েই কাটাতে চান তবে সেটিও মূর্খামিব হবে। পূর্ণতার জন্য আপনার দেরী হয়েছে সেই রকম অজুহাত কখনই খুঁজবেন না। প্রতিটি কাজকে অবশ্যই সম্পূর্ণ রূপে সম্পাদনের চেস্টা করুন কিন্তু কখনই নিজের গুরুত্বকে ভুলে যাবেন না। যদি আপনি একার নিজের গুরুত্বপূর্ণ কাজটির প্রতি শ্রদ্ধাশীল হন তবে তুচছ কাজগুলিকে আপনি সহজেই 'না' বলতে পারবেন কিন্তু খেয়াল রাখবেন যে এই 'না' যেন ভদ্রচ্যুত থাকে।

নিজেকে উৎসাহ দিন ঃ আমরা সবাই প্রেরণা এবং উৎসাহ চাই, এটা আমরা নিজেদের কাছ থেকেও পেতে পারি। আমাদের ছোট ছোট সফলতা এবং প্রাপ্তির জন্য যদি আমরা আনন্দ করি তবে তাও আমাদের জন্য প্রেরণার কাজ করবে। আমি বছরে একবার নিজেকেও কিছু উপহার প্রদান করি। আমার কাছে আজও একটি রেকর্ড আছে যার উপরে লেখা আছে–'জোগিন্দ সিং'-এর 35 তম জন্মদিনে জোগিন্দর সিং-এর তরফ থেকে'। যে কোনকাজ শেষ করে নিজেকে নিজের তরফ থেকে কিছু উপহার দিন। যে যাই বলুক না কেন, নিজেকে স্বীকৃতি প্রদান একটা বিশেষ গুরুত্ব রাখে। অ্যান ম্যাকগী কাপুরের মতে বলা যায়–'যদি আমরা কার্য, খেলা এবং বিশ্রামের মধ্যে ভারসাম্য বজায় রাখতে শিখে যাই তবে আমাদের জীবন অনেকবেশী সুস্হ, আনন্দময় এবং সমৃদ্ধশালী হতে পারে।'

বিচার বিবেচনা করুন

অলবর্ট আইস্টাইনের মতে "Nothing in the universe happens by chance Good deves not play dice." (পৃথিবীতে কোন কিছুই হঠাৎ হয়না। ভগবান জুয়া খেলেন না।) একজন চিত্রকার একটি ছবিতে সৌন্দর্য্য আনার জন্য যেমন ক্যানভাস থেকে কয়েক পা পিছিয়ে যান তেমনি জীবনের ভূমিকা এবং গুরুত্ব বোঝার জন্য আমাদেরও কয়েক পা পিছিয়ে যেতে হবে। জীবনের সমস্ত কিছুই একে অপরের সাথে সম্পর্কিত অর্থাৎ যাই ঘটুক না কেন তার পিছনে অবশ্যই কোন কারণ থাকে। সজাগতা এবং তর্কের মাধ্যমে খারাপের উপর ভালো, নিরামন্দের উপর আনন্দ, নিস্ঠুরতার উপর দয়া, অহংকারের উপর বুদ্ধিমত্তা জয় লাভ করে।

জীবনে সমৃদ্ধি এবং সফলতা পাওয়ার জন্য কিছু নিশ্চিত সার্বভৌমিক নিয়ম আছে। মুক্ত মনে সমস্ত কিছু স্বীকার করলে জীবনের প্রতি সতেজ দৃস্টিকোন রাখতে পারেন। নিজের অন্তর আত্মাকে চেনার চেস্টা করুন এবং প্রত্যেক ঘটনার দুটি দিকেই নজর দেওয়ার চেস্টা করুন। প্রেম এবং দয়ার মাধ্যমে আপনার জীবন নতুন কোন চেতনার সাথে পরিচিত হতে পারে।

এই শক্তিশালী পৃথিবীতে ইতিবাচক এবং নেতিবাচক দুই প্রকার শক্তিই বিদ্যমান। কিন্তু সেটি আপনি প্রত্যক্ষ করতে পারবেন না। কিন্তু বাস্তবে তা অনুভব করতে পারেন। সফলতা প্রাপ্ত করার জন্য আপনাকে সঠিক শক্তিটিই কাজে লাগাতে হবে। এর সাহায্যেই আমরা সফলতা এবং প্রসন্নতা উভয়কেই কাছে পেতে পারি। আপনার প্রকৃতির সাথে সদৃশ্য যুক্ত ব্যক্তিদের দ্বারা যদি কোন দল তৈরী করতে পারেন তবে খুব তাড়াতাড়ি লক্ষ্য পর্যন্ত পৌঁছাতে পারেন। নিজের চিন্তা কে নিয়ন্ত্রণ করা খুবই গুরুত্বপূর্ণ কাজ। আসল কথা হল আমাদের মস্তিস্কই আমাদের স্বর্গ অথবা নরক পর্যন্ত নিয়ে যায়।

এই রকম জ্ঞানও একটি বিশেষ শক্তি। এটি তার প্রয়োগের উপর নির্ভর করে। এর মাধ্যমে আমরা স্বর্গ অথবা নরক রচনা করতে পরি।

কোন ঘটনাকে আমরা কিভাবে নিয়ন্ত্রণ করব তা আমাদের বিচারের মাধ্যমেই নির্ধারিত হয়। পৃথিবীতে এমন কোন ব্যক্তি নেই থাকে জটিলতা বা কঠিন ক্ষেত্রের সম্মুখীন হতে হয়নি। আমাদে সকলের জীবনই অসফলতা এবং নিরাশায় পরিপূর্ণ থাকে। আমার চাকরির সময়, একবার আমাকে স্টেট ইণ্ডাস্ট্রিয়াল সিকিরিটির ইনচার্জ করে পুলিশের DIG হিসাবে প্রেরণ করা হয়েছিল। সেখানে আইন তো পাশ হয়ে গিয়েছিল কিন্তু নিয়ম বলবৎ করা হয়নি এছাড়া কোন পুলিশ ফোর্মও ছিলনা। এই পদটি খুবই নিরস ছিল। আমি সেই নিরসতাকে ভাঙার চেস্টা করি। আমি নিজের ইচ্ছা মতন কাজের নির্ণয় নিয়েছিলাম।

আমি স্টেট ইণ্ডাস্ট্রিকে নিজের থেকে পরামর্শ দান করতে থাকি। এই বিষয়ের পদপদর্শক হিসাবে আমি ছোট কিছু লেখার কথা ভাবি। পণরে আমি এই ইণ্ডাস্ট্রিগুলিকে ঘুরে দেখি এবং উচ্চ পরিচালক বর্গকে উৎপাদন বৃদ্ধির পদ্ধতি সম্পর্কেও বলতে থাকি। পরিণামে আমার নিরস দিন যাপন গুরুত্বপূর্ণ এবং আকষর্ণীয় হয়ে ওঠে। আমি যদি নেতিবাচক চিন্তা ধারার জম্ম দিতাম তবে সেই পরিস্হিতি আমার কাছে ভয় উৎপন্ন করত কিন্তু সেই পথ অমি অবলম্বন করিনি।

প্রতিটি পরিস্হিতিকে নিয়ন্ত্রণ করার মতন ক্ষমতা আমাদের নেই কিন্তু আমরা নিজেদের চিন্তাকে নিয়ন্ত্রিত করে পরিস্হিতি হিসাবে নিজেদের প্রতিক্রিয়া ব্যক্ত করতে পারি। এইভাবে আমাদের সফলতার স্তর সুনিশ্চিত হতে পারে। এর মাধ্যমে আপনি কখনই পরিস্হিতি শিকার হবেন না। আমাদের লক্ষ্যের সাথে আমাদের ক্ষমতা এবং যোগ্যতার সম্পর্ক থাকা উচিত। জীবন দেওয়া-নেওয়ার একটি প্রক্রিয়া মাত্র।

আপনি নিজের অসীম শক্তিকে কিভাবে ব্যবহার করবেন তা শুধুমাত্র আপনার উপরেই নির্ভর করে। মুখোমুখি হওয়ার পরিবর্তে সহযোগীতার পথ বেছে নিন। সম্বন্ধই হোক বা কার্যক্ষত্র জীবনের প্রতিটি ক্ষেত্রে ধ্বংসের পরিবর্তে সৃজনশীলতাই আপনার উদ্দেশ্য হওয়া উচিত। নিজেকে নায়ক মনে করে জেতার চেস্টা করুন। আপনার কথা এবং করার মধ্যে পার্থক্য থাকা উচিত না। নিজের শব্দকোষ থেকে নিরাশাজনক "আমি পারব না" শব্দটিকে দূর করে দিন এবং বিজয় সূচক শব্দ "আমি করতে পারব" কে রাখুন। সংঘর্ষকে কখনই ভয় পানেব না কারণ, এটাও জীবনের একটা অংশ। সর্বদাই মনে করবেন যে জহাজ কিনারায় উপস্হিত হবে আর আমি নেবে যাব। জলে ঝাঁপ দেওয়ার সাহসও থাকা উচিত। বুদ্ধির সাথে নিজের ইচ্ছা এবং স্বপ্ন গুলিকে খুঁজে বার করার চেস্টা করুন। আপনি যদি জ্ঞানের সঠিক ব্যবহার করেন তবে এটি প্রকৃত শক্তি হয়ে উঠবে।

আমাদের প্রতিদিনের নির্ণয়ের উপরেই আমাদের সম্পূর্ণ জীবনটি নির্ভর করে। আমরা প্রত্যেকেই নিজেদের নিয়তিকে অনেকটা নিয়ন্ত্রণ করতে

পারি। কিন্তু সবার প্রথমে আপনি নিজের কাছ থেকে কি চান তা ঠিক করতে হবে। প্রতিটি পছন্দ আপনাকে অন্য কোন রাস্তায় নিয়ে যেতে পারে। যদি আপনি জানেন যে আপনাকে কোথায় যেতে হবে বা আপনার গন্তব্য কোথায় তবে আপনি নিশ্চিত ভাবে সেখানে পৌঁছাতে পারবেন। কিন্তু যদি আপনি নিজের গন্তব্য সম্পর্কে ওয়াকিবহাল না হন তবে এমন একটি রাস্তায় গিয়ে উপনীত হবেন যে, সেটি কোথাও গিয়ে পৌঁছাবেনা। একটি সঠিক স্থানে পৌঁছানোর জন্য সঠিক ট্রেন বা বাসের প্রয়োজন হয়। কিছু দিন আগে আমি আমার গ্রাম জলালাবাদ-এ গিয়েছিলাম। সেখানে যাওয়ার জন্য আমাকে পাঞ্জাব থেকে ফিরোজপুরের ট্রেন ধরতে হবে এবং সেখান থেকে জলালাবাদ যাওয়ার জন্য আবার বাসে বা ট্রেনে চড়তে হবে। কিন্তু যদি আমি মুম্বাই যাওয়ার গাড়ীতে উঠি তবে পাকিস্হান বর্ডার থেকে প্রায় 5 কিঃমিঃ দূরে অবস্হিত জলালাবাদে কোন দিনই পৌঁছাতে পারতাম না।

গন্তব্যের প্রতি স্বচছতাই আপনাকে তার কাছে নিয়ে যাবে। যে কোন বিষয় প্রাপ্তির এই একটাই রাস্তা। সঠিক দৃষ্টিভঙ্গী আপনার জন্য পথ প্রদর্শন তারার মতন কাজ করে। সেটিকে অনুসরণ করলেই আপনি গন্তব্য পর্যন্ত পৌঁছাতে পারবেন। আপনাকে সঠিক ভাবে পথপ্রদর্শক নির্বাচন করতে হবে সেটিই আপনাকে আপনার ভাগ্যের সাথে সাক্ষাৎ করাবে।

এক অসাধারণ দৃষ্টিকোন এবং বিচার ধারার মাধ্যমে একজন সাধারণ ব্যক্তিও অসাধারণ বলে গণ্য হন। এটিই আপনাকে আপনার পছন্দের দিকে নিয়ে যেতে পারে। চলার পথে প্রচর বাধা তো আসবেই কিন্তু যদি আপনি তা দেখে ভয়পান তবে আপনি কোথাও পৌঁছাতে পারবেন না। জীবনে জয় লাভ করার জন্য কিছু লোকসানও স্বীকার করতে হয়।

যখন আমরা পাকিস্হান থেকে শরনার্থী হিসাবে ভারতে আসি তখন আমাদের কাছে কিছু ছিলনা। আমি সেই সময় আমার বাবার সাথে ঘাস কাটাতাম আর পশু চরাতাম কিন্তু একটা বিষয় খুবই স্পস্ট ছিল যে আমার বাবা এই কাজটিকে অস্হায়ী ভাবেই গ্রহণ করেছিলেন। দু বছরের মধ্যেই আমরা সমস্ত বাধা অতিক্রম করে নিই। আমরা পকিস্হানে যে জায়গা ছেড়ে চলে এসেছিলাম তার পরিবর্তে সরকার আমাদের জমি দান করেন। 1953 সালে আমা ফসল কেটে 13000 টাকা প্রাপ্ত করেছিলাম সেই সময় একটি ফিয়েট বা প্রীমিয়ার পদমিনির দাম ছিল 600 টাকা। পাকিস্হান থেকে আসা বহু শরনার্থী আজ লাক্ষপতি হয়ে গেছেন, শুধু তাই নয় তাদের মধ্যে একজন স্বাধীন ভারতের প্রধান মন্ত্রী হিসাবে আত্ম প্রকাশ করেছিলেন। কোন দুর্ঘটনা বা অসফলতা স্হায়ী নয়। মনে রাখবেন যে যদি ঈশ্বর একটি পথ বন্ধ করে দেন তবে অন্য কোথাও অবশ্যই আর একটি রাস্তা খুলে দেন। আপনাকে বিশ্বাস করতে হবে যে আপনার জন্য দ্বিতীয় পথ খোল আছে। আপনি জীবনে আপনার মনের মতন সখ খোঁজার জন্য সেই পথের সন্ধান করুন।

ক্ষমতা সম্পন্ন হোন

পৃথিবীতে এমন অনেক ব্যক্তি আছেন যারা অপরের ব্যবহারের ফলে নিজের প্রতি আস্হা হারিয়ে ফেলে। প্রকৃত ঘটনা হল যে তারা অপরের সফলতাকে ভয় পায়, যদি তারা অপরের স্বপ্ন সম্পর্কে আলোচনা করেন তবে তারা নিজেরা কোথায় পরাজিত হয়েছে তা বুঝতে পারেন। যখন আপনি নিজের শক্তি এবং ক্ষমতা সম্পর্কে কাউকে বলবেন তখন সেই ব্যক্তিরা নিজেদের দুর্বলতা সম্পর্কে বুঝতে পারবে। অনেককে আবার ঈর্ষান্বিত হয়ে ওঠেন এবং তার থেকে নিম্ন স্তরের কোন ব্যক্তি সেই সমস্ত কিছুর প্রাপক হয়ে উঠবেন যা সে চেয়েও পাইনি তা সহ্য করতে পারেন না। এমন কিছু মানুষ আছেন যারা নিজেরাও কিছু করে না এবং অপরকেও কিছু করতে দেয় না। আমার কন্যা রণদীপ কনসালটেন্সি চাকরির সময় এই অসুবিধারই সম্মুখীন হয়েছিল। কিছু অন্তর্জাতিক সংস্হায় (যেখানে আমার কন্যা কাজ করত) কনসালটেন্টদের একজন সরকারি কর্মচারীর থেকে অনেক বেশী বেতন দেওয়া হয়। ভারতের সরকারী অফিসের সেক্রেটারী 26,000/- টাকা বেতন পান কিন্তু সেই সরকারী অফিসেই কর্মরতা কনসাটেন্সি তার থেকে অনেক বেশী উপার্জন কনে। যখন কোন ব্যক্তি দেখেন যে তার বয়সের অর্ধেক কোন ব্যক্তি তার থেকে দ্বিগুণ বা তিন গুণ টাকা বেশী উপার্জন করছেন তখন তারা ঈর্ষান্বিত হয়ে ওঠেন। আমার কন্যার প্রতি এই বিষয় গুলির কারণে কিছু মানসিক চাপ সৃষ্টি হয়েছিল এবং সে সমস্ত কিছু ছেড়ে দেওয়ার মনস্হির করেছলি। সে আমার কাছে সমাধান চাইলে আমি তাকে বলি যে, যেখানে কেউ তোমার যোগ্যতা বিচার করতে পারবেনা সেখানে যোগ্যতা দেখিও না। তুমি নিজেকে বিচার করার চেষ্টা কর, তুমি যত তর্ক বিতর্কের দিকে যাবে তত তারা তোমার উপর চেপে বসবে। তারা তোমার থেকে বড়, তাদের হাতেই সমস্ত ক্ষমতা এবং তাদের কথাই শেষ কথা। আমি তাকে আরোও বলি যে, এমন কিছু করবেনা যাতে তুমি তোমার আত্মবিশ্বাস হারিয়ে ফেলো।

বাস্তবে এই সমস্ত চাপের থেকে নিজেকে সরিয়ে রেখে সফলতা এবং লক্ষ্য প্রাপ্তির জন্য কঠোর পরিশ্রম করুন। যদি আপনার সাথে কোন নেতিবাচক ব্যক্তির সাক্ষাৎ হয় তবে সেই দিনই অবশ্যই তিনজন ইতিবাচক ব্যক্তির সাথে সাক্ষাৎ করুন, যারা আপনাকে উৎসাহিত করবে। যদি আপনি নিজের লক্ষ্যে উপনীত হতে পারেন তবে আপনার সমালোচকদের মুখ কেমন হবে তা কল্পনা করার চেষ্টা করুন। নিজের শক্তিকে কখনই ব্যর্থ নষ্ট করবেন না।

নামিয়ে দেওয়া এবং দমন করা ঃ যদি আপনি এখনও পর্যন্ত সফলতা অনুভব করতে ব্যর্থ থাকেন তবে আপনার কাজের সমালোচকের অভাব হবে না। তারা আপনাকে বলবে যে নিজের সময় নষ্ট না করে হার স্বীকার করে নিন। এই ধরণের কথা বাস্তবিকই কঠোর এবং অপমান জনক। তারা নিজেদেরকে আপনার থেকে উঁচু বলে মনে করেন। প্রতিটি ব্যক্তির নিজের মতন করে বোঝার এবং চিন্তা করার ক্ষমতা ও অধিকার রাখেন না। এই রকম স্হিতির সম্মুখীন হলে স্পষ্ট ভাষায় সেই সমালোচনাকে এড়িয়ে যাওয়ার চেষ্টা করুন। সি.বি.আই-এর নির্দেশক পদে আসীন থাকার সময় একবার আমি কিছু বিচার বিবেচনা করার জন্য প্রধানমন্ত্রীর সাথে তার গাড়ীতে ছিলাম, সুপ্রিম কোর্টের দ্বারা আমি সমালোচিতও হয়েছিলাম। এই বিষয়টি নিয়ে পুরো দেশে আলোচনার ঝড় উঠেছিল। আমার এক বন্ধু আমাকে বলে যে আমি সুপ্রিম কোর্টের বিচার মেনে নিয়েছি। কিন্তু প্রকৃত পক্ষে আমি নিজের তরফ থেকে জন সাধারণের সামনে যেতে ভয় পাইনা। আমি বলেছিলাম যে যদি ডি.আই.জি. বা এস.পি.তাদের সাথে দেখা করতে পারেন তবে আমিও তাদের সাথে দেখা করে কথা বলতে পারি এবং আমি নিশ্চিত ছিলাম যে যার সাথেই দেখা হোক না কেন আমি তার দ্বারা কখনই প্রভাবিত হবে না। আমি জানালাম যে সুপ্রিম কোর্টের বিচার আমার জন্য চূড়ান্ত এবং আমি এই বিষয়ে আর কথা বলতে চাইনা।

যদি আপনার মনে হয় যে আপনাকে হেয় করার চেষ্টা করা হচ্ছে তবে বলে দিন যে এই বিষয়টি চর্চা যোগ্য নয়। এইভাবে আপনি তাদের মুখ বন্ধ করতে পারেন। আপনার নিজের আত্মসম্মান এবং গর্ব বজায় রাখার জন্য লজ্জা পাওয়ার কোন প্রয়োজন নেই। এটি আপনার কাছে অমূল্য সম্পত্তি যা আপনার ব্যক্তিত্বকে প্রভাবিত করে।

অভ্যাসের মাধ্যমেই মানুষ সম্পূর্ণতা প্রাপ্ত করে। কোন বিষয়ে প্রতিক্রিয়াকে চিন্তা করার পরিবর্তে ভবিষ্যৎ-এ কিভাবে সেটিকে চালনা করবেন তা কাগজে লিখে রাখুন। এই প্রতিক্রিয়াগুলি সম্পর্কে সম্ভাবিত উত্তর ও লিখে রাখতে পারেন এবং পরে আপনি তার প্রয়োগ করতে পারেন। আমি নিজে তা করার চেষ্টা করি। যদি সামনের মানুষটি যোগ্য ব্যক্তি বলে মনে নাও হয় তবুও আমি ইতিবাচক এবং উদার থাকবার চেষ্টা করি। আমার মনভাব, কাজ এবং শক্তিই আমার ভিত্তি। আপনার প্রাপ্তিকে ছোট করে দেখার মতন মানুষের অভাব নেই।

এইরকম পরিস্হিতিতে তাদের ভুলে থাকাই শ্রেয়। আপনি খুব বিণীত ভাবেই বলতে পারেন যে আমি এই বিষয়ে কথা বলতে পছন্দ করছিনা বা আমি এই বিষয়ে কথা বলতে চাইনা বা আমরা অন্য কোন বিষয়ে কথা বলতে পারি কি ?

এমন অনেক ব্যক্তির সাথে সাক্ষাৎ হবে, যারা আপনাকে তার সম্পর্কেও প্রশ্ন করতে পারেন। তারা বোঝানোর চেস্টা করবে যে আপনার জন্য অন্য কোন ব্যবসা ভালো। আপনি তাদের বালতে পারেন যে সমস্ত কিছু খুব ভালো চলছে। যদি তখন ও তাদের আপনার আয় জানার জন্য ব্যাকুলতা থাকে তখন আপনি বলতে পারেন যে আজ পর্যন্ত তো আপনি আমার আয় জিজ্ঞাসা করেন নি, মনে হচেছ আপনি আমার জন্য অনেক ভালো চাকরির সন্ধান করেছেন।

কোন চাকরি আপনার জন্য নিনন্দময় হলে আপনি তা ছাড়ার চেস্টা করবেন। সেটি ছাড়ার আগে আপনি পুণরায় সেই পরিস্হিতিতেই জড়িয়ে যাচেছন কিনা তা বিচার করে নিন। একটি নতুন চাকরির অর্থ হল নতুন সম্পর্কের খোঁজ এবং নতুন ভূমিকারও সন্ধান করতে হবে।

নতুন চাকরি আপানকে আনন্দ দেবে কি ? আপনার নালিশ কম হবে ? বেশী অর্থ পাবেন কি ? নিজের. জন্য বা পরিবারের জন্য বেশী সময় বার করতে পারবেন কি ? এই প্রশ্ন গুলি অবশ্যই করুন, এত আপনার চিন্তার ক্ষেত্রে স্পস্টতা আসবে। আপনি অপরের উপর নির্ভর না করে নিজেই নির্ণয় নিতে পারবেন। এইভাবে নিজের জন্য, শারিরীক দিক, আর্থিক দিক এবং ভাবাত্মক দিক থেকে আপনি কি প্রাপ্ত করতে পারবেন তার বিচার করত সক্ষম হবেন। অনেক সময় কোন কোন বন্ধু বা আত্মীয় আপনার প্রগতি দেখে ভয় পেতে পারে। 1961 সালে আই.পি.এস.এ মনোনীত হয়ার আগে আমার বন্ধু আমার কঠোর পরিশ্রম এবং সম্পর্কের দৃষ্টান্ত দেখিয়ে আমাকে ছোটো করার চেস্টা করতো। আমি তার উপর ভিত্তি করে নিজের সাথে কখনই তাদের তলনা করতে পারিনি, কারণ কৃষিজীবি শ্রেণীর মানুষ হয়েও আমার বা অনেক বাধার সম্মুখীন হয়ে মেট্রিকুলেট পাশ করেছিলেন। আমিও নিজের উদ্দেশ্যে উপনীত হওয়াই আমার একমাত্র বাঁচার পথ ছিল। আমি অপরের মতন নিরাশয় হয়ে বসে ছিলাম না। নিজের জন্য এবং নিজের স্বপ্নের জন্য মাথা তুলে দাঁড়ানো একটা আবশ্যক ব্যাপার। এর মাধ্যমে আপনার মনে বিশ্বাস জন্মাবে যে সফতলা পাওয়ার জন্য আপনার কারোর অনুগ্রহরে প্রয়োজন নেই। আমার মতে সমর্থন এবং উৎসাহ একটি ভালো ব্যাপারে হলেও তা আবশ্যক বিষয় নয়। আমাদের নিজেদের চেস্টাই সার্থক হওয়া উচিত। যখন আমি কেরিয়ারের উচ্চতম শিখরে পৌঁছাতে পেরেছিলাম তখন সমালোচকরা বুঝেছিল যে আমার মধ্যে লক্ষ্য পূরণের শক্তি আছে। সফলতার মিস্টতা মধুর মতন অপরকে আপনার দিকে আকর্ষিত করে। এই কারণেই মানষেরা উদিত সূর্যকে প্রণাম জানায় অর্থাৎ নিজে দীপ্যমান সূর্যের মতন হতে চায়।

নতুন উচ্চতার দিকে

মনোবাঞ্ছিত সম্পর্কের দিকে প্রথম পদক্ষেপ ঃ আমরা সবাই নিজেদের পরিবার, ব্যবসার সহকর্মী এবং সাক্ষাৎ হওয়া ব্যক্তিদের সাথে সুন্দর সম্পর্ক বজায় রাখতে চাই। যদি আপনি সম্পর্কের ক্ষেত্রে যথেস্ট পরিবর্তন চান তবে নিম্নলিখিত পরামর্শ গুলি পালন করার চেস্টা করুন।

যেকোন পরিবর্তন অপরের পরিবর্তে নিজের উপর দিয়েই শুরু করা উচিত। আমাদের অপরের পরিবর্তন আনার আগে দেখা উচিত যে, আমিই সমস্যার কেন্দ্রবিন্দু তো নই? সততার সাথে নিজের বিশ্লেষণ করে জানার চেস্টা করু যে আপনি ঈর্ষান্বিত স্বামী, মন্দভাষী বাবা বা অপ্রসন্ন মনোভাব সম্পন্ন ব্যক্তি নন তো? আমার এক খুব কাছের বন্ধু সর্বদাই গম্ভীর থাকে। ও অপরের সাথে এমন ব্যবহার করত যেন সব বুদ্ধি ওর কাছেই আছে। মনের দিক দিয়ে খুব পরিস্কার হওয়া সত্ত্বেও ওর বন্ধুর সংখ্যা খুবই কম। আমি তাকে বলেছিলাম যে, সুরজিৎ-এর স্বভাব ভালো কিন্তু সে উত্তরে আমাকে বলে যে ওর মুখ খুবই খারাপ এবং অপরেক ছোটো দেখানোর সমস্ত রকম প্রয়াস করে যেত। সে সর্বদাই চায় যে বন্ধুরা তার এই বিশ্লেষণে প্রশংসা করবে কিন্তু সময় মতন তা কখনই সম্ভব হয়ে ওঠেনা। একদিন আমি তাকে পারিবারিক এবং সামাজিক দিক থেকে তার মনভাব পরিবর্তনের কথা বলেছিলাম। তার সাথে আমার পরিচয় গত পাঁচ দশক ধরে ছিল কিন্তু তবুও একথা শোনার পর সে আমার দিকে হত্যাকারীর মতন দেখতে লাগল। ফলে তার সঙ্গে সম্পর্ক শেষ করাটাই তার এবং আমার পক্ষে উচিত ছিল।

সুতরাং যে অপরের সাথে সুন্দর সম্পর্ক গড়ে তুলতে চায় তাকে সবার প্রথম আত্ম পরীক্ষার মাধ্যমে নিজেকে পরীক্ষা করা উচিত। আপনার জীবন শৈলী এবং সমস্যাগুলি আপনাকে কিভাবে প্রভাবিত করছে তা জানতে পারলে তবেই আত্ম-পরিবর্তনের প্রক্রিয়া আরম্ভ করতে পারবেন।

সঠিক পরীক্ষা এবং সততার অভাব থাকলে আপনি কখনই এই কাজ করতে পারবেন না। কিন্তু শুধুমাত্র এই পন্থাতেই আপনি নিজের সমস্যার সমাধান করতে পারবেন। আপনার সমস্যা বৃদ্ধির জন্য আপনি কতটা দায়ী তাও আপনাকে দেখতে হবে। কিছু লোক নিজেদের সময় এবং অর্থের বিনিময়ে অপরকে আনন্দে রাখার চেষ্টা করে এবং সম্পূর্ণ বোঝা নিজেই বয়ে বেড়ায়। 'এলেক্স' নামক আমার এক বন্ধু U.K. তে থাকে। হিথ্রো এয়ার পোর্ট-এ দিতে এবং নিত যাওয়াতেই তার বেশীর ভাগ সময়টা কেটে যায়। তাদের মধ্যে কাউকে কাউকে সে নিজের বাড়ীতেও রাখে। একবার এক ভদ্রলোক দুই সপ্তাহ তার বাড়ীতে ছিল এবং যাতায়াতের জন্য তার কাছ থেকে 5000 পাউণ্ড নিয়েছিল। প্রতিশ্রুতি অনুসারে এলেক্স ভারতে ঘুরতে এলে সেই টাকা ফেরত দেওয়ার কথা ছিল কিন্তু যখন সে ঘুরতে আসে তখন সেই ভদ্রলোক বিভিন্ন রকম অজুহাত করে তার সাথে দেখাও করেনি এবং পয়সাও ফেরত দেয়নি। অনেক চেষ্টার পর তার কাছ থেকে কিছু টাকা আদায় করা সম্ভব হয়েছিল। আসার সাথে আমার সময় এলেক্স আমাকে এই ঘটনা জানায়। আমি তাকে বলেছিলাম যে সে এর জন নিজেই দায়ী। তার নিজের জীবন এবং অর্থের বিনিময়ে অপরকে আনন্দ দেওয়ার কি প্রয়োজন ছিল ? এই রকম লোকের সাথে কি রকম ব্যবহার করা উচিত সে এই সম্পর্কে আমাকে প্রশ্ন করে। আমি তকে বলেছিলাম যে, যার সাথেই আমার দেখা হোক না কেন প্রথমে আমি তার সাথে সুন্দর আত্মীয়তা গড়ে তুলি। আমি জানি যে পৃথিবীর যে কোন মানুষ সবার বন্ধু হতে পারে না। বন্ধুত্ব উভয় দিক দিয়েই গড়ে ওঠে। আমি নিজের জন্য একটা সীমা রেখা টেনে রেখেছি। সকলের ক্ষেত্রে আমি একটা বিষয় করে রেখেছি যে, যদি কেউ আমার কথার উত্তর না দেয় তবু ও অমার মধ্যে অনুশোচনা আসেনা। পরিণাম স্বরূপ অপরের ব্যবহারের জন্য উৎপন্ন মানসিক চাপ, ক্রোধ, বিরক্তি উদাসী এবং নিরাশার হাত থেকে নিজেকে রক্ষা করতে পারি। আমি নিজেকে অপরের উপর চাপিয়ে দিই না এবং অপরকেও নিজের উপর চেপে বসতে দিই না। প্রকৃত পক্ষে কোন জবাবদিহি না করেই আমি অপরের জন্য ভালো কিছু করতে চাই।

আমি তাকে স্পষ্ট করে বুঝিয়ে দিই যে অপরের সাথে সুন্দর সম্বন্ধ রাখার জন্য আপনি সেই সম্পর্কের থেকে কি চান, সে সম্পর্কে সম্পূর্ণ স্পষ্ট ধারণা থাকা উচিত। আমি নিজেকে সম্পর্কের শিকার করে তুলতে চাইনা। সবাই খুব ভালো ভাবেই জানে যে কেউই আমাকে পাদানী বা সিঁড়ি হিসাবে ব্যবহার করতে পারবেনা। আমাদের কাছে পরিবর্তনের এবং নির্ণয়ের ক্ষমতা আছে। আপনি যে ধরণেরই ব্যবহার করুন না কেন

আপনার জীবনের দীর্ঘকালীন উদ্দেশ্য পূর্তির জন্য তা যোগ্য হওয়া উচিত। সম্বন্ধের মধ্যে চাপ নিয় আসার পরিবর্তে সেটিকে যেকোন মূল্যে শোধরানোর চেস্টা করা উচিত কিন্তু কোন সম্পর্ক যদি ভাঙনের মুখে দাঁড়িয়ে থাকে তবে তা সামলানোর পরিবর্তে ভাঙতে দেওয়া উচিত। জীবনের প্রতিটি ক্ষেত্রে নির্ণয় আপনার সামনেই থাকে, উপস্হিত নির্ণয় বা বিকল্পকে কে কিভাবে গ্রহণ করবে তা ব্যক্তি বিশেষ উপর নির্ভর করে।

যে কোন সম্পর্ককে ভাঙার আগে সেই সম্পর্ক আপনাকে কি দিয়েছে তা অনুভব করার চেস্টা করুন। আপনি-তার সম্পর্কে কি ভাবেন বা তার স্হানে কাকে রাখতে চান সেদিকটিও খেতিয়ে দেখুন। আমাদের সম্পূর্ণ জীবনটা নির্ণয়ের মাধ্যমেই গড়ে ওঠে। জীবনের প্রতিটি ক্ষণে আমাদের প্রচুর নির্ণয় নিতে হয়। একজন কর্মরত ব্যক্তির কাছে, পরিবারের সদস্যদের সাথে বসে অটুট সম্পর্ক গড়ে তোলার পরে কাজ করার সময় থাকে।

2004 সালোর 4 জুন আমি পাঞ্জাবের ফিরোজপুর জেলার অবোহর নামক শহরে ছিলাম। আমার কাছে দুটি পথ ছিল, এক দুঘন্টার বস সভায় যোগদান করতে পারি, নতুবা শহরের জনগণের সাথে দেশ থেকে দুনীর্তি দূর করার জন্য বিচার বিবেচনা করা। আমি দেশের প্রতি কর্তব্য করব বলে ঠিক করি। আপনি নিজের দুপুরের ঘুম ত্যাগ করি যতক্ষণ না আপনি নিজের সময়, চেস্টা এবং নিজেকে বিলিয়ে না দেবেন ততক্ষণ আপনি কিছুই পাবেন না। আমাদের সম্পূর্ণ জীবন একটি ব্যবসা ক্ষেত্র যেখানে দেওয়া-নেওয়া চলতেই থাকে।

ক্রমাগত চলনশীল অভ্যাসের মাধ্যমেই জীবন গড়ে ওঠে, এই জীবনকে শক্ত ভাবে ধরে রাখার জন্য আপনাকে জয়ের নীতি পালন করতে হবে এবং প্রভু হয়ে উঠতেই হবে। সফলতা কোন 'জাদু' নয়। এই নীতিকে পালন করাই সবাধিক গুরুত্বপূর্ণ। অগ্রগতির চাকা খোঁজার পরিবর্তে আপনি নতুন করে কাজ খোঁজার চেস্টা করুন। আপনি কি পেতে চান, তা পাওয়ার জন্য বই পত্র, লেখকদের জীবনী এবং বিচার গুলির সাহায্য নিন। আপনার ইপ্সিত লক্ষ্যের দিক থেকে যেন আপনার লক্ষ্যচ্যুতি না ঘটে। সেদিকে খেয়াল রাখবেন । কাজকে সর্বদা একটি পন্হাতেই সম্পূর্ণ করার চেস্টা করবেন না। নতুন খোঁজের জন্য আগ্রহী হোন। মনে রাখবেন যে কথাবার্তা এবং কাজ করার পদ্ধতিতে পরিবর্তন এনে আপনি নিজের মধ্যে নতুনত্ব অনুভব করতে পারেন।

সঠিক সময় নির্ণয়

যদি আপনি খুব ভালো এবং শ্রেষ্ঠ পরিণাম পেতে চান তবে অপরের সাথে সামঞ্জস্যপূর্ণ ব্যবহার এবং তাদের সহযোগীতার মাধ্যমেই আপনি তা পেতে পারেন। কঠোর পরিশ্রমকে ভয় পেয়ে কখনই পিছু হটবেন না। সর্বদা সিদ্ধান্ত নিয়েই কাজ করার চেষ্টা করবেন না। প্রয়োজন পড়লে আপনি আগের থেকেই বিপরীত এবং অপ্রাপ্তি মূলক রূপেও কাজ করার চেষ্টা করতে পারেন। জর্জ বার্নও শ এর মতে "These who cannot change their minds. cannot change anything." (যে নিজের মানসিকতাকে বদলাতে পারেনা সে পৃথিবীর কিছুই বদলাতে পারেনা), পরাজয়ের ভয়ই সবচেয়ে বড় ভয়। ফলস্বরূপ ভুল হওয়ার ভয়ে কিছু লোক কোন কাজ শুরুই করেনা। সুরক্ষিত থাকার বাসনায় নিস্কৃয়তা বৃদ্ধি পায়। 'আমি পারবনা' বা 'আমি করবনা' এই সমস্ত শব্দগুলির মধ্যে পরাজয়ের ভয় প্রকট হয়ে দেখা দেয়। অনেক সময় শারিরীক ভঙ্গীমার মধ্যে দিয়েও ভয় প্রকাশ পায়। হৃদস্পন্দন বেড়ে যায়, শ্বাস কষ্ট হয় এবং বারবার বাথরুমের যাবার প্রয়োজন হয়। 1960 সালোর 22 শে ডিসেম্বর আই.পি.এস.-এর সাক্ষাৎকারের দিন আমারও এই অবস্হাই হয়ছিল। আমি ছাড়া আরো চারজন প্রত্যাশী ছিলেন যারা এর আগে দুই থেকে তিনবার এই সাক্ষাৎকার দিয়ে দিয়েছিলেন। তাদের দুই বা তিন বার অসফলতা দেখে আমি এতটাই ভয় পেয়ে গেছিলাম যে এই দু-ঘন্টায় আমি পাঁচবার বাথরুমে গিয়েছিলাম। যদিও আমি সফল হয়েছিলাম কিন্তু পরাজয়ের ভয়েই শরীরে কেমন পরিবর্তন আসে তা আমি ভালোভাবে লক্ষ্য করতে পেরেছিলাম।

অস্বীকৃতির ভয় ঃ তার এক প্রকার ভয় আছে, সেটি আমাদের নিজেদের ব্যক্ত করতে বাধার সৃষ্টি করে এবং আমাদের চুপ থাকতে বাধ্য করে, সেটি হল অস্বীকৃতির ভয়, ছোটো থেকেই আমরা দেখি যে কিছু কথার জন্য বাবা-মা আমাদের প্রশংসা করেন আবার কিছু কথার স্বীকৃতি দেন না। উদহরণ হিসাবে বলি যে, আমার বাবা মা চাইতেন যে

আমি প্রতিটি পরীক্ষাতেই সফল হই। তাদের ভালো বাসা বোঝাপড়া এবং শর্ত সাপেক্ষ ছিল সে বিষয়ে কোন সন্দেহই নেই, কারণ সেটি আমার পাশ এবং ফেলের উপর নির্ভর করত। যদি আমি তাদের ইচ্ছামতন চলতে পারি তবেই তারা আমাকে স্বীকৃতি এবং ভালোবাসা দেবে। যদি আমি তাদের ইচ্ছার বিপরীতে চলি তবে ভালোবাসা এবং স্বীকৃতি জুটতো না, আর এটাই অস্বীকৃতি। ফলস্বরূপ বড় হয়েও অপরের স্বীকৃতি পাওয়া আমাদের কাছে একটা অভ্যাসে পরিণত হয় এবং অপরের খুশী পাওয়ার জন্য সব কিছুই করার চেস্টা করি। এই মনোভাব নিম্নলিখিত বাক্যের মাধ্যমে স্পস্ট হয়।

'বসকে খুশী করার জন্য আমাকে কঠোর পরিশ্রম করতে হবে, করতেই হবে'। এই ধরণের ব্যক্তিরা যদি উচ্চ স্তরে কাজ করতে ব্যর্থ হন তবে নিজেদের পরাজিত এবং অস্বীকৃত মনে করে ভীত হয়ে ওঠেন। 75% ব্যক্তির সাথেই এমন ঘটনা ঘটে। কিছু লোক উচ্চ মানের হওয়া সত্ত্বেও মনে করেন যে, 'আমি করতে পারবনা কিন্তু আমাকে করতেই হবে' 'আমাকে করতে হবে, কিন্তু আমি করতে পারবনা।'

আমার এক বন্ধু (ক্যাবিনেট সেক্রেটারী অফ ইণ্ডিয়ার উচ্চ পদ থেকে অবসর গ্রহণ করেছে) আমাকে একদিন বলছিল যে, কাজের অতিরিক্ত চাপ থাকার জন্য সে নিজের শরীরের দিকেও নজর দিতে পারছিলেন না। আমি তাকে জীবনটি সরল ভাবে অতিবাহিত করার জন্য পরামর্শ দিই। সে আমাকে বলে যে তাকে যে কাজ দেওয়া হয় তা করা ছাড়া তার কোন উপায় নেই। সে তৎকালীন প্রধানমন্ত্রীকে যে কোন মূল্যে সন্তুস্ট রাখতে চাইতো কারণ সে আরো পরে অবসর গ্রহণ করতে চাইছিল তাই সে দেখাতে চাইতো যে তার মধ্যে এখনও কাজ করার ক্ষমতা আছে। সে যদি সর্বশ্রেস্ঠ প্রদর্শন দেখাতে না পারে তবে খুব শীঘ্রই তার স্বাস্থ্যের অবনতি সম্পর্কে সকলে বুঝতে পারবে এবং তার উদ্দেশ্য সিদ্ধ হবেনা কিন্তু সে এক্সটেনশান পাইনি।

এই সমস্যার সমাধানের জন্য আপনাকে নিজের সাহস বৃদ্ধি করার সাথে সাথে নিজের আত্ম বিশ্বাসকেও বজায় রাখতে হবে। যে কোন পরিস্থিতিতে সাহসই যে কোন ভয়কে মারতে পারে। এইভাবে তাদের কার্য ক্ষমতা, ব্যবহার যেমন অপ্রতিভ হয়ে যাবে তেমনি শারীরিক ক্ষমতাও লোপ পাবে। যে কোন পরিস্থিতিতে আমাদের আত্ম বিশ্বাস বজায় রাখতে হবে, তাই সেটির দ্বারাই আমরা যেকোন বাধা অতিক্রম করতে পারি।

সুস্পস্ট চিন্তা দ্বারা চেনার চেস্টা করুন যে কোন সংস্থা অথবা ব্যক্তি বিশেষের সহযোগীতার মাধ্যমে আপনার লক্ষ্যপূরণ হতে পারে কি? তাদের তালিকা প্রস্তুত কান এবং সাহায্য নেওয়ার চেস্টা করুন। আপনি

যদি আরো এগোতে চান, আরও বেশী সফলতা পেতে চান তবে আপনাকে সঠিক বস্তুকে গুরুত্ব দিতেই হবে।

অধিকাংশ মানুষ নিজেকে দৈনন্দিন কার্যের মধ্যেই বেঁধে ফেলেন তাই তারা যেখান থেকে শুরু করেছিল সেটাই আটকে থেকে যায়। এটি খুবই স্বাভাবিক কারণ যতদিন না আপনি নতুন কোন পরিকল্পনা করবেন ততদিন নতুন কিছু কি করে পাবেন? নতুন অভিজ্ঞতা, এবং সুযোগকে সতেজ লক্ষ্য হিসাবে গ্রহণ করুন। নিজের লক্ষ্যেই কেন্দ্রীভূত থাকার চেস্টা করুন, আপনি খুব তাড়াতাড়িই সেইখানে পৌঁছাতে পারবেন। আপনি চিন্তিত হলে আপনি নিজের দৃষ্টিভঙ্গী থেকে সরে যাবেন। আপনি যেখানে আছেন সেখানে কেমন আছেন তা চিন্তা না করে আপনি কোথায় যেতে পারেন তা চিন্তা করুন। এই লক্ষ্যকে আমরা মন এবং মানসিকতার মাধ্যমে স্বীকার করে নিই এবং আমরা যা ঠিক করি তাই পেতে পারি। "আমি করতে পারব, এবং আমি সফল হব"–নিজেকে এই বাক্যের মাধ্যমে উৎসাহিত করার চেস্টা করুন। যখনই আপনি নিজে কোন ভয় বা সংশয় অনুভব করবেন তখনই ভাবুন যে আপনি একজন দৃঢ় ব্যক্তিত্ব সম্পন্ন মানুষ, আপনি কখনই পরাজিত হতে পারবেন না। কিন্তু তার পরেই যদি আপনি অসফল থেকে যান তবে সেটিকে স্থায়ী ভাবে মনে বসতে দেবেন না, এটাই আপনাকে সফলতার পথ দেখাবে।

যে কার্য ক্ষেত্র থেকে আপনি কুন্ঠিত হয়ে ছেন সবার প্রথমে সেই স্থানটি খেতিয়ে দেখার চেস্টা করুন। খেয়াল করুন যে আপনি কি সম্পূর্ণ আলাদা প্রক্রিয়ায় সমস্যার সম্মুখীনতা করছিলেন। যে কোন কাজকে সুন্দর প্রক্রিয়ায় সম্পন্ন করলে তবেই আপনি জীবনে যেকোন সফলতা পেতে পারেন। যে প্রক্রিয়ায় আপনি কাজ করছেন তার মাধ্যমে যদি বাঞ্ছিত পরিণাম না পান তবে প্রক্রিয়া পরিবর্তনের চেস্টা করুন।

আপনি যদি একই প্রক্রিয়ায় কাজ করে যান তবে একই পরিণাম পাবেন। এমন কোন সংস্থা বা ব্যক্তির খোঁজ করুন যে আপনার উদ্দেশ্যকে সফল করতে আপনাকে সাহায্য করতে পারে। তারা সাহায্য এবং সমর্থন পাওয়ার জন্য সমস্ত রকম চেস্টা করুন। আকস্মিক এবং আশাতীত কাজ করার চেস্ট করুন তবেই আপনি আশাতীত কাজ পেতে পারেন, আর এটাই হবে সঠিক সমাধান।

কখনও কখনও আপনি যে পন্থা অনুসরণ করছেন তার থেকে বিপরীত পন্থায় চললে, তা আপনার জন্য ফলপ্রসু হতে পারে। কখনও কখনও জটিলতা অন্য কোথাও থাকে আর আমরা অন্য স্থানে তার সন্ধান করি। আপনি যদি সমস্যা দ্বারা পিড়ীত হতে থাকেন তবে তার সমাধান করার চেস্টা করুন। অপরের দক্ষতার সাথে তালে তাল মিলিয়ে কাজ করার বিশেষত্বই সফলতার একমাত্র বাহক হতে পারে।

কে শুরু করবে ?

যে সমস্ত বক্তিরা সফলতার চূড়া পর্যন্ত পৌঁছাতে পেরেছেন তারা সকলেই স্বাস্থ্য, খাদ্য এবং ব্যায়ামকে জীবনের প্রথম আদর্শ বলে মনে করেন। তারা দৈনন্দিন জীবনে ব্যায়াম এবং পুষ্টিকর খাদ্যকে কখনই অবহেলা করেন না। তারা জানেন যে সুস্থ জীবনই জীবনকে চমৎকারিত্বে ভরে দিতে পারে। নিজের এবং ব্যবসার ক্ষেত্রে জীবনকে সংগঠিত করার সময় শরীর এবং ফিটনেসের ব্যাপারটি মাথায় রাখা খুবই দরকার। এ্র জন্য আপনাকে নিজের সঙ্গে বোঝাপড়া করত হবে। সকালে নিয়মিত সময়ের এক ঘন্টা আগে উঠে আপনি যোগা করতে পারেন, অনেকটা দৌড়াতে পারেন বা ভ্রমণ করতে পারেন। কিছু মানুষ অফিস পর্যন্ত হেঁটে চলে যান বা টিফিনের সময় কয়েক পা হেঁটে নেন। শরীরকে সুস্থ করতে আপনি যাই করবেন সেটাই আপনার জন্য লাভজনক প্রমাণিত হবে, ভালো খাওয়া-দাওয়ার অভ্যাস এবং নিয়মিত শরীর চর্চা আপনার জীবনশৈলীতে শক্তি উৎপাদন করবে এবং উৎপাদনের স্তরও বৃদ্ধি করবে। এই অভ্যাস শুধুমাত্র যে উচ্চ স্তরের ব্যক্তিদের জন্যই তা নয় এটা যে কেউ করতে পারে।

আপনি যদি আগে থেকেই এই জীবন ধারায় অভ্যস্থ থেকে থাকেন তবে ক্ষমতার দিক থেকে আপনি অনেকটা এগিয়ে আছেন। যদি আপনি এই অভ্যাস শুরু করে দিন। কিছু ব্যক্তি প্রায়ই গুরুত্বপূর্ণ কাজের সাথে যুক্ত সমস্যা গুলির জন্য ভীত হয়ে থাকেন। সরল কথায় বলা যায় অত্যাধিক দায়িত্ব সহ গুরুত্বপূর্ণ কাজ় গুলিকে লক্ষ্য করা। বহু সময় ধরে নিজের থেকে দূরে থেকে, লোকেদের থেকে দূরে থেকে শুধুমাত্র কাজের মধ্যে জড়িয়ে থাকলেই যে আপনি নিজের প্রাপ্য পেয়ে যাবেন তা নয়। গুরুত্বপূর্ণ কথাটির অর্থ হল আপনার কাছে প্রতিটি কাজের জন্য যথেস্ট সময় আছে। এইভাবে আপনি পরিবার, বন্ধু এবং দলের জন্যও সময়

বার করতে সক্ষম হবেন। প্রভাব পূর্ণ কথোপকথনের মাধ্যমে আপনি এই সমস্যার সমাধান করতে পারেন। উৎপাদনের স্তরের ক্ষেত্রেও এটা সরাসরি ভাবে যুক্ত।

এই সমস্যা সমাধানের জন্য একজন যোগ্য পরিচালক কিভাবে তার কাজ করেন সেদিকে লক্ষ্য রাখুন। নিজের ব্যবহারকেও সেই একই ছাঁচে ঢালার চেস্টা করুন। সফল ব্যক্তিদের নিজের আদর্শ বানান কারণ তাদের বলা এবং করার মধ্যে কোন পার্থক্য থাকে না। আপনি নিজেই বুঝতে পারবেন যে সফল ব্যক্তি নিজের সময়কে সুন্দর ভাবে পরিচালিত করতে পারেন। তারা কার্যক্ষেত্রের সঠিক সংগঠনের মাধ্যমে বিশেষ বিন্দুগুলির দিকে ধ্যান কেন্দ্রিত করতে পারেন। তারা সর্বদাই নিজের এবং দলের জ্ঞান বৃদ্ধি করার চেস্টা করেন। সফলতা পাওয়ার জন্য কার্য এবং ব্যক্তিদের সাথে সম্পর্কিত গুরুত্বপূর্ণ বিষয়গুলির প্রতি নজর দেওয়া খুবই প্রয়োজন।

সফল ব্যক্তিরা কখনই তার সম্পর্কে কি কথা উঠলো সেগুলির দিকে লক্ষ্য দেন না। যদি আমরা সাবধানতা অবলম্বন না করি তবে সেই ক্ষেত্রেই মাত হওয়ার সম্ভাবান থেকেই যায়। সফল ব্যক্তিরা খুব ভালোই জানেন যে কাজের সাথে সাথে কাগজও বৃদ্ধি পায়। আমিও প্রতিদিন অপ্রোয়জনীয় কাগজ গুলিকে ফেলে দিই।

সততার সাথে বলছি যে আমিও আগে কাগজ পত্র বাছাই করার দিকে মন দিতাম না কিন্তু এখন প্রতিদিন পনেরো মিনিটের সময় বোর করে নিই। এবং বাছাই করে অপ্রয়োজনীয় কাগজ গুলি ফেলে দিই। অনেক সময় ক্লান্তি অনুভব করি কিন্তু কার্য ক্ষমতা যাতে প্রভাবিত না হয় তার জন্য এই কাজটা করতেই হয়। যদি আমি কোন কাগজ অপ্রয়োজনীয় মনে করি তবে তা সামলানোর পরিবর্তে ফেলে দেওয়াটাই ঠিক বলে মনে করি। অনেক সময় আমরা ঠিকানার জন্য কাগজ-পত্র গুলিকে সামলে রাখি কিন্তু আমি সেই ঠিকানা গুলি ডিজিটাল ডায়রি বা কম্প্যুটারে নোট করে নিই। সময় মতন বিল জমা দিই এব খুব প্রয়োজন না হলে কখনই ক্রেডিট কার্ডের ব্যবহার করিনা। কোন জরুরী কাগজকে আমি কম্প্যুটারে স্ক্যান করে নিই এবং জরুরী কাগজের ফাইলে রেখে দিই।

সফল ব্যক্তিরা জানেন যে কাগজের স্তুপের জন্যই যে অনেক সময় প্রয়োজনীয় কাগজ পাওয়া যায় না তা নয়। তারা জানেন যে অধিক জিনিষ পত্র মাথা ব্যাথার কারণ হয়ে ওঠে। তারা অল্প জিনিষ পত্রেরই পক্ষপাতি। তারা সেই জিনিষ পত্র গুলিকে এমন ভাবে ব্যবস্থিত রাখে যে প্রয়োজন পরলেই জরুরী কাগজপত্র পাওয়া যায় এবং এতে কাজের গতিও সুন্দর পন্থায় চলতে থাকে।

নিজের কাজ অগোছালো হলে তারা কখনই অপরকে দোষারোপ করে না। তারা এই সমস্যা সমাধান করার জন্য প্রয়োজনীয় পদক্ষেপ গ্রক্ষণ করেন। তারা অকেজো পুরানো জিনিষ গুলির মোহ সহজেই ত্যাগ করতে পারে। কাগজের স্তুপ যে কতটা অসুবিধার সৃষ্টি করে সে সম্পর্কে তারা যথেস্ট ওয়াকি বহাল।

যে সমস্ত পারিবারিক সদস্য, সহযোগী এবং বন্ধুরা তাদের শুভ চিন্তক নন তাদেরকে তারা একটু এড়িয়েই চলে। জীবন এবং পরিস্হিতিতে যে সমস্ত অসুবিধার সৃষ্টি হয়, তা বিচার বিবেচনা করে তারা সময় নস্ট করেনা। তারা পরিবর্তন এবং উন্নতির জন্য কাজ করার বিষয়েই আশ্বস্ত। ব্যাঙ্গালোরে আমার বাড়ীর কাছেই আমার এক আত্মীয় থাকেন, তিনি সর্বদাই তার খারাপ স্বাস্হ্য এবং বসের থেকে গালমন্দ খাওয়ার কথা বলে দুঃখ প্রকাশ করতেন। আমি বেশ কিছু দিন ভদ্র ভাবেই তারা কথা শুনে ছিলাম। কিন্তু পরে আমি দেখি যে তার মনোভাব আমাকেও প্রভাবিত করছে। আমি বুঝতে পারছিলাম যে আমাকেও এই রোগ গ্রাস করছে। নিজের ইতিবাচকতা বজায় রাখার জন্য আমি তার সাথে দেখা করাই ছেড়ে দিই। আমি স্পস্ট ভাবে তাকে বলে দিই যে–'আমার সাথে কথা বলার প্রয়োজন হলে নালিশ করার পরিবর্তে ভালো খুশীর কথা বলার চেস্টা কর।'

আমি তাকে আদর্শ জীবনশৈলী অনুসরণ করার পরামর্শ দিই। এটা সত্যি যে আমরা আমাদের পরিচালকদের ব্যবহারের জন্য প্রভাবিত হই। আমাদের উপর তাদের ব্যবহার, মনোভাব এবং ব্যক্তিত্বের আংশিক প্রভাব সৃষ্টি হয়। আমরা যদি একই গুরুত্বপূর্ণ পদাধিকারী হই তবে একে অপরের ব্যক্তিত্বকে চুম্বকের মতন আকর্ষিত করে। সেই কথার দিকে লক্ষ্য করুন এবং জানার চেস্টা করুন যে সে নিজের উদাসীনতা, প্রসন্নতা এবং দয়ালু মনভাবের দ্বারা নিজের দলে ইতিবাচক মনভাব সম্পন্ন ব্যক্তিদের নিযুক্ত করেন নাকি নেতিবাচক মনভাব সম্পন্ন ব্যক্তিদের। আর এই দৃস্টিভঙ্গীর মাধ্যমে আপনি নিজেও তার সাথে সম্পর্কের স্তর নির্ণয় করতে পারেন।

সফল ব্যক্তিদের প্রতিটি কাজের মধ্যে সৃজনশীলতা লক্ষ্য করা যায়। তাদের পরিকল্পনা এতটাই সঠিক হয় যে তারা কাউকে অপেক্ষা করান ও না, আবার কারোর অপেক্ষাও করেননা না। এই ধরণের ব্যক্তিদের অনুসরণ করার চেস্টা করুন। মনে রাখবেন যে তারা প্রত্যেকেই নিজেদের আদর্শের ভিত্তিতে উপরে উঠতে সক্ষম হয়েছেন।

সময়ের সঠিক ব্যবহার

নিজের জীবনকে সুন্দর ভাবে পরিকল্পিত করার জন্য কিছু ব্যক্তিগত হিসাব নিকাশের প্রয়োজন। যাতে আপনি সম্পূর্ণ পরিকল্পনা এবং নিয়ন্ত্রণের মাধ্যমে জীবন অতিবাহিত করতে পারেন। আমাদের মধ্যে বেশীর ভাগ মানুষেরই সাত থেকে আট ঘন্টা গভীর ঘুমের প্রয়োজন এবং গভীর ঘুম আসতে 15 থেকে 30 মিনিট সময় লাগে, শোয়ার আগে আমি ভালো এবং আনন্দ দায়ক সাহিত্য পড়তে পছন্দ করি এবং যাতে এগারোটার মধ্যে লাইট বন্ধ করতে পারি, তারজন্য দশটা থেকে সাড়ে দশটার মধ্যে আমি বিছানায় চলে যাই। সকাল ছয়টায় ঘুম থেকে উঠে নিত্যকর্ম সেরে চা এবং খবরের কাগজের পাট শেষ করে প্রাতঃ ভ্রমণের জন্য বেড়িয়ে পরি এবং সোয়া ন'টার মধ্যে ফিরে আসি। স্নান করতে প্রায় 25 মিনিট ব্যয় করি। জলখাবার এবং অন্যান্য কাজে প্রায় নব্বই মিনিট সময় লাগে এই কারণে যদি আমাকে সকাল 7 টায় ট্রেন বা প্লেন ধরতে হয় তবে আমি সকাল সাড়ে চারটের সময় ওঠার চেষ্টা করি। কারণ তবেই আমি সম্পূর্ণ দিন চর্চা মিটিয়ে সহজেই ট্রেন বা প্লেট ধরতে পারি। প্লেন ধরার ক্ষেত্রে যাওয়ার জন্য 20 মিনিট এবং সিকিউরিটি চেকের যে ব্যবস্থা আছে তার জন্যও এক ঘন্টা হাতে রাখতে হয়।

যদি আমি নিজের জীবনকে এই ভাবে পরিকল্পিত না করি তবে আমাকে মানসিক চাপের মধ্যে নিজের জীবন কাটিতে হবে। এগোরোটার আগে আমি কারোর সাথেই দেখা করার কথা দিই না। আমার গতিবিধিতে কোন বাধা আসছে কিনা, প্রয়োজন পড়লে আমি সেই বিষয়টির দিকেও লক্ষ্য রাখি। সকালের ভ্রমণ আমরা সন্ধ্যাতেও করতে পারি কিন্তু বাকি কাজ গুলিকে সকালেই সম্পন্ন করতে হবে। কোথাও যাওয়ার জন্য আমি দশ মিনিট হাতে রেখে বের হই, যাতে আমি সাক্ষাৎ-এর জন্য নির্ধারিত

সময়ের আগেই পৌঁছাতে পারি। প্রতিটি ব্যক্তি যদি নিজের ঘুম, ব্যায়াম, স্নান, জল খাবার, খবরের কাগজ পড়ার জন্য একটি নির্দ্দিষ্ট সময় বরাদ্দ করে রাখে, তবে সকলের কাছেই তা লাভজনক হবে। আজকাল দিল্লীতে প্রচুর ব্রীজ তৈরী হচ্ছে। এই কারণে ট্রাফিক জামের বিষয়টিও আমি মাথায় রাখি এবং সেই হিসাবে সাক্ষাৎ-এর সময়কে মাথায় রেখেই আমি শয্যা ত্যাগ করি। প্রকৃত পক্ষে সকালে দেখা করার ব্যাপারটা আমি কিঞ্চিৎ কদাচিতই করে থাকি। দৈনন্দিন কাজ আরামদায়ক ভাবে সম্পন্ন করতে গেলে, আমার 240 মিনিট সময় লাগে সেই বিষয়ে আমি যথেস্ট ওয়াকিবহাল। এই দৈনিক কাজের মাধ্যমেই একটি সুন্দর দিনের শুরু হতে পারে। এই সময় আমি কোন রকম বাধা পছন্দ করিনা। প্রকৃত পক্ষে যে কোন গতিবিধিকে লক্ষ্য রাখার জন্য আমি স্টপ ওয়াচের ব্যবহার করি। অনেক সময়েই আমার হাতে দুটো ঘড়ি থাকে। কোন কাজের ক্ষেত্রেই আমি নির্ধারিত সময় থেকে বেশী সময় ব্যয় করিনা। এর থেকে আমি আশ্বস্ত হই যে আমি নির্ধারিত সময়ের মধ্যেই চলতে পারছি।

বিক্ষিপ্ততার দিকে লক্ষ্য করুন ঃ অনেক সময় এমন হয় যে, আমি কোথাও বেরনোর জন্য তৈরী হচিছ এবং হঠাৎ করে ফোন বেজে ওঠে। এই সময় আমার কাছে সময়ও থাকেনা এবং এই ফোন ধরবার মতন কোন রুচিও থাকেনা। সেই সময় ফোন ধরাটা আমার জন্য খুবই কস্টকর হয়ে ওঠে। যখন আপনি ফোন ধরার জন্য একদমই প্রস্তুত থাকেন না বেশীর ভাগ ফোন সেই সময়েই এসে উপস্থিত হয়। এই বিরক্তিকর পরিবেশ থেকে বাঁচার জন্য হয় অন্য কাউকে দিয়ে ফোন ধরান না হলে তা আন্সারিং মেশিনে যেতে দিন। আমার বেশীর ভাগ ফোন আন্সারিং মেশিনেই চলে যায়। যদি আমি ফোনের কাছে থাকি তবে কলার আই ডি-র মাধ্যমে কে ফোন করছে তা সহজেই জানতে পারি। যদি সেই ব্যক্তি আমার কাছে বিশেষ কেউ হয় তবেই আমি সেই ফোন ধরি। বেশীর ভাগ ব্যক্তি নিজের সময় মতন ফোন করেন। আর তাই আমিও নিজের সময় অনুসারেই জবাব দিতে পছন্দ করি।

কিছু মানুষ আঠার মতন লেগে যান, তাদের সাথে আমি কাজের কথা বলার পর বলি যে আমার আর একটা ফোন আসছে। কিন্তু তবুও যদি তারা না শোনেন তবে আমি তাদের ফোনে হোল্ড করিয়ে দিই। এইভাবে তারা কিছুক্ষণ অপেক্ষা করার পর নিজের থেকেই ফোন রেখে দেন। আমি মাসে অবশ্যই একবার আমার গ্রাম জলালাবাদে যাই। আমার অনুপস্থিতিতে আমার সমস্ত কল আন্সারিং মেশিনে চলে যায়। এটা

সময় বাচাবার একটা ভালো উপায়।

আমার মতে যে কাজের জন্য আমি 45 মিনিটের সময় নির্ধারণ করে রাখি, তা শেষ করতে নব্বই মিনিট লেগে যায়। গত সপ্তাহে এক রাজ্য পালের সাথে দেড়টার সময় লাঞ্চের কথা ছিল। আমি আমার স্ত্রী সুরিন্দরের সাথে ব্যাঙ্কে যাওয়ার জন্যও নব্বই মিনিট সময় ধার্য্য করেছিলাম। কোন একটি কারণ বশত আমি পৌনে একটার আগে ঘর থেকেই বেরোতে পারেনি। লাঞ্চে সঠিক সময়ে যেতে হলে আমার ব্যাঙ্কে যাওয়া বাতিল করতে হবে, আমি সে কথা স্ত্রীকে বললে সে বলে ব্যাঙ্কের কাজের জন্য কুড়ি মিনিট। কিন্তু আমি তার সাথে যাইনি। এই রাস্তায় একটি ব্রীজ তৈরী হচ্ছিল এবং ব্যাঙ্ক থেকে ফিরতে তার 75 মি. সময় লেগে যায়। গত রাতে আমি কম্প্যুটারে ই-মেল চেক করছিলাম, সেটি খুলে আমি একটি আকর্ষণীয় সাইটে চলে যাই এবং এক ঘন্টা সেটি নিয়েই ব্যস্ত হয়ে পড়ি, সুতরাং যদি আপনি আকস্মিক ঘটনা গুলির জন্যও হাতে সময় রাখেন তবে কোন চাপই আপনার কোন ক্ষতি করতে পারবেনা।

মনে রাখার ব্যাপারটিও কার্যকরী হতে পারে। এর জন্য আপনি এলার্ম ঘড়ি ব্যবহার করতে পারেন। এর সাহায্যে আপনি সকালে ঘুম থেকে ওঠা ছাড়াও অন্যান্য কাজ গুলির জন্যও সময় নির্ধারণ করে রাখতে পারেন। আমি একটি অন্য উপায়ও অবলম্বন করি। আমি আমার সমস্ত কাজ গুলির জন্য স্টপ ওয়াচে একটি সময় নির্ধারণ করে নিই। এই ঘড়ির জন্য নিঃসন্দেহের আমার দক্ষতা বৃদ্ধি পায়। এই ঘড়ি ক্রয় কখনই বাজে খরচ নয়। আপনি নিজের হাতের ঘড়িটির সময় পাঁচ থেকে দশ মিনিট এগিয়ে রাখতে পারেন। এর ফলে দেরীতে পৌঁছানোর সম্ভাবনা অনেক কম হয়ে যাবে।

যে কোন কাজের জন্য আগে থেকেই প্রস্তুত থাকুন। সকালে ভ্রমণে যাওয়ার জুতো এবং জামা কাপড় গুলি আমি আগের দিন রাতেই ঠিক করে নিই। স্নান করতে যাওয়ার আগে স্নান করে কি জামা পরবো তাও গুছিয়ে রাখি। কোথাও ঘুরতে যাওয়ার দু দিন আগেই আমি বাক্স গুছিয়ে নিই, যাতে জরুরী জিনিষ-পত্র গুলি সাথে সাথেই পাওয়া যায়।

আপনি যদি কোথাও নিমন্ত্রণে যান তবে যাওয়ার আগে ঠিকানা ভালো করে জেনে নিন। দিল্লী, মুম্বাই, কোলকাতা এবং চেন্নাই-এর মতন বড় বড় শহরে ঠিকানা পাওয়া এত সহজ কাজ নয়। আমি গত তিরিশ বছর ধরে দিল্লীতে আছি। পুরানো দিল্লীর কিছু রাস্তা এখনও আমার কাছে অজানা। গত মাসে অশোক বিহারের কাছে একটা জায়গায়

যাওয়ার দরকার ছিল। ঠিকানা খুঁজতে খুঁজতে এই কলোনীতে ত্রিরিশ মিনিট কেটে যায় কারণ, এখানে এক এক স্হানে নির্মাণের কাজ চলছিল। আমাদের দেশে ঠিকানা সূচক বোর্ডের অভাব আছে। যদি আমাদের কোন অজানা স্হানে যেতে হয়, তবে তার আসে পাশের জায়গা গুলিকেও চেনার চেস্টা করুন। এই ভাবে আপনি অকারণ হয়রাণির হাত থেকে রেহাই পাবেন।

অন্যান্য রাস্তা গুলিও আপনার চিনে রাখা উচিত কারণ অনেক সময় ট্রাফিক জাম, খারাপ আবহাওয়া, দুর্ঘটনা বা নির্মাণ কার্যের জন্য প্রধান রাস্তা বন্ধ থাকতে পারে। বিয়ে বা বিভিন্ন অনুস্ঠানের জন্য সম্পূর্ণ রাস্তা জুড়ে অনেক সময় জাম সৃস্টি হয় যদি আপনি অন্য রাস্তা সম্পর্কে জ্ঞাত থাকেন, তবে আপনার কোন অসুবিধা হবেনা। FM রেডিও তেও ট্রাফিক সম্পর্কিত খবরা খবর দেওয়া হয়। কোথাও যাওয়ার আগে তা শুনে নিতে পারেন। কোন স্হানে নির্ধারিত সময়ের আগে পৌঁছে আপনি সহজ স্বাভাবিক থাকতে পারবেন। আপনার হাতে বেশী সময় থাকলে খবরের কাগজও পড়তে পারেন। আপনি নিজের গাড়ীতেই থাকুন বা কোন সর্বজন ব্যবহৃত গাড়ীতেই থাকুন। যে কোন স্হানেই আপনি কিছুনা কিছু পড়তে পারেন। চাপ মুখ জীবনই সফলতার প্রধান পন্থা হতে পারে।

সকালকে সুন্দর পরিকল্পনার মধ্যে দিয়ে অতিবাহিত করুন

যে কোন সাধারণ মানুষের জীবন জন্ম, খাওয়া, ঘুম, খেলাধূলা বিদ্যালয়ে গমন, উচ্চ শিক্ষা, চাকরি; বিয়ে, বাচ্চা, জমি-বাড়ী, বাচ্চাদের পালন, অবসর গ্রহণ এবং শেষে মৃত্যুর মধ্যে দিয়েই অতিবাহিত হয়ে সমাপ্ত হয়ে যায়। কিন্তু জীবন এর থেকেও বেশী কিছু। এটি বর্তমানের শ্রেষ্ঠতার সাথেই সম্বন্ধিত। জিম বিশপের মতে "It is difficult to live in the present, ridiculous to live in the future and impossible to live in the past. Nothing is, as far away, us one minute ago" (বর্তমানে বেঁচে থাকাটা কষ্টকর, ভবিষ্যৎ বেঁচে থাকা হাস্যকর এবং অতীতে বেঁচে থাকা অসম্ভব। দূরে বা এক মুহুর্ত আগে কিছুই নেই) সমস্ত কিছুই দৈনন্দিন কাজের সাথে যুক্ত। যদি আপনি একটি দৈনন্দিন কর্ম-সূচীকে পালন না করেন তবে জীবন একটি সাধারণ ঘটনার মতনই অতিবাহিত হয়ে যাবে। সকালে অনেক কাজ থাকে। একটি সম্পূর্ণ পরিকল্পনা ছাড়া আমিও সকাল বেলা কাজ সম্পূর্ণ করতে হিমসিম খেয়ে যাই। এর জন্য আপনাদের কিছু কার্যকরী পরামর্শ দেওয়া হল–

রাতেই নিজেকে তৈরী করে রাখুন ঃ আগের দিন রাতেই পরবার পোশাক গুলিকে এবং প্রয়োজনীয় কাগজ পত্র গুলিকে গুছিয়ে রাখুন এর ফলে আপনার চাপ অনেক কমবে। প্রতিদিন শোয়ার আগে পোশাক গুলিই ইস্ত্রী করে নিন এবং কাজের জন্য একটি মার্জিন প্রস্তুত করে নিন। আমি প্রায়ই নিজের পোশাক গুলি প্রস্তুত করে হ্যাঙ্গারে টাঙিয়ে রাখি। যদি সম্ভব হয় তবে পরের দিনের জল খাবার সম্পর্কে আগে থেকেই কথাবার্তা বলে নিন। যদি পুরো সপ্তাহের খাদ্য তালিকা প্রস্তুত করে নেন তবে জল খাবারে নিত্য নতুন খাবার পেতে পারেন। যদি আপনি চাকরি জীবি না হন তবে আগের দিন রাতেই এর প্রস্তুতি নিতে পারেন।

সকালে কখন উঠে প্রস্তুত হতে পারেন ঃ সকালে প্রস্তুত হতে আপনার কতক্ষণ সময় লাগে, তা অনুমান করে নিন। অনুমান করা সময়ের সাথে আরোও আধ ঘন্টা যোগ করে নিন কারণ, আবহাওয়া,

ট্রাফিক জাম প্রভৃতি কারণে এই সময় ব্যয় হতে পারে। এই ভাবে আপনি সকালে কটায় উঠবেন সে সম্পর্কে একটি আন্দাজ করে নিতে পারেন। যে সময়টি আপনি নির্ধারণ করেছেন তখনই ওঠার চেষ্টা করুন যাতে আপনি আরাম করে তৈরী হতে পারেন। যদি আপনি চেয়েও খবরের কাগজ পড়ার সময় করে উঠতে না পারেন তবে তার পরিবর্তে আপনি বাথরুমে রেডিওতে গান বা খবর শুনতে পারেন।-

1965 সালে যখন আমি পুলিশ সুপারেনটেণ্ড ছিলাম তখন আমি কিছু দ্রুত গানের সাথে নিজের ঘরে নাচতে পছন্দ করতাম। সেই সময় অডিও-ভিডিও সিস্টেম ছিল না তাই আমি গ্রামোফোনের কিছু রেকর্ড কিনে রেখে ছিলাম। আমি সর্বদাই আনন্দে থাকতে চাই, তাই দুঃখের গান আমার কোন দিনই ভালো লাগে না। যে কোন সিনেমা দেখার আগে সেটি এক্সান সিনেমা নাকি তাতে অনেক গান আছে তা জেনে নিই। আমি বাথরুমে মুড অনুযায়ী ভক্তি গীতি বা ইনপ্রুভমেন্ট টেপ শুনতে পছন্দ করি।

যদি আপনার ঘরে একটাই বাথরুম থাকে তবে সেখানে শুধুমাত্র নিজের কব্জা করে থাকবেন না। কারণ তাতে পরিবারের অন্যান্য সদস্যেরও অধিকার আছে। প্রত্যেকটি সদস্য যাতে একে অপরকে সাহায্য করে সে দিকটিতে অবশ্যই খেয়াল রাখবেন। আমার বাথরুমে লাগানো বড় ঘড়ি সেটি আমাকে নির্দ্দিষ্ট সময়ের বেশী এক মুহূর্তও থাকতে দেয় না। এই ভাবে অন্যান্য সদস্যরাও বাথরুমের সম্পূর্ণ সুবিধা পেতে পারে।

মহিলারা বাথরুমে তৈরী হওয়ার সময় অবশ্যই নিজেদের প্রসাধান দ্রব্য গুলির দিকে একবার চোখে বুলিয়ে নেন কিন্তু বাস্তবে সত্যিই অতটা প্রসাধনের প্রয়োজন আছে কি? প্রতিদিনের প্রসাধনের জন্য সামান্য কন্সীলর, মশ্চারাইজারা, ফেস পাউডার, ব্রাশ, মাশারা এবং লিপ গ্লসই যথেষ্ট। এই প্রসাধনের জন্য পাঁচ মিনিটের থেকে বেশী সময় লাগে না। অনেকে চুল ঠিক করতেই অনেক সময় ব্যয় করে ফেলেন। সেক্ষেত্রে আপনি যদি একটি হেয়ার স্টাইল পছন্দ করে নেন তবে ভালো হয়। চুলে বেশী হেয়ার ড্রয়ার ব্যবহার করবেন না। চল পাখার নীচে দাঁড়িয়ে শুকিয়ে নিন কিংবা মেকআপ বা দাঁড়ি কাটার সময় তা শুকিয়ে নিন। পুষ্টিকর জল খাবারটি কখনই অবহেলা করবেন না। খাবার গুলি ভালো করে চিবিয়ে খান এতে হজমের সুবিধা হবে এবং এর ফলে আপনি যথেষ্ট শক্তিও পাবেন। যে দিন আমার জল খাবার খেতে দেরী হয়ে যায় সেই দিন আমি কান্তি অনুভব করি। আপনার জন্য জলখাবারে কতটা পরিমাণ খাবার প্রয়োজন, তা ঠিক করে নেওয়া প্রয়োজন। কম খাবার বা অধিক খাবার দুটোই স্বাস্থ্যের পক্ষে ক্ষতি কারক এবং সম্পূর্ণ শক্তিও দেয় না। সে খাবার বানাতে অনেক সময় লাগবে তা ছুটির দিনে প্রস্তুত করুন।

জলখাবারে প্রতিদিন অবশ্যই জুস খান, কিছু ফল হলে আরোও ভালো হয়। এই পরামর্শ গুলির দিকে খেয়াল করলে, আপনি নিশ্চিত রূপে নিজের দৃষ্টিভঙ্গীতে পরিবর্তন আনতে পারবেন।

সৌভাগ্য এবং যশের অধিকারী হোন

সর্বদাই ভালো পরিস্হিতির কল্পনা না করে আনন্দদায়ক এবং ঘটনা এবং স্মৃতি গুলিকে রোমন্হন করার চেস্টা করুন। ইতিবাচক মানসিকতাই সফল জীবনের প্রণালী, প্রক্রিয়া, বিস্তার এবং সমাধান হতে পারে। অবস্হা খারাপ এবং পরিস্হিতি ভয়াবহ হতেই পারে কিন্তু আমাদের মধ্যে তার থেকে আলাদা হয়ে যাওয়ার মতন ক্ষমতাও থাকে। জীবন সবাইকেই ছোট অথবা বড় আঘাত দিতেই থাকে। কিন্তু আমাদের এমন একটা মানসিকতা পোষণ করা উচিত যার দ্বারা সমান ভাব পেতে পারি। যদি নিরাশা জনক স্হানে আমরা সফলতা পাওয়ার আশা রাখি তবে কিভাবে ইতিবাচক ধারণার মাধ্যমে এই সমস্ত পরিস্হিতির সমাধান করতে হয় সেই বিষয়ে আমাদের একটা জ্ঞান থাকা প্রয়োজন। বৌদ্ধিক ব্যবহারের মাধ্যমে আমরা নিজেদের দৃষ্টিভঙ্গীকে উঁচু রাখতে পরি। নিম্নে এই বিষয়ের জন্য কিছু পরামর্শ দেওয়া হল ঃ-

বিশ্রাম নিন ঃ সমস্ত কিছু পূর্ব পরিকল্পনা অনুযায়ী চললে ও অনেক সময় কোথা থেকে ঝড় এসে আমাদের সমস্ত পরিকল্পনা গুলিকে চৌপাট করে দেয়। অনেক সময় যখন আমরা কঠিন বা সমস্যা জনক পরিস্হিতির জন্য অপেক্ষা করি তখন সমস্ত কিছু একদম পরিবর্তিত হয়ে একেবারে নতুন রূপ নিয়ে আমাদের সামনে এসে উপস্হিত হয়। এটি আমাদের ভুল বা অনাবশ্যক চিন্তার জন্য হতে পারে। যার ফলে আমাদের ভারসাম্যতা নস্ট হয়। আমরা সঠিক নির্ণয় গ্রহণে অসমর্থ হই। সর্বদাই ইতিবাচক চিন্তা করুন। যদি কখনও কোন অসুবিধার সৃষ্টি হয় তবে সাহসের সাথে তা কাটিয়ে ওঠার চেস্টা করুন। যখন পরিস্হিতি আপনার অনুকূলে হয় তবে জটিলতা দূর হয়ে যাবে। এটি ভাবাত্মক দিক দিয়ে নয়, তার্কিক রূপে বিশ্লেষণ করার চেস্টা করুন। এইভাবে আপনি নিজের সমস্যা গুলিকে

ভারসাম্য বজায় রেখে দেখতে পারবেন। আপনি নতুন যে কোন সুযোগ কে আপনার আয়ত্তের মধ্যে এবং ইচ্ছা অনুসারে ঢালতে সক্ষম হবেন। কিছু বিষয় বাদ দিয়ে আপনি জীবনে কি না করতে পারেন? পরিস্থিতির পরিবর্তন ও আপনার হাতেই আছে। আবেগের বশে কোন প্রতিক্রিয়াই ব্যাক্ত করবেন না। যতক্ষণ না আপনার মেজাজ নমনীয়তার মধ্যে আসে ততক্ষণ অপেক্ষা করুন। আপনি এক কাপ চা অথবা কফি অথবা কোন মজাদার কার্টুনের সহায়তায় এই মেজাজ প্রাপ্ত করতে পারেন। যখনই আমি এই রকম কোন পরিস্থিতির সামনে উপস্থিত হই তখনই আমি কোন বন্ধুর পরামর্শ কে ঔষধ বলে মনে করি। আমরা সবাই নিজেদের মতের সাথে মিল হবে,, এমন মানুষকেই পছন্দ করি কিন্তু যদি এমন কোন বন্ধু আপনার জীবনে থাকে যে আপনাকে প্রকৃত সত্যের সামনে এনে দাঁড় করিয়ে দেয়, তার উপর কখনই রেগে যাবেন না।

এমন মনোভাব রাখবেন যাতে আপনার নজর সর্বদা লক্ষ্যের দিকেই থাকে যেন পথ হারিয়ে না ফেলে। এটি অনেকটা গাড়ী চালানোর মতন, যে ক্ষেত্রে আপনাকে সর্বদাই সামনর দিকে লক্ষ্য রেখে চলতে জানে অথবা বায়ে দেখা অসম্ভব হয়ে পড়ে, আর যদি একটি নির্দ্দিষ্ট লক্ষ্যের দিকে তাকিয়ে না থাকে তবে দুর্ঘটনা ঘটার আশঙ্কা দেখা যায় এবং লক্ষ্যের প্রতি সদা সতর্ক দৃষ্টি যে শুধু আপনাকে লাভবান করে তাই নয় বরঞ্চ আপনাকে বস এবং গ্রাহকদের কাছেও আকর্ষিত করে তোলে। নিজের এবং সেই সংস্থার উদ্দেশ্য এবং লক্ষ্য গুলিকে লিপিবদ্ধ করলে এক সার্থক পরিণাম পেতে পারেন।

লক্ষ্যের প্রতি একাগ্রতার মধ্যেই সফলতার রহস্য লুকিয়ে থাকে। সি.বি.আই.-এর ডাইরেক্টর থাকা কালীন সময়ে আমি এক সাংবাদিক প্রতিশ্রুতি দিয়েছিলাম যে, তিরিস মাসের মধ্যে বোফোর্স মামলার কাজ সমাপ্ত করব। আমি নিজেকে 1997 সালে 28 শে জানুয়ারী এই দায়িত্ব অর্পন করি। তারপর আমি বুঝি যে এটা একটা অসম্ভব কাজ। কারণ প্রচুর কাগজ পত্র পরীক্ষা করা বাকি ছিল। চল্লিশ জন উচ্চ পদস্থ ব্যক্তির সাথে কথা বার্তা বাকি ছিল। এই চল্লিশ জনের মধ্যে মধ্যে আর্মী বিভাগের প্রধান থেকে প্রাক্তন মন্ত্রী পর্যন্ত অনেকেই শামিল ছিলেন। তবে আমি লক্ষ্যে স্থির থাকার নীতিতেই অটল ছিলাম। আমি একটি অ্যাডিশানাল ডিরেক্টারের বিরুদ্ধে একটি বিশেষ অনুসন্ধান দল গঠন করি। দলটিকে দৈনন্দিন অন্যান্য কাজের দায়িত্ব থেকে মুক্তি দেওয়া হয়েছিল। তাদের শুধুমাত্র যে কাজ অর্পন করা হয়েছিল, তা শেষ করার

আদেশ দেয়া হয়। দলের প্রতিটি সদস্য নিজের কাজের প্রতি কেন্দ্রীভূত ছিল কিনা আমাকে তাও খতিয়ে দেখতে হয়েছিল। কারণ অনুসন্ধান কত দূর এগোলো তা জানা আমার জন্য খুবই প্রয়োজনীয় ছিল। আমি প্রতি সপ্তাহে মামলার প্রগতি অনুসন্ধান করতাম। দলের প্রতিটি সদস্যকে প্রেরিত করার জন্য সেই দলে নিযুক্ত হাবিলদারদের পর্যন্ত মিটিং-এ ডেকে পাঠাতাম এবং তাদের থেকেও রিপোর্ট নিতাম। পরিণাম স্বরূপ আমি সমস্যা জর্জড়িত এই মামলাটির জট খুলতেও আমি সফল হলাম। 1997 সালের 30 শে এপ্রিল অনুসন্ধান সমাপ্ত হয়েছিল। 1997 সালের 12 মে ভারত সরকারকে পাঁচশো পৃষ্টার একটি রিপোর্ট দেওয়া হল। লক্ষ্যের প্রতি একাগ্রতা থাকার জন্যই আমি এই অসম্ভব কাজটিকেও সময়ের মধ্যে সমাপ্ত করতে পেরেছিলাম।

জটিলতায় না জড়িয়ে তা সমাধান করার চেষ্টা করুন ঃ ক্ষতিকারক, মানসিক চাপ যুক্ত এবং নিরাশাজনক পরিস্থিতিকে কিছুতেই উপেক্ষা করা যায় না। এই পরিস্থিতি সর্বদাই আমাদের যে নজর আকৃষ্ট করতে চায়। এই ধরনের পরিস্থিতির মোকাবিলা করার সময় প্রত্যেকটি মানুষ সেই পরিস্থিতি নিয়েই চিন্তা মগ্ন থাকে এবং তার উপর প্রয়োজনের তুলনায় বেশী গুরুত্ব দেয়। প্রতিটি মানুষের জীবনেই অসুবিধা আছে। এমন কি যে কোন সফল ব্যক্তি এই অবস্থার মধ্যে দিয়েই চলতে থাকেন। ইতিবাচক এবং সফল ব্যক্তি গণ এই কঠিন পরিস্থিতির চর্চা করার পরিবর্তে তা সমাধান করার পথ সন্ধান করেন।

অবস্থা যতই খারাপ হোক না কেন, সেই অবস্থায় চিন্তা করে নিজের সময় ব্যর্থ ভাবে অতিবাহিত করবেন না। তার পরিবর্তে তা ভালো করার কথা কল্পনা করুন। আমার এক নিকট আত্মীয়র বস খুবই খারাপ প্রকৃতির ছিলেন। সে সর্বদাই নিজের পরিবারের সদস্য, সহযোগী, কর্মচারী, অধীনস্ত এবং অচেনা মানুষদের কাছে কেমন কেমন জটিল পরিস্থিতির মোকাবিলা তাকে করতে হয়, সে সম্পর্কে গল্প করতেন। যখন তিনি এই একই রকম কথা আমাকেও বলেন, তখন আমি তাকে তার সমস্যা লিখতে, তার সমাধানের পথ খুঁজতে এবং সেই বিষয়ে কাজ করার পরামর্শ দিই।

নিজের তথা দলের নালিশের প্রতি সর্বদাই নজর কেন্দ্রীত করার পরিবর্তে যেকোন পরিস্থিতির ইতিবাচক দিকে নজর কেন্দ্রিত করার নীতি খুবই উৎসাহ জনক হয়। নিজের সমস্যা গুলি কাগজে লিখে তবেই আপনি তা সমাধান করার পথ খুঁজে পেত পারেন। নিজের প্রগতি

সম্পর্কেও যদি লিখে রাখেন তবে তাও খুবই গুরুত্ব রাখে। যখন সমস্ত সমস্যা এবং দলের মাধ্যমে তার জন্য পরিকল্পিত সম্ভাব্য সমাধানের পথ লেখা হয়ে যাওয়ার পর, আমি তার উপর যে কাজ হয়েছে তার মূল্যাঙ্কন করে একটি তালিকা প্রস্তুত করি, যাতে নির্দ্দিষ্ট সময়ে আমরা কতটা এগোতে পেরেছি তা সম্পর্কে জানতে পারি। সবার প্রথমে আমি এবং আমার দল নির্ধারিত লক্ষ্য থেকে কত দূরে আছি তাই পুঙ্খানুপুঙ্খ বিচারের চেস্টা করতাম।

সফলতার শিখরে বসে থাকা ব্যক্তিও উৎসাহের আশা করেন। আপনি উঁচুতে ওঠানোর লোকের পরিবর্তে নীচুতে নামানোর লোক অনেক বেশী পাবেন। নিজেকে প্রেরণা দানের জন্য আমি নিজের কথার দ্বারাই একটি অডিও টেপ তৈরী করেছি। প্রাতঃ ভ্রমণের সময় আমি প্রতিদিন ওটি শুনি। ইতিবাচক কথা শুনলে আমাদের আন্তরিক শক্তি বিকশিত হয়, যার মাধ্যমে আমরা নেতিবাচক বিচার বিবেচনা গুলিকে অঙ্কুরেই শেষ করতে পারি। দিনে কম পক্ষে একবার নিজের জীবন এবং ব্যবসার সাথে যুক্ত ভালো কথা গুলি স্মরণ করার চেস্টা করুন, সেই সময় আপনি বর্তমানে যে সমস্ত অসুবিধার জন্য ভুগছেন তা ভুলে যাওয়ার চেস্টা করুন। প্রেরণা দায়ক এবং আশাবাদী স্মৃতি গুলি আপনাকে শান্তি এবং প্রসন্নতা দান করবে। নিজের ব্যবহারকে সুন্দর করুন, এবং তা আপনি নিজেই অনুভব করতে পারবেন। আমি সর্বদাই নিজের মুখে একটা হাসি বজায় রাখার চেস্টা করি। আমার মতে এর দ্বারা অপর ব্যক্তিরাও হাসার জন্য প্রেরণা পেয়ে থাকেন।

আমরা যাই করিনা কেন, আমাদের বিচার বিবেচনা গুলি তার সাথেই সংযুক্ত থাকে। আমাদের মস্তিস্কও সেই দিকেই ধাবিত হয়। যখন আমরা চিন্তিত থাকি তখন অতীতের সমস্ত দুঃখজনক ঘটনা গুলি আমাদের হঠাৎ মনে পরে যায়। আর তখন আমাদের চিন্তা আরোও বৃদ্ধি পায়, সুতরাং নিজের চিন্তার পট পরিবর্তিত করার জন্য, জীবনে ইতিবাচক তথ্যের সমাবেশ ঘটান। কখনই ভোলা উচিত নয় যে, সময় একই রকম থাকে না। খারাপ সময়ও খুব তাড়াতাড়িই কেটে যায়। মনে চিন্তা থাকলে নিজের আন্তরিক এবং বাহ্য দুই প্রকারের শক্তিকেই এবং অন্যান্য সমাধান গুলিকে ব্যবহার করে ইতিবাচক দিকে যাওয়া চেস্টা করুন। নিজের মনোভাবে পরিবর্তন আনার জন্য সর্বদাই নিজের মস্তিস্কতে ভালো ভালো কথা ঢোকাবার চেস্টা করুন। যে পদক্ষেপ তীব্র গতিতে বিকশিত হচ্ছে তাকে সর্বদাই আশাজনক দৃষ্টিভঙ্গী দান করুন।

সামনের দিকে এগোন

আমাদের সকলেরই জীবনের সবচেয়ে বড় আশা হল আমরা সফল হব, প্রচুর পয়সা রোজগার করব, আনন্দে থাকব এবং চাপ মুক্ত জীবনের আনন্দ নেব। এই পথে সবচেয়ে বড় বাধার সৃষ্টি করে নেতিবাক বিচার এবং তার প্রভাব, এটি আমরা নিজের থেকে এবং অপরের থেকে পাই। এই ভাবনা নিজেকে রাগী, ভীত এবং সন্দেহ প্রবন করে তোলে এছাড়া এর ফলে আমাদের আত্মবিশ্বাসও দূর্বল করে যা অপূর্ণ উদ্দেশ্য রূপে প্রকট হয়। খারাপ অনুভবের থেকে ভালো ন্যায় বা খারাপ নীতির থেকে প্রচুর অনুভব প্রাপ্ত হয়–এই কথাটি একটি বিরোধাভাস বলে মনে হতে পারে। একটি ছোট প্রয়োজনীয় যন্ত্র টেলিফোনের কথাই চিন্তা করুন। এটি কে কিভাবে ব্যবহার করা হবে তার উপরে এর উৎপাদকতা বা অনুৎপাদকতা নির্ভর করে। টেলিফোন ছাড়া কথোপকথন চালাবার অন্যান্য যন্ত্র যেমন–মোবাইলও আমাদের জীবনের একটা বিশেষ অংশ হয়ে উঠেছে। সম্ভবত খুব কম ব্যক্তিই আছেন যারা এর ব্যবহার করেননি, আপনি টেলিফোনে কি এবং কেমন ভাবে বলবেন তার মধ্যে দিয়েই আপনার ব্যক্তিত্ব প্রতিফলিত হয়। অনেক সময় আমাদের অনেক গম্ভীর বিষয়ে কথা বলতে হয়। এই ধরনের ফোন আগে যদি আমরা নিজেদের তৈরী করে নিই তবে ভালো হয়। যদি এটি আপনার কাজের সাথে সম্পর্কিত থাকে তবে প্রয়োজনীয় জ্ঞান প্রাপ্ত করার জন্য প্রশ্ন গুলি কাগজে লিখে নিন। সর্বদা নিজের কাজে কাগজ এবং পেন রাখুন। আপনি ফোনে কি কথা বলবেন বা কোন প্রশ্নের উত্তর দেবেন তা আগে থেকেই অভ্যাস করে নিন। যদি আপনি অনেক গুলি বিষয়ে কথা বলতে চান তবে অবশ্যই একটি তালিকা প্রস্তুত করে নিন। আমার ফোনের কাছে সর্বদাই কাগজ এবং পেন পড়ে থাকে যাতে আমি যে কোন জিনিষ লিখতে পারি। আমি বড় ডায়রিও রাখি যাতে একই সাথে অনেকগুলি বিষয়ে কথা বলা সম্ভব হয়।

এই ডায়রী রাখার অভ্যাস আমার বহুদিনের। যখন আমি জেলা পুলিশের মুখ্যাধিকারী ছিলাম তখন আমার এক সহযোগী জেলার ডেপুটি কমিশনার ছিলেন। তার আধ ঘন্টা আগে ফোন ছাড়ার অভ্যাস ছিলনা।

তার কথা শোনর জন্য ফোনের উল্টো দিকে কেউ থাকবে এটাই তার জন্য যথেস্ট ছিল। একবার আমার খুবই তাড়াহুড়ো ছিল আর সেই সময়েই ওর ফোন আসে। আমি খানিক বাদে আমার চাকরকে ফোন দিয়ে দিই এবং তাকে 'হুঁ' 'হুঁ' করতে বলি। আধ ঘন্টা বাদে আমি চাকরের কাছ থেকে ফোন নিয়ে নিই। আমি তাকে ধন্যবাদ জ্ঞাপন করি। (কিন্তু আমি তার একটা কথাও শুনিনি) এবং তাকে একটুও বুঝতে দিইনি যে সে আমার চাকরের সাথে কথা বলে গেছে। আমি পাঁচ বছর বাদে তাকে এই ঘটনা জানাই কিন্তু তার অভ্যাস এতটুকু পরিবর্তন করতে পারিনি।

একত্রিত করুন এবং মেলান ঃ যদি আপনি ডাক্তার, পুলিশ অথবা দমকলে চাকরিরতা না হন তবে ফোন বাজার সাথে সাথে ও ধরার কোন প্রয়োজন নেই। অনেক সময় আপনি যখন বাথরুমে থাকেন, খাবার খান বা বিশ্রাম গ্রহণ করেন তখনই ফোন বেজে ওঠে। আগত কল গুলির উত্তর দেওয়ার সময় আপনি একটি নির্দ্দিস্ট সময় নির্ধারিত করে রাখতে পারেন। আমার আন্সারিং মেশিনও ফোন করা ব্যক্তিদের বার্তা ছেড়ে দিতে বলে। আর আমি নিজের সুবিধা অনুসারে এই ফোন গুলির উত্তর দিই। অনেক ফোন এমন আসে যে গুলির উত্তর দেওয়াটাও অসুবিধা জনক হয়ে ওঠে। তার মধ্যে টেলিমার্কেটিং-এর লোকেরাও থাকেন তাদের জন্য আমি কল লাইন আইডেনটিফিকেশান ব্যবহার করি যা কোন খরচ ছাড়াই পাওয়া সম্ভব।

এই সুবিধার মাধ্যমে যে ফোন করছে আপনি তার নম্বর জানতে পারবেন। আর তখন উত্তর দেওয়া বা না দেওয়াটা আপনার ইচ্ছাধীন। এই সুবিধা প্রতিটি মোবাইলেও আছে। আধুনিক যুগে টেলিফোনের জন্য আপনি কোন বিষয়তেই একাগ্রতা সৃস্টি করতে পারবেন না। গুরুত্বপূর্ণ কাজের সময় এর ঘন্টা বেজে উঠবে। আমার জন্য আন্সারিং মেশিন খুবই সাহায্যকারী। অপানি এর পরিবর্তে যে কোন উপায় অবলম্বন করতে পারেন।

প্রতিটি বস্তুর জন্য স্থান এবং প্রতিটি স্থানের জন্য বস্তুঃ আমরা যে জিনিষটাই কিনিনা কেন, তার জন্য ঘরে স্থান থাকা আবশ্যক। যে জিনিষের জন্য নির্দ্দিস্ট স্থান থাকে না তার অবস্থা শরণার্থীদের মতন হয়ে যায়। সেটি কখনও এখানে তো কখনও ওখানে রাখা হয়, অথবা সেটি অপর কোন বস্তুর মধ্যেই থেকে যায়। বই, কম্প্যুটার, বা অন্যান্য উপকরণ, পত্রিকা, দোকানোর মালপত্র, টোস্টার বা প্রার্থনা সূচক বইয়ের ক্ষেত্রে এই নিয়ম প্রায়ই ঘেটে যায়। ব্যবহার করার পর সমস্ত বস্তুগুলিকে যথা স্থানে রাখা উচিত আপনি যদি এই পথ অবলম্বন করেন তবে পরিবারের অন্যান্য সদস্যরাও সেটি সহজেই পেতে পারে। এটা একই পরিবারের সদস্যদের জন্যও তৈরী করুন এবং তা খাটাবার চেস্টা করুন। যখন আমার বাচ্চা আমার পত্রিকা বা ঔষধ নিয়ে যথা স্থানে রাখে না

তখন আমার প্রচণ্ড অসুবিধার সৃষ্টি হয়। ডায়নিং টেবিলে প্রশস্ত স্হান আছে তা ভেবে জিনিষ পত্র ডায়নিং টেবিলেই রেখে দেবেন না। কারণ এর ফলে ঘর তো অগোছালো হয়েই সেই সাথে জিনিষপত্র হারিয়ে যাওয়ারও ভয় থাকে। অনেকবার ঘর থেকে বাইরে যাওয়ার সময় আমাকে ফ্যাক্স অথবা ইস্ত্রী কিনতে হয়েছে কারণ সেগুলি এমন স্হানে ছিল সেখান থেকে সেটি খুঁজে পাওয়া অসম্ভব হয়ে গেছিল। সামান্য সতর্কতা অবলম্বন করলে বা পরিচর্যায় রাখলে আপনি বাজে খরচ এবং বিরক্তির হাত থেকে রেহাই পেতে পারেন।

আপনি কোন জিনিষ ব্যবহার করে সেটিকে যথাস্হানে রেখে দিলেই ভালো। কখনও কখনও সেটি যথা স্হানে রাখর পরিবর্তে রান্না ঘরের টেবিল, কাজ করার টেবিল বা ড্রয়িং রুমে রাখাটাই সুবিধাজনক বলে মনে হয় কিন্তু তার ফলে সেটি তার নিজের স্হান থেকে সরে অন্য স্হানে চলে যায়। এত অগোছালতা বাড়ে এবং ভ্রমেরেও সৃষ্টি হয়। এর ফলে অপরের সামনে একটি বাজে উদাহরণ তৈরী হয়। এমনটি করে আপনি অগোছালোতার জম দেন। জিনিষপত্র যথাস্হানে রাখার অভ্যাস করলে আপনার থাকার এবং কাজ করার স্হানটি গোছানা থাকবে।

টেলিফোনে আপনি কাউকে কি বলতে চান মস্তিস্কে তার জন্য একটি স্পস্ট ছবি এঁকে রাখুন। এই ধারণা গুলির মাধ্যমেই আপনার প্রভাব পড়ে।

নিজের সম্পর্কে সর্বদা উঁচু ধারণ পোষণ করুন। নিজেকে শক্তিশালী, আকষর্ণীয় ব্যক্তিত্ব সম্পন্ন করার চেষ্টা করুন। মনে রাখবেন যে আপনি নিজের সম্পর্কে যা ভাবর্বেন আপনি তাই হতে পারবেন। যখন 1961 সালে ভারতের প্রাক্তন প্রধানমন্ত্রী জহরলাল নেহেরুর সাথে আমার সাক্ষাৎ হয়, তখন আমার মাথায় তার সম্পর্কে একটি ছবি ছিল যা মিডিয়ারা তৈরী করে দিয়েছিল।

সি.বি.আই.-এর ডিরেক্টার হওয়ার পরেও মিডিয়া সেই একই বিশেষতা আমার উপর আরোপিত করে, কিন্তু আমি আগের মতনই সাধাসিধে কর্মট মানুষ ছিলাম। ছোট এবং বড় মানসিকতার উপরেই আপনার প্রভাব উৎপাদকতা নির্ভর করে। আমার অনেক বন্ধু চাপের মুখে কোন ব্যক্তির সাথে দেখা হওয়ার পর তাকে উপেক্ষা করে দেন কারণ তারা তার সম্পর্কে বিশেষ কিছু জানেন না। পরে এই ব্যক্তি সম্পর্কে বিশেষ ভাবে জানার পর তার সঙ্গে দেখা করতে উৎসুক হয়ে যায়। যদি সেই সম্পর্কে বিশেষ জ্ঞান না থাকে তবে পরোয়া কম থাকবে। আপনি যেমন ধরনের মানুষ সমাজে আপনি সেই রকম প্রভাবই সৃষ্টি করতে সক্ষম হবেন। মনে রাখবেন যে আপনার চাহিদার গুণাবলীর উপরেই আপনার কাজ এবং জীবনের গুণাগুণ নির্ভর করে।

রহস্য উন্মোচন

নিজের ভাগ্য নির্ধারণের ক্ষেত্রে আমাদের সকলের অনেক বড় হাত থাকে। প্রকৃত পক্ষে, আমাদের ভাগ্যের নিয়ন্ত্রণ আমাদের হাতেই থাকে। আমাদের কাজ, কথা, মনোভাব, ব্যবহার, অপরের সঙ্গে আমাদের সম্পর্ক প্রভৃতি বিষয় গুলি আমাদের নিয়তিকে গঠন করে। প্রতিদিন আমরা যাই করিনা কেন তা সবই আমাদের ভাগ্যের উপর প্রভাব বিস্তার করে। সবচেয়ে বড় সত্যি হল যে অধিকাংশ ব্যক্তি বিশ্বাসই করে না যে তারা নিজের হার্দিক ইচ্ছা গুলিকে পূরণ করতে পারে। তারা মনে করেন যে সফলতা এবং জয় প্রাপ্ত করা তাদের পক্ষে অসম্ভব। এটি কখনই সত্য নয় কিন্তু এই চিন্তায়ই সফলতার পথে বাধার সৃষ্টি করে। বেশীর ভাগ ব্যক্তি নিজেদের চিন্তার মাধ্যমে জীবনের খুশী এবং প্রসন্নতার পথে বাধা তৈরী করে। নিজের প্রতি উদার থাকার চেস্টা করুন এবং জীবনের বর্তমান মুহূর্ত গুলিকে ভরপুর উপভোগ করার চেস্টা করুন। এর ফলে আপনাকে দুঃখের সাথে অতীতের দিকে ফিরে দেখতে হবেনা। সোলেমানের মতে–"There is that scattereth, and yet increaseth, and there is that with holdeth more than is meet, but it tendeth to poverty."

আনন্দ গ্রহণ এবং কর্তব্য পূরণের জন্য আমাদের দানশীল হওয়াটা খুবই প্রয়োজন কিন্তু নীতিগত কথা হল যদি আপনার কাছে প্রচুর সম্পত্তি না থাকে তবে আপনি দেখবেন যে উদার ও দামী প্রকৃতির লোকেরা সর্বদাই অনুগ্রহ পান এবং কৃপন ব্যক্তিরা সর্বদাই উপেক্ষিত হন। যিনি নিজে সহায়তা করতে চান তিনি অন্যান্য ব্যক্তিদের কাজ থেকেও সহায়তা পাওয়ার চেস্টা করেন। আমরা সবাই জীবনের শ্রেষ্ঠ বস্তু গুলিকে ভোগ করতে চাই, আর সেই কথা নিয়েই ব্যক্তি অপরের সাথে চর্চা করেন। এই চাহিদা গুলি পূরণের জন্য সফলতার প্রাপ্তির চেস্টা করা হয়। সম্পত্তি বৃদ্ধি করার সাথে সাথেই আমরা গাড়ী এসি, মিউজিক সিস্টেম, বড় বাড়ী, প্রচুর পয়সা, সুইমিং পুল বা নিজেস্ব উড়োজাহাজেরও মালিক হতে পারি। যদি আপনি নিজের চেস্টায় এগুলি করতে না পারেন তবে আপনি কখনই সঠিক ভাবে এর আনন্দ গ্রহণ করতে পারবেন না।

প্রত্যেকটি মানুষ কোন সুন্দর ছবি বা কলাচিত্রের প্রশংসক হতে পারেন না বা প্রত্যেকেরই কামরার আসবাবপত্র কেনার ইচ্ছা থাকে না। কিন্তু এমন লোক প্রচর পাওয়া যায় যারা একটি সুন্দর ঘড়ি পরতে বা বড় গাড়ী চড়তে পছন্দ করেন। এই সমস্ত সম্পত্তি গুলি প্রায় প্রতিটি মানুষই পছন্দ করেন। অনেক সময় আমাদের যে জিনিষটা কেনার প্রচণ্ড ইচ্ছা থাকে, সেটা কেনা হয়ে যাওয়ার পরেই তা দৈনন্দিন জীবনের অঙ্গ হয়ে ওঠে। উদাহরণ স্বরূপ বলি, 1967 এ আমি হাজার টাকা দিয়ে একটি ফ্রিজ কিনেছিলাম। সেই সময় এটি আমার কাছে প্রচণ্ড গুরুত্বপূর্ণ জিনিষ ছিল। এমনকি চাকরদের তা ছোঁয়া পর্যন্ত নিষেধ ছিল। শুধুমাত্র আমি আর আমার স্ত্রীই ওটি খুলতাম। 1969-এ আমরা প্রথম ব্ল্যাক-এ্যাণ্ড হোয়াইট টি.ভি. কিনি। আমাদের খুশীর সীমা ছিল না। এই সাদা কালো টি.ভি. টি বহু দিন পর্যন্ত আমার মুখ্য আকর্ষণের বিষয় ছিল। আমাদের জীবনে রেডিও থেকে টেপরেকর্ডারের উত্তরণ একটি মাইলস্টোনের মতন ছিল। আজ ত্রিরিশ বছর বাদে সেগুলি সহজ সরল হয়ে গেছে।

জীবনেরর শ্রেস্ঠ বস্তু গুলি অর্থ থেকেই প্রাপ্ত করতে পারি, আর সেই অর্থ প্রাপ্ত করার জন্য কঠোর পরিশ্রমের প্রয়োজন হয়। প্রকৃত পক্ষে এই অর্থের জন্য আমরা সম্পত্তির সম্পূর্ণ আনন্দ পর্যন্ত গ্রহণে ব্যর্থ হই।

আপনার কাছে অর্থ তো এসে যায় কিন্তু তখন আর সময় থাকেনা। আমার বন্ধু রাজেশ মাসে প্রায় দশ লক্ষ্য টাকা আয় করে কিন্তু তার কাছে পরিবার, বন্ধু এবং সহযোগীদের জন্য কোন সময় নেই। তার সর্বদাই একটা চিন্তা যে কেউ তার থেকে আগে চলে যাবে। যখন সে তার পরিবারের সদস্যদের নিয়ে কোন পাঁচ তারা হোটেলে নৈশ্য ভোজের জন্য যায় তখন তার মোবাইল ক্রমাগত বাজতেই থাকে যে তার স্ত্রী বা বাচ্চাদের সাথে কথা পর্যন্ত বলত পারেনা। জীবনের শ্রেস্ঠ বস্তুর মালিক হওয়া সত্ত্বেও তার গুরুত্ব তাকে সমস্ত রকম আনন্দ থেকে বঞ্চিত করে। কিন্তু আলাদা মানসিকতার মানুষের জন্য কিছু আলাদা জিনিষ শ্রেস্ঠ বলে প্রমাণিত হয়।

আমি আর্থার এবং সিডনী শেল্ডন এর উপন্যাস পড়তে খুবই পছন্দ করি। এই বই গুলিকে আমি জীবনের কয়েকটি শ্রেস্ঠ বস্তুর মধ্যে একটা মনে করি। আমার 28 মাসের বাতনী 'মন্নত'-এর সঙ্গে সময় কাটানো ও আমার কাছে একটি প্রিয় বিষয়। সে তার নিজের মনের সমস্ত কথা 'বা' দিয়ে ব্যক্ত করে। তার অর্থ হতে পারে সে লোকাচেছ, আপনাকে লোকাতে হবে, শেষ হয়ে গেছে বা সে শুতে চায় এই রকম সবই। সময় পেলেই আমি সুমদ্রের ধারে চুপচাপ বসে থাকি. অথবা কিছু কেনা কাটা করি বা সূর্যের উত্তাপকে আনন্দের সাথে গ্রহণ করত চাই। আমি কখনই মনে করিনা যে, এই স্হানের পরিবর্তে যদি আমি এই স্হানে হতাম তবে খুশীতে থাকতাম। আমি শুধু জানি যে আমার বর্তমানের উপর আমি কাউকে কব্জা করতে দেবনা।

আধুনিক জীবনে আকর্ষণ এত বেড়ে গেছে যে প্রত্যেকটি ব্যক্তি প্রচুর বস্তর সান্নিধ্যে আনন্দ লাভ করতে চান। ফলস্বরূপ একটা বস্ত্ত প্রাপ্ত করার পরেই আমরা অপর বস্ত্ত লাভ করার জন্য মরিয়া হয়ে পড়ি। আমরা বুঝতে পারি যে আমরা এমন কিছু ভুলে যাচিছ যা আমাদের বর্তমানের থেকে অনেক বেশী আনন্দ দিতে পারে। ব্যাকুল ব্যক্তিদের সীমা হীন আকাঙ্খা কখনই শেষ হয় না। প্রতিদিন কোন ভালো মিউজিক সিস্টেম বা ছুটির প্ল্যান অথবা কোন মজাদার জিনিষপত্র আমাদেরকে আকর্ষিত করে ঘিরে রাখে। ভালো সর্বদাই খারাপের শত্রু সুতরাং জীবনের শ্রেস্ঠ বস্ত্ত গুলি তাদের শ্রেস্ঠতম রূপ নিয়েই আমাদের সামনে এসে উপস্হিত হয়। কখনও-কখনও শ্রেস্ঠতম উপাদান ব্যবহারের সময় আমাদের শ্রেস্ঠ উপাদান গুলির স্মৃতি উপস্হিত হয়। আমাদের জীবনের এই শ্রেস্ঠ বস্ত্তগুলির মূল্য নির্ধারণ করা উচিত কিন্তু প্রকৃত পক্ষে এই শ্রেস্ঠ বস্ত্তগুলি আমাদের কাছে এতো মূল্যবান হয় যে এর যতই মূল্য লাগানো হোক না কেন তা কমই হয়ে যায়। এর সবচেয়ে বড় উপযোগীতা হল এর ব্যবহার নিজের চর্তুদিকে ছড়ানো বস্তর সৌন্দর্য্য উপযোগ করতে শিখুন। ঈশ্বরের সর্বশ্রেস্ঠ সৃস্টির মধ্যে একটি হল গোলাপ ফুল তা উপভোগ করার চেস্টা করুন। জীবনকে উপভোগ করার অর্থ এই নয় যে আপনি অতিরিক্ত খাবার খেয়ে দেহে চর্বির স্তর সৃস্টি করুন। কিন্তু আমরা সকলেই সুস্বাদু খাবারের গন্ধ দ্বারা আকর্ষিত হই।

মনে রাখবেন যে অধিক পরিমাণে খাদ্য গ্রক্ষণ আপনাকে অলস বানাতে পারে। নিজের পরিপাক তন্ত্রকে সুস্হ রাখার জন্য ব্যায়াম করতে ভুলবেন না। এতে আপনি শক্তি পাবেন এবং পরিপাক ক্ষমতাও বৃদ্ধি পাবে।

ঘরে এবং যদি ছুটির সময় বাইরে থাকেন তবেও পুস্টিকর খাদ্য গহণ করতে ভুলবেন না। এর মধ্যে ফল, সাল্যাড, এবং কম ফ্যাট যুক্ত অন্যান্য খাদ্য সামগ্রী অন্তর্ভুক্ত করুন। অবসর গ্রহণের পর আমি ঘরে বসেই কাজ করি এবং দিনে কয়েকবার ফ্রিজের উপর হামলা করি। আমাদের খাওয়ার টেবিলে কম ফ্যাট যুক্ত বিস্কুট এবং ফল পড়েই থাকে। আমি কখনই ক্ষুধার্ত থাকতে চাইনা। আমরা যতটা খিদে পায় ততটা খাওটা সম্ভব নয়। আমি কোনও নিমন্ত্রণে যাওয়ার আগে কিছু পুস্টিকর খাবার খেয়ে নিই, কারণ সেখানে অনেক ধরনের সুস্বাদু লোভনীয় খাবার থাকে যা দেখে আমি সহজেই পথভ্রস্ট হতে পারি।

মদ্যপান পরিপাক তন্ত্র এবং যকৃৎ-এর জন্য প্রচণ্ড ক্ষতি কারক। সুতরাং আমি মদ্যপান করিনা, আপনিও নিজেকে সুস্হ রাখার জন্য উক্ত পরামর্শ গুলিকে পালন করতে পারেন। যদি আপনি সুস্হ সবল থাকেন তবে দৈনিক ক্লান্তি অনেক কম হবে। এবং তারপর ফলে আপনি সম্পূর্ণ দিনটি উপভোগ করার জন্য প্রচুর শক্তি যোগান দিতে পারবেন।

স্মৃতি ভ্রমের হাত থেকে রেহাই পান

বড় হওয়ার সাথে সাথে আমরা ক্রমাগত অতীতকে ভুলতে শুরু করি। সামাজিক দায়িত্ব, জন্ম দিন, বিবাহবার্ষিকী প্রভৃতি তারিখ গুলিও সহজেই ভুলে যাই। আমরা আলমারী বা গাড়ীর চাবি কোথায় রেখেছি তাও পর্যন্ত ভুলে যাই। এই ঘটনা আমার সাথে প্রায় ঘটে। এর কারণ অনুসন্ধান করা উচিত, বয়স বৃদ্ধির জন্যই এই স্মৃতিভ্রম নাকি এর অন্য কোন কারণ আছে, এর সমাধানের জন্যও কিছু করা যেতে পারে।

প্রথমে গুরুত্বপূর্ণ তথ্য ভোলার কারণ খুঁজে বার করুন। এর পরেই সেই সমস্যা দূর করার জন্য পদক্ষেপ গ্রহণ করতে পারেন। আমরা যে সময়ে জীবন অতিবাহিত করছি, তাতে আমাদের চাহিদাই মানসিক চাপ সৃষ্টি করে এবং স্মরণশক্তিতে খারাপ প্রভাব সৃষ্টি করে। আপনার মাথায় যদি বিভিন্ন বিষয়ের চাপ থাকে, তবে যে কোন একটি বিষয়ে একগ্রতা সৃষ্টি করা কঠিন হয়ে যায়। এ ছাড়াও রাগ, ভয় এবং নেতিবাচক বিচার আমাদের তার্কিক শক্তিতে প্রভাব বিস্তার করে। এই রকম পরিস্হিতিতে তার্কিক বিচারই সব থেকে বেশী ক্ষতিগ্রস্হ হয়।

যদি কর্মস্হলে কোন খারাপ ঘটনা ঘটে বা বসের কাছ থেকে বকাঝকা শুনতে হয় তবে বেশীর ভাগ মানুষ বর্তমানের প্রতি একাগ্রতা না রেখে সেই কথা নিয়েই চিন্তা করতে থাকেন। এর ফলে একাগ্রতা দূর্বল হয়ে যায় এবং ভোলার প্রবৃত্তি বৃদ্ধি পায়। এইরকম পরিস্হিতির জন্য কিছু পরামর্শ উপযোগী হতে পারে।

আপনাকে নিজের জীবন শৈলীতে পরিবর্তন আনত হবে। সর্বদাই শান্ত থাকার চেস্টা করুন। যদি মানসিকতা স্পস্ট না থাকে তবে আপনি খুব ভালো কাজ করতে পারবেন না। মানসিক চাপ এবং জীবনের চড়াই উতরাই-এর সাথে চলার জন্য গভীর শ্বাস গ্রহণ করুন, এই কাজটি

আপনার কাছে খুব কঠিন হবেনা। মানসিক চাপের দরুন রক্তচাপ এবং উত্তেজনা বৃদ্ধি পায়। গভীর শ্বাস গ্রহণ করতে কিছু কষ্ট তো করতে হবে কিন্তু এটি স্মৃতিশক্তি বৃদ্ধি করে এবং তার ফলে সক্রিয় জীবন অতিবাহিত করা খুবই সহজ হয়।

একাগ্রতা বৃদ্ধির জন্য ধ্যান দেওয়াটা খুবই জরুরী। যদি আপনি বয়স বৃদ্ধির সাথে সাথেই এই অভ্যাসটি করত থাকেন তবে ভালো হয়। এটিকে ততদিন চালিয়ে যান যতদিন না এটি অভ্যাসে পরিণত হয়। যদি আপনি এই মনোভাব বিকশিত না করেন তবে আপনি কি বলেছিলেন তা মনে রাখতে পারবেন না। প্রথম থেকেই বস্তুর প্রতি একাগ্রতা রাখার চেষ্টা করুন, তা না হলে পথ হারানোই জীবনের অঙ্গ হয়ে উঠবে। গত সপ্তাহের খবরের কাগজের প্রধান বাক্য গুলি বা নৈশ্যভোজের স্হান আমাদের মনে না আসতে পারে কিন্তু বন্ধুদের সাথে প্রথম সাক্ষাৎ, প্রথম ভালোবাসা বা হানিমুন করতে যাওয়ার জায়গা লোকেরা কোন দিনই ভোলে না। এর অর্থ হল যে, এই কথা গুলির উপর আমাদের স্মরণ শক্তি কেন্দ্রিত থাকে এবং ভালো লাগার স্মৃতি গুলিকেও আমরা সহজেই ভুলে যাইনা কিন্তু দৈনন্দিন জীবনের সাথে যুক্ত অনেক কথা আমরা প্রায়ই ভুলে যাই।

যা ভালো লাগবেনা তা ভুলে যান ঃ কখনও কখনও আমরা যে কথা গুলি মনে রাখতে চাইনা সেগুলিই ভুলে যাই। কিছু অপ্রিয় ঘটনা বা ব্যক্তিদের ভুলতে আমাদের দেরী হয়না। এর জন্য একটি ভালো উপায় হল সমস্ত ভালো বিষয়গুলিকে মনে রাখুন। বস্তু গুলিকে একটিকে অপরের সাথে জোড়ার চেষ্টা করুন যাতে সেগুলি ভুলে না যান। আমরা কেউই দাঁত বা পেটে ব্যাথা ভুলতে পারিনা এবং অবশ্যই ডাক্তারের কাছে যাই। যে কোন কাজ কেউ আনন্দদায়ক মনে করুন। একই ধরণের বিষয় গুলির ক্ষেত্রে একটার সাথে আর একটাকে জুড়ে মনে রাখতে পারেন।

শর্ট নোটিশের বিষয়গুলিকে মনে রাখার জন্য অ্যাসোশিয়েশান মেথড খুবই উপযোগী। উদাহরণ স্বরূপ বলি, যদি কাপড় সেলাইয়ের জন্য বাজারে যান তবে ড্রাইক্লিনিং এবং ইস্ত্রিকে তার সাথে যুক্ত করতে পারেন। আমি সাবান কিনতে বাজারে গেলে টুথব্রাশ এবং পেস্ট কেনার কথা মাথায় রাখি। এর ফলে কিছুই ভুল হয়না। বস্তু গুলিকে একের সাথে আর একটি সংযোজিত করার জন্য একটি মানসিক চিত্রও গঠন করতে পারেন। এটি অপানার জন্য কার্যকারীও হতে পারে। যেমন ধরুন আমি কোন ব্যক্তির বিশেষত্ব এবং কাপড়ের রং অনুসারে তাকে কোন

পাখীর নামের সাথে সংযোজিত করে দিই। এর ফলে আমি যে কথা গুলি ভুলে যেতাম সেগুলিও মনে থেকে যায়।

পাঞ্জাবে 'কক্কড়' নামক একটি জাতি আছে এবংঅপর আর একটি জাতি আছে যার 'গিদ্দর' নামে পরিচিত। মুরগী এবং শৃগালের শব্দ দুটির কথা মনে করিয়ে দেয়, যে দুটি নাম আমি কখনই ভুলবনা। যদিও এই সম্প্রদায়ের মানুষেরা তারনাম পরিবর্তিত করে 'কক্কড়' এর 'গিরিধর' করে দিয়েছে কিন্তু আমি নিজের স্মরণশক্তিতে তা রাখার জন্য এই বিধির প্রয়োগ করি।

আমাদের স্মরণশক্তিকে উন্নততর করার জন্য আমাদের কল্পনা শক্তির ব্যবহার করতে হবে। আমরা যদি দীর্ঘ দিন ধরে এই প্রক্রিয়াটি ক্রমাগত চালাতে থকি তবে আমাদের অভ্যাসে পরিবর্তন আসবে। আমরা কোন রকম চেষ্টা ছাড়াই এই বিষয়কে প্রয়োগ করতে পারি।

একবার লোদী উদ্যানে ঘোরার সময় আমার মনে পড়ে যে আমি গাড়ীর চাবি কোথায় রেখেছি তা ভুলে গেছি। আমি একাগ্র চিত্তে শেষ কখন আমার হাতে চাবি ছিল তা মনে করার চেষ্টা করি আর কিছুক্ষণের মধ্যেই আমি সেটি মনে করেত পারি।

মানসিক একাগ্রতা, নাম ও চেহারার মধ্যে সামঞ্জস্যতা এবং অপরিচিত বস্তু গুলিকে পরিচিত গণ্ডীর মধ্যে বেঁধে আমরা নিজেদের স্মরণশক্তি উন্নততর করতে পারি। স্মরণশক্তির দুর্বলতার জন্য নিজের বয়স বৃদ্ধিকে কখনই দোষারোপ করবেন না। নিজের মস্তিস্ককে সক্রিয় রাখুন।

অনেক সময় আমরা কোন কথা মনে রাখার জন্য মস্তিস্কে চাপ দিইনা। মানসিক একাগ্রতাই আমাদের অর্ধেক সমস্যার সমাধান করে দেয়। বেশীর ভাগ সময়ে আমি নিজের কাছে একটি কাগজের টুকরো এবং পেন রেখে দিই। যদি ভুলেও যাই তবে প্রয়োজন পড়লে কোন পেপার ন্যাপকিনে নাম, ঠিকানা এবং ফোন নম্বর প্রভৃতি নোট করে নিই এবং বাড়ী ফিরেই তা ডায়রিতে লিখে রাখি।

এই পরামর্শ গুলিকে গ্রহণ করে আপনি নিঃসন্দেহে নিজের স্মরণ শক্তিকে সতেজ রাখতে পারবেন।

সামনে এবং পিছনে তাকান

যদি কোন ব্যক্তি বা সংস্হা অর্থরাশীর মধ্যে জন্ম গ্রহণ না করে তবে সর্বদা সবাইকেই নীচের থেকে উপরে উঠতে হয়। একজন শিখ ভদ্রলোক এইচ.এস. নারুলা 5000/- টাকা নিয়ে তার ব্যবসা শুরু করেছিলেন। বর্তমানে তিনি 800 মিলিয়ন পাউণ্ড সম্পত্তির অধিকারী এবং তার ব্যবসা UK, USA এবং মধ্যে প্রাচ্যে বিস্তৃত। এই পর্যন্ত আসতে তার ত্রিরিশ বছর সময় লেগেছে। যে কোন ব্যবসা তা বড়ই হোক বা ছোট তা একজন ব্যক্তির দৃঢ় এবং উর্বর মস্তিস্কের ফসল। ভারতে অবস্হিত এবোনি ডিপার্টমেন্টাল স্টোর্সের মালিক এইচ.এস. নারুলা, আমাকে বলেছিলেন যে তিনি নিজের পরিশ্রমের এবং বুদ্ধির দ্বারাই এই অগাধ সম্পত্তির মালিক হয়ে উঠেছেন।

কোন কমিটি বা একটি দল ভালো বিচার বা রিপোর্ট প্রস্তুত করতে সক্ষম কিন্তু তার মধ্যে থেকে একজন নতুন সুযোগ পাওয়ার চেষ্টা করেন।

এমন অনেক লোক আছেন যারা কোন নির্ণয় নিতে ভয় পান। ছোট ছোট ব্যাপারেও তারা ফয়শালা করতে পারেনা। ব্যক্তি এবং বিষয়ের উপরেই নির্ণয় নির্ধারণ ক্ষমতা নির্ভর করে। কোন কোন মানুষ খুব সহজেই নির্ণয় নিতে পারেন এবং কোন কোন ব্যক্তি নির্ণয় করতে এতই দেরী করেন যে অবস্হা পরিবর্তনের সাথে সাথে সেই বিষয়ের গুরুত্বই শেষ হয়ে যায়। যারা প্রথমে নির্ণয় নিতে সংকোচ করেন এবং পরে আফসোস করে থাকেন আমি তাদের মধ্যে পড়িনা।

যদি আপনি নিজের নির্ণয় নির্ধারণ করার ক্ষমতা বিকশিত করতে চান তবে নিম্নলিখিত পরামর্শগুলির দিকে লক্ষ্য করুনঃ-

আপনার নিজের সাথে সম্পর্কিত যে সমস্ত বিষয়ের উপর আপনি নির্ণয় নেবেন সেই বিষয় গুলি সম্পর্কে স্বচছ জ্ঞান থাকা প্রয়োজন। সংখ্যা

এবং জ্ঞান বেশী থাকলে তা আপনার জন্যই সুবিধাজনক হবে। এটিই নির্ণয় নির্ধারণ ক্ষমতার গুরুত্বপূর্ণ এবং প্রথম লক্ষ্য। প্রয়োজন মনে করলে এর সাথে যুক্ত ব্যক্তিদের সাথে পরামর্শও নিত পারেন বা এই বিষয়ে উৎসুক কোন ব্যক্তির সাথেও পরামর্শ করতে পারেন। অপরের কথা গুলি মন দিয়ে শোনার চেষ্টা করুন। অবাঞ্ছিত চিন্তা গুলিকে মাথা থেকে সরিয়ে ফেলুন। চিন্তার নতুন পথ বা মোকাবিলার জন্য এমনটি করা প্রয়োজন। অনেক সময় একটি সমস্যা আমরা বিভিন্ন পথে সমাধান করতে পারি। কিন্তু আমরা সর্বদা আরামদায়ক পন্থাটিই অবলম্বন করতে চাই। উন্নতি করার জন্য কোনও কিছু সম্পর্কে চর্চা করতে সংকোচ করবেন না। কখনই নিজের চরিত্রের সাথে বোঝা-পড়া করবেন না। এর ফলে একাট দীর্ঘকালীন প্রভাব সৃষ্টি হয়, লোকে আপনার উপর ভরসা করতে শুরু করে।

নতুন প্রণালী বা উপায়ের মাধ্যমে নিজেকে খাপ খাওয়ানোর জন্য খানিকটা সময় নিন। ব্যক্তিগত রূপে আপনি সমস্ত কিছু পেতে পারেন না। অপরের সাথে একা দেখা করার পরিবর্তে দল সহ দেখা করা ব্যাপারটি খারাপ নয়। 'Just do it' এই কথাটি সফলতা এবং প্রগতির একমাত্র পথ হতে পারে।

কোনও ব্যবসার সফল হতে হলে আবশক্য জিনিষগুলির প্রাপ্তি অনিবার্য। প্রয়োজন সম্পূর্ণ হলেই সফলতা আপনাকে অনুসরণ করবে। উদাহরণ স্বরূপ বলা যায় আজকাল ভারত পেট্রোল পাম্প গুলি কিছু বস্তুর জন্য ডিপার্টমেন্টাল স্টোরসও খুলতে শুরু করেছে। এইভাবে তারা দামের মধ্যে ভালো গুণাগুন দিয়ে তাদের ব্যবসাকে আরোও বাড়িয়ে চলেছে। এই ভাবে সমস্ত ব্যবসা ফুলে ফেঁপে ওঠে। যদি তা সম্ভব না হয় তবে সমাপ্তির বার্তা পাওয়া যায়। এটি ব্যক্তি এবং সংস্হা দুটির জন্যই সত্য। ভারতের বড় হাই-ওয়েগুলিতে আপনি বড় বড় রেস্টুরেন্ট হোটেল দেখতে পাবেন। তারা যাত্রীদের খাদ্য ও থাকার স্হানের ব্যবস্হা করে আমন্ত্রন জানান এবং এই প্রয়োজন সম্পূর্ণ হওয়ার কারণে তারা ফুলে ফেঁপে উঠছেন। উন্নত ধরণের প্রদর্শনের জন্য নেতৃত্ব ক্ষমতা এবং নতুন বিচারের প্রতি গ্রাহ্যতা রাখা আবশ্যক এটা কখনই ভুলবেন না। নেতৃত্ব ক্ষমতাই প্রদর্শনের স্তর নিধারিত করে।

ব্যবসার বিস্তার এবং প্রসার সেখানে কাজ করা লোকের অনুপাতিক সংখ্যার উপর নির্ভর করে। উদাহরণের জন্য বলা যায়, বড় বড় শহরে মাঝে-মাঝেই প্রচুর বড় বড় স্টোর দেখতে পাবেন এবং সেখানে প্রচুর

লোকও যান। এখানে প্রায় পাঁচশো গ্রাহকের সুবিধা প্রদানের এবং পার্কিং-এর যথা যোগ্য ব্যবস্হা থাকা উচিত। ভবিষ্যতে যাতে আরোও প্রচুর গ্রাহককে আকর্ষিত করতে পারেন সেদিকেও খেয়াল রাখা উচিত।

নেতারা অপরের কথা শুনেও অনেক কিছু শেখেন। একজন প্রকৃত নেতার পরিকল্পনা গুলিকে যদি সভার মধ্যে চর্চার বিষয় করে তোলা হয় তবে তিনি কখনই ঘাবড়াবেন না। তা লোকেদের মুক্ত ভাবে বিচার-বিবেচনা করার জন্য উৎসাহিত করেন। যে কোন সংস্হা স্বনির্মিত পরিবেশের জন্য ফেঁপে ওঠে না নষ্ট হয়ে যায়। একজন কৌশলী নেতা শুধুমাত্র নিজের ভাষনের প্রতি বিশ্বাস রাখতে পারেন না। ভালো নেতা কখনই শুধুমাত্র নিজের কথা নিয়েই বিভোর থাকেন না। তোষামোদ কারীদের কথায় তারা যাতে ভুলে না যান তারা সেদিকেও সতর্ক দৃষ্টি রাখেন। প্রকৃত পক্ষে তাদের প্রচুর সর্তকতা এবং সজাগতা বজায় রাখতে হয়।

যে কোন মানুষের জন্য বসের ভাব-ভঙ্গী বুঝে তাকে খুশী করা অনেক সহজ ব্যাপার হয়ে ওঠে। নেতা বা বিশেষত সাধারণ পদাধিকারীরা তাদের অধীনস্হদের এই তথা কথিত বিনম্রতাকে সম্পূর্ণ বিশ্লেষণ করেন। কোন বিচার মুক্তভাবে ব্যক্ত করা হচেছ নাকি বসের সম্মুখে কঠিন প্রশ্ন রাখা হচেছ তা বোঝা কোন কঠিন কাজ নয়। প্রায় দুই কোটি ভারতীয় রেলোর সুবিধা গ্রহণ করেন কিন্তু ভূগর্ভের পথে কোন বাজারের পরিকল্পনা করা হয়নি। লণ্ডন, প্যারিস এবং নিউ ইয়ার্কে গ্রাহকদের সুবিধার জন্য এই রকম বাজার দেখা যায়। এখানে খুব সহজেই গ্রাহকদের সেবা এবং জিনিস দান করা যায় আর যাত্রীরাও খুব সহজেই জিনিষ-পত্র কেনা কাটা করতে পারেন।

অন্যদিকে, আমদের দেশে অনেক পেট্রোল পাম্প আছে যেখানে জিনিষ কেনার সুবিধা বিদ্যমান, সেখানে গাড়ি সার্ভিসিং করতে আসা ব্যক্তিরা সহজেই কেনা কাটা করতে পারেন। যার কাছে গাড়ী থাকবে তার কাছে প্রয়োজন গুলি পূরণ করার জন্য পর্যাপ্ত অর্থ থাকবে ফলে একটি লাভজনক ব্যবসা গড়ে উঠতে পারে। প্রয়োজন এবং তার পূরণ খুবই গুরুত্বপূর্ণ বিষয়। কিন্তু সর্বদাই সুযোগ আমাদের হাতে থাকে আমাদের শুধু সেই পর্যন্ত যেতে হয়। অনেক রক্ষণশীল ব্যক্তি পরিবর্তনের জন্য ভয় পেয়ে নতুন বিচার গ্রহণ করতে চাননা। কিন্তু মনে রাখবেন যে যতক্ষণা না আপনি প্রথম পদক্ষেপ ওঠাবেন ততক্ষণ চলা শুধু কঠিনই হবে না অসম্ভব হয়ে থাকবে।

সত্যি শোনার অভ্যাস করুন

একজন ইতিবাচক ব্যক্তি জীবনের প্রতিটি পরীক্ষা কে উৎসাহ পূর্ণ মনোভাব নিয়ে গ্রহণ করেন। জীবনে ভালোবাসা, দানশীলতা প্রভৃতি রাখার চেষ্টা করুন। 2004 এর 12ই-16ই জানুয়ারী আমি কাঠমাণ্ডুতে ছিলাম। রাত্রির একটার সময় ওখানে ঘুটঘুটে অন্ধকার হয়ে গিয়েছিল, সম্ভবতঃ বিদ্যুৎ চলে গিয়েছিল। বাইরে এক ডিগ্রী তাপমাত্রা ছিল, আমার বিছানা ইলেকট্রিক কম্বলের প্রভাবে গরম ছিল, তাইআমি আরাম করেই শুয়ে ছিলাম। কিন্তু কিছুক্ষণ বাদে আমার খিদে পায়। সমস্ত টেলিফোন ডেথ ছিল তাই হোটেলের কর্মচারীদের সাথে যোগাযোগ করার কোন পথ ছিল না। আমি অনুমানের ভিত্তিতে দেশলাই এবং মোমবাতি খুঁজে বের করি এবং মোমের আলোয় রাতে আনা টোস্ট খাই কারণ আমি তা খেয়েই শুয়ে পড়েছিলাম। যখন উঠলাম তখনও লাইট আসেনি। আমি হাত-মুখ ধুয়ে মোমের আলোতেই লিখতে বসে গেলাম। পরিস্থিতির এই দুদর্শা দেখে কাঁদার পরিবর্তে সেই সময়টা আমি কাজে লাগাই।

সর্বদা পরিস্থিতি এবং মানুষ আমাদের ইচ্ছানুসারেই থাকবেন এমন হয় না, কিন্তু কিছু লোক সেই পরিস্থিতিকে আরোও দুঃখজনক করে তোলেন। যেমন পরিস্থিতি সেটিকে তেমন ভাবে গ্রহণ করাটাই সবচেয়ে ভালো উপায়। যখন কোন সম্পর্ক বিকসিত করার কথা ওঠে তখন সেই সম্পর্কটি সর্বদাই মাথায় রাখুন যাতে আপনি নিজের ইচ্ছানুসারে তার সার্থকতা পেত পারেন, আপনি যতটা চাইবেন অপরের সাথে আপনার সম্পর্ক ততটাই সুন্দর হবে। আপনার মনোভাব আপনার জীবনে একটা গুরুত্বপূর্ণ ভূমিকা পালন করে। প্রতি দশ-পনেরো মিনটি বাদে কিছু সময় বের করুন এবং বাকি মাস বা বছরের জন্য পরিকল্পনা করুন।

এই কাজ আপনি মাসের শেষের দিকে বা ইচ্ছানুসারে যেকোন দিন করতে পারেন। আপনি নিজের সম্পর্কেও এই প্রক্রিয়া পালন করুন। জীবন এবং সম্পর্কে কি পরিবর্তন আসছে তা অনুসন্ধান করুন। মাঝে মাঝে নিজেকে প্রশ্ন করুন–কোন ক্ষেত্রে আপনি কি করবেন বা না করবেন সেই নিয়ে।

জীবন যখন জটিলতা বা পরীক্ষার সম্মুখীন হবে তখন তা থেকে বাঁচার জন্য নতুন নতুন উপায় খুঁজে বার করুন। জীবনে প্রতিটি মুহূর্তে উৎসাহিত থাকুন এবং নতুন সম্ভাবনা বা সুযোগের জন্য হৃদয়ের দ্বার উন্মোচন করে দিন। চমৎকার প্রভাব সামনে উপস্থিত হবে। অনেকে সিনেমার দেখা আধিভৌতিক সম্পদের মতন বাস্তবে সফলতা পেতে চায়। কিন্তু আপনার শ্রেষ্ঠ কাজের মাধ্যমেই তা পাওয়া সম্ভব যে ক্ষেত্রে আপনি সফলতা পেয়েছেন তার সূচী প্রস্তুত করার চেষ্টা করুন এতে আপনার হৃদয় আনন্দ এবং প্রসন্নতা বজায় রাখার চেষ্টা করুন এতে আপনার হৃদয় আনন্দ এবং প্রসন্নতা দুইই পাবে। আপনার কাছে আপনার সফলতার মূল্যাঙ্কনের ভিত্তি অবশ্যই হওয়া উচিত। আপনি নিধারিত লক্ষ্য পাওয়ার পরেই পরবর্তী লক্ষ্যের দিকে পা বাড়ান এবং পরিকল্পনা অনুসারে কাজ করুন। উঁচুতে বা অধিকতর উঁচুতে ওঠাই আপনার লক্ষ্য হওয়া উচিত।

আমার স্বর্গীয় পিতা ঈশ্বর মহন্ত করতার সিং 1947 সালোর 1 লা আগস্ট পাকিস্হান থেকে ভারতবর্ষে আসেন। সেখানে একজন বাড়ীর মালিক হওয়ার দরুন কোন কাজই নিজে হাতে করতেন না এবং টাকা পয়সার ও অভাব ছিল না। তিনি তাঁর স্ত্রী, মা লাজবন্তী এবং তিন বাচ্চা নিয়ে (আমি এবং আমার দুই বোন সরলা এবং মঞ্জীত) ভারতে চলে আসেন। পুত্র পশ চারণ ও স্হীান করানার কাজে সাহায্য করতে থাকি।

উনি যাই করেছেন গৌরবের সাথে করেছেন। ফলে তিনি প্রচুর সম্পত্তির মালিক না হওয়া সত্ত্বেও ধনী ব্যক্তিরা তাকে সম্মান দিতেন কিন্তু তিনি কোন দিন কারোর সাহায্য নেননি। তিনি অপরের সাহায্য করতে পারলে খুব খুশী হতেন। যখনই তিনি সাইকেল বা স্কুটার নিয়ে বেরোতেন তখনই কোন ব্যক্তিকে (যার প্রয়োজন আছে) সঙ্গে নিয়ে নিতেন। লোকে তাকে প্রচুর সম্মান দিতেন। তিন জীবনে সম্পূর্ণ সন্তুস্টির সাথে শ্রেষ্ঠ প্রদর্শন দিয়েছেন। তাঁর কাছ থেকে আমি একটা শিক্ষা পেয়েছিলাম যে–নিজেকে কখনও অযোগ্য এবং ছোট মনে করতে নেই।

আপনি নিজের মাথাট আগত দিন সম্পর্কে একটি পরিকল্পনা গড়ে রাখুন। সর্বদাই খুশীতে থাকার চেস্টা করুন। জীবনে যত জটিলতাই

আসুক না কেন সর্বদা উজ্জ্বলতার দিকে দেখুন। ভালো এবং খারাপের পছন্দ আমাদের হাতেই ন্যাস্ত। যদিও আমরা জানিনা যে আমাদের কপালে কি আছে ? কিন্তু এটাও সত্যি যে আপনি জীবনের প্রতিটি ঘটনা এং মনোভাবের প্রতি নিয়ন্ত্রণ রাখতে পারেন। অনেক সময় অনেকে কোন কাজকে কঠিন মনে করে তা মাঝপথেই ছেড়ে দেন। এই কারণে তারা জীবনে পিছিয়ে যান। মনে রাখবেন পরিশ্রম সফলতার একটি গয়না। আপনিও নিজের স্বপ্ন সফল করতে পরিশ্রম এবং ত্যাগের দ্বারা সফলতাকে নির্ণয় করতে পারেন। নিজের স্বপ্ন এবং সফলতাকে এলোমেলো হতে দেবেন না। অপরের উপর দোষারোপ করার প্রবৃত্তি ত্যাগ করুন। একজন মানুষ হিসাবে নিজের কাজের দায়িত্ব নিন। নিজের ভুলের জন্য অপরেক দোষারোপ করা সবচেয়ে বড় ভীরুতা।

দোষারোপ করার এই অভ্যাস থেকে আপনি নিজেও দোষী হয়ে যাবেন। আপনার জবাবদেহী মনোভাব থেকে আপনি নিজের আত্ম সম্মান বৃদ্ধি পাবে। আমার এক বন্ধু আছে গুরবখ্‌শ তার কাছে প্রয়োজনীয় সব কিছু আছে–একটি ভালে ঘর, ভালো রোজগার, সুন্দর স্ত্রী, বাধ্য সন্তান এবং একটি সুন্দর সামাজিক জীবন কিন্তু তবুও আনন্দে থাকে না। একদিন আমি তাকে এই নিরানন্দ ও নেতিবাচকতার কারণ জিজ্ঞাসা করি। সে বলে সে প্রতি বছর ইরোপ ভ্রমণে যেতে পাচেছনা বা মার্সেডিজ গাড়ী কিনতে পারছেনা। আমি তাকে পরামর্শ স্বরূপ বলি যে, যে বস্তু গুলি তার কাছে তার প্রতিই লক্ষ্য রাখতে। আমি তাকে বলি যে আমার গাড়ী সাত বছর পুরানো হয়ে গেছে কিন্তু আমি এখনও তা নিয়ে খুশীতেই আছি। আমি তাকে কোথাও ঘুরে আসার জন্যও পরামর্শ দিই যাতে জীবনে পাওয়া শ্রেষ্ঠ বস্তুর উপর কেন্দ্রীত হতে পারে এবং খুশীতে থাকারর চেষ্টা করে। এটাই জীবনের আনন্দের রহস্য।

সত্যকে সর্বদা গ্রহণ করা যায় না। বেশীর ভাগ সময় আমরা নিজেদের সম্পর্কে বা প্রিয়জনের সম্পর্কে সত্য শুনত পছন্দ করিনা। যা বলা হচেছ তা শুনলে এবং স্বীকার করলে আমরা নিজেদের এবং প্রিয়জনের দুর্বলতা গুলিকে সামলাতে পারি।

www.ingramcontent.com/pod-product-compliance
Ingram Content Group UK Ltd.
Pitfield, Milton Keynes, MK11 3LW, UK
UKHW041623031026
15587UKWH00001B/27

9 789374 761182